大学生军事理论与技能教程

主　编　周春明　赵建夫
副主编　刘　皓　蔡锦峰　欧阳灿
参　编　汤　曼　邱薪颖　闵　捷
　　　　刘小贞　袁　源　周伟珍
　　　　吴　婕　何毅钦　周鸽宝
　　　　陈光甲

北京理工大学出版社
BEIJING INSTITUTE OF TECHNOLOGY PRESS

内容简介

《大学生军事理论与技能教程》共分三部分。上篇为军事理论部分，主要介绍了中国国防、军事思想、国际战略环境、军事高技术及信息化战争；下篇为军事技能训练部分，主要介绍了条令条例教育与训练、轻武器射击、战术、军事地形学及综合训练；附录部分包括中华人民共和国国防法、中华人民共和国兵役法以及中华人民共和国国防教育法。

本书以教育部、总参谋部、总政治部颁发并修订的《普通高等学校军事课教学大纲》为依据，在认真总结高职院校军事理论教育教学规律和经验的基础上，结合学校教学改革的特点和要求编写而成。本书在军事基础理论、技能训练和案例、法规介绍等内容中都力求包容当下最新素材，内容与时俱进、紧跟形势，语言精练、通俗易懂，注重学生素质的培养，做到了可读性、知识性、前沿性和实用性的有机融合。

本书适于作为各高职院校军事理论公共课的基础教材，也可供其他国防教育和军事爱好者阅读和参考。

版权专有　侵权必究

图书在版编目（CIP）数据

大学生军事理论与技能教程／周春明，赵建夫主编．—北京：北京理工大学出版社，2012.8（2018.8 重印）
ISBN 978 – 7 – 5640 – 6517 – 1

Ⅰ. ①大… Ⅱ. ①周…②赵… Ⅲ. ①军事理论 – 高等学校 – 教材 ②军事训练 – 高等学校 – 教材 Ⅳ. ①E0②G641.8

中国版本图书馆 CIP 数据核字（2012）第 186699 号

出版发行／北京理工大学出版社
社　　址／北京市海淀区中关村南大街 5 号
邮　　编／100081
电　　话／（010）68914775（办公室）　68944990（批销中心）　68911084（读者服务部）
网　　址／http：//www.bitpress.com.cn
经　　销／全国各地新华书店
印　　刷／三河市天利华印刷装订有限公司
开　　本／787 毫米×1092 毫米　1/16
印　　张／17
字　　数／396 千字
版　　次／2012 年 8 月第 1 版　2018 年 8 月第 7 次印刷　责任校对／周瑞红
定　　价／38.00 元　　　　　　　　　　　　　　　　　　责任印制／王美丽

图书出现印装质量问题，本社负责调换

前　言

在高职高专院校开设军事理论课，是《中华人民共和国国防法》、《中华人民共和国兵役法》、《中华人民共和国国防教育法》和《中华人民共和国预备役军官法》的要求，是大学生履行兵役义务的重要内容；同时也是贯彻落实《中华人民共和国教育法》、《中国教育改革和发展纲要》、《爱国主义教育实施纲要》、《中共中央国务院关于深化教育改革，全面推进素质教育的决定》、《中共中央国务院关于进一步加强和改进大学生思想政治教育的意见》的具体措施。军事理论课程的开设对于增强大学生的国防观念、激发爱国热情、拓宽知识面和提高综合素质具有重要意义。国家兴亡，匹夫有责。努力学习军事课程，自觉接受国防教育，既是青年学生履行保卫祖国的神圣义务的具体行动，也是遵守国家法律的基本要求。

为适应高职高专院校国防教育和素质教育的需要，我们组织具有丰富教学经验的军事理论课教师与派遣军官，根据《高等学校军事训练教学大纲》，在认真总结教学经验的基础上编写了这本《大学生军事理论与技能教程》。

编者坚持以国防教育为主线，注重吸收近年来军事科学研究的新成果，同时结合大学生现有知识结构的特点，严格把握课程目标和课程体系，使这本《大学生军事理论与技能教程》具有较高的科学性、实用性和可读性，成为一本知识体系较为完整、内容丰富、重点突出、时代性强的军事理论课教材。希望通过本书的教学，在着力培养和加强学生的国防观念的同时，增强国防意识和激发献身国防事业的精神；用现代最新军事科学技术的内容丰富大学生的军事科技知识，使他们更多地了解自己所学的专业与国防建设的关系，激发他们勤奋学习、立志报国的自觉性和主动性。

　　本教材由周春明、赵建夫任主编，刘皓、蔡锦峰、欧阳灿任副主编，参与编写的还有汤曼、邱薪颖、闵捷、刘小贞、袁源、周伟珍、吴婕、何毅钦、周鸽宝、陈光甲。

　　由于编者水平有限，书中难免有疏漏之处，敬请读者指正。

编　者

目 录

上篇 军事理论

- 第一章 中国国防 ······ 3
  - 第一节 国防概述 ······ 3
  - 第二节 国防法规 ······ 9
  - 第三节 国防建设 ······ 10
  - 第四节 武装力量建设 ······ 16
  - 第五节 国防动员 ······ 26
  - 第六节 中国兵役制度 ······ 31
- 第二章 军事思想 ······ 35
  - 第一节 军事思想概述 ······ 35
  - 第二节 毛泽东军事思想 ······ 40
  - 第三节 邓小平新时期军队建设思想 ······ 56
  - 第四节 江泽民论军队与国防建设 ······ 63
  - 第五节 胡锦涛国防和军队建设重要论述 ······ 70
- 第三章 国际战略环境 ······ 82
  - 第一节 国际战略环境概述 ······ 82
  - 第二节 中国周边安全环境 ······ 87
- 第四章 军事高技术 ······ 93
  - 第一节 军事高技术概述 ······ 93
  - 第二节 高技术在军事领域的主要应用 ······ 100
  - 第三节 高技术与新军事变革 ······ 118
- 第五章 信息化战争 ······ 124
  - 第一节 信息化战争概述 ······ 124
  - 第二节 信息化战争的特征及发展趋势 ······ 132
  - 第三节 信息化战争与国防建设 ······ 138

下篇 军事技能训练

- 第六章 条令条例教育与训练 ······ 149
  - 第一节 解放军共同条令 ······ 149
  - 第二节 队列训练 ······ 152
- 第七章 轻武器射击 ······ 184
  - 第一节 武器常识 ······ 184
  - 第二节 简易射击学理 ······ 189

第三节　射击动作和方法 197
第四节　实弹射击 200

第八章　战术 204
第一节　战斗类型和战斗样式 204
第二节　战术基本原则 208
第三节　单兵战术动作 209

第九章　军事地形学 212
第一节　军事地形学概述 212
第二节　地形图基本知识 216
第三节　地形图的使用 226

第十章　综合训练 233
第一节　行军 233
第二节　宿营 235
第三节　野外生存 237

附录 250
附录一　中华人民共和国国防法 250
附录二　中华人民共和国兵役法 257

参考文献 266

上 篇

军事理论

第一章 中国国防

国无防不立，民无兵不安。国防伴随着国家的产生而产生，关系着国家的安危，维系着国家的生存与发展。古今中外，尚无一个国家能够弃国防而自存，无数事例证明，重视国防建设，注意不断增强全民国防意识，国家就会长治久安；反之则会国势日削，甚至亡国。中国是国防意识形成较早的国家，《周易》提出"安而不忘危，存而不忘亡，治而不忘乱"；毛泽东指出"国防不可没有"。历史的经验教训告诉我们，国不可一日无防，必须高度重视国防问题。党的十六大报告明确指出："建立巩固的国防是我国现代化建设的战略任务，是维护国家安全统一和全面建设小康社会的重要保障。"

第一节 国防概述

一、国防的概念

《中华人民共和国国防法》对"国防"一词进行了立法性表述，指出：国防是"国家为防备和抵抗侵略，制止武装颠覆，保卫国家的主权、统一、领土完整和安全所进行的军事活动，以及与军事有关的政治、经济、外交、科技、教育等方面的活动"。这就是说，国防的主体是国家；国防的对象是外敌的侵略和武装颠覆；国防的目的是捍卫国家的主权、统一、领土完整和安全；国防的手段是军事活动以及与军事相关的政治、经济、外交、科技、教育等方面的活动，即完成国防任务和进行国防建设的各种实践活动。

（一）国防的主体

国防随着国家的产生而产生，是国家赖以生存和发展的根本保障，没有国防功能的国家政权是不可能长久的。一个国家的防务，事关国家安全与发展大局，是国家的根本利益之所在。和平时期，人们容易产生一个极其错误的想法，认为国防只是军队的事情，与其他人、其他部门关系不大。其实，军队只是国家工具的一部分，国防的职能绝不仅仅由军队单独承担。国防建设和斗争的主体是国家，一切国家机构都应当按照有关法律、法规的要求，履行其职责；每一位公民也必须依照法律规定自觉履行公民的国防义务。国家以立法的形式，对国防行为进行保护和规范，也只有通过国家、依靠全民，才能完成真正意义上的国防行为。

（二）国防的对象

国防的对象是指国防所要防备、抵抗和制止的行为。根据《中华人民共和国国防法》的界定，国防的对象，一是侵略；二是武装颠覆。抵抗外敌侵略是国防的首要任务，包括武装侵略和非武装侵略，都属国防的对象范围。对付武装侵略，国防使用战争手段进行制止；对付非武装侵略，国防使用非战争手段予以反击。另外，从我国的国防法可以看出，国防的对象除了抗敌"侵略"之外，还有制止"武装颠覆"。《宪法》明确规定"社会主义制度是中华人民共和国的根本制度，禁止任何组织或者个人破坏社会主义制度"，"中国人民对敌视和破坏我国社会主义制度的国内外的敌对势力和敌对分子，必须进行斗争"。这就是说，国内任何企图分裂国家、颠覆国家政权、推翻社会主义制度的武装叛乱或者武装暴乱，对国家的主权、统一、领土完整和安全，对我们的社会主义制度构成严重威胁，都是国防的对象。

（三）国防的目的

国防的目的主要是捍卫国家的主权、统一、领土完整和安全。

首先，国家主权是一个国家存在的根本标志。按照国际法的表述，主权是一国不受外来控制的自由。它是完整无缺、不可分割而独立行使的，是最高的权利和尊严。如果一个国家的主权被剥夺，其他的一切，包括国家的独立、领土完整、生活方式、基本的政治制度、社会准则和国家荣誉等都无从谈起了，也毫无意义了。

其次，保卫国家的统一和领土完整，是指国家由一个中央政府对领土内一切居民和事务行使完整的管辖权，不允许另立政府或分割国家的管辖权。从国际法的角度来说，保卫国家统一、反对分裂，历来是一个国家的内部事务，绝不允许外国干涉，这是一个原则性的问题，不能有丝毫的含糊。因此，保卫国家的统一历来是国防的重要任务。当外国敌对势力插手我国的民族事务，破坏我国的民族团结，危及国家的统一和领土完整时，国防力量必须予以坚决打击，以发挥其维护国家统一和稳定的职能作用。

应当指出的是，领土是指位于国家主权支配下的地球表面的特定部分，包括领土疆界以内的陆地、水域及其上空和底土，即由领陆、领海和领空所组成。领土是一个国家和民族存在和发展的自然物质前提，是构成国家的基本要素之一。国家主权与国家领土有着密切的联系，领土既是国家行使其主权的空间，也是国家主权行使的对象。没有领土，主权就失去了存在的空间和行使的对象。

再次，维护国家的安全与稳定，是国家生存与发展的重要前提。如果一个国家没有和平、稳定和安全的环境，不仅难以建设与发展，甚至连生存也将受到严重威胁。因此，维护国家的安全与稳定，也是国防的主要目的之一。

（四）国防的手段

根据《中华人民共和国国防法》的规定，我国国防的手段包括军事活动以及与军事有关的政治、经济、外交、科技、教育等方面的活动。由此说明，与军事有关的诸方面的活动，只要有利于捍卫国家的主权、保卫国家的统一、领土完整和安全的国防目的，都是国防的重要手段。

现代国防的根本职能是捍卫国家利益，防备和抵御外来各种形式和不同程度的侵犯，防备与平息内部外部势力互相勾结所发动的武装暴乱。在对国家利益的各种形式的侵犯中，威胁和危害最大的是武装侵犯，包括军事威胁、军事干预、占领部分领土、武装掠夺经济资源、发动战争等。上述活动和内外敌对势力相互勾结发动的武装暴乱，不仅使国家主权和人民生命财产遭受损失，而且直接危及国家和民族的生存与发展。对付武装入侵和武装暴乱最根本、最有效的莫过于采取军事手段。因此，在实现国防目的的各种手段中，军事手段始终是国防的最主要手段。与军事有关的政治、经济、科技、文化、教育、外交等也是国防不可或缺的手段。当今世界各国，都十分注重与军事有关的政治、经济、科技、文化、教育、外交等各种手段的综合运用来达到国防的目的。

二、国防的类型和特征

（一）国防的基本类型

国家的社会制度和政策决定了国防的性质。国家的社会制度不同，制定的国防政策和追求的国防目标也不相同。按照各国国防的目的，可将国防划分为以下四种类型。

1. 扩张型

扩张型是指某些国家为了维护本国利益，奉行霸权主义侵略扩张政策，打着防卫的幌子，对别的国家进行侵略、颠覆和渗透。明显地具有把本国的"安全"建立在别国屈服的基础上，把"国防"作为侵犯别国主权和领土、干涉他国内政代言词的特点。

2. 自卫型

自卫型是指在国防建设上以防止外敌入侵为目的，主要依靠本国的力量，广泛争取国际上的同情和支持，以达到维护本国及周边地区乃至世界的安全、和平与稳定。

3. 联盟型

联盟型是指以结盟形式，联合一部分国家来弥补自身力量的不足。联盟型国防中又有自卫和扩张两种。从联盟国之间的关系来看，还可分为一元体系和多元体系联盟。前者有一个大国处于盟主地位，其余国家财处于从属地位；后者基本处于伙伴关系，共商防卫大计。

4. 中立型

中立型主要是指奉行和平中立政策的中小发达国家，为了保障本国的繁荣、稳定与安全，严守中立的国防政策，实施总体防御战略和寓兵于民的防御体系。

我国是社会主义国家，在对外关系上一贯奉行"和平共处"五项原则，公开向世界承诺：永远不称霸，不做超级大国，不首先使用核武器或以核武器相威胁，不对无核国家和地区使用核武器，不侵略别国。我国的国防宗旨是反对侵略战争，维护世界和平，保卫国家的安全与发展。在国防力量的运用上，我国坚持自卫立场，实行积极防御的战略方针。因此，我国的国防属于自卫型国防。

（二）国防的基本特征

现代国防又叫社会国防、大国防、全民国防，它是对传统国防内容、对象、手段的继承和发展。其基本特征主要表现有：

1. 现代国防与国家安全和发展联系更加紧密

现代国防渗透于国家各个领域、各个行业，贯穿于平时和战时。国防是国家安全的重要保障，没有强大的国防，就没有国家的安全，也就没有国家的发展。所以，现代各个国家都把国防建设纳入国家发展计划，在国家资源分配上占有优先地位。

2. 现代国防是由综合国力构成的

现代国防力量虽以军事力量为主体，但不单纯指军事力量，还包括与国防相关的政治、经济、外交、科技、文化等非军事力量。它不仅依靠国家的现有实力，还依靠国家的综合潜力，以及将潜力转化为作战的实力。总之，现代综合国力是由人力、自然力、政治力、经济力、科技力、精神力和军事力等组成，涉及国家的各个方面。建设现代国防，就是要把整个国家的综合国力建设好、运用好。

3. 现代国防是多种斗争形式的角逐

现代国防斗争，仍然是以敌对双方在战场上进行武力较量为基本形式，同时又要经常通过各种非武力斗争的形式，如经济斗争、政治斗争、外交斗争、科学技术斗争等进行激烈的角逐。

4. 现代国防与国家经济建设关系更加密切

国防的强弱从根本上讲要看国家的经济实力。本国的经济建设和科学技术迅猛发展，能使自己在国际竞争中占据充分主动地位，同时，对敌国的经济技术系统构成的威胁和损害同样能达到武力角逐的效果。因此，各国在国防建设过程中，突出抓好本国的经济建设和科学技术发展，以此拉开与别国的距离，并将本国的经济力和科技力迅速转化为国防实力。

5. 现代国防具有威慑的功能

威慑是和平时期国防的主要功能。这种不通过战争，直接展示和运用强大的国防力量，采用多种手段，给对方造成巨大的压力，迫敌不敢运用和动用武力，以达不战而屈人之兵，或保证本国获得最大利益之目的。

三、国防的地位和作用

国防的地位和作用可以说是不言自明的。其地位作用，主要应从以下几个方面来认识。

（一）国防关系着国家的安危和兴衰，是国家安全的重要保障

"民无兵不安，国无防不立。"没有强大的国防，就没有国家的主权和独立，人民的幸福和民族的兴旺也就没有保障。几千年来，国防与国家的存亡兴衰紧密联系在一起，有国必有防，防强则国安。为了保障国家安全、促进国家发展，世界各国都从本国的实际出发，努力加强国防建设，同时在国民中普遍推行维护国家安全的国防教育，使国民树立爱国主义和维护国家根本利益的观念，为国家的独立、统一和发展创造更加有利的环境和条件。世界各国的发展历史反复说明了这一点，特别是近代中国的历史更加说明了这一点。

19世纪中叶，世界资本主义迅速发展，殖民主义侵略浪潮席卷全球。而当时的中国清朝政府腐败无能，有国无防，帝国主义列强乘虚而入，自1840年的鸦片战争开始，对中国进行了轮番侵略，胁迫清政府签订了一系列丧权辱国的不平等条约。中华民族沦为一个被人侮辱的民族，中国长期沦为半殖民地半封建的社会。从新中国成立之日起，我们就把建立足以抵抗侵略的强大国防，作为维护国家和民族尊严，树立国家形象的重要手段。从此，中国人民告别了被人随意轻侮，任意践踏的历史。中国近代国防的深刻教训使中国共产党人痛切地感到："中国人民必须建设自己强大的国防"，才能使新中国屹立于世界民族之林。

（二）强大的国防是国家建设与发展的重要条件

当今世界，加强国防建设已成为一条立国的基本规律。国家无论大小，无论何种制度或政体，都少不了国防。尽管国家的性质不同，但国防建设是相同的。我们要建设强大的社会主义国家，也必须加强国防建设。加强国防建设这不仅是捍卫国家主权和领土完整的需要，也是国家经济建设与发展的需要。我国《宪法》明确规定："今后，国家的根本任务是集中力量进行社会主义现代化建设。"进行社会主义现代化建设，需要一个安定的和平环境，而这个和平环境的赢得，主要靠建设一个强大的国防。强大的国防不仅可以赢得战争的胜利，而且可以遏制战争。在平时国防具有强大的威慑力量，使帝国主义和霸权主义者不敢轻举妄动。一旦战争爆发，打赢小战，制约战争规模的扩大。从而为经济建设提供和平的环境。另外，要实现我国现代化建设的宏伟目标，不仅需要和平安全的外部环境，而且需要安定团结的内部环境。只有人民团结、社会稳定，才能有国家的经济繁荣，也才能使国家在处理外部事务中具有坚强的实力和后盾。

（三）强大的国防是巩固我国的国际地位、维护世界和平的重要力量

一个国家在国际上地位的高低，除了要有强大的经济实力外，还必须有强大的国防实力，仅靠政治、经济、外交等来维持国家的地位是不够的。尽管国富是兵强的物质基础，但国富不等于兵强。事实上就算国家富裕了，不加强国防建设，同样还会受人欺负。我国作为一个大国，是联合国安理会的常任理事国，要在国际事务中掌握主动权，表达国家意志，对世界局势发挥应有的影响和作用，同样需要有强大的国防实力作后盾。另外，强大的国防也能为维护世界和平作出贡献。

四、公民的国防义务和权利

（一）公民的国防义务

1. 履行兵役义务

兵役义务是公民在参加国家武装力量和以其他形式接受军事训练方面应当履行的责任。《兵役法》第3条规定："中华人民共和国公民，不分民族、种族、职业、家庭出身、宗教信仰和教育程度，都有义务依照本法的规定服兵役。"公民履行兵役义务的主要有三种形式。

① 服现役。现役是公民在军队中服兵役，包括参加中国人民解放军和武装警察部队。按照《兵役法》的规定，每年12月31日以前，年满18岁的男性公民应当被征集服现役。当年未被征集的，在22岁以前，仍可以被征集服现役。根据军队需要，也可以征集18～22岁的女性公民服现役。如有特殊需要，在自愿的原则下，也可征集少量在18岁以下的男女公民服现役。

《兵役法》还规定，应征公民是维持家庭生活的唯一劳动力或者是正在全日制学校就学的学生，可以缓征。除了征集新兵，军队平时还采取其他一些方式从适龄公民中选拔人员。军事院校从青年学生中招收学员，部分普通高等学校招收国防生，军队招收高等学校毕业生入伍，军队从非军事部门具有专业技能的公民中招收志愿兵。符合服兵役条件的公民，可以通过以上途径参加人民解放军或武警部队服现役。

另外，《兵役法》规定，士兵包括义务兵和志愿兵。义务兵服现役时间为2年。

战时，预备役人员应随时准备应召服现役，在接到通知后，必须准时到指定的地点报到。遇有特殊情况，国务院和中央军事委员会可以决定征召36～45岁的男性公民服现役。应征公民拒绝、逃避征集构成犯罪的，依法追究刑事责任。

② 服预备役。预备役是公民在军队以外所服的兵役，是国家储备后备兵员的形式。根据《兵役法》规定，预备役分为军官预备役和士兵预备役，并分别区分为第一类预备役和第二类预备役。公民服士兵预备役的年龄为18～35岁。

登记服预备役。每年9月30日之前，兵役机关要对到年底满18岁的男性公民进行兵役登记。

参加民兵组织。民兵分为基干民兵和普通民兵。28岁以下退出现役的士兵和经过军事训练的人员，以及选定参加军事训练的人员，编为基干民兵；其余18～35岁的男性公民，编为普通民兵。根据需要，吸收部分女性公民参加基干民兵。我国实行民兵与预备役相结合的制度，所有的民兵同时都是预备役人员，参加民兵组织也是服预备役。

预备役部队。预备役部队是以现役军人为骨干，以预备役军人为基础，按照军队的编制体制建立起来的军事组织。是战时成建制快速动员的重要形式。公民编入预备役部队担任预备役军官或士兵，都是服第一类预备役。

③ 学生接受军事训练。《兵役法》规定："高等院校的学生在就学期间，必须接受基本军事训练。""高级中学和相当于高级中学的学校，配备军事教员，对学生实施军事训练。"这就是说，接受军事训练是学生必须履行的兵役义务。学生军事训练依据国家教育部和解放军总参谋部、总政治部联合制定的《高等院校学生军事训练大纲》、《高级中学和相当于高级中学军事课教学大纲》组织实施。高等院校将军事训练作为必修课纳入教学计划，将学生军事训练考核成绩载入本人档案，考核不合格的，按高等院校学籍管理办法和有关规定处理。

2. 接受国防教育的义务

国防教育是国家对全体公民所进行的一种具有特定目的和内容的国防教育活动，是国家整体教育事业的组成部分，是建设和巩固国防、增强民族凝聚力、提高全民素质的重要途径。《国防教育法》第3条规定："国家通过开展国防教育，使公民增强国防观念，掌握基本的国防知识，学习必要的军事技能，激发爱国热情，自觉履行国防义务。"《国防教育法》第4条规定："国防教育贯彻全民参与、长期坚持、讲求实效的方针，实行经常教育与集中教育相结合、普及教育与重点教育相结合、理论教育与行为教育相结合的原则，针对不同对象确定相应的教育内容分类组织实施。"

国防教育的内容主要包括：国防理论教育、国防精神教育、国防知识教育和国防技能教育，以及战备形势教育、国防任务教育等。

3. 保护国防设施的义务

国防设施是指国家直接用于国防目的的建筑、场地和设备，包括军事设施、人民防空设施、国防交通设施和其他用于国防目的的设施。国防设施是国防活动的依托，是抵抗侵略、保卫祖国的物质条件，在巩固国防、维护国家安全利益方面具有重要作用。

1990年2月23日颁布的《中华人民共和国军事设施保护法》规定，国家对军事设施实行"分类保护、确保重点"的方针，根据军事设施的性质、作用、安全保密的需要和使用效能的要求，将军事设施的保护分为三类：一是划定军事禁区予以保护；二是划定军事管理区予以保护；三是没有划入军事禁区、军事管理区的军事设施，如通信线路、铁路和公路线、导航和助航标志等，采取有效措施予以保护。公民在从事经济、文化和其他社会活动时，应当遵守法律的规定，自觉保护国防设施；公民对于破坏、危害国防设施的行为，应当检举、控告或制止；破坏、危害国防设施的，要承担相应的法律责任。

4. 保守国防秘密的义务

国防秘密是指关系国家安全利益，在一定时间内只限一定范围人员知悉的军事或与军事有关的政治、经济、外交、科技、教育等方面的事项。保守国防秘密事关国家的安危，公民应当遵守《中华人民共和国保守国家秘密法》，以及有关的保密规定，严格保守国防方面的国家秘密。发现国防方面的国家秘密已经泄露或者可能泄露时，立即采取补救措施并及时报告。

5. 支持国防建设、协助军事活动的义务

我国的国防是全民国防，公民应当积极参与和支持国防建设。支持国防建设的形式是多种多样的，可以说，公民所做的一切有利于国防建设的事都是支持国防建设。

（二）公民的国防权利

我国国防相关法规规定了公民的国防权利，主要有：

① 公民和组织有对国防建设提出建议的权利；公民和组织有对危害国防的行为进行制止或者检举的权利；公民和组织因国防建设和军事活动在经济上受到直接损失的，可以依照国家有关规定取得补偿。

② 国家和社会保障残废军人的生活，抚恤烈士家属，优待军人家属。

③ 国家依法保障预备役军官的合法权益。预备役军官享有法律规定的因服军官预备役而产生的权利，享受国家规定的有关待遇。民兵、预备役人员和其他人员依法参加军事训练，担负战备勤务、防卫作战，国家和社会保障其享有相应的待遇，按照有关规定实行抚恤优待。

第二节 国防法规

一、国防法规的概念

国防法规是由国家立法机关制定的并以国家强制力保证其实施的，用于调整国防体制、武装力量建设、国防科技建设、战争动员体制、国防生产、全民防御和国防教育等方面社会关系的法律规范的总称。它是国家国防政策的法律体现，是指导国防活动的行为准则，又是国家法律体系的重要组成部分。

国防法规作为国防活动的基本法规规范，其主要任务是调整和规范国家在国防领域中的各种关系，把国防建设纳入到法律化轨道，确保革命化、现代化、正规化建设总目标的实现。

二、国防法规的性质

国防法规是一个国家统治阶级的意志在国防建设领域中的法律体现。国防法规与国家宪法和其他法律一样，都具有鲜明的阶级性。

我国的国防法规，除了具有无产阶级的根本性质外，还具有以下特点：

① 国防法规具有很高的权威性。权威性是所有法律的共性。
② 国防法规具有较强的从属性。
③ 国防法规具有一定程度的保密性。

三、国防法规的作用

我国国防法规的作用主要体现在以下几个方面：

① 巩固社会主义制度。
② 保障社会主义经济改革和建设的顺利进行。
③ 保证国防现代化顺利实现。
④ 国防法规是加强国防实力建设的重要保障。
⑤ 国防法规是指导国防潜力发展和积蓄的重要手段。

四、国防法规的基本特征

国防法规的基本特征有以下几点：

① 调整对象的军事性。
② 内容公开的相对性。
③ 司法适用的优先性。
④ 处罚措施的严厉性。

第三节　国防建设

国防建设是国家为提高国防实力而进行的各方面的建设，主要包括：武装力量建设，边防、人防及战场建设，国防科技与国防工业建设，国防法制建设，国防动员建设，国防教育，以及与国防相关的交通、通信、能源、航天建设等。

中华人民共和国成立后，我国经过60年的艰苦努力，国防建设取得了举世瞩目的成就。今天的中国之所以巍然屹立在世界的东方，并享有很高的声誉，主要是得益于我国在政治上的独立，经济上的发展和国防的不断强大。

一、国防领导体制

国防领导体制，是国家谋划、决策、指挥、协调国防建设和军事斗争的组织体系及相应制度，包括国防领导机构的设置、职权划分和相互关系等，是国家体制和军事组织体制的重要组成部分。

中华人民共和国成立以来，为使国防领导体制适应国家政治、经济和科技的发展，特别是适应军事发展和保障国家安全的需要，对国防领导体制进行了多次调整改革，使之在实践中不断发展和完善。

① 中华人民共和国的武装力量受中国共产党领导，最高领导权和指挥权属于中国共产

党中央委员会和中央军事委员会。中央军委实行主席负责制。中央军委下设总参谋部、总政治部、总后勤部、总装备部。四总部既是中央军委的工作机关，又是全军军事、政治、后勤、装备工作的领导机关。

② 中华人民共和国全国人民代表大会是国家最高权力机关，负责制定国防建设、武装力量建设和国防动员的基本法律；选举中华人民共和国中央军事委员会主席，根据军委主席的提名，决定中央军事委员会其他组成人员；决定战争与和平的问题；审查和批准包括国防建设计划在内的国民经济和社会发展计划及计划执行情况的报告等。

③ 国务院领导和管理国防建设事业，编制国防建设发展规划和计划；制定国防建设方面的方针、政策和行政法规；领导和管理国防科研生产；管理国防经费和国防资产；领导和管理国民经济动员工作和人民武装动员、人民防空、国防交通等方面的有关工作；领导和管理拥军优属工作和退出现役军人的安置工作；领导国防教育工作；与中央军事委员会共同领导中国人民武装警察部队、民兵的建设和征兵、预备役工作以及边防、海防、空防的管理工作；法律规定的与国防建设事业有关的其他职权。

④ 中华人民共和国中央军事委员会是最高国家军事机关，与中共中央军事委员会是同一机构，负责领导全国武装力量。包括统一指挥全国武装力量；决定军事战略和武装力量的作战方针；领导和管理中国人民解放军的建设，制定规划、计划并组织实施；向全国人民代表大会或者全国人民代表大会常务委员会提出议案；根据宪法和法律，制定军事法规，发布决定和命令；决定中国人民解放军的体制和编制，规定总部以及军区、军兵种和其他军级单位的任务和职责等。

二、国防动员体制

建立和完善国防动员体制，对于加强民兵和预备役部队建设，发展高技术条件下人民战争的战略战术具有十分重大的意义。

① 国务院和中央军委共同领导国防动员准备和国防动员实施工作。它们可以根据情况召开协调会议，解决国防事务的有关问题。国家在和平时期进行国防动员准备，将国防教育、人民武装动员、国民经济动员、人民防空、国防交通等方面的动员准备纳入国家总体发展规划和计划，逐步完善动员体制，建立战略物资储备制度。

② 国防动员委员会是国务院和中央军委的议事协调机构，在党中央、国务院、中央军委领导下负责全国国防动员工作。军区和省（自治区、直辖市）、地区、县（市、区）人民政府，设立相应的国防动员委员会，负责主管本区域的动员工作。国家国防动员委员会的主要职责是：贯彻党中央、国务院、中央军事委员会有关国防动员工作的方针、政策和指示；组织拟订国防动员工作的法律、法规和措施；组织编制国防动员规划、计划；检查监督国防动员法律法规的实施和国防动员计划的执行；协调军事、经济、社会等方面的重大国防动员工作；组织领导全国的人民武装动员、国民经济动员、人民防空和国防交通工作；行使党中央、国务院、中央军事委员会赋予的国防方面的其他职权。

三、国防科研生产体制

（一）国家对国防科研生产实行统一领导和计划调控

国务院负责领导和管理国防科研生产，管理国防经费和国防资产。中央军事委员会批准武装力量的武器装备体制和武器装备发展规划、计划，协同国务院领导和管理国防科研生产，会同国务院管理国防经费和国防资产。国家实行军事订货制度，保障武器装备和其他军用物资的采购供应。国家对国防经费实行财政拨款制度，并根据国防建设和经济建设的需要，确定国防资产的规模、结构和布局，调整和处分国防资产。

（二）国家国防科技工业局

中华人民共和国国家国防科技工业局，其前身是"国防科学技术工业委员会（简称国防科工委）"。国家国防科技工业局的主要职责是：研究拟定国防科技工业和军转民的发展方针、政策和法律、法规；制定国防科技工业及行业管理规章；组织研究和实施国防科技工业体制改革；组织军工企事业单位实施战略性重组；组织国防科技工业的结构、布局、能力调整、企业集团发展和企业改革工作；研究制定国防科技工业的发展规划、结构布局、总体目标；组织编制国防科技工业建设、军转民规划和行业发展规划；组织管理国防科技工业质量、安全、计量、标准、统计、档案、重大科研及其推广；拟定核、航天、航空、船舶、兵器工业的产业和技术政策、发展规划，实施行业管理；指导军工电子的行业管理；负责国家核电建设、同位素生产和民用爆破器材生产流通的行政管理；负责组织管理国防科技工业的对外交流与国际合作；代表中国政府参加有关国际组织及其有关活动；负责军工企事业单位的军品出口管理。

四、国防建设成就

国防建设是国家为提高国防能力而进行的各方面的建设。主要包括：武装力量建设，边防、海防、空防、人防及战场建设，国防科技与国防工业建设，国防法规与动员体制建设，国防教育，以及与国防相关的交通运输、邮电、能源、水利、气象、航天等方面的建设等。

党三代领导核心一贯重视国防和军队建设。从新中国成立以来，在党中央、中央军委的领导下，我国国防和军队建设取得了巨大成就。

（一）军队的现代化、正规化水平有了突飞猛进的发展

军队是国防力量的主体。新中国成立至今，在党中央、中央军委的领导下，在全军乃至全国人民的共同努力下，人民军队按照现代化、正规化革命军队的总目标不断迈进。

我国在陆军的基础上，先后建立了空军、海军和战略导弹部队。陆军在步兵的基础上，相继建立了炮兵、装甲兵、工程兵、通信兵、防化兵等兵种。全军形成了诸军种、兵种统一的合成体系。陆军在加强原有的特种兵的同时，又增加了陆军航空兵、电子对抗兵、气象兵和山地作战部队等兵种。近年来，陆军中特种兵的数量已经超过步兵，实现了建军史上的重大转变。与此同时，陆军武器装备的发展大大增强了陆军的火力、突击力、机动力和快速反应能力。目前，陆军既能独立作战，又能与海军、空军实施联合。1985年，陆军改编为合成集团军，使诸兵种合同作战能力和整体作战效能又有了大幅度提升。

我国海军以舰艇部队为主体，由水面舰艇部队、潜艇部队、海军航空兵部队和海军陆战队等兵种组成。舰艇部队日趋导弹化、电子化、自动化。舰艇普遍采用了卫星导航技术。过去的小炮舰和鱼雷艇已被国产的导弹驱逐舰、导弹护卫舰、导弹快艇和各类潜艇所代替。训练舰、大型补给船、科研实验船和核动力潜艇等新型舰艇开始服役。整个海军已具有在水下、水面、空中和岸上立体攻防作战的能力，还可协同其他军种进行海上作战。

我国空军以航空兵为主体，由航空兵、地空导弹兵、高射炮兵、空降兵、雷达兵、等兵

种组成。其中，航空兵主要有由歼击航空兵、轰炸航空兵、强击航空兵、侦察航空兵、运输航空兵和专业航空兵等。具有高速机动、远程作战、猛烈突击、远程输送和遂行多种保障任务的能力。

我国战略导弹部队，亦称第二炮兵，主要由导弹、中程导弹、远程导弹和洲际导弹部队组成。装备多种型号战略导弹，射程从数百公里至一万多公里，威力从几十万吨到数百万吨 TNT 当量。可实施固定发射，也可机动发射。建有与之相配套的作战、防护工程和各种设施，具有较强的生存能力。由于采用了先进可靠的制导技术，可随时按照党中央和中央军委的命令给敌方以摧毁性的还击。

进入 20 世纪 90 年代以来，人民解放军继续向着更高级的阶段迈进。根据高技术战争尤其是信息化战争的特点和要求，人民解放军开始把军事斗争准备的立足点放在打赢现代技术特别是高技术和信息化条件下的局部战争上，军队建设正在逐步实现由数量规模型向质量效能型，由人力密集型向科技密集型的转变；在武器装备发展方面，人民解放军根据现代技术特别是高技术和信息化条件下局部战争的需要，努力发展信息化战争的"杀手锏"装备；在体制编制改革调整方面，人民解放军在进一步压缩军队规模的基础上，不断优化诸军兵种比例结构，完善合成体制，使军队体制编制更能适应现代合同作战和联合作战的需要；在教育训练改革方面，为培养掌握现代科技知识和战争知识，精通现代军事科学理论的指挥人才，指挥院校增设了硕士、博士生教育，部队训练加大了实战力度。

目前，人民解放军正在按照邓小平提出的建设一支强大的现代化正规化革命军队和江泽民同志提出的"政治合格、军事过硬、作风优良、纪律严明、保障有力"的总要求，继续优化体制编制，更新教育训练内容和手段，改善武器装备，加强军队的质量建设，提高诸军兵种的合成化水平，朝着"精兵、利器、合成、高效"的方向发展。

（二）形成了门类齐全、综合配套的国防科技工业体系

国防科技是衡量一个国家综合国力的重要标志之一，也是国防现代化建设的重要方面。新中国成立以来，我国的国防科技工业从无到有，从小到大，从落后到先进，建立起了包括电子、船舶、兵器、航空、航天和核能等门类齐全、综合配套的科研实验生产体系，取得了一大批具有国内、国际先进水平的科研成果，为我军现代化建设和切实增强我国的综合国力作出了重要贡献。

① 在军用电子方面，逐步发展成为具有相当规模、门类齐全的新兴工业部门，特别是在指挥自动化、情报侦察、预警探测、电子对抗和通信等方面，为我军提供了各种新式装备和产品，进一步增强了部队侦察、通信、指挥和作战能力。

② 在船舶工业方面，先后自行研制建造了常规潜艇、核动力潜艇、导弹驱逐舰、导弹护卫舰（艇）、导弹快艇等，以及各种辅助船舶和新型鱼雷、水雷、反水雷等新装备，大大增强了海上作战的能力。

③ 在兵器工业方面，研制生产了一大批具有先进性能的坦克、装甲车辆、火炮、弹药、轻武器、军用光电器材和综合火控、指挥系统等新型武器装备，为我军现代化作出了重要贡献。

④ 在航空工业方面，已能够生产先进的歼击机、歼击轰炸机、轰炸机、直升机、运输机、教练机和侦察预警飞机等，基本满足了海军、空军作战和飞行训练的需要，空战能力和对地支援能力显著提高。

⑤ 在航天科技工业方面，已拥有地地、地空、海空和空空导弹武器系统，运载火箭、各种卫星的研制、实验、发射和应用能力等达到世界先进水平，有的具有领先水平。

⑥ 在核工业方面，我国不仅可以生产制造原子弹、氢弹，还掌握了核潜艇技术，形成了足够的核威慑力量。

⑦ 在和平利用核能方面，我国也取得了突破性进展。

总之，新中国成立以来，在党中央、国务院和中央军委的领导下，我国国防科技工业取得了可喜的成绩。现阶段，我国国防科技工业正在按照党中央和军委的部署，按照打赢信息化战争的要求，加快实施信息化改造和信息化建设步伐，以适应新军事变革和满足建设信息化军队、打赢信息化战争需要。

（三）国防动员体制进一步完善

为使战时有效而迅速地展开动员，我国在完善国防动员体制方面做了大量工作。

1. 建立了国防动员机构

中央军委下设有人民武装委员会，负责指导协调全国的后备力量建设和动员工作。国务院各部委设有动员机构，平时本着"平战结合"的原则，积极做好人力、物力、财力、资源的开发和储备；战时按照"军民结合"的原则，采取有效措施，将各种资源的潜力迅速转变为实力。

2. 建立了强大的国防后备力量

国防后备力量包括预备役和民兵。目前，我国预备役部队已组建的预役师、团已正式列入人民解放军的建制序列，形成了常备军与后备力量相结合的新体制。现在全国的民兵组织，已由单一的步兵发展成为包括高炮、地炮、通信、工兵、防化、侦察以及海、空军等专业技术在内的强大的群众武装力量。自1985年以来，全国又在普通高校和高级中学开展了学生军训，为国防培养了一批能文能武的后备力量。

3. 依托地方高校培养国防优秀人才

为进一步适应高新技术在军事领域广泛运用的新形势，拓宽选拔培养高素质军队建设人才的途径，培养和造就大批军政兼优、掌握现代科学文化知识的新型军事人才，2000年5月，国务院与中央军委颁布了《关于建立依托普通高等教育培养军队干部制度的决定》。其主要方式：一是军队从普通高等学校低年级在校生中确定培养对象，毕业后选拔担任军队干部；二是军队从普通高等学校的应届毕业生（含研究生）中，择优挑选热爱国防事业，素质高的学生，直接接收入伍担任军队干部；三是普通高等学校按照国家和军队有关部门下达的招生计划，招收品学兼优的高中生，毕业后定向分配到军队工作；四是采取军地院校联合培养人才，选送现役干部到普通高等学校学习深造。另外，军队在普通高等学校设立国防奖学金，享受国防奖学金的学生，毕业后应到军队工作。

五、国防建设的主要内容

国防建设涉及国家建设的各个领域，所包括的内容很多，通常主要有武装力量建设、国防科技工业建设、战争动员、国防教育、国防立法、国防工程建设等。

（一）武装力量建设

国家武装力量是国家各种武装组织的统称。加强武装力量建设，主要是加强国防军的建设和后备力量建设,即要建设一支适应信息化战争需要,能应对多种威胁的加大的陆军、海军、空军、第二炮兵,以及预备队部队和民兵。

2. 国防科技工业建设

国防科技和国防工业,是国防经济的主体和核心部分,直接为国家武装力量提供武器装备,既是实现国防现代化和进行战争准备的主要物质技术基础,又是促进国家经济建设的重要力量。国防技术为国防服务的自然科学及各种工艺与技术的统称。包括：兵器技术、航空技术、航天技术等。

国防工业包括：兵器工业、航空工业、舰船工业、电子工业、核工业、航天工业、军需工业等。主要产品有：枪炮、弹药、飞机、坦克、舰船、导弹、军用航天器材、核武器和装备等。

（三）战争动员

战争动员也称为国防动员,是指国家由平时状态转入战时状态,统一调动人力、物力、财力为战争服务所采取的措施。可以使国家迅速实现平战转换,夺取战略主动权,可以把国家的战争潜力转化为战争实力,满足战争的需要。包括武装力量动员、国民经济动员、人民防空动员、国防交通动员和政治动员等。

（四）国防教育

国防教育是对全体军民在思想、品德、知识、体质等方面施以相应影响的一种活动。目的在于增强国防观念,提高人民群众捍卫国家和民族利益的自觉性。主要表现在要教育人们居安思危,增强国防观念;要教育人们树立正确的战争观;要教育人们要敢于斗争,敢于胜利,大力弘扬爱国主义和革命英雄主义。

新中国成立后,国防教育的形式呈现多样化,从中央到地方的各级部门,国体、学校、部队、院校等都担负起国防教育的职能,形成了国防教育的网络体系。

（五）国防工程建设

国防工程建设是国防建设的重要内容,通常主要包括：边、海防的国防工程建设、预设战场的国防工程建设、各军兵种的国防工程建设和民防工程建设等。国防工程建设对战争的胜负起着重要的作用,既是保存国力军力的重要设施,又是反侵略战争的重要依托。

六、国防建设的基本原则

国防建设的基本原则,是进行国防建设的根本准则。由于国防建设涉及国家的政治、经济、军事、科学技术等各个领域,并受这些因素的影响和制约,所以国家的社会制度不同、经济基础不同、军事战略不同、进行国防建设的基本原则也就不同。我国国防建设的基本原则,正是从我国的具体国情出发而确定的。

（一）国防建设与国家经济建设协调发展

国防建设与经济建设,是国家建设的两个基本组成部分。国防问题实质是国家安全问题,经济问题实质是国家发展问题。国家的安全与发展是一个国家的两大根本问题。首先,经济是国防建设的基础。国防建设对经济建设有巨大依赖性,国防建设的方方面面都和国家的经济和科学水平有着直接的关系。只有国家的经济和科学技术水平发展,国防建设所需要的人才、物力、财力才有雄厚的基础,否则,国防现代化就是"无米之炊"、"无本之木",

只能流于空谈。其次，国防建设必须服从经济建设的大局。因为，经济建设是国防建设的物质基础，规定和制约着国防建设的规模、速度和水平。只有经济建设搞上去了，国防现代化才有可靠的保证和条件。再次，在经济发展的基础上，逐步增强国防建设，要与经济建设协调发展，并不是说要等国家建设好了，再来搞国防建设。

（二）国防建设以现代化为中心

国防建设以现代为中心是现代战争的客观要求。国防建设必须和该时代战争的需要相一致。第二次世界大战后，科学技术飞速发展，使武器装备发生了重大变化，并引起了作战方式的重大变革，给现代战争带来了不同于以往战争的许多新特点。这就要求国防建设必须和现代战争的需要相适应。国防建设以现代化为中心，是由我国国防建设的主要矛盾决定的。我国国防建设的现状和所应担负的历史使命还存在着很大差距。我国是一个发展中的社会主义国家，我军有着光荣的革命传统，其政治优势和革命化素质举世公认，但我军的武器装备还比较落后，人员的科学文化水平还比较低，军队的编制体制还不尽合理。上述几个方面，既是我国国防建设的主要问题，也是今后一个时期建设的重点。而从根本上解决这些问题，唯一的途径就是坚持以现代化为中心，不断提高我国的国防现代化水平。这是我国国防建设经验教训的科学总结，反映了和平时期国防建设的内在规律。

（三）国防建设坚持独立自主、自力更生

独立自主，自力更生是我国革命和建设的立足点，是我国国防建设的客观要求。我国是社会主义国家，我国国防性质和建设目的决定了我们必须主要依靠本国人民的力量，按照本国的具体情况独立自主地搞建设。

（四）国防建设要走军民结合，平战结合的道路

走军民结合，平战结合的道路，是毛泽东人民战争思想同建国后新的历史条件相结合，在国防建设中的运用和发展。包括国防经济与国民经济相结合；国防科技工业与民用技术工业相结合；常备军建设与后备力量建设相结合；国防工程建设和国家基本建设相结合等。

（五）国防建设要注重借鉴外国先进经验

借鉴国外先进经验是毛泽东同志倡导的。1956年，他在论十大关系时说"我们提出向外国学习的口号"，"我们的方针是，一切民族，一切国家的长处都要学。"在学习外国经验的同时，一是要反对教条主义的照抄照搬，一定要与中国实际相结合；二是要反对崇洋媚外。三是要坚决警惕和抵制资本主义腐朽思想的侵蚀。

第四节　武装力量建设

武装力量是国家或政治集团各种武装组织的总称，是国家机器的重要组成部分。一般以军队为主体，由军队和其他正规的和非正规的武装组织构成。武装力量建设，是指为建立和加强国家武装力量所采取的一系列举措，它以军队建设为主体，是国防建设的重要组成部分，目的在于提高武装力量的作用能力，为国家的根本利益服务。

一、我国武装力量的组成与体制

(一) 我国武装力量的组成

中华人民共和国的武装力量，由中国人民解放军现役部队和预备役部队、中国人民武装警察部队和民兵组成。

1. 中国人民解放军现役部队和预备役部队

中国人民解放军是中国武装力量的主体和骨干，是抵抗侵略、保卫祖国、维护国家主权和安全的主要力量。由现役部队和预备役部队组成。

现役部队是国家的常备军，由陆军、海军、空军和第二炮兵组成。主要担负防卫作战任务，必要时可以依照法律规定协助维护社会秩序。

预备役部队是国防后备力量的重要组成部分，是以现役军人为骨干，以预备役军官、士兵为基础，按规定的体制编制组成的部队。预备役部队的基本任务是：努力提高部队的军政素质，不断增强现代条件下快速动员和作战能力；切实做好战时动员的各项准备工作，随时准备转为现役部队，执行作战任务；积极参加社会主义建设，在物质文明和精神文明建设中发挥骨干带头作用。

2. 中国人民武装警察部队

中国人民武装警察部队是国家武装力量的重要组成部分，是保卫社会主义现代化建设的一支重要力量，是人民民主专政的重要工具之一。在国务院、中央军事委员会的领导指挥下，担负国家赋予的安全保卫，维护社会秩序的任务。根据中国人民解放军的建军思想、宗旨、原则，按照中国人民解放军的条令、条例和有关规章制度，结合武警部队的特点进行建设。其基本任务是：维护国家安全和社会稳定，保卫国家重要目标，保卫人民生命财产安全，战时协助人民解放军进行防卫作战。平时担负固定目标执勤、处置突发事件、反恐怖任务，并支援国家经济建设。

中国人民武装警察部队的任务决定了它具有军事性、公安性、地方性的特点，也决定了武警部队必然有不同于人民解放军的组织领导体制。武警部队的武器装备轻便、精良，以步兵轻武器为主，装备有少量的重型武器和特种武器。

3. 中国民兵

民兵是由不脱产的人民群众组成的武装组织，是中华人民共和国武装力量的组成部分，是中国人民解放军的有力助手和强大的后备力量，是进行现代条件下人民战争的基础。

民兵按年龄可分为普通民兵和基干民兵；按专业可分为普通兵和技术兵；按预备役可分为一类预备役和二类预备役。28 岁以下退出现役的士兵和经过军事训练的人员以及选定参加军事训练的人员编入基干民兵组织。其余 18～35 岁符合服兵役条件的男性公民，编入普通民兵组织。女民兵编为基干民兵，人数控制在适当的比例内。陆海边疆、少数民族地区和城市有特殊情况的单位，基干民兵的年龄可适当放宽。民兵必须是身体素质好，政治可靠的人员。

全国民兵工作在国务院、中央军委领导下，由总参谋部主管，各大军区按照上级赋予的任务，负责本区域的民兵工作；各省军区、军分区和县（市）人民武装部是本地区的民兵领导指挥机关；乡、镇、部分街道和企事业单位人民武装部，负责民兵和兵役工作。地方各级人民政府对民兵工作实施原则领导，对民兵工作实施组织和监督。

民兵在军事机关的指挥下，战时担负配合常备军作战、独立作战、为常备军作战提供战斗勤务保障以及补充兵员等任务，平时担负战备执勤、抢险救灾和维护社会秩序等任务。主要表现在三个方面：积极参加社会主义现代化建设，带头完成生产和各项任务；担负战备勤务，保卫边疆，维护社会治安；随时准备参军参战，抵抗侵略，保卫祖国。

（二）我国武装力量的领导体制

我国武装力量的领导体制是中央军委领导下的总部对各军区、各军兵种、武装警察部队和民兵实施领导指挥的领导体制。

1. 中央军委

中央军事委员会，简称中央军委，是中华人民共和国武装力量的最高领导机关和最高统帅部。

2. 总部机关

中国人民解放军总参谋部、总政治部、总后勤部、总装备部是中央军委的日常办事机构，同时又是中国人民解放军的领导机关。

二、中国人民解放军军兵种体制及编成

军兵种体制是指军队按军种、兵种构成的组织体系。中国人民解放军区分为陆军、海军、空军三个军种和第二炮兵。每个军种都是一个多系统和多层次有机结合的整体，不仅有战斗兵种、战斗保障兵种及专业部队，而且设有各级领导机构、后勤保障系统和院校培训体系。

（一）中国人民解放军陆军

陆军是指在陆地上作战的军种，是军队的主要组成部分。它具有强大的火力、突击力和高度的机动能力；既能独立作战，又能与海军、空军合同作战，是决定陆战胜负的主要力量。

中国人民解放军陆军由步兵、炮兵、装甲兵、防空兵、陆军航空兵、电子对抗兵、工程兵、通信兵、防化兵、侦察兵和测绘兵、汽车兵等兵种组成。

陆军的基本组织层次为：集团军、师（旅）、团、营、连、排、班。团以上大多采用合成编组。集团军通常辖若干个步兵师（旅）、装甲（坦克）师（旅）、炮兵旅、防空旅、直升机大队、工兵团、通信团及各种保障部（分）队等。

陆军没有设置独立的领导机关，领导机关职能由四总部代行。集团军至团的各级领导机关通常设置司令部、政治部（处）、后勤部（处）、装备部（处）。

1. 步兵

步兵是以轻武器、小口径火炮、反坦克导弹、防空火器、汽车、装甲输送车和步兵战车、保障车辆为基本装备，主要遂行地面突击任务的兵种，担负着直接歼灭敌人、坚守和夺取重要目标和地区的作战任务。步兵由摩托化步兵、机械化步兵、山地步兵组成，按师、团、营、连、排、班编成。

步兵的特点是：武器装备简单、轻便，具有夜战、近战和独立战斗的能力。受地形的限制、气象的影响较小，能在各种艰险困难的条件下独立持久地作战，具有很强的灵活性和顽

强性；又能在其他军兵种的协同下实施合同或联合作战。

现代条件下，我军步兵的机动能力有了很大的提高，火力、突击力、防护力较过去大大增强，改变了由过去单纯的徒步冲击，为徒步和乘车冲击相结合，甚至还能从空中垂直加入战斗。在火力方面，既有能打摩托化步兵的能力，又有较强的打装甲目标的能力，还有一定的对敌空中目标攻击的能力。

2. 装甲兵

装甲兵是以坦克及其他装甲战车、保障车辆为基本装备，主要遂行地面突击任务的兵种，是陆军中的一支重要的突击力量。在合成作战中，它可协同其他军兵种作用，也可在其他军兵种的协同下或单独遂行战斗任务，按师（旅）、团、营、连编成。在坦克师（旅）、团中，还编有装甲步兵、炮兵等部（分）队及其他勤务保障分队。

装甲兵的特点是：具有较强的火力，较好的通行能力，快速的机动能力和一定的夜战能力、良好的装甲防护能力。但其战斗行动受天气、气候和地形的影响；车辆多，目标大，难以隐蔽和伪装；物资供应和技术保障较为繁重和复杂。

3. 炮兵

炮兵是以各种压制火炮、反坦克火炮、反坦克导弹和战役战术导弹为基本装备，遂行地面火力突击任务的兵种，是陆军的重要组成部分和主要火力突击力量。它通常与其他军兵种协同作战，也单独地遂行火力突击任务。炮兵由地面炮兵、高射炮兵和战术导弹部（分）队组成，按师（旅）、团、营、连编成。

炮兵的特点是：具有强大的火力、较远的射程、良好的射击精度和较高的机动能力。火炮射程远、射面广，能及时广泛地实施火力机动，杀伤敌人，摧毁敌武器装备和工程设施，适时机动，且能在短时间内集中火力对敌实施猛烈突击。但是，炮兵也有机动易受气象、地形、道路等条件的限制和影响，装备复杂、补给困难，射击准备时间长等弱点。

4. 防空兵

防空兵是以高射炮、地空导弹武器系统为基本装备，遂行野战对空作战任务的兵种，是陆军对空作战的主要力量。防空兵由高射炮兵、地空导弹兵和雷达兵等部（分）队组成，以队属高射炮兵为主的体制，按旅（团）、营、连编成。

防空兵的特点是：具有较强的火力，较远的射程，良好的射击精度，较高的机动能力和快速的反应能力，能在昼夜和复杂气象条件下，持续地打击来自高、中、低空的敌飞行器。

5. 陆军航空兵

陆军航空兵是装备攻击直升机、运输直升机和其他专用直升机及轻型固定翼飞机，具有空中机动、空中突击和和空中保障能力，主要遂行以航空火力支援地面作战和机降作战任务的陆军兵种。

陆军航空兵的特点是：具有较强的攻击火力、广泛的机动能力和快速的反应能力，且隐蔽性好，不受地形的影响，具有超低空、"贴地"飞行的本领，能在地形复杂的条件下远离机场遂行多种作战任务，能快速地从各个方位将兵力集中于主要作战方向，令敌人防不胜防。它在侦察、运输、空降作战、反坦克、布雷、电子战等方面，将发挥愈来愈大的作用，是名副其实的"空中铁骑"，为坦克、装甲目标的"天敌"、步兵的"克星"。

6. 电子对抗兵

电子对抗兵是对敌实施电子战的主要力量。通常协同其他兵种作战，有时也可以单独地遂行电子侦察、电子干扰和电子摧毁任务。按团（大队）、营、连编成。

电子对抗兵的特点是：以电子设备或器材为武器，以电子斗争为主要作战形式，作战双方通过电磁波在空间的传播进行斗争，因而通常双方并不接触，斗争具有很强的技术性、谋略性和欺骗性。

7. 防化兵

防化兵是担负防化学保障任务的兵种，是对核、生、化武器防护的技术骨干力量。它既是军队对核、生、化武器防护的一支专业技术力量，又是一支可能直接杀伤敌人的战斗力量。由防化（观测、侦察、洗消）、喷火和发烟等部（分）队组成，按团、营、连编成。

防化兵的特点是：专业性、技术性和完成任务的时效性强，执行任务分散，保障条件下的目标多，具有较强的独立性、机动性和灵活性。现如今，防化兵增强了野战条件下的群防能力和快速侦察能力，成为我军一支技术程度较高的专业力量。

8. 通信兵

通信兵是担负军事通信联络任务、保障军队指挥的专业兵种，具有在各种战斗情况下遂行通信保障任务和提高指挥效率的能力。主要由通信、通信工程、无线电通信对抗、航空兵导航和军邮勤务等专业部（分）队组成，按团（站）、营、连编成。

通信兵的特点是：装备复杂，通信联络手段多，技术性、专业性、保密性和时效性强。

（二）中国人民解放军海军

中国人民解放军海军是以舰艇部队为主体，在海洋上作战的军种。海军具有在水面、水下、空中和岸上实施攻防作战和战略袭击能力，既能独立在海上作战，又能协同陆军、空军作战，具有常规作战能力和战略核打击能力，是海上作战的主力。目前，它已成为一支装备复杂、技术密集、多兵种合成、具有现代化作战能力的近海防御力量。

中国人民解放军海军主要由水面舰艇部队、潜艇部队、海军航空兵、海军岸防兵、海军陆战队等兵种及各种专业保障部队组成。

1. 水面舰艇部队

水面舰艇部队是指在水面遂行作战任务的兵种，是海军的基本作战兵力，主要包括战斗舰艇部队和勤务舰船部队，具有在广阔海域进行反舰、反潜、防空、水雷战和对岸攻击等作战能力。主要用于攻击敌方海上兵力和岸上目标，支援登陆、抗登陆作战，保护或破坏海上交通线，进行海上封锁、反封锁作战，运送作战兵力和物资，参加夺取制海权和海洋制空权的斗争等。

水面舰艇部队由驱逐舰、护卫舰（艇）、导弹艇、鱼雷艇、猎潜艇、扫（布）雷舰（艇）等战斗舰艇部队，按舰艇支队、大队、中队编成。勤务舰船部队编成大队，根据专业性能和担负的任务分别组成不同专业性质的勤务舰船大队。

水面舰艇部队的特点是：装备种类多，武器和技术装备复杂，装载力较大；执行任务范围广；可遂行多项作战和保障任务，可以担任攻击、保障、防御任务，也可执行海上运输任务，可以对沿海目标、水面目标和水下目标实施攻击，还可以反击空中目标；既可单独编成舰队独立遂行作战任务，又可以与其他军兵种协同进行作战任务；航速高，续航力大，航海性能好；既可长期在远洋活动，又可在近岸、浅水、岛礁区活动。

2. 潜艇部队

潜艇部队是海军在水下遂行作战任务的兵种，是海战场的重要突击力量。携带战略导弹的核潜艇是国家战略核反击力量的重要组成部分。

潜艇部队按潜艇动力可分为常规动力潜艇部队、核动力潜艇部队；按武器装备可分为鱼雷潜艇部队、导弹潜艇部队和战略导弹潜艇部队。

潜艇的主要战术技术特点：一是有良好的隐蔽性。潜艇主要活动在水下，有较大的下潜深度，不易被水面舰艇、飞机和卫星侦察发现，这是潜艇区别于其他舰艇的主要特点和优点。由于作为探测潜艇最有效的器材——声呐，其作用距离有限，故难以探测到在大洋深处活动的潜艇。相反，潜艇却能对水面和空中的反潜兵力实施隐蔽的搜索观察，做到先发现敌目标，及早主动采取避防措施。一旦被敌发现，还可以使用各种伪装和干扰器材欺骗和迷惑敌人。二是有较强的突击威力。潜艇可在水下发射鱼雷、导弹和布放水雷，突然地对敌各种舰船和岸上目标实施攻击，命中精度高，破坏威力大，并可实施多次攻击。三是有较大的续航力和自给力。潜艇在水下航速高，续航时间长，常规动力潜艇续航力在 5 000～10 000 海里，自给力可达 60 昼夜；核动力潜艇的续航力和自给力更大。因此，潜艇可远离基地到中、远海区长时间游弋，独立地遂行作战任务。

3. 海军航空兵

海军航空兵是在海洋上空遂行作战任务的一个重要兵种，是海军重要的突击和保障力量之一。海军航空兵可以单独地、也可以协同海军其他兵种完成海上多种作战任务。

海军航空兵通常由轰炸航空兵、歼击轰炸航空兵、歼击航空兵、强击航空兵、侦察航空兵、反潜航空兵部队和执行预警、电子对抗、运输、救护等保障任务的部队组成。它是夺取和保卫海洋战区制空权的重要力量，能对海战的进程和结局产生重大影响。其编制层次为舰队航空兵、航空兵师、团、大队（营）、中队（连）。

海空航空兵具有反应快速、机动性强、突击猛烈、遂行任务种类多等特点。

4. 海军岸防兵

海军岸防兵是指海军部署于沿海重要地段、岛屿，以火力遂行海岸防御任务的兵种，是海岸防御的主要火力。它能充分利用岛、岸的有利条件，预先构筑多种阵地，储备大量作战物资，进行持久作战，是近岸坚守防御战中的主要力量之一。

海军岸防兵通常由海岸导弹部队和海岸炮兵组成。其基本任务是：封锁海峡、航道，消灭敌方舰船，掩护近岸海区的己方交通线和舰船；支援海岸、岛屿守备部队作战，保卫基地、港口和沿海重要地段的安全。其编制有独立团、营、连等，分属于海军基地或水警区。

5. 海军陆战队

海军陆战队是指海军中担负渡海登陆作战任务的兵种，是实施两栖作战的快速突击力量。它是一支由诸兵种合成的，能实现快速登陆或担任海岸、岛屿任务的两栖作战部队。是海军对岸作战的重要力量，是国家海上力量的重要组成部分之一，是实现国家海洋战略的重要兵力。通常由陆战步兵、炮兵、装甲兵、工程兵及侦察、通信等部（分）队组成。其基本任务是：独立或协同陆军实施登陆作战、抗登陆作战。其编制序列为旅、营（团）、连、排、班。

海军陆战队的特点是：具有两栖化、装甲化、自动化、轻型化的特点，具有强大的火力，较强的机动能力，很强的突击力和较强的保障能力。

（三）中国人民解放军空军

中国人民解放军空军是主要进行空中作战的军种，是军队的重要组成部分。具有快速反应、高速机动、远程作战和猛烈突击的能力，既能协同其他军种作战，又能独立遂行战役、战略任务，是现代立体作战的重要力量，能对战争的进程和结局产生重大影响，在现代国防和现代战争中具有重要的地位和作用。

中国人民解放军空军成立于1949年11月11日，主要由航空兵、地空导弹兵、高射炮兵、空降兵及雷达、通信、电子对抗、气象等部队组成。其编制序列为军委空军、军区空军、空军军（空军基地）、师（旅）、团（站）、飞行大队（营）、飞行中队（连）。空军领导机关设有司令部、政治部、后勤部、装备部。军区空军根据任务辖一至数个航空兵军（基地）或航空兵师，一至数个防空混成师、地空导弹师（旅、团）、雷达旅（团）或高炮旅（团）。

1. 航空兵

航空兵是指装备军用飞机在空中遂行作战任务的兵种，是空军的主体。按照任务及装备飞机的不同，可分为歼击航空兵、轰炸航空兵、强击航空兵、侦察航空兵和运输航空兵等。主要装备歼击机、轰炸机、歼击轰炸机、强击机、侦察机、运输机、直升机及特种飞机等。

歼击航空兵是担负歼灭敌空中飞机和飞航式空袭兵器任务的兵种。其任务是：争夺制空权，掩护和保障各军兵种的作战行动，对保障航空兵本身各机种的战斗行动均具有特殊的意义。

强击航空兵是担负攻击敌地面部队或其他目标任务的兵种。其任务是：压制敌战场目标；消灭敌有生力量；阻滞敌交通运输；突击敌航空基地，压制敌防空兵器，争夺制空权；必要时，实施航空侦察和歼灭空中目标。

轰炸航空兵是担负对地面、水面目标实施轰炸进攻任务的兵种。其任务是：破坏敌纵深政治、经济、军事等目标；消灭敌有生力量；突击敌航空兵基地，夺取制空权；阻滞敌交通运输；遂行航空侦察、空中布雷及反潜等任务。

侦察航空兵是以侦察机为基本装备，担负从空中获取情报任务的兵种。其任务是：查明敌兵力部署；查明敌政治、经济、军事、交通等重要目标情况；查明敌电子技术设备的性能和配置；发现敌实施突然袭击和使用核武器的征兆；检查我军的伪装情况和对敌突击的效果。

运输航空兵是装备军用运输机和直升机，遂行空中输送任务的兵种。具有远程、快速的运输能力和广泛的机动能力，对保障军队机动和补给具有重要的作用。其任务是：保障地面部队实施空中机动；输送空降兵实施空降作战；空运武器装备和物资器材；实施空中求援。

除侦察航空兵按团、大队、中队编成外，其他航空兵均是按师、团、大队、中队编成。

2. 地空导弹兵

地空导弹兵是装备地空导弹（也称防空导弹）武器系统，遂行防空作战任务的兵种。它是国土防空的重要力量，具有较强的战斗力、较高的射击精度和一定的机动能力，能在昼夜间各种天气和气候条件下遂行作战任务，通常与歼击航空兵、高射炮兵共同行动。

地空导弹兵与高射炮兵是空军两个地面防空作战的兵种,两者既有分工,又密切协同,通常在要地周围,按远、中、近(程)和高、中、低(空)构成严密的防空火力网。按师、团、营或旅、营编成。

地空导弹兵的主要任务是：歼灭来袭的敌空袭兵器,掩护国家要地；歼灭敌侦察机,制止敌航空侦察；歼灭敌运输机,制止敌空运、空投和空降；必要时,掩护陆、海军的主要部署。

3. 高射炮兵

高射炮兵是以高射炮为基本装备,遂行防空作战任务的兵种,是国土防空的重要力量。具有迅猛的火力和较强的机动能力,能在昼夜间各种天气和气候的条件下持续地进行战斗,特别是对于中低空目标,更能发挥其战斗威力。通常按旅、团、营、连编成。

高射炮兵的主要任务是：歼灭来袭的敌空袭兵器,掩护国家要地；歼灭敌侦察机,制止敌航空侦察；歼灭敌运输机和伞降、机降的空降兵；必要时,掩护陆、海军的主要部署和歼灭敌地面、水面目标。

4. 空降兵

空降兵是以伞降或机降方式投入地面作战的兵种。具有作战空间范围大,可大范围超越地理障碍,全方位机动能力强,行动隐蔽、速度快；应急作战能力强和遂行作战任务及作战式样多等特点,是一支具有空中快速机动,能实施远程奔袭、全纵深作战的突击力量。

我军的空降兵主要由空降步兵、装甲兵、炮兵、工程兵、通信兵及其他专业部(分)队,以陆军为基础,按军、师、团、营、连编成。

其主要任务是：夺取敌方纵深区域的重要目标或地域,断敌后路,阻敌增援,配合当面进攻部队歼敌或夺取登陆场,配合登陆部队登陆；摧毁或破坏敌指挥机构、导弹、核武器、电子设备、机场、交通枢纽和后方供应设施等重要目标；应急部署,掩护当面部队的机动和展开；支援敌后作战的部队和游击队；参加反空降作战和担负其他特殊作战任务。

5. 雷达兵

雷达兵是以雷达获取空中情报的兵种,是国土防空预警系统的主体和指挥、引导的主要保障力量。具有全天候搜索、探测和监视空中目标的能力。随着装备的不断更新,探测范围不断扩大,现在已构成了覆盖全国的雷达预警网,在保障国土防空、飞行管制、航空兵的作战和训练等方面均发挥着巨大的作用。通常按旅(团)、营、连编成。

雷达兵的主要任务是：实施对空警戒侦察,及时提供防空作战和协同登陆、海军作战以及人民防空所需的空中情报；提供空中敌、我机的活动情况,保障空军各级指挥所指挥引导我机的战斗活动,保障航行管制部门实施飞行管制,并将有关违反飞行规划、偏航、迷航、遇险等情况及时通知有关部门,对经批准在我国领空飞行的一切飞行器进行监察。

(四) 中国人民解放军第二炮兵

第二炮兵,也称"地地战略导弹部队",是中国人民解放军中装备地地战略导弹武器系统,遂行战略核反击任务的部队,是实施积极防御战略任务的重要核反击力量。该部队始建于20世纪60年代,受党中央、中央军委直接领导和指挥。它与海军潜艇战略导弹部队和空军战略轰炸机部队构成我国"三位一体"的战略核力量。

第二炮兵的建立和不断发展壮大，是我国综合实力和国防现代化的重要标志之一。它不仅展示了我国拥有强大的军事实力和尖端科学技术，同时也标志着我军现代化进入了新的阶段。它对于提高我国的国际威望、遏制超级大国对我国发动战争、争取一个和平稳定的国际环境都具有重要作用。

1. 第二炮兵的编成

第二炮兵由地地战略导弹部队、常规战役战术导弹部队以及工程、情报、侦察、测地、计算、气象、通信、防化、伪装等专业部队组成。编制序列为第二炮兵导弹基地（相当于军）、旅、营。第二炮兵领导机关设有司令部、政治部、后勤部、装备部。

2. 第二炮兵的主要任务

主要任务是：平时发挥威慑作用和遏制敌人可能对我国发动的核战争；战时协同其他部队作战或独立作战；遏制将常规战争升级为核战争，遏制核战争升级，实施核反击。

目前，第二炮兵已建成了一批不同型号和不同发射方式的作战阵地，初步形成了多种型号的导弹武器装备系统，快速机动作战能力和准确打击目标能力有了进一步的提高。

三、我国武装力量建设与发展的指导原则

到21世纪中叶，是中华民族全面振兴的重要时期，也是人民军队发展的重要时期。党中央及时地提出了军队现代化建设"三步走"的战略，即：第一步打好基础，第二步加快发展，第三步实现目标。这一战略构想充分反映了我党在军事战略上的深谋远虑和强军兴军的雄心壮志，是指引军队跨世纪建设与发展的宏伟纲领。现跨世纪发展构想，加速军队的现代化建设，应当坚持以下指导原则。

（一）坚持质量建军

任何一支军队，其战斗力的强弱，不但取决于兵力数量的多寡，而且取决于兵力质量的高低。在现代战争条件下，兵力数量要素在军队作战能力构成比重逐渐下降，而军队战斗力的强弱越来越主要地取决于兵力质量的高低。因此，必须坚持质量建军，走有中国特色的精兵之路。在军队建设的指导思想上，必须实现由数量规模型向质量效能型、由人力密集型向科技密集型的根本性转变。

（二）坚持科技强军

没有先进的科学技术，既不可能有现代化的武器装备，也不可能有现代化的军事人才和科学的编制体制，也就不可能建设出一支高质量的现代化军队。中国人民解放军是一支攻无不克、战无不胜，具有强大战斗力的军队。然而，毋庸讳言，在这支军队战斗力的总体构成中，也存在着许多薄弱环节。其中突出一点就是科技基础薄弱。因此，在中国人民解放军的建设与发展中，必须增强科技意识，提高用"科技强军"思想指导质量建设的自觉性。现代技术特别是信息化条件下的局部战争，对军队的科学技术素质提出了更高要求，只有走科技强军之路，不断增强军队战斗力构成中的高科技含量，才能使人民解放军成为一支适应未来战场环境并在未来战争中立于不败之地的强大军队。

（三）坚持勤俭建军

勤俭建军是中国人民解放军的优良传统，也是建军的基本原则之一。在革命战争年代和相对和平时期的军队建设中，人民解放军依靠勤俭建军、艰苦奋斗的精神，克服了重重困

难，取得了战争的胜利和军队建设的巨大进步。在新世纪，军队现代化建设任务十分繁重，而军费有限，供需矛盾突出。在这种情况下，继承和发扬勤俭建军、艰苦奋斗的优良传统尤为重要。

勤俭建军，就是要发扬江泽民同志提出的64个字的艰苦创业精神，以此作为战胜困难、夺取胜利的精神支柱；要坚持勤俭节约办一切事情，坚决反对铺张浪费，注重效益、精打细算，做到少花钱多办事，花小钱办大事；树立计划的节约是最大的节约的思想，搞好军队建设的宏观谋划和长远规划，做到统筹规划、协调发展；要严格执行有关条令条例、规章制度，加强检查、监督，从各个方面堵塞漏洞，防止贪污、盗窃、经济诈骗等案件的发生；要通过加强科学管理，运用新的科学技术成果、改进工作方法、提高工作效率等，节约人力、物力和财力，丰富勤俭建军的内容和成果。

（四）坚持依法治军

依法治军是贯彻邓小平法制思想和中共中央"依法治国，建设社会主义法制国家"方针的基本要求，是实现跨世纪军队建设发展目标的重要保证。

随着社会主义市场经济体制的建立和民主法制建设的加强，社会生活、军队活动的各个方面都要逐步纳入法制轨道，传统的治军方法必将越来越紧密地同法律手段有机地结合起来。人民解放军在长期的革命实践中积累了丰富的治军经验，形成了一系列卓有成效的治军方法和手段。依法治军并不排斥也不取代其他治理军队的方法和手段，而是在这些方法和手段中引入法律机制，使之规范化、制度化，从而更有效地发挥各种治军方法和手段的综合效益。

坚持依法治军的原则应把军队建设的各个方面、各个环节纳入法制轨道，做到有法可依、有法必依、执法必严、违法必究，实现军队建设的法制化和规范化。要重点抓好依法行政，通过制定军事组织和军事行政法规，把各级领导和机关的职责、权限、行政责任、监督办法等纳入法制轨道。要在健全军事法规体系的同时，提高军事法规的可操作性，使法规内容具体化。要深入持久地开展法制教育，提高广大官兵，特别是各级领导干部守法、执法的自觉性。要加强法制监督，建立有效的监督体系，保证法规制度的全面遵守。

（五）坚持改革创新

改革创新是新时期对军队建设的客观要求，是军队自身矛盾运动的必然结果，也是军队建设的自我完善和发展。

时代在发展，历史在前进，军队建设同样在不断发生着深刻变化，人民军队的一些传统，包括在历史上曾经发挥过重要作用的东西，将可能与新的形势不再适应，有的甚至被淘汰。这是不以人的意志为转移的客观规律。站在世纪之交重要关头的人民解放军，需要有改革创新的精神，迎接世界军事领域深刻变革的挑战，必须要研究世界军事发展的特点及发展趋势，探索信息化战争的特点和规律，研究在建设信息化军队过程中自身存在的重大现实问题，寻求解决问题的办法，在保持人民军队特色的基础上，博采众长，走有中国特色的精兵之路。

第五节　国防动员

一、国防动员概述

（一）国防动员的概念

国防动员，简称动员，是指国家采取紧急措施，由平时状态转入战时状态，统一调动人力、物力、财力适应战争需求的一系列活动。这一活动具有三个要素：一是战争动员的主体通常是国家；二是战争动员的对象是人力、物力、财力；三是战争动员的目的是适应战争需求，为战争服务。国防动员通常包括武装力量动员、国民经济动员、人民防空动员、交通运输动员和政治动员等领域。

（二）国防动员的地位与作用

国防动员是国防活动的重要内容之一，是准备和实施战争的重要措施，是关系国家安危的大事。无论是古代战争，还是现代战争；全面战争，还是局部战争；常规战争，还是非常规战争，都离不开动员。毛泽东曾明确指出：革命战争是群众的战争，只有动员群众才能进行战争，只有依靠群众才能进行战争；动员了全国的老百姓，就造成了陷敌于灭顶之灾的汪洋大海，造成了弥补武器等等缺陷的补救条件，造成了克服一切战争困难的前提。国防动员的这种重要地位，决定了国防动员在赢得战争胜利等这种关系到国家安危的重大活动中，具有非常重要的作用。

1. 可以将战争潜力转换为战争实力，为赢得战争胜利奠定基础

为赢得胜利提供足够的战争实力，是国防动员活动基本功能。这一功能的实现，是国家通过平战体制的转换和资源的重新配置予以完成的。战争是实力的较量，一个国家纵然拥有雄厚的财富，但是如果这些财富仅仅作为战争潜力，不能把它迅速地转换为战争实力，仍然难以用于战争并发挥作用。国家持续不断地保持战争实力的供给，才能把战争进行到最后的胜利。动员是国家把战争潜力转化为战争实力的转换器，也是持续保障战争实力不可或缺的重要活动。

2. 可以为遏制危机提供强大的威慑力量，遏制战争的爆发

上个世纪后半叶，在美苏两大集团严重对峙的冷战条件下，国防动员的应战功能由过去的"为赢得胜利提供足够的战争实力"拓展到"为遏制危机提供强大的威慑力量"。进入新世纪后，随着和平与发展的时代主题越来越深入人心和世界和平力量的持续增长，许多国家和地区已把遏制危机和战争作为军事战略的重要或首要任务。实践中，也有许多国家通过显示实力和使用武力的决心，有效地消弭了威胁，遏制了战争。战争动员的这种"止战"的功能越来越突出。

3. 可以为应对突发事件提供有效措施，有利于维护社会稳定和人民群众生命财产安全

国防动员活动对于国家处置重大突发事件，诸如危害社会稳定和人民生命财产安全的严重自然灾害、社会动乱和严重工业事故等重大突发事件，能够发挥重要作用。当国家遇到自然灾害、社会不稳定的紧急状态时，国防动员系统可以凭借自身特有的功能和力量为抗御自

然灾害、维护社会稳定提供有效措施和有力支援。

4. 可以通过减轻国家负担，为经济和社会发展提供一定的支援

动员活动可以达到"平时少养兵，战时多出兵"的目的。和平时期，任何国家都没有必要也不可能维持庞大的战争准备规模。如果这样做，就会对国家形成沉重的负担，会直接影响国家经济建设和社会发展。因此，各国都在加强预备役部队建设，加强寓军于民的各项动员准备。做好了这些工作，就可以把省下来的经费转用于经济建设发展，从而达到增强综合国力、富国强兵的目的。从这个意义上可以说，做好战争动员准备，也是促进国家的经济和社会发展的需要。

二、国防动员的内容

战争动员的主要内容通常包括：武装力量动员、国民经济动员（工业、交通、科技动员）、群众防卫动员（民防动员、人民防空动员）、政治动员。有的国家（如美国）将工业动员和经济动员并列为两大主要内容；有人亦将科学技术动员单列，以突出科技因素在现代战争动员中的地位。

（一）武装力量动员

武装力量动员，即国家将军队和其他武装组织由平时转为战时体制。武装力量是遂行战争任务的主体，武装力量动员是战争动员的核心。武装力量动员通常包括现役部队动员、预备役部队（预备役人员）和民兵动员。现役部队动员又分野战部队动员和地方部队动员。野战部队动员，是指将野战部队从平时编制转为战时编制，一般是以野战部队为基础，按动员计划进行扩编，达到齐装满员，并按照国家战略计划实施战略展开，掩护国家从平时状态转入战时状态。地方部队动员，是指按动员计划组建扩建地方部队，增强地方作战兵力，完成区域性作战任务，并可根据战争进程将地方部队升级为野战部队。预备役部队（预备役人员）动员，又分为已编组的预备役部队动员和未编组的预备役人员动员。已编组的预备役部队动员，是指征召大批预备役人员成建制地转服现役。一般是在健全的预备役制度保障下，在平时搞好训练储备的基础上，直接编入野战部队或者地方部队。预备役人员动员，主要用于补充和扩编现役部队，亦可根据需要，从现役部队抽调部分骨干，以预备役人员为基础，组建新的战略预备队。民兵动员，是指发动和组织广大民兵参军参战，除按计划部分补充野战部队和配属野战部队作战外，大部则配合地方部队担负要地防空等作战和战勤任务，同时广泛开展游击战争，配合主力打击敌人，充分发挥人民战争的整体威力。

（二）经济动员与交通运输动员

国民经济动员，即国家将国民经济各部门和相应的国家机构，有组织有计划地由平时状态转入战时状态，充分调动国家的经济能力，提高生产水平，保障战争的需要。经济力量是战争赖以进行的物质基础，国家的经济潜力及其动员程度如何，对战争的影响极大。国民经济动员包括工业动员、农业动员、交通运输和邮电通信动员、科学技术动员及其他动员。工业动员就是通过各种平战转换渠道，改组民用和军工企业，提高军品生产能力，保障战争需要。工业动员是经济动员的重点，也是经济动员中最复杂的问题。其主要内容是：统筹安排军需民用，调整工业布局，改组生产与产品结构，实行快速转产，扩大军品生产；组织工厂企业必要的搬迁、复产以及战略物资、生产原材料储备的隐蔽疏散和分配等，最大限度地把

工业潜力转化为实力,为战争服务。农业动员,就是在战争爆发后农业劳动力和农业机械大量减少的情况下,调整农业结构,尽力扩大生产,达到既能保障战争所需要的粮食以及某些工业原料,又能保障人民生活的需要,并为前线提供人力、畜力和机械运输工具。交通运输和邮电通信动员,就是把国家交通运输、邮电通信等行业的力量组织起来,如调动铁路、民航、远洋船队、公路、水路、邮电通信等平时业已组成的预备役部队,为战争服务;改善交通网络,按计划对各种运输工具进行采购征用,综合运用多种运输手段;将邮电通信设施等迅速转为战时状态,确保指挥、通信畅通无阻。科学技术动员,主要是把国家有关科研部门和这些部门的专家、学者、工程技术人员等组织起来,大力进行战争所需要的科学技术的开发研究;加紧培养和造就大批科学技术力量,并合理使用这些力量,有计划地为武装力量输送专业技术骨干,保证战时扩编的需要;广泛采用新技术、新材料、新工艺,研制和发展新型武器装备,力争保持国家在战争过程中军事科学技术处于优先地位,以适应战争需要。其他动员,就是除上述部门外,对国民经济其他部门和行业进行的动员,如国家计划部门根据战争需要,对国家资源进行的再分配;金融财政部门对国家、民间资金的收拢募集和运用;物价、计量部门加强市场管理,稳定物价,保障国计民生;医疗卫生部门担负战争伤残人员的抢救和医疗;商业服务行业在"军民兼顾"原则下保障全国军民作战和日常生活需要,等等。总之,凡是能够担负支援战争任务的国民经济部门,都要不失时机地实现平战转换,为战争服务。

(三) 人民防空动员

人民防空动员,简称人防动员,是指国家为了适应战争的需要,发动和组织人民群众防备敌人空袭,减少空袭损失消除空袭后果所进行的活动。国外把组织民间防备敌人空袭,消除空袭后果,防护自然灾害统称为民防动员。随着现代科学技术的飞速发展,各种新式空袭兵器不断出现,空袭反空袭已成为现代战争的主要作战样式之一,在现代战争中占有极为重要的地位。搞好人民防空动员,对于增强国家的总体防御能力具有重要的战略意义。人民防空动员的内容,主要包括群众防护动员、人防专业队伍动员等。

群众防护动员就是组织和发动居民防备敌人空袭,与敌人的空袭作斗争,尽量避免和减少空袭所造成的人员生命和财产损失。其内容包括:在平时对居民进行人防知识的宣传教育和防空训练,构筑防护工事及掩体,对人员、重要经济目标、牲畜、粮食和水源进行必要的防护准备;战时根据防空袭警报,适时进行人员疏散隐蔽,在有放射性物质、毒剂沾染的情况下,对受染地面、建筑物、水源、粮食和衣物进行消毒和消除,实行灯火管制等。

人防专业队伍动员,就是根据城市防空袭斗争的需要,组织各种防护专业技术分队,如抢险、抢救、抢修、消防和"三防"分队,有针对性地消除空袭后果的行动。战时,组织动员人防专业队伍,实施抢险、抢救、抢修和消防,消除空袭后果,对支援城市防卫作战,最大限度地减少损失,尽快恢复生产和生活秩序,有着重要的作用。

新中国成立以来,我国卓有成效地开展了人民防空工作,建立了各级人防机构,进行了广泛的人防教育,构筑了大量的人防工事。我国人防工作的基本任务是:保护人民群众免受或少受威力巨大的现代武器的杀伤,对人民群众进行防卫训练和教育,预先构筑防护工事,组织和实施城市居民的疏散、隐蔽和配备个人防护器材,保障粮食和水源不受放射性尘埃和化学武器的污染;保证国民经济各部门在敌空袭威胁下能稳定地持续生产,采取各种组织措施和工程技术措施,合理安排工业布局和城市规划,加强经济设施的稳固性、安全性,储存部分原料、燃料、动力、成套配件和供气、供水设施，组织对国民经济设施部门不间断的指挥；在遭敌空袭地区进行抢救抢修，将敌袭击后果减少到最小限度，预先组织群众防卫力量在有敌袭击威胁时进入准备状态，组织和实施在杀伤破坏（或受灾）区的抢救、抢修工作，对难民进行救护，并保障对群众防卫力量进行不间断的指挥；配合军队歼敌空降兵、维持社会治安、肃清敌特及进行城市防卫作战，给群众防卫队伍配备以必要的武器器材，以抗击和袭扰敌空袭兵器、围歼敌空降兵、消灭敌特、维护社会治安和交通运输畅通。此外，当国家遭受严重自然灾害和发生重大生产事故时，遂行抢险救灾、救护灾民、消除受灾后果任务，亦正在逐步列入人防工作的重要内容。

（四）政治动员

政治动员，主要指围绕实施战争而进行的宣传教育和政治鼓动。政治动员分为国内动员和国际动员。国内政治动员，是政府、军队和社会团体等，运用各种宣传舆论工具，对全国军民进行国防教育，发扬爱国主义和革命英雄主义精神，增强国防观念，使之对战争的性质、目的有明确认识，树立抵抗侵略、保卫祖国的思想，坚定打败敌人、夺取胜利的信心。国际政治动员，是国家通过各种外交活动和对外宣传，揭露敌人的战争阴谋，控诉敌人的残暴罪行，争取国际上友好和中立国家人民的声援和支持，建立国际的统一战线，甚至结成必要的国际联盟。政治动员是战争动员的前提和保证，不论武装力量动员、国民经济动员，还是群众防卫动员，都需要以政治动员为引导和动力，才能顺利地展开。只有使全体军民通过政治动员，对战争的威胁和危害有充分的认识，激发起对敌人的极大仇恨，才能引起对各项动员工作的重视，保证各项动员措施的落实；只有广泛进行国际宣传，才能争取最大限度的国际支援，孤立敌人，壮大自己。

三、国防动员的组织实施

战争动员的实施过程，由若干个环节组成，按一定的工作步骤和次序展开。认识并掌握其规律，对科学安排动员工作，提高效率，实施快速动员，具有重要的意义。战争动员实施的基本程序是：进行动员决策、发布动员令、充实动员机构、修订动员计划、落实动员计划。

（一）进行动员决策

正确地进行动员决策，是战争动员实施过程中首先需要解决的问题。因为一旦实施动员，整个国家的政治、军事、经济、文化、外交等均相应地转入战时体制。如果动员决策失误，动员为时过早或规模过大，会影响国民经济的发展，造成国内不必要的紧张，在国际上也会处于被动地位；动员为时过迟或规模过小，则会影响武装力量的战略展开和整个国家转入战时体制，造成战争初期的巨大损失。所以，国家动员决策机构必须把握时机，适时决策，使战争动员既不失之于过早，又不失之于过迟；既不失之于过小，又不失之于过大。

进行战争动员决策的关键，是正确分析判断敌情。要充分利用各种手段，广泛收集各国（包括敌性国家）的政治、经济、军事等情况，并对这些情报进行综合分析，尽早洞察敌性国家的战争企图，判定战争威胁是潜在的还是现实的，是全面的还是局部的，是一国的还是国家集团的，从而视情确定动员实施的时机、规模和方式等。

（二）发布动员令

动员令是宣布全国或部分地区、某些部门转入战时状态的命令。动员令的发布，关系战争的胜负和国家的命运，各国大都由最高权力机关或国家元首、政府首脑发布。《中华人民共和国国防法》第十条规定："全国人民代表大会依照宪法规定，决定战争和和平的问题，并行使宪法规定的国防方面的其他职权。"规定："全国人民代表大会常务委员会依照宪法规定，决定战争状态的宣布，决定全国总动员或者局部动员，并行使宪法规定的国防方面的其他职权。"第十一条规定："中华人民共和国主席根据全国人民代表大会的决定和全国人民代表大会常务委员会的决定，宣布战争状态，发布动员会，并行使宪法规定的国防方面的其他职权。"

发布动员令的方式，分为公开发布和秘密发布两种。公开发布动员令，一般是战争即将或已经爆发的情况下施行，可以运用一切宣传工具和通讯手段，不受任何保密限制。这种方式传递速度快，能在短期内家喻户晓，迅速转入战时体制。第二次世界大战中，苏德战争爆发的当天，苏联就向全苏发布了动员令。第四次中东战争，以色列遇到埃及的突袭10分钟后，政府就通过广播电台向全国发布了动员令，当天晚上，总理梅厄夫人向全国发表了广播讲话，全国很快掀起了动员高潮。秘密发布动员令，一般是在战争已不可避免、但尚未爆发的情况下施行。要执行严格的保密限制，通常是根据需要，只秘密通知政府有关部门和军事机构、军工厂和需要转产的民用工厂。第二次世界大战时苏德战争爆发前的德国，抗美援朝战争爆发前的我国，第四次中东战争中的埃及、叙利亚，在战争前都进行了秘密动员。发布动员令是战争动员的一般程序，但不是必然程序。在战争中也有这样的情况，国家事实上已经进行战争动员，但并未发布动员令，如美国侵越战争即是如此。

动员令的主要内容有：① 当前的政治、军事形势，敌国发动战争的企图和本国所面临的威胁。② 国家进行战争的意志和决心。③ 对战争动员的实施作出原则规定和要求。④ 明确战时国家动员机构的组成和权限，以对整个动员工作统一指挥和协调。⑤ 明确动员的规模和开始动员的日期。

动员令发布之后，能否实施快速动员，很大程度上取决于动员令的传递速度。所以，无论是公开动员还是秘密动员，都应该充分运用所有允许运用的传递形式，以最快的速度，将动员令传递到有关机构和人员。

（三）充实动员机构

一旦实施战争动员，和平时期的动员机构，无论在人力上还是权限上，都难以适应需要，必须及时调整和加强。一是要扩大组织，增加人员。战时，一切为了夺取战争的胜利，战争动员刻不容缓，动员机构任务十分繁重，工作量大，只靠平时的编制员额，远远满足不了需要。所以，要增加编制，扩充机构。二是要赋予职权，具有较高的权威性。战争动员事关国家安危，责任重大，如果权力有限，指挥无力，处处受制，就难以完成繁重的动员任务，影响战争的顺利进行。所以，各级战争动员机构都应拥有较高的职权。各级行政区的动员机构，必须由主要负责人担任领导，吸收有关的工、商、贸、交通、燃料、公安、司法等部门的领导和人员参加，形成一个协调的战争动员机构。如果动员为时过早或规模过大，会影响国民经济的发展，造成国内不必要的紧张，在国际上也会处于被动地位；动员为时过迟或规模过小，则会影响武装力量的战略展开和整个国家转入战时体制，造成战争初期的巨大损失。所以，国家动员决策机构必须把握时机，适时决策，使战争动员既不失之于过早，又不失之于过迟；既不失之于过小，又不失之于过大。

进行战争动员决策的关键，是正确分析判断敌情。要充分利用各种手段，广泛收集各国（包括敌性国家）的政治、经济、军事等情况，并对这些情报进行综合分析，尽早洞察敌性国家的战争企图，判定战争威胁是潜在的还是现实的，是全面的还是局部的，是一国的还是国家集团的，从而视情确定动员实施的时机、规模和方式等。

（四）修订动员计划

战争动员计划，是实施战争动员的依据。在面临战争的情况下，由于国际战略环境和国内条件都发生了变化，事先制定的动员计划难免与战争的实际情形不完全吻合，所以要及时予以修订。

修订战争动员计划，一般说来，是在既定计划的基础上进行。若作小的修改、补充就能适应战争需要，一般不做大的修改。只有在与战争实际明显不符时，才做大的修改。为避免实施战争动员时对计划进行大的改动，在平时就要针对不同的战争规模和样式，多设计几套方案，并根据情况的不断变化逐年修订，在战争征候较为明显时及时修订。这样就可以缩小平时制定的战争动员计划与战争实际之间的距离，减少战争动员实施时修订动员计划的工作量，加快动员速度，缩短动员时间。

修订战争动员计划，要注意统筹规划，关照全局，突出重点，优先保障战争初期，照顾战争中、后期，优先保障一线战区，兼顾其他战区。修订动员计划，与充实动员机构常常是同时进行，一边充实动员机构，也修订动员计划。

（五）落实动员计划

落实动员计划，是使计划见之于行动，实施战争动员的关键环节，必须下大力气抓紧抓好。动员令发布之后，负有动员任务的地区、部门和行业，应根据修订的动员计划，迅速转入战时体制。武装力量、国民经济、科教文化等部门和社会生活，都以保障战争胜利为轴心迅速进行调整。

武装力量要迅速转入战时状态。现役军人一律停止转业和退伍，停止探亲和休假，外出人员立即归队。满编部队应迅速集结到指定地域，补充武器装备；有作战任务的部队，要迅速开赴前线。简编部队应迅速补充，满员齐装。预备役部队应根据情况，迅速集结、换装、发放武器装备，实施交接，转隶关系，明确任务，并抓紧时间进行整训。民兵应做好应征准备，同时启封民兵武器，成建制组织起来，进行必要的训练。另外，视情况准备成立新的部（分）队。

地方政府各部门要根据上级下达的动员任务，积极实施动员计划。经济部门要迅速动员民用工厂转产，生产前线急需的武器弹药、服装和食品等；科研机关要抽出人力物力财力，研制、开发新型武器装备；教育部门要组织地方有关的大专院校为军队培养和输送人才；宣传文化系统要搞好政治动员，加强爱国主义、革命英雄主义和参军参战的宣传教育；外事、外贸部门要积极争取外国的军事、经济援助，并通过各种途径建立统一战线，广交朋友，打击敌人。总之，各行各业都要动员起来，落实战争动员计划，有组织、有计划地转入战时体制，为战争服务。

同时，有关各部门还要检查、督促战争动员计划的落实，搞好前线战争需求信息的反馈，使动员的人、财、物更加符合战争实际。

第六节　中国兵役制度

兵役制度是国家关于公民参加军队和其他武装组织、承担军事任务或在军队外接受军事训练的一项重要的军事制度。它随着国家的出现而产生，又随着国家的经济情况、政治制度和军事需要而变化。

中国兵役制度分为两种：一种是义务兵役制，又称征兵制。这种制度是国家利用法律形式规定公民在一定的年龄内必须服一定期限的兵役，带有强制性。另一种是志愿兵役制，又称募兵制。这种制度是公民凭自愿应招到军队服兵役，并与军方签订服役合同。中国实行义务兵与志愿兵相结合、民兵与预备役相结合的兵役制度。依照法律服兵役和参加民兵组织是中国公民的光荣义务。

一、中国兵役制度的发展阶段

中国人民解放军自1927年建立以来实行的兵役制度，大体经历了以下几个发展阶段：

从建军之日起到建国初期的1954年，一直实行的是志愿兵役制。自愿参军的人员，长期地在军队服务。

从1955年开始实行义务兵役制。1955年7月30日，第一届全国人民代表大会第二次会议通过了中国第一部兵役法，中国人民解放军开始实行义务兵役制。兵役法规定的义务兵服役年限为：陆军3年，空军4年，海军5年。1965年经第三届全国人民代表大会决定，改为陆军4年，空军5年，海军6年。1967年，中共中央、国务院、中央军委、中央文革小组决定改为陆军2年，空军3年，海军4年。

从1978年起实行义务兵与志愿兵相结合的制度。1978年3月7日五届人大常委会第一次会议，讨论批准了《关于兵役制问题的决定》。决定指出，为了加速我军革命化、现代化建设，决定实行义务兵与志愿兵相结合的兵役制度。根据部队需要和本人自愿，将部分义务兵改为志愿兵，并对现行义务兵的服役年限作适当延长。从1978年起，义务兵服现役的时间又恢复了1955年的规定，服役年限分别为：陆军部队的战士3年，空军、海军陆勤部队和陆军特种技术部队的战士4年，海军舰艇部队、陆军船舶分队的战士5年。

1984年5月31日，第六届全国人民代表大会第二次会议审议通过了重新修订的《中华人民共和国兵役法》。兵役法第二条规定："中华人民共和国实行义务兵役制为主体的义务兵与志愿兵相结合、民兵与预备役相结合的兵役制度。"新的兵役法又将士兵的服役年限规定为陆军3年，空军、海军4年。

1998年12月29日，第九届全国人大常委会第六次会议审议通过了《中华人民共和国兵役法修正案》。兵役法修正案对《兵役法》11个条款进行了修改，新增加了3个条款。新兵役法删掉了原兵役法中的"义务兵役制为主体"的提法，保留了"两个结合"的基本制度。规定"中华人民共和国实行义务兵与志愿兵相结合、民兵与预备役相结合的兵役制度"。新修订的兵役法将陆、海、空军义务兵服现役期限一律改为2年。取消了超期服役的规定。

二、中国兵役制度的主要内容

根据兵役法和其他法规，中国兵役制度主要包括如下内容。

（一）服役制度

中国的兵役分为现役和预备役。现役是指公民自入伍之日起至退伍之日止，在军队中所服的兵役。在现阶段，凡是在中国人民解放军各军兵种和人民武装警察部队中服役的公民，都属于服现役。现役分为军官的现役和士兵的现役。现役士兵分为义务兵和志愿兵。预备役是指公民在军队外所服的兵役,是国家储备后备兵员的形式。在现阶段,凡是参加民兵组织和经过预备役登记的,都属于服预备役。预备役区分为军官的预备役和士兵的预备役。

(二)衔级制度

衔级制度分为现役军人的衔级制度和预备役军人的衔级制度、军官衔级制度和士兵衔级制度。现役军官的军衔制度,包括军衔等级的设置,军官职务等级编制军衔,军衔的首次授予,军衔的晋级、降级、取消和剥夺,以及军衔的标志和佩戴等一系列制度。中国人民武装警察部队实行警衔制度。

(三)兵役工作领导管理体制

中国兵役工作实行统一领导和分级负责的原则,其管理体制分为四个层次:

第一,全国的兵役工作,在国务院、中央军事委员会领导下,由国防部负责。

第二,各军区的兵役工作,按照国防部赋予的任务,由各军区负责。

第三,省、地、县、自治区、市、市辖区的兵役工作,在上级军事机关和同级人民政府领导下,由省军区(卫戍区、警备区)、军分区(警备区)和县、自治县、市、市辖区的人民武装部负责。

第四,机关、团体、企业事业单位和乡、民族乡、镇的人民政府,应根据市、县的安排和要求,依照兵役法规定完成本单位(地区)的兵役工作任务。其兵役工作业务,由人民武装部或指定单位办理。

(四)平时征集制度

征集方式:全国每年征集服现役的人数、范围、要求和时间,由国务院、中央军委的命令规定。平时征集工作一般每年一次。征兵命令具有法律效力。征集程序:包括兵役登记、体格检查、政治审查等。

三、中国兵役制度的基本特征

中国的兵役制度,符合中华民族的传统和人民群众的习惯,又适应时代发展,满足现代战争对兵员的高质量要求,主要体现了以下特性:

(一)兵役义务具有广泛的群众性

《中华人民共和国宪法》规定:"保卫祖国、抵抗侵略是中华人民共和国每一个公民的神圣职责。依照法律服兵役和参加民兵组织是中华人民共和国公民的光荣义务。"义务兵役制是中国的基本兵役制度。中国公民必须依照法律的规定履行兵役义务;公民参加民兵组织、登记服预备役和接受军事训练,都是应尽的义务。

(二)对军队现代化建设的适应性

义务兵与志愿兵相结合,是军队现代化建设的需要,是对义务兵役制的发展和补充。义务兵役制存在的主要问题是,士兵的服役期限比较短,很难掌握复杂的军事技术。而随着科学技术的发展,部队的现代化武器装备不断增加,技术越来越复杂。这就需要有一批专业技术人员长期在部队服现役,以便掌握现代化的武器装备,提高部队战斗力。实践证明,单一的义务兵役制已不能完全适应部队武器装备发展的需要。实行义务兵和志愿兵相结合,既保持了义务兵役制的优点,又弥补了义务兵役制的不足,解决了部队保留技术骨干的问题。

（三）满足现代动员需求的针对性

民兵和预备役相结合，是中国后备力量建设的基本制度。民兵是中国传统的军事制度，过去曾在革命战争中发挥过重大作用，今后在保卫祖国的斗争中仍居于重要的战略地位。实行民兵制度与预备役制度相结合，既可满足大量一般兵员的需要，又可为现代高技术战争提供高素质的军官和技术兵，增强了动员准备的针对性。

第二章 军事思想

第一节 军事思想概述

一、军事思想的基本概念

（一）军事思想的含义

军事是指一切与战争或军队直接相关的事项的统称。军事活动的内容很多，主要包括：武装力量特别是常备军的组织、训练管理和作战行动，武器装备的研制、生产和使用，战略战术的研究与运用，战争物资的储备和供应，国防设施的建造，后备力量的动员、组织和建设等。

战争是国家、民族、阶级和政治集团之间为了达成一定的政治、经济目的而进行的武装斗争，是人类社会发展到一定历史阶段出现的特殊的社会现象。

军事思想是关于战争、军队和国防的基本问题的理性认识。是人们长期从事军事实践经验的总结和理论概括，是军事科学的重要组成部分。军事思想来源于军事实践，又给军事实践以理论指导，对于军事实践具有宏观的和根本的指导作用，并接受军事实践的检验，伴随着战争和军事实践的发展而发展。

（二）军事思想的内容

军事思想的内容可以分为两个层次：一是军事哲学上看，主要包括战争观、军事问题的认识论和方法论；二是军事实践的基本方针和原则上看，主要包括军事斗争指导的基本方针和原则、军队建设的基本方针和原则、国防建设的基本方针和原则等。

二、军事思想的特点

军事思想是一种社会意识形态。它产生于一定的社会物质生产和战争的基础之上，同时受其他社会意识形态的制约和影响，反映着一定阶级和集团利益的政治观念，决定军事思想的阶级性质。其特点主要有以下五个方面：

1. 具有鲜明的阶级性

阶级性是军事思想的本质属性。战争是阶级社会中特有的现象，它反映一定阶级和集团利益的政治观念，代表统治阶级的利益，是为统治阶级服务的，这就决定了军事思想的阶级性质。我们说，所有的统治阶级，为了维护本阶级的利益，都在制定为本阶级服务的军事思想。如奴隶主阶级为维护其统治地位，制定了为其服务的军事思想；资产阶级为维护其统治地位制定了资产阶级军事思想。因此，不同阶级、国家或政治集团必然有不同的军事思想。

2. 具有强烈的时代性

不同的历史时期，人们的物质文化生活水平不同，认识能力的差异，加上各个时期生产力的发展，科学技术进步的不同，使得不同历史时期产生的军事思想具有自己的特征。比如，我们按时代划分，可把军事思想总体区分为古代军事思想、近代军事思想和现代军事思想。

3. 具有明显的继承性

军事思想是在不断地批判继承的过程中发展起来的。每一种军事思想都是某一历史时期、某一民族或某一区域内战争实践经验的总结，都有一定的客观性和科学性。军事理论发展史所总结提出的许多原理、原则，是不分阶级、不分社会发展时期而普遍适用的，是人类社会发展中的共同财富。

4. 具有丰富的实践性

理论来源于实践这是公认的真理。任何军事思想都是对战争实践的经验总结和升华。军事思想是军事实践的产生，受军事实践的检验，并随着军事实践的发展而发展。正如毛泽东所指出的："一切带有原则性的军事规律或军事理论，都是前人或今人做的关于过去战争经验的总结。"

5. 具有一定的创造性

时代在进步，生产力在发展，作为军事思想要适应新形势下的新要求，必须进行创新。作战本身就要求创新军事理论和作战方法。毛泽东关于集中三倍、五倍于敌的兵力；实行阵地战与运动战作战形式等，都是在中国革命战争实践中创造出来的。如果没有创造，军事思想就要落后，作战就难以胜利。第二次世界大战初期，法国沿用第一次世界大战阵地战的经验，过分依靠马其诺防线，最后导致战争失利，国家败亡。这就是说，生搬硬套，因循守旧，必然吃败仗。

三、中国古代军事思想

中国古代军事思想，是指中国古代（奴隶、封建社会）各阶级、民族、政治集团及其军事家、兵学家关于战争和军队等一系列军事问题的系统理性认识。是指夏、商、西周时期到1840年鸦片战争所出现的前军事理论。中国古代经历了4 000多年，仅战争就发生了约3 600余次，涌现出了许多著名的军事家和军事理论家，如孙武、吴起、孙膑、张良、韩信、曹操、岳飞、戚继光等，是他们在总结战争实践经验的基础上，创立并发展了中国古代军事理论。古代仅著立兵书达2 000余部。最著名的兵书如《孙子兵法》被称为兵学圣典，世界第一兵书。

（一）中国古代军事思想的产生、形成与成熟

1. 夏、商、西周时期是中国古代军事思想的产生时期（公元前2070年—公元前771年）

夏、商、西周这一时期的军事思想观点主要有以下方面：一是爆发了二次著名的战争（鸣条之战、牧野村之战），反映出了某些作战方法。如用谋、用间、联盟、选时机攻击要害等。二是在古代文献《尚书》《易经》《诗经》中，记述有关战争内容和一些军事谋略思想。《尚书》，这是中国上古历史的典集，保存了商、周，特别是西周初期的一些军事史料。如谋略的运用等。《易经》或称《周易》，是一部占筮书。如《周易》中的"师贞丈人吉"，反映了军众出兵正义，可取得胜利的观点。三是《周礼》相当详细地记述了西周的军事制度和军事职官。四是《军志》、《军政》、《令典》等"舍事而言理"的专门军事著作出现，是中国古代军事思想产生的一个重要标志。

2. 春秋战国时期是中国古代军事思想的成熟时期（公元前770年—公元前221年）

这一时期经历了奴隶制后期和封建社会的前期，是我军历史上分裂、动荡、战争时间最长的时期。随着铁器的使用，生产力的发展，在由奴隶制向封建制过渡的社会大动荡、大变革中，各诸侯国都大力发展军事力量，以图称霸争雄，战争极为频繁，战争规模空前扩大，作战兵器也不断改进。夏禹的时候是万国；商的时候是三千国；西周时有1 200国；到了春秋初期，各诸侯国有160余个。步兵逐渐成为主要兵种，骑兵开始出现，水兵也逐渐为人们所熟知。战国时期，骑兵和步兵成为独立的兵种，车兵地位渐降。骑兵成为衡量一国军力强弱的标志。在春秋战国时期车战为全盛。"驰车千驷，革车千乘"。在作战方式上，不仅有车战，还有骑战和步战，三者并相互配合。奇袭、迂回、伏击、侧击等战法运用也较多。

这一时期许多军事家和兵书著作不断涌现，具有代表性的有：《孙子兵法》、《吴子》、《司马法》、《孙膑兵法》、《尉缭子》、《六韬》等。在诸多军事理论著作中，以《孙子兵法》为代表的一大批兵书的诞生，标志着中国古代兵学理论体系的确立。

3. 秦汉至五代时期是中国古代军事思想的发展时期（公元前221年—公元960年）

这一时期，曾多次发生大规模、多兵种大集团配合作战的战役。如秦灭六国之战、楚汉之战、昆阳之战、官渡之战、赤壁之战、淝水之战等。政治斗争与军事斗争紧密革命，谋略与决策，以及作战指挥艺术，达到了相当高的水平。军事思想的发展主要反映在整理兵书和注释《孙子兵法》以及撰写兵书。西汉王朝立国之初就命令张良、韩信序次兵法，这是我国历史上首次由政府组织整理。主要是搜集兵书进行分类整理。如分类搜集兵书182家，选定用35家，分四大类，即兵权谋家、兵形势家、兵阴阳家和兵技巧家四类。三国时的曹操注释《孙子兵法》开注先秦兵书的先河。这一时期撰的军事著作主要有汉初的《三略》和西汉的《淮南子》中论兵要篇《兵略训》，西晋司马彪的《战略》，以及唐朝的《李卫公问对》、《太白阴经》等。

4. 宋至鸦片战争时期是中国古代军事思想的体系化时期（公元960年—公元1840年）

这一阶段，除了元朝的金戈铁马、气象万千外，两宋时期，统治者所主张的"道德文章"不能从技术上解决当时的社会与民族矛盾。明朝尽管火武器发达，但采取的却是修筑长城等消极防御政策。清朝采取闭关锁国政策，在军事方面丝毫没有意识到世界范围内火兵器时代的到来，对海防、海战也没有一个清醒的认识。可以说，这一阶段的军事思想在走向成熟的同时，也逐步走向保守与没落。

（二）《孙子兵法》简介

《孙子兵法》产生于春秋末期。史记为82卷，图9卷，现存仅为13篇，6 076字。13篇可分为三个部分：第一部分由《计》、《作战》、《谋攻》、《形》、《势》和《虚实》组成，侧重论述军事学的基础理论和战略问题。主要强调战略速决和伐谋取胜，另外包含对战争总体、实力计算和威慑力量的深刻认识。第二部分由《军争》、《九变》、《行军》、《地形》和《九地》组成，侧重论述战术、地形与军队配置，攻防战术和胜败关系。第三部分由《火攻》和《用间》组成，论述了战争中的两个特殊问题。《孙子兵法》的主要军事思想如下。

1. 重战、慎战和备战思想

重战思想。《孙子兵法》首言："兵者，国之大事，死生之地，存亡之道，不可不察也。"这种把战争和军事问题看成是国家的根本大事，提到关系人民生死存亡的高度来认识的思想，在世界军事学发展史上是绝无仅有的。即使在今天，也仍不失为我们观察和认识战争与军事问题的基本观点。这对于人类认识战争的实质。无疑是一个巨大的贡献。

慎战思想。"亡国不可以复存，死者不可以复生，故明君慎之，良将警之。"意为：国家灭亡了就不能再存在，人死了就不能再活。所以，对待战争问题，明智的国君要慎重，贤良的将帅要警惕。从这点出发，孙武主张，"非利不动，非得不用，非危不战"。意为：不是对国家有利的，就不要采取军事行动；没有取胜把握的；就不能随便用兵；不处在危急紧迫情况下，就不能轻易开战。

备战思想。"用兵之法，无恃其不来，恃吾有以待也；无恃其不攻，恃吾有所不可攻也。""以虞待不虞者胜"的用兵原则。意为：不要寄希望于敌人不会来，而要依靠自己有充分的准备；不要寄希望于敌人不会来攻，而要依靠自己有使敌人无法攻破的条件和以准备者胜无准备者的思想，充分说了战争的立足点要放在事先做好充分准备，严阵以待，使敌人不敢轻易向我发动进攻的基点上。

2. "知彼知己，百战不殆"的战争指导思想

"知彼知己，百战不殆；不知彼而知己，一胜一负；不知彼，不知己，每战必殆。"要求在战争过程中，即要了解敌人又了解自己，则百战不败；不了解敌人而了解自己，可能胜也可能败；既不了解敌人，又不了解自己，那就会每战必败。孙武用简明扼要的语言，指明了战争指导者了解敌我双方情况与战争胜负的关系，从而揭示了指导战争的普遍规律。这一思想是极富科学价值的。自有战争以来，古今中外的战争指导者，都不能违背这一规律。毛泽东对此曾有高度评价，在《论持久战》一文中指出："战争不是神物，乃是世间的一种必然运动，因此，孙子的规律'知彼知己，百战不殆'乃是科学的真理。"这条规律，从哲学意义上讲，是实事求是的朴素唯物主义思想；从战争理论上讲，是分析判断情况的根本规律；从指导战争的意义上讲，是先求可胜的条件，再求必胜之机的重要抉择。

关于如何知彼知己，古代兵学家有一些论述。一是要全面知，不能知之部分，知之片面。孙武要求知"五事"即道、天、地、将、法。知"七计"即《孙子兵法》进而提出要从七个方面着手："主孰有道？将孰有能？天地孰得？法令孰行？兵众孰强？士卒孰练？赏罚孰明？"曹操称为"七计"。意为："哪一方的国君贤明？哪一方的将帅有才能？哪一方得天时地利？哪一方法规制度实行好？哪一方军事实力强？哪一方士卒训练有素？哪一方赏罚严明？我们根据这些就可以知道谁胜谁负了。"二是要"知"内在，不是表面的、肤浅的，

既要看到现象，又要看到本质。三是要"知"动态，不是静态，即知彼知己要贯穿战争活动全过程。

3. 以"道"为首的战争制胜论思想

《孙子》认为，战争的胜负是可以预知的，战争的胜利也是可以争取的，但必须有条件。《孙子》所说："经之以五事，校之以计，而索其情"。这里的"五事"就是指道天地将法。道：就是政治措施、政治局面，或者说使民众与国君的意愿一致。天：天候，昼夜、晴雨、冷热等季节的变化。地：就是地理，如远近、险要、平坦、战区战场的广狭等。将：是将帅，才智、仁爱、英勇、威严。法：是内部的各种法规制度，指军队的组织编制，管理制度等。"经之以五事，校之以计，而索其情"，就是要"研究这五个方面的事，把双方的条件加以比较，从而探索战争胜负的可能性。"

《孙子兵法》进而提出"七计"（曹操称为七计）："主孰有道？将孰有能？天地孰得？法令孰行？兵众孰强？士卒孰练？赏罚孰明？"中，也将道放在第一位。五事和"七计"都是论述关于战争胜负的因素问题。《孙子》把"道"这个属于政治范畴的重要条件放在首位，并解释为"令民与上同意也"、"上下同欲者胜"，可以看出，孙武已初步认识到战争与政治的关系，战争与民众的关系。

4. 以谋略制胜为主的用兵思想

谋略，是指用兵的计谋。《孙子兵法》军事思想谋略制胜在全篇中占有重要地位。它认为军事斗争不仅仅是军事力量的竞赛，而且是敌我双方政治、经济、军事和外交等综合斗争，也是双方军事指导艺术的较量，即斗智。

"庙算"制胜。"多算胜，少算不胜，而况不算乎！吾以此观之，胜负见矣。"意为：战前计算周密，胜利条件多，可能胜敌；计算不周，胜利条件少，不能胜敌；而何况于根本不计算，没有胜利条件呢！我们从这些方面来考察，谁胜谁负就可以看出来。庙算制胜，主要是指战前要从战争全局上，对战争诸因素进行分析对比，确定取胜的把握，在此基础上再定下实施战争的决心。

诡道制胜。"兵者，诡道也"，"兵以诈立"。意为用兵打仗是一种欺诈行为，要依靠诡诈多变取胜。军事上的诡道是指异于常规的做法。"兵不厌诈"，古今常理。在战争的舞台上，如果对敌人讲"君子"之道，就必然被敌所制；如果能较好地运用诡道，造成敌人的过失，创造战机，那就会陷敌于被动。这种战例，举不胜举。孙武将诡道归纳为十二法，"能而示之不能，用而示之不用，近而示之远，远而示之近，利而诱之，乱而取之，实而备之，强而避之，怒而挠之，卑而骄之，佚而劳之，亲而离之，攻其无备，出其不意，此兵家之胜，不可先传也。"

"不战而屈人之兵。"《孙子兵法》指出：是"故百战百胜，非善之善者也；不战而屈人之兵，善之善者也。"意为：百战百胜，并不是最好的，不战而使敌人屈服才是好中最好的。如何达到不战而屈人之兵，孙武主张"上兵伐谋；其次伐交；其次伐兵；其下攻城。"最好的是以谋制胜，使敌人屈服。其次是通过外交途径，分化瓦解敌人的同盟，迫使敌人陷入孤立，最后不得不屈服。再次是伐兵，即用武力战胜敌人。最下策是攻城，实施硬碰硬地攻坚战。孙武指出："善用兵者，屈人之兵而非战也，拔人之城而非攻也，毁人之国而非久也，必以全争于天下。故兵不顿而利可全，此谋攻之法也。"意为：善于用兵的人，使敌人屈服不用直接交战，一定要用全胜的计谋争胜于天下，这样，军队就不至于疲惫受挫，而又能获得全胜的利益，这就是以计谋攻敌的原则和孙武全胜的思想。当然，"全胜"的思想，不战而胜，必须要以强大的武力作后盾的，如果没有强大的军事力量，就不可能达到不战而胜的目的。

另外，孙武还总结了若干作战用兵原则。例如，先胜而后求战的原则，示形动敌的原则，避实击虚的原则，我专而敌分的原则，因敌而制胜的原则等。总之，孙武"不战而屈人之兵"的思想，对后世的影响很大，并为世界所公认。

5. "文武兼施，恩威并用"的治军思想

"卒未亲附而罚之，则不服，不服，则难用；卒已亲附而罚不行，则不可用。故令之以文，齐之以武，是谓必取。""令素行者，与众相得也。"将帅还没有取得士卒的爱戴和拥护就去惩罚他们，他们就不会心服，心不服就很难使用他们去作战。将帅已经取得了士卒的爱戴和拥护，而纪律不能严格执行，也不能使用他们去作战。因此，一方面要用体贴和爱护使他们心悦诚服；另一方面要用严格的纪律使他们行动整齐，这样才能战必胜。所谓"恩"，本质上是以德治军、以情感人。所谓"威"，本质上是法治军，以刑儆人。所以，将搞好将帅与士卒的关系，相互关心、爱护是前提，在此基础实施严格的管理，总能收到很好的效果。

总之，《孙子兵法》的问世，在中国乃至世界军事史上都具有划朝代的意义。《孙子兵法》是现存世界最早、最有价值的古典军事理论名著。与古希腊、古罗马的军事著作相比，不仅成书时间早、学术性强，而且内容丰富，体系完整。它几乎涉及了军事理论科学的各个门类，各个分支学科，因而，被誉为"兵经之首"和"兵学圣典"。历史地位主要表现为以下几点：

一是初步认识到了战争的本质，冲破长期鬼神论、天命观的束缚，具有朴素的唯物论观点。孙武说："先知者，不可取于鬼神"。

二是它分析了战争的奇正、攻守、强弱、虚实、远近等对立的现象及相互转化的关系，体现了朴素的辩证法思想。

三是它揭示了某些战争规律和指导原则，成为后世兵书的典范；如"知彼知己，百战不殆"。

四是《孙子兵法》的理论意义，不仅适用于奴隶和封建时代，而且至今仍有借鉴作用和指导意义。

但是，我们应当看到，由于《孙子兵法》诞生在两千多年前的古代，难免存有时代和阶级的局限性。如：在战争观方面未能区分战争的性质；在治军方面的愚兵政策；在军队补给方面的抢掠政策以及作战原则方面存有某些片面性等。因此，我们在学习和运用《孙子兵法》中应注意剔析这些缺点，但在认识这部伟大著作时，决不能求全责备。因为《孙子兵法》不仅是春秋战国时代军事思想中最光辉灿烂的部分和杰出的代表，而且它具有超越时间和空间的科学价值，它是我国乃至世界最宝贵的文化遗产之一。

第二节　毛泽东军事思想

毛泽东军事思想，是以毛泽东同志为代表的中国共产党人，根据马克思主义的基本原理，把中国长期革命战争实践中的一系列独创性经验作了理论概括，形成了适合中国国情的科学指导思想。它的产生，标志着马克思主义军事理论进入了一个崭新的阶段，使无产阶级军事思想大放光彩。

一、毛泽东军事思想的科学含义和特色

（一）毛泽东军事思想的科学含义

毛泽东军事思想是以毛泽东为主要代表的中国共产党人关于中国革命战争和军队问题的科学理论体系。它是毛泽东思想的重要组成部分，是马克思列宁主义的基本原理同中国革命战争的具体实践相结合的产物，是中国革命战争和军队建设实践经验的科学总结，是中国共产党人集体智慧的结晶。同时也多方面吸取了古今中外军事思想的精华。

1. 毛泽东军事思想是马克思列宁主义普遍原理同中国革命战争具体实践相结合的产物

马列主义是放之四海而皆准的真理，是指导世界无产阶级革命的科学思想。但是它所提供的原理只是一般性的，每一个国家必须结合本国家的历史条件和具体特点，才能发挥作用。马克思说过："正确的理论必须结合具体情况并根据现存条件加以阐明和发挥。"中国革命战争，是发生在占世界人口四分之一的半殖民地、半封建的东方大国，在这个以农民群众为主体的国家中，无产阶级政党怎样组织军队，怎样进行革命战争，在马克思主义著作中找不到现成的答案，在实践中也没有先例可循。以毛泽东为代表的中国共产党人，创造性地运用马克思主义的立场、观点和方法，研究中国的历史、分析中国社会具体情况，探索中国革命战争的特点和规律，最终解决了在半殖民地、半封建中国的革命道路、人民军队、人民战争等一系列根本问题，创立了具有中国特色的马克思主义的军事理论——毛泽东军事思想。

2. 毛泽东军事思想是中国革命战争实践经验的科学总结

中国的革命战争经历了国共合作的北伐战争、土地革命战争、抗日战争、解放战争和抗美援朝战争。中国革命战争规模之巨大、情况之复杂、道路之曲折、形式之多样、内容之丰富，不仅在中国历史上是空前的，在世界历史上也是罕见的。通过诸多战争和武装斗争，我党领导中国人民推翻了旧中国的反动政权，粉碎了外敌入侵，捍卫了民族独立，建立了新中国，并通过抗美援朝战争和边境自卫反击作战，巩固了国防，维护了国家安宁和世界和平。

理论来源于实践。毛泽东军事思想这一科学理论就来自于长期的中国革命战争的实践和反侵略战争的实践。比如，红军到达井冈山后，在对敌斗争的实践中，逐渐探索了一套原始的游击战口诀：赚钱就来，折本不干，打得赢就打，打不赢就跑，跑不赢就绕，绕不赢就钻，钻不赢就化。1928年1月，万安县委提出："与敌人搏斗的策略是'坚壁清野，敌来我退，敌走我追，敌驻我扰，敌少我攻'等。"上述这些，为毛泽东总结提出游击战争基本作战原则的"十六字诀"奠定了坚实的基础。

3. 毛泽东军事思想是全党集体智慧的结晶

毛泽东军事思想是中国共产党集体智慧的结晶，说明了集体智慧和个人贡献的辩证关系，强调了毛泽东军事思想形成的集体性，它不是一个人或少数人之所为，而是党领导广大革命群众进行的集体的实践活动，是千百万烈士用鲜血写出来的。毛泽东军事思想全党集体智慧的结晶，主要表现在：它是人民群众战争经验的总结；领袖集团的集体智慧；毛泽东的

贡献三个方面的结合。

毛泽东军事思想和毛泽东思想一样，毛泽东只是作为最杰出的代表，居于首要地位，是他善于集中全党的智慧，然后进行高度概括和理论升华，才形成了毛泽东军事思想。周恩来、朱德、邓小平等无产阶级革命家、军事家，都为毛泽东军事思想的形成和发展做出了重要贡献。在革命战争中，我们党和军队关于战争问题的许多重大决策，都是经过了党中央的集体讨论决定的，它凝聚着全党的智慧，也包含着亿万人民群众和广大指战员的斗争经验。毛泽东及老一辈无产阶级革命家、军事家，正是在从战争实践中汲取各种营养，才形成和丰富发展了毛泽东军事思想体系。

4. 毛泽东军事思想是毛泽东思想的重要组成部分

在整个毛泽东思想科学体系中，毛泽东军事思想占有极为重要的地位。党的十一届三中全会通过的《关于建国以来党的若干历史问题的决议》，在对毛泽东的历史地位和毛泽东思想的评价中，高度赞扬了毛泽东对马克思主义军事理论的杰出贡献。《决议》从关于新民主主义革命的理论；关于社会主义革命和社会主义建设的理论；关于革命军队的建设和军事战略的理论；关于政策和策略的理论；关于思想政治工作和文化工作的理论；关于党的建设的理论。其中第三点就是军事思想部分。另外，在毛泽东的全部著作中，其军事著作占有大量篇幅，他的军事思想在其整个思想体系中占有重要地位。因此我们说，毛泽东军事思想是毛泽东思想的重要组成部分。

二、毛泽东军事思想的产生、形成和发展

毛泽东军事思想的产生、形成和发展，是同中国革命战争的发生、发展和胜利，以及新中国成立后的国防建设和军事斗争联系在一起的，也是同党内"左"、右倾错误的斗争密切相连。它作为完整的科学体系，经历了一个艰难、曲折、复杂的发展过程。

（一）毛泽东军事思想的产生

从1921年中国共产党诞生到党的"遵义会议"召开，这一段时期，是毛泽东军事思想产生的时期。在俄国十月革命的影响下，中国共产党从接受马克思主义关于暴力学说开始，逐步认识到军事工作在中国革命中的重要性。第一次大革命失败的惨重教训，使中国共产党进一步认识到武装斗争和掌握军队的极端重要性。1927年8月1日的"南昌起义"，打响了武装反抗国民党反动派的第一枪，标志着中国共产党独立领导武装斗争、创建革命军队的开始。同年8月7日，毛泽东在党的"八七会议"上，提出了"枪杆子里面出政权"的著名论断，确定实行土地革命和武装起义的总方针。1927年9月9日，毛泽东亲自发动和领导了湘赣边界秋收起义。在起义遭受挫折的情况下，毛泽东毅然放弃了攻打长沙的计划，率领秋收起义的部队进军井冈山，建立了第一个农村革命根据地，实行"工农武装割据"，开辟了一条以农村包围城市的崭新的革命道路。

从"三湾改编"到"古田会议"，毛泽东提出并制定了一套较为完整的人民军队的建军原则。在"反围剿"的斗争中提出并实践了"动员群众、依靠群众和武装群众"的人民战争思想；总结出了游击战争的"十六字诀"（敌进我退，敌驻我扰，敌疲我打，敌退我追）和"诱敌深入、集中兵力打运动战、速决战、歼灭战"等红军作战的原则。

这一时期，毛泽东先后撰写了《政权是由枪杆子取得的》、《中国红色政权为什么能够存在》、《井冈山的斗争》、《关于纠正党内的错误思想》、《星星之火，可以燎原》和《反对

本本主义》等著作。在这些军事著作中,毛泽东关于武装斗争思想、农村根据地思想、人民军队思想、人民战争思想、人民战争的战略战术思想均已初步产生,为其科学体系的形成奠定了坚实的基础。

(二) 毛泽东军事思想的形成

从1935年1月"遵义会议"到抗日战争结束,是毛泽东军事思想的形成时期。"遵义会议"纠正了王明"左"倾冒险主义在军事领导上的错误,重新肯定了毛泽东为代表的正确军事路线,确立了毛泽东在红军和中共中央的领导地位。这是中国革命由挫折走向胜利的一个伟大的历史转折点,也是毛泽东军事思想形成发展的起点。

1935年10月,在党中央和中央军委的领导下,各路红军克服长征中的艰难险阻,胜利到达陕北。此时,日本帝国主义加紧侵略中国,中国民族矛盾上升为主要矛盾,全国抗日民主运动出现新的高潮。为了解决抗日战争中的战略战术等问题,毛泽东开始总结土地革命以来的经验,并把土地革命战争时期产生的军事思想创造性地运用于抗日战争,制定了抗日民族统一战线的政治路线和军事战略方针,撰写并完成诸多军事理论著作,包括《中国革命战争的战略问题》、《论持久战》、《实践论》、《矛盾论》、《战争和战略问题》等。在这些军事名著中,毛泽东阐明了无产阶级对待战争的根本立场、观点和研究指导战争的基本方法,深刻地分析了中国革命战争,特别是抗日战争的特点和规律,确立了指导战争的方针、原则及战略和策略问题,把游击战提到战略地位,创立了系统的游击战争理论;还全面阐述了人民军队的建军宗旨、原则和人民战争的基本内容。至此,毛泽东军事思想所涉及的无产阶级战争观和方法论、人民军队、人民战争、人民战争的战略战术等方面,都已发展成为系统的理论,形成了比较完整的军事理论科学体系,标志着毛泽东军事思想已经形成。

(三) 毛泽东军事思想的发展

解放战争、抗美援朝战争以及社会主义革命和建设时期,毛泽东军事思想得到了全面的丰富和发展。解放战争时期,毛泽东军事思想得到了极大的发展,不仅使战略防御和运动战理论有了发展,而且还创立了战略进攻、战略决战和战略追击的系统理论。新中国建国前夕,毛泽东明确指出:我们不但要有一个强大的陆军,还要有一个强大的空军和一个强大的海军,从而为和平时期建军指明了方向。在战争指导上,毛泽东相继发表了《抗日战争胜利后的时局和我们的方针》、《以自卫战争粉碎蒋介石的进攻》、《集中优势兵力,各个歼灭敌人》、《大举出击,经略中原》、《解放战争第二年的战略方针》、《目前的形势和我们的任务》、《评西北大捷兼论解放军的新式整军运动》、《关于三大战役的作战方针》、《将革命进行到底》等诸多文章。其中在《目前的形势和我们的任务》一文中明确提出了著名的十大军事原则。

抗美援朝战争是一场挫败现代化敌人的反侵略战争。毛泽东根据当时的情况和特点,提出了一系列在现代条件下进行反侵略战争的理论及原则。如隐蔽战略企图达成出国作战的突然性;对英美军实行战术小包围,打小规模歼灭战;创造了以坑道为骨干支撑点式的防御体系;实行战术反击作战;重视防空和反坦克作战;建立强大的后勤系统,搞好后勤保障;军事打击紧密配合政治斗争等。

新中国成立后,毛泽东提出了建设现代化、正规化的国防军,发展尖端国防科技和全民皆兵的思想,指出要在大力发展国民经济,增强国家经济实力的基础上,建立完整的国防工业体系,发展现代化的技术装备,独立自主地建设强大的国防,做好反侵略战争的准备等,从而形成了毛泽东国防建设思想，构成了毛泽东军事思想的一个新的组成部分。

三、毛泽东军事思想的科学理论体系

毛泽东军事思想博大精深，是一个完整的科学体系，内容非常丰富。主要包括无产阶级的战争观和方法论、人民军队建军思想、人民战争思想、人民战争的战略战术思想和国防建设思想五个部分。这五个部分构成了一个互相联系的整体。无产阶级的战争观和方法论，是毛泽东研究和指导战争的基本立场、观点和方法，揭示了中国革命战争的指导规律，是毛泽东军事思想的理论基础。人民战争思想是我军从事战争的根本指导思想，是毛泽东军事思想的核心。人民军队思想是建设人民军队的指南，是实行人民战争的骨干力量。人民战争的战略战术是适应人民战争需要的战略原则和作战方法，是人民战争取得胜利的保证。国防建设思想是毛泽东建国后在新的历史条件下的开拓性发展，阐明了和平时期国防建设的重要性，提出了国防建设的指导思想、方针、原则，是实现国防现代化的指南。

（一）无产阶级的战争观和方法论

1. 战争观

毛泽东的无产阶级战争观包含着战争的起源、战争的本质、战争的性质、对待战争的态度、战争与经济的关系，战争的最终目的和消灭战争的途径等方面的内容。

（1）战争的起源

唯物主义对战争起源的认识，是根据历史唯物主义原理，从人类社会物质生活条件变化的分析中去寻找战争赖以产生和存在的条件，从而科学地揭示了战争的起源：即战争不是人类开始就有的，是人类社会出现私有财产、分化为不同的阶级以后所特有的社会现象，它不是由偶然因素决定的，而是由社会的必然因素导致的。

在阶级社会中，战争不可避免。战争是伴随着私有财产和阶级的产生而产生的。私有财产和阶级是战争出现和存在的根本条件，只要阶级存在，战争就不可避免，这是必然性。

毛泽东对战争的起源作了精辟的概括，他说："战争从有私有财产和有阶级以来就开始了的，用以解决阶级和阶级、民族和民族、国家和国家、政治集团和政治集团之间，在一定发展阶段上的矛盾的一种最高的斗争形式。"毛泽东这一论断，一方面揭示了战争的定义；另一方面指出了战争的起源，说明了战争不是从来就有的，也不是永远存在的，而是人类社会发展到一定历史阶段的产物；三是指出了战争的四种类型，即：阶级与阶级、民族和民族、国家和国家、政治集团和政治集团之间的战争；四是指明了战争是阶级斗争的最高形式。

（2）战争的目的

战争是人类社会发展到一定历史阶段的产物，人类社会的发展最终要把它消灭。列宁曾经指出："无产阶级无论现在和将来都要始终不懈地反对战争，但它一分钟也没有忘记：只有完全消灭社会划分为阶级的现象，才可能消灭战争。"毛泽东继承和发展了列宁的观点，明确指出："我们研究革命战争的规律，出发于我们要求消灭一切战争的志愿，这是区别我们共产党人和一切剥削阶级的界线。"这些都告诉我们，无产阶级研究和从事战争的出发点，区别于其他一切剥削阶级。它不是为了战争而战争，也不是为了掠夺和侵略而战争，而是为了从根本上消灭战争，实现人类永久和平。这就是说，战争消亡的条件是私有制和阶级的消亡。消灭战争的方法就是用战争消灭战争，用正义的战争消灭非正义的战争，用革命的

战争消灭反革命的战争。

（3）战争与政治的关系

战争作为人类阶级社会的一种物质运动形态，有其固有的本质，那就是战争是政治的继续。"战争无非是政治通过另一种手段的继续"，是克劳塞维茨提出的，被列宁称为"至理名言"。列宁曾指出："任何战争都是同产生它的政治制度分不开的。某个国家即该国某个阶级在战时所推行的政治，必然是而且一定是它在战前长时期内所推行的政治的继续，只不过在行动方式上不同罢了。"

毛泽东同志发展了列宁的观点，进一步论述了战争与政治的内在联系。他明确指出："'战争是政治的继续'，在这点上说，战争就是政治，战争本身就是政治性质的行动，从古以来没有不带政治性的战争。""但是战争有其特殊性，从这点上说，战争不等于一般的政治，'战争是政治的特殊手段的继续'。政治发展到一定的阶段，再也不能照旧前进，于是爆发了战争，用以扫除政治道路上的障碍。"并指出"政治是不流血的战争，战争是流血的政治。"毛泽东关于战争与政治的关系的论点，阐明了两层意思：一是战争从属于政治，服务于政治。政治处于主导和支配的地位，战争居于从属和被支配的地位。战争是达到政治目的的一种特殊手段，政治贯穿于战争的全过程；二是战争不仅是实现政治目的的手段和工具，而且反作用于政治，推动政治。毛泽东在抗日战争时指出："政治越改进，抗战越能坚持；抗战越坚持，政治就越能改进。"

（4）战争与经济的关系

战争是政治的继续，而政治又是经济的集中体现。经济是战争的物质基础，战争依赖于经济。所以，战争的实质，则是战争双方为实现自身的经济利益所进行的矛盾冲突。毛泽东在战争与经济的关系问题上作了精辟而系统的论述。其主要观点如下：

经济利益是战争的基本动因。一方面，战争的起源与社会经济的发展有着密切的联系。另一方面，每次具体战争的爆发，从根本上说也都是由一定的经济关系、一定的生产方式的冲突决定的。在抗日战争时期，毛泽东曾用经济关系说明了帝国主义发动战争的本质。他指出：帝国主义的本性是掠夺。帝国主义国家在"和平"时代的政策也无时不是为了掠夺，但如果一些帝国主义国家掠夺政策遇到了另一些帝国主义国家的阻碍而不能用和平方法冲破这种阻碍时，就使用战争方法去冲破这种阻碍，以便继续其掠夺政策。

经济力量是战争的物质基础。毛泽东指出："战争就是两军指挥员以军力财力等项物质基础作为地盘，互争优势和主动的主观能力的竞赛。"从而把经济问题提到了战争胜负重要因素之一的高度。

战争对经济有巨大的反作用。任何战争对经济都有着一定的破坏作用。但从人类社会发展的全局看一切革命的正义战争对社会和生产力起到促进作用。毛泽东认为：一切非正义的反革命战争，对社会和经济的发展都起到阻碍作用；一切正义的革命战争，对人类历史发展起到推动作用。

（5）拥护正义的战争，反对非正义的战争

毛泽东说"战争的性质是根据于战争的政治目的而定的"，由于进行战争的阶级、国家、民族不同，战争的政治目的不同，战争所表现的形态也就不同。诸如阶级压迫战争与解放战争、民族压迫战争与民族解放战争、侵略战争与反侵略战争、同阶级或同民族统治集团之间争权夺利的战争、帝国主义国家争夺势力范围的战争等。

毛泽东对战争的性质，进行了科学的划分，他说："历史上的战争分为两类，一类是正义的，一类是非正义的。一切进步的战争都是正义的，一切阻碍进步的战争都是非正义的。"毛泽东对战争性质的划分，奠定了无产阶级对待战争的根本态度。那就是反对非正义战争，拥护正义战争。毛泽东指出："我们共产党人反对一切阻碍进步的非正义的战争，但是不反对进步的正义的战争。"对于正义战争，我们不但不反对，而且积极支持和必要时直接参加。

2. 方法论

所谓指导战争的基本观点与方法，也就是如何认识和把握战争规律的问题。毛泽东在指导中国革命战争的长期实践中，运用马克思主义的唯物辩证法，对战争方法论作出了深刻而透彻的阐述与指导，其内容主要包括如下四个方面：

（1）指导战争，必须认识和把握战争规律

毛泽东在总结土地革命战争的经验时指出："战争规律——这是任何指导战争的人不能不研究和不能不解决的问题。"并说："不论做什么事，不懂得那件事的情形，它的性质，它和它以外的事情的关联，就不知道那件事的规律，就不知道如何去做，就不能做好那件事。"同样，"不知道战争的规律，就不知道如何指导战争，就不能打胜仗。"战争是阶级社会的必然现象，它的产生和发展具有自身的规律。

所谓战争规律是战争在发生和发展过程中，战争双方在政治、经济、军事、自然地理诸方面因素的本质联系及其发展趋势，是不以人们的主观意志为转移的客观实际。人们只能认识它，不能取消它；只能运用它，不能违背它，违背客观规律终将导致失败。

毛泽东告诉我们，在认识和把握战争规律时，必须注重分析战争的一般规律与特殊规律。一般战争规律，普遍存在于一切战争之中，是从各种具体战争的运动过程中抽象出来的最稳定、最普遍、最一般的内在本质联系，是古今中外一切战争的共同规律。如战争是阶级社会的必然现象；战争是政治的继续；战争是双方人员借助武器的较量；战争的基本类型是进攻和防御；战争的直接军事目的是保存自己、消灭敌人等。这些一般战争规律，成为战争主观指导方法的依据。战争的特殊规律就是某一类或某一次战争所特有的规律。时代、国家、民族、对象、地域等不同点反映在具体战争的特殊性上各有其特点。战争的一般规律与特殊规律之间是辩证统一的关系。这是毛泽东在《矛盾论》中深刻阐明的观点，一般与特殊，共性与个性，共性寓于个性之中。在一定范围内一定条件下，一般性的规律在更大范围内成了特殊性的规律，特殊性的规律在较小的范围内成为一般性的规律。

（2）主观指导必须符合客观实际

战争指导者要驾驭战争，必须善于使主观指导符合客观实际。毛泽东把这种合乎战争客观规律的战争指导方法，比作"战争大海中的游泳术"，称之为"战争指导规律"。毛泽东指出："人们要想得到工作的胜利即得到预想的结果，一定要使自己的思想合乎客观外界的规律性，如果不合，就会在实践中失败。"

毛泽东指出："一切战争指导规律，依照历史的发展而发展，依照战争的发展而发展；一成不变的东西是没有的。"由此可见，正确解决主观符合客观的问题，是战胜敌人的关键。要做到主观指导符合客观实际，应把握以下两点：

一是战争指导者要使主观指导符合客观实际，必须熟识敌我双方的客观情况。"知彼知己"是指导一切战争的普遍适用的原则。毛泽东指出："指挥员的正确部署来源于正确的决心，正确的决心来源于正确的判断，正确的判断来源于周到的和必要的侦察，和对于各种侦察材料的连贯起来的思索。"因此，熟识敌我双方的客观情况，是实施正确的战争指导的前提，也是取得战争胜利的基础。

二是战争指导者要使主观指导符合客观实际，必须在客观物质的基础上，充分发挥自觉能动性。毛泽东指出："军事家不能超过物质条件许可的范围企图战争的胜利，然而军事家可以而且必须在物质条件许可的范围内争取战争的胜利。军事家活动的舞台建筑在客观物质条件的上面，然而军事家凭着这个舞台，却可以导演出许多有声有色威武雄壮的话剧来。"还指出："战争的胜负，固然决定于双方军事、政治、经济、地理、战争性质、国际援助诸条件，然而不仅仅决定于这些；仅有这些，还只是有了胜负的可能性，它本身没有分胜负。要分胜负，还须加上主观的努力，这就是指导者实行战争，这就是战争中的自觉的能动性。"这里强调的是在既定的物质基础上，自觉能动性的发挥对战争胜负所具有的重要作用。

（3）着眼特点，着眼发展

所谓着眼其战争特点，就是要全力捕捉每一个具体战争的特殊性。毛泽东指出："战争情况的不同，决定着不同的战争指导规律，有时间、地域和性质的差别。"时间是指战争的时代条件，包括国际国内政治、经济、军事和科学技术等发展水平，它们随时代的发展而发展，不同时代反映有不同时代的特点，指导战争的战略战术必须适应时代发展的特点；地域是指战争的地理位置，包括国家制度、民族特点、历史传统和自然地理诸情况。不同地域的战争特点不同，必须有适应各种不同地域的战争指导规律；性质是指战争的政治性质和国际国内的政治因素以及外交政策等。性质不同就有不同的战争规律和战争指导规律；对象是指作战的对手情形。国内敌人与国外敌人不同，同一个敌人在不同的时代也有所不同。

所谓着眼于战争的发展，就是要从战争的发展变化中来认识和考察战争问题。毛泽东指出："一切战争指导规律，依照历史的发展而发展，依照战争的发展而发展，一成不变的东西是没有的。"在指导中国革命战争的实践过程中，毛泽东善于根据战争发展的各个阶段上敌我双方的特点，揭示不同阶段上的战争规律，从而预见战争的实际过程和发展趋势，确定战略方针和战略战术的指导原则，最终实现战争目的。

（4）关照全局，把握关节

只要有战争，就有战争的全局。什么是战争的全局？毛泽东指出："凡属带有要照顾各方面和各阶段的性质的，都是战争的全局。"全局是事物的整体和发展的全过程，局部是组成整体的各个部分和发展全过程的各个阶段。全局统率局部，局部从属全局，构成全局与局部之间的正确关系。

毛泽东对战争的全局和关节的阐述很明确。他说："战争的胜败的主要和首先的问题，是对于全局和各阶段的关照得好或关照得不好。"并指出："应当把自己注意的重心，放在那些对于他所指挥的全局说来最主要最有决定意义的问题或动作上，而不应当放在其他的问题或动作上。"所以说，关照全局是战争指导的首要准则，把握关节是推动全局发展的重要方法。

当然，战争的全局和局部的关系是相对的，不是凝固的。在一定场合为全局的东西，在另一场合就可能变为局部的东西，反之亦然。

（二）人民军队思想

人民军队是人民群众自发地或在先进阶级领导下建立的并为人民群众利益而战斗的军

队。以毛泽东为代表的老一辈无产阶级革命家、军事家，运用马克思主义的原理，把创建人民军队作为进行武装斗争的首要问题和实现革命理想的最主要手段。1945年，毛泽东在《论联合政府》一文中提出，"没有一支人民的军队，便没有人民的一切"，深刻指明了在中国建立一支人民军队的极端重要性。

在革命战争年代，主要的斗争形式是战争，而主要的组织形式是军队。为了把以农民为主要成分的军队建设成为无产阶级性质的新型人民军队，毛泽东在长期的战争实践中，总结和提出了一整套建军的理论和原则。

1. 坚持中国共产党对军队的绝对领导

早在井冈山和中央苏区时，毛泽东就指出："我们感觉无产阶级思想领导的问题，是一个非常重要的问题。"1927年9月底，毛泽东在"三湾改编"中，根据军队的现状和斗争的实际情况，设立了党代表制度，规定了班有党员、排有党小组、连有党支部、营有党委，使起义军严格置于中国共产党的绝对领导之下。1928年12月，毛泽东在"古田会议"上又一次强调，一定要加强党对军队的绝对领导。1938年11月6日，毛泽东在延安指出："我们的原则是党指挥枪，而决不容许枪指挥党"。只有坚持和实施党对军队的绝对领导，才能保证人民军队的无产阶级性质，才能坚持全心全意为人民服务，才能完成党交给的各项艰巨任务，才能捍卫我们的国家利益。

2. 坚持全心全意为人民军队的宗旨

我军是人民的军队，来自人民，为了人民。毛泽东指出："我们的共产党和共产党所领导的八路军、新四军，是革命的队伍。我们这个队伍完全是为着解放人民的，是彻底地为人民的利益工作的。"在井冈山斗争时期，毛泽东就指出："要教育我们军队的士兵明确为人民去打仗。"1945年4月，毛泽东在党的"七大"报告中，对我军的宗旨作了最完整的概括："为着广大人民群众的利益，为着全民族的利益，而结合，而战斗的。紧紧地和中国人民站在一起，全心全意地为中国人民服务，就是这个军队的唯一的宗旨。"

3. 实现三大民主，执行三大任务

我军的三大民主是政治民主、经济民主、军事民主。实行三大民主是党的群众路线在军队建设中的体现，是提高人民军队战斗力的重要保证。政治民主，就是战士干部在政治平上等，每个军人都有提出批评、建议和同不良倾向作斗争的权力。经济民主，主要是实行经济公开，发挥经济委员会的作用，监督经济开支，同贪污浪费、侵占士兵利益和违反经济政策等不良倾向作斗争。军事民主，是在训练中实行官兵互教、评教评学；在作战时发动战士讨论研究如何完成战斗任务，战后进行讲评总结；在备战、施工、生产、科研等项任务中，发动群众出主意想办法，充分调动群众的积极性创造性。当然，我军的民主是在集中指导下的民主。离开集中搞民主，将走向极端民主化，就有悖于我军建设的根本要求。

我军的三大任务，即战斗队、工作队、生产队。我军的三大任务是在中国革命战争中形成的。建军之初，红军的三大任务是"打仗、做群众工作、筹款"。抗日战争时期，为长期抗战，一面打仗，一面生产，再加上做群众工作。军队是执行政治任务的武装集团，一条很重要的任务就是要打仗。同时还担负着宣传群众、组织群众、武装群众、帮助群众建立政权的任务；另外，在作战之余，还要在可能的情况下进行生产。三大任务是新型人民军队同其他旧式军队的显著区别。

4. 政治工作是人民军队的生命线

生命线，是毛泽东和老一辈无产阶级革命家对我军政治工作重要地位和作用所作的形象概括。

政治工作应坚持以马克思列宁主义的指导，根据中国共产党在不同历史时期的总任务，以及由此规定的军队的具体任务而展开。政治工作应服务于军队的革命化、现代化、正规化建设，从思想上、政治上、组织上保证党对军队的绝对领导，保证军队内部的团结和军政、军民团结，保证军队战斗力的提高和各项任务的完成。

关于政治工作的基本原则，毛泽东在1937年曾明确概括为：第一官兵一致的原则，第二军民一致的原则，第三瓦解敌军和宽待俘虏的原则。后来，我军把官兵一致，军民一致和瓦解敌军规定为我军政治工作的三大原则。

5. 制定了人民军队铁的纪律

纪律是执行路线的保证，没有铁的纪律就无法保证我军的高度集中和统一。我军的纪律是根据无产阶级的利益、人民的利益和革命斗争的需要制定的。毛泽东高度重视人民军队的纪律建设。在红军初创时期，就要求部队对待群众说话和气，买卖公平，不拉夫，不打人，不骂人。1927年10月，毛泽东制定了《三大纪律六项注意》；1930年，在瑞金把六项注意改为十项注意；解放战争时期，当人民解放军转入战略进攻的转折时期，毛泽东及时地总结了我军在土地革命、抗日战争时期所执行军事纪律的经验，于1947年10月10日重新颁布了"三大纪律八项注意"。并将"三大纪律八项注意"的内容作了统一的规定："三大纪律：一切行动听指挥；不拿群众一针一线；一切缴获要归公。八项注意：说话和气；买卖公平；借东西要还；损坏东西要赔；不打人骂人；不损坏庄稼；不调戏妇女；不虐待俘虏。"在同一天颁布的《中国人民解放军宣言》中；要求全军指战员"必须提高纪律性，坚决执行命令，执行政策，执行三大纪律八项注意，军民一致，军政一致，官兵一致，全军一致，不允许破坏纪律的现象存在"。

（三）人民战争思想

人民战争是我党历来坚持的指导战争的根本路线，是我党唯一正确的战争指导思想，是毛泽东军事思想的核心内容，是我们进行革命战争的根本指导路线，是我军克敌制胜的法宝。

1. 人民战争思想的含义

人民战争是指广大人民群众为反抗阶级压迫或民族压迫而组织和武装起来进行的战争。人民战争具有两个基本特征：一是战争的正义性。在毛泽东看来，战争的性质既取决于它的政治目的，又取决于它的社会效果，就是能否促进历史的进步，而其根本标志在于是否符合广大人民群众的根本利益。战争的正义性是实行人民战争的首要条件和政治基础。二是战争的群众性。战争的群众性是指战争必须有广大人民群众的支持和参加，这是人民战争的重要标志。历史上，凡是具备这两个特征的战争都可称作人民战争。但是我党领导的人民战争，较之一般意义上的人民战争，群众性更广泛，革命性更彻底，组织性更严密。

人民战争思想的基本精神是：就是在中国共产党的领导下，以人民军队为骨干，坚决依靠广大人民群众，实行主力兵团与地方兵团相结合，正规军、游击队与民兵相结合，武装斗争与非武装斗争相结合的人民战争。

2. 人民战争思想的理论基础

以毛泽东为代表的中国共产党人，在领导中国革命战争的实践中，创造性地发展了马列主义关于人民战争的理论，对实行人民战争的必要性和可能性以及如何实行人民战争问题，做了系统的论述，阐明了人民战争的理论基础和政治基础，实行人民战争的指导原则，创立了具有中国特色的人民战争思想。

（1）人民群众是战争胜负的决定力量

战争是力量的抗争，人民战争的主体是人民群众，人民群众是社会发展变革的决定力量，也是战争胜负的决定力量。要准确地理解和把握人民战争思想，就必须首先认识人民群众在战争中的作用。毛泽东曾说：人民，只有人民，才是创造世界历史的动力。这就是毛泽东人民战争思想的根本出发点和理论基础。毛泽东还指出：革命战争是群众的战争，只有动员群众才能进行战争，只有依靠群众才能进行战争。中国革命战争的历史和实践证明，人民群众是人民军队赖以生存和发展的条件，是战争中一切力量的源泉，是战争胜负的决定力量。

（2）战争的正义性是实行人民战争的政治基础

战争的正义性和非正义性，决定着人心的背向。历史上的战争虽然千差万别，但按其性质，不外乎两大类：一类是正义战争，一类是非正义战争。正义战争是进步的，符合人民群众的根本利益，人民群众不但真心拥护，积极支持和踊跃参加。相反，非正义战争是退步的，是为少数利益服务的，必然要遭到人民群众的坚决抵制和反对。战争的正义性是实行人民战争的政治基础，只有正义的革命战争，才能实行广泛发动群众实施人民战争。

（3）战争胜负的决定因素是人不是物

人和武器是构成战斗力的两个基本要素，正确处理人与武器的关系，是人民战争思想的一个重要理论问题。毛泽东根据历史唯物主义的基本原理，批判了"唯武器论"的观点，科学地阐明了人在战争中的地位和作用。他指出：武器是战争的重要因素，但不是决定的因素，决定的因素是人不是物。这是毛泽东同志在战争问题上对人与武器关系的精辟论述和高度概括。人是战争胜负的决定因素，在一定的物质基础上，谁充分发挥了人的能动作用，谁就能赢得战争的胜利。武器是战争胜败的重要因素。毛泽东在强调人是战争胜败决定因素的同时，并不否定武器的重要作用。

（4）马克思主义政党的正确领导是实行人民战争的必要条件

作为战争的指导思想，人民战争不是群众起来就可以自发形成的，它必须有战争的领导条件。人民战争的领导者必须具备两个条件：一是真正代表人民群众的利益，反映人民群众的根本愿望，全心全意为人民群众谋取利益；二是懂得和掌握群众路线的指导方法，善于制定有利于调动群众积极性的方针和政策。这两个条件唯有马克思主义的政党才能具备。

3. 毛泽东人民战争思想的主要内容

毛泽东人民战争思想的内容极为丰富，主要有以下几个方面：坚持中国共产党对人民战争的统一领导；结成最广泛的革命统一战线；实行以人民军队为骨干的三结合的武装力量体制；以武装斗争为主与其他斗争形式密切结合；建立巩固的革命根据地；实行灵活机动的战略战术。

（1）党的领导是人民战争胜利的根本保证

综观中国历史上大小数百次的农民起义战争，之所以失败就是因为没有先进阶级政党的领导。自从中国工人阶级走上政治舞台,特别是有了中国共产党的领导之后,中国人民革命战争才焕然一新。这就是说,党的领导,是实行人民战争的首要条件。

只有坚持中国共产党对革命战争的领导,才能确保战争的正确方向。革命战争向什么方向发展,取决于战争的领导者所代表的阶级和领导集团对待战争的态度,以及他们所制定的路线方针政策和战略战术。我们的军队是党直接领导的军队,人民军队之所以从小到大,从弱到强逐步发展壮大,并取得一个又一个的胜利,正是由于很好地坚持了党的领导。

只有中国共产党才能最广泛和深入地发动群众。中国共产党是中国人民利益的忠实代表,是为人民的利益而组织和进行战争的。所以,中国共产党是人民群众最信赖的党,是团结和组织人民群众的核心,也必然得到人民群众的拥护,也就能广泛地深入地发动群众,调动人民群众进行革命战争的积极性。

只有坚持党的领导,才能结成最广泛的统一战线。党对战争的领导,不仅表现在能够广泛地发动群众参加战争,还表现在它能最大限度地团结、调动和组织各条战线上的社会力量,紧密配合军事斗争,发挥整体威力。如在解放战争中,我党除了领导人民军队在战场上与敌进行殊死的军事较量外,还积极地组织各民族的工人、农民、革命知识分子和一切爱国人士的革命统一战线,使军事、政治、经济、文化、外交等各条战线的斗争融为一体,形成了我党统一领导下的反对国民党反动派的总体战,最终打败了国民党反动派,取得了中国人民解放战争的最后胜利。

(2) 兵民是胜利之本

兵是指军队,民是指人民群众。兵民结合是取得战争胜利之根本。如果只有军队而无人民群众的紧密配合,或只有人民群众而没有一支人民的军队,都不可能取得战争的胜利。

"兵民是胜利之本"的思想说明,人民军队是进行人民战争的骨干力量,没有一支人民的军队,就不可能对付反革命军队的进攻和坚持长期的革命战争,就不能最后战胜强大的敌人。同时也说明人民群众中蕴藏着无穷的创造力。只有军民结合才能处处打击敌人,使敌人变成瞎子、聋子。如,在革命战争中广泛实行地道战、地雷战、麻雀战、实行村自卫战等,就使敌人处于人民战争的汪洋大海之中。

(3) 广泛深入发动群众进行战争

毛泽东指出,革命战争是群众的战争,只有动员和依靠群众,才能进行革命战争。这是毛泽东人民战争思想最基本的理论。战争不仅仅是交战双方军力和经济力量的竞赛,而且也是人力与人心的竞赛。"战争的伟力之最深厚的根源,存在于民众之中。"革命的战争如果离开了人民群众,那就是无源之水,无本之木,也就失去了进行战争的雄厚的物质基础。

民众是战争人力的源泉。人力是构成战争力量的基础。军事力量的强大,很重要的条件之一是军队数量上的优势。民为兵源,兵无民不坚,要建立数量优势的军队,民众是兵力的源泉。

民众是战争物力和财力的源泉。战争是物力的竞赛,离开了一定的物质条件,就谈不上进行战争,而进行战争最雄厚的物力来源于民众之中。民众不仅是物资的生产者,而且是物质的供给保障者,我军进行的辽沈、淮海、平津三大战役,支前民工就达500多万人,担架10多万副,大车38万辆,牲口100万头,粮食95亿斤。毛泽东曾感慨地说,我们的解放战争,主要就是靠北方这一亿六千万人民打胜的。陈毅说过,淮海战役的胜利是老百姓用小车推出来的。

战争的伟力存在于民心所向。任何战争如果与人民群众的意志相背离，那么，就很难得到人民群众的支援。在抗日战争中，当国民党高级将领杜聿明的军队同日寇作战时，处处得到人民的支援。杜聿明曾感慨地说：本军是民众的武装，民众是本军的父老，本军的胜利其实也就是民众的胜利。当杜聿明率领大军调转枪口进行反革命内战时，却陷入了孤立无援的境地。

（4）建立巩固的革命根据地

根据地是战争的依托。创建革命根据地，走农村包围城市最后夺取政权的道路，是中国革命战争武装斗争的主要经验和特点之一，是毛泽东指导中国革命战争的伟大战略思想。它的具体内容是：在中国社会政治、经济发展不平衡的条件下，在中国共产党的领导下，在敌人统治薄弱的农村地区，依靠和发动农民群众，实行土地革命，建立和组织民主政权，进行武装斗争，实行工农武装割据，把落后的农村建成先进的巩固的根据地，造成军事上、政治上、经济上、文化上的革命阵地，并以此为依托，开展广泛人民战争。我党创建的第一个根据地是1927年10月，是由毛泽东率领秋收起义的部队，在井冈山建立的，这一根据地的建立才点燃了"工农武装割据"的星星之火，使中国革命找到了生存和发展的立足点。抗日战争时期，在日本侵略军大举进攻，国民党军节节败退的时候，党领导的八路军、新四军英勇地向敌后挺进，先后在华北、华中、华东、华南建立了拥有1亿多人口，面积达100万平方公里的19个抗日革命根据地，为夺取全国的胜利奠定了基础。

（5）实行"三结合、一配合"的组织形式和斗争形式

在中国革命战争的长期实践中，毛泽东创造性地提出了野战军、地方军、民兵相结合的武装力量体制，并提出了实行"主力兵团与地方兵团相结合；正规军和游击队、民兵相结合；武装群众和非武装群众相结合；以军事斗争为主与各条战线上的其他各种斗争相配合的组织斗争形式。"

毛泽东指出："这支军队之所以有力量，还由于有人民自卫军和民兵这样广大的群众武装组织，和它一道配合作战"，"没有这些群众武装力量的配合，要战胜敌人是不可能的。"这就说明，人民军队和群众武装，好比一车两轮，缺一不可。

（6）实行与人民战争相适应的战略战术

进行人民战争，不能局限于采取一般的作战方法，而采取适应人民战争特点的、灵活机动的战略战术，如正确地规定战略方向；贯彻执行积极防御的战略方针；战略上以弱击强，战术上以强击弱；阵地战、运动战、游击战三种作战形式相配合；以我之长击敌之短，有什么条件打什么仗；集中优势兵力各个歼灭敌人等。其基本思想是，从战争的客观实际出发，在既定的客观物质基础上，充分发挥主观能动性，夺取战争的胜利。

（四）人民战争的战略战术思想

人民战争的战略战术，体现了毛泽东人民战争思想的战略指导原则和作战方法，是毛泽东高超的战争指导艺术的总结。它揭示了中国革命战争的指导规律，是毛泽东军事思想中十分精彩的部分，内容十分丰富。

1. 实行积极防御的战略思想

毛泽东指出："积极防御，又叫攻势防御，又叫决战防御。消极防御，又叫专守防御，又叫单纯防御。消极防御实际上是假防御，只有积极防御才是真防御，才是为了反攻和进攻的防御。"这不仅是毛泽东对两种不同性质的防御作出的科学概括，同时也说明，毛泽东主

张积极防御，反对消极防御。

毛泽东积极防御战略思想的基本精神：一是坚持自卫立场，后发制人。人不犯我，我不犯人，人若犯我，我必犯人。二是防中有攻，攻防结合；防御是为了积蓄力量，待机破敌。三是对待强敌，持久作战。

总之，毛泽东积极防御的战略思想，是后发制人、攻防辩证统一、持久胜敌的思想，它指导着中国革命战争的全过程，是毛泽东战略思想的精髓，是我军制定战略方针的理论依据，是指导我军取得战争胜利的正确的战略指导思想。

2. 战略上藐视敌人，战术上重视敌人

毛泽东指出："从战略上看，必须如实地把帝国主义和一切反动派，都当成纸老虎。从这点上，建立我们的战略思想。另一方面，它们又是活的铁的真的老虎，它们会吃人的。从这点上，建立我们的策略思想和战术思想。"毛泽东还指出："如果我们在全体上过高估计敌人力量，因而不敢推翻他们，不敢胜利，我们就要犯右倾机会主义错误。如果我们在每一个局部上，在每一个具体问题上，不采取谨慎态度，不讲究斗争艺术……我们就要犯'左'倾机会主义错误。"毛泽东关于帝国主义和一切反动派既是"纸老虎"又是"真老虎"的论断，奠定了人民战争战略战术的基本原则，即：在战略上，要把敌人看成是纸老虎，我们要藐视它；在战术上，要把敌人看成是真老虎，我们要重视它，注意把握斗争的策略和方法。

3. 保存自己，消灭敌人

"保存自己，消灭敌人"是兵家公认的原则，是同一战争目的的两个方面。首先，二者是对立统一的，它们紧密联系，相互制约。其次，二者的关系有主次之分。毛泽东指出："战争目的中，消灭敌人是主要的，保存自己是第二位的，因为只有大量地消灭敌人，才能有效地保存自己。"第三，二者的主次关系并不是固定不变的，在一定的条件下会发生转化。例如，在敌我力量悬殊的情况下，不能与敌人硬拼，需要后退，需要摆脱敌人，这时保存自己就处于优先考虑的地位。

"保存自己，消灭敌人"是战争的基本原则。毛泽东指出："一切军事行动的指导原则，都根据于一个基本的原则，就是尽可能地保存自己的力量，消灭敌人的力量。"一切技术的、战术的、战役的、战略的原理，都离不开"保存自己，消灭敌人"这个原则。它普及于战争的全体，贯彻于战争的始终。

4. 集中优势兵力，各个歼灭敌人

毛泽东强调，在战略上敌强我弱、敌优我劣的条件下，为了改变敌我进退、攻防和内外线的形势，将被动转为主动，要贯彻在战略上"以一当十"，在战术上"以十当一"的思想，实行集中优势兵力，各个歼灭敌人的作战原则。毛泽东同志把"集中优势兵力各个歼灭敌人"视为战胜敌人的法宝。早在井冈山时期，毛泽东就指出："红军以集中为原则，赤卫队以分散为原则"，并说"我们的经验，分兵几乎没有一次不失败，集中兵力以击小于我或等于我或稍大于我之敌，则往往胜利。"在解放战争开始不久，毛泽东代表中央军委起草了"集中优势兵力，各个歼灭敌人"的作战指示。并指出："这是战胜蒋介石进攻的主要方法。实行这种方法，就会胜利。违背这种方法，就会失败。"

5. 力求实现歼灭战

歼灭战，就是歼灭敌人全部或大部的作战，是我军作战的基本方针。歼灭战是毛泽东一贯的作战指导思想。毛泽东在《中国革命战争的战略问题》一书中，确定我军作战的"基本方针是歼灭战"。他形象地指出："对于人，伤其十指不如断其一指；对于敌，击溃其十个师不如歼灭其一个师。"土地革命战争时期，中央红军第一次反围剿，第一仗就全歼敌一个师，活捉师长张辉赞，吓得其他六个师仓皇后撤。

6. 周密地进行战争准备

"不打无准备之仗，不打无把握之仗，每战都应力求准备，力求在敌我条件对比下有胜利的把握。"这充分说明了战争准备的极端重要性。

不打无准备之仗，不打无把握之仗，是达成战争目的的一条重要的战略战术原则。这一原则主要强调两个方面：

作战行动事先必须有严密的计划。也正如毛泽东说的："凡事预则立，不预则废，没有事先的计划和准备，就不能获得战争的胜利。"解放战争时期，我军为攻克石家庄这个坚固阵地的华北重镇，我军在战前1年的时间里就进行了准备。对作战方案进行了反复论证，只用了7天就攻克了。

战争的准备要建立在确有把握取胜的基础上。确有把握是指具有战胜敌人的根据和信心。有准备是实现确有把握的前提条件。当然战争准备的程度和时限，应根据当时的具体情况而定，有时看来准备不够充分，只要能抓住时机，同样可以有把握取胜。如1948年我军在西北进行的宜川战役，当敌进至我瓦子街伏击地域时，而我军一个纵队没有赶到，部署尚未完全就绪的情况下，为了不错过有利时机，指挥员毅然决定发起攻击，结果全歼2.3万余敌人。

7. 慎重初战

初战也称"序战"，指战争或战役的第一仗。毛泽东强调要重视初战问题，是因为初战的胜负对战争或战役全局有着极为重大的影响，一着不慎，就有可能给战争或战役带来不可收拾的结局。因此，毛泽东一再强调，对待初战问题，要慎之又慎，不可有一丝一毫的马虎鲁莽。在初战的问题上，毛泽东明确提出了初战"必须打胜；必须照顾全战役计划；必须照顾下一战略阶段"的三个原则。

毛泽东慎重初战思想，并不是害怕敌人，不是消极避战、不敢作战，他是建立在战略上藐视敌人，战术上重视敌人基础之上的，是一种对革命高度负责的精神和态度。

8. 运动战、阵地战、游击战紧密结合

运动战、阵地战、游击战是战争中的三种基本作战形式。毛泽东说过："战争本质即战争目的，是保存自己，消灭敌人。然而达此目的的战争形式，有运动战、阵地战、游击战三种"。运动战、阵地战、游击战这三种作战形式，前两种属于正规战，后一种属于非正规战。

运动战是指正规兵团在长的战线和大的战区，从事战役战斗的外线速决的进攻作战形式。其特点是进攻性和流动性大，在广阔的战场上实行高度机动、调动敌人，寻机歼敌。阵地战是指在坚固阵地或野战阵地上进行的防御作战或对坚固阵地或野战阵地防御之敌的进攻作战，其特点是准备时间充裕，组织工作完善、作战持续时间长等。阵地战这一作战形式在解放战争时期和抗美援朝战争时运用比较多。游击战是分散流动的作战形式，也是一种群众性的武装斗争形式，其特点较运动战更具有主动性、灵活性、进攻性、速决性、流动性，对于配合正规作战及弱小力量的生存和发展有着重要的作用。

三种基本作战形式，尽管各有其不同的作用和特点，但在实现战争目的这一点上是完全一致的。三种方式相互配合，必然是敌人处于极为困难的地位。

9. 力争主动，力避被动

主动和被动是关于军队兵力使用和作战指挥艺术的一对重要范畴。孙武说过：故善战者，致人而不致于人。《尉缭子》中也提到："故善用兵者，能夺人而不夺于人"说的是善于用兵的人，能夺取主动权而不被敌人所夺取。战争中的主动权，指的是军队行动的自由权，一支军队在战争中进退攻防都能由它做主，行动自由，不受敌人的控制和支配，这就叫掌握了战争的主动权。

战争中的被动权，指的是被客观形势所摆布，被迫处于不自由状态，一切都要受到敌人的控制，失去了行动自由，这就叫丧失了主动权，处于被动地位。

毛泽东就战争主动权的获得与保持，有赖于两个最基本的条件，一是战争力量的优势；二是正确的主观指导；此外还要有造成敌人的错觉和不意。毛泽东指出："错觉和不意，可以丧失优势和主动。因而有计划地造成敌人的错觉，给以不意的攻击，是造成优势和夺取主动的方法，而且是重要的方法"。比如隐真示假，虚虚实实，真真假假，声东击西等。

（五）国防建设思想

新中国建立后，毛泽东等老一辈无产阶级革命家，为了适应新的形势和任务的需要，总结了国防建设和军事斗争的实践经验，创立了国防建设思想。它对国防现代化建设的重要性，对人民军队的革命化、正规化、现代化建设，对坚持独立自主的方针，对国防建设指导思想的战略转变，对军事改革的思想和原则，以及对战争准备等问题作了系统的阐述。这是毛泽东军事思想在建国以后的重大发展和重要组成部分。其主要内容包括：

以适应国际背景作为国防建设的出发点，大力加强国防军和国防工程建设。毛泽东针对当时的情况，提出了从中国的国情出发进行国防现代化建设，要在现有基础上，要充分发挥人的主观能动性，走出一条中国自己的国防现代化道路。其中，在国防工程建设方面要求做到：一是要重点设防。即国防工程不能面面俱到，要选择重要的战略方向和要点。二是平战结合。即建设的工程具有双重的功能，平时适应民用，战时转入军用。三是统筹兼顾。既要确保重点，应付大战，又能应付局部战争或小型战争。

以积极防御的军事战略方针作为国防建设的着眼点，加强国防建设抵御外来侵略，捍卫国家主权和领土完整，确保国家安全。我国的政策是对外永远不称霸，决不侵犯别人，也决不允许别人侵略我国。

国防建设必须与国家经济建设相适应，必须服从、服务于经济建设大局，军队要积极参加、支援国家经济建设，使国防建设和经济建设协调发展。

国防建设必须以现代化建设为中心，这是现代战争的必然要求，也是我军向高级阶段发展的必由之路。

国防建设必须坚持独立自主、自力更生的方针。我们希望并争取外援，但我们不依赖外援。国防建设的现代化必须放在自己力量的基点上，独立自主地解决军队现代化建设所需的武器装备，建设具有中国特色的国防。

第三节　邓小平新时期军队建设思想

邓小平是我们党的第二代领导核心，是建设有中国特色社会主义伟大事业的开拓者和领导者，是中国社会主义改革开放和现代化建设的总设计师，也是新时期军队和国防现代化建设的总设计师。邓小平的军事生涯，在他光辉一生中占有重要位置，他对当代中国和人民军队建设最重要的贡献之一是创立了新时期军事理论。

一、邓小平军事理论的科学含义

邓小平军事理论是以邓小平为代表的中国共产党人，在中国社会主义建设新的历史时期，关于军队建设及有关军事问题的科学理论体系。是马克思主义基本原理同新时期军队和国防建设实践相结合的产物，是邓小平理论的重要组成部分，是新的历史时期对毛泽东军事思想的继承和发展，是党的第二代领导集体智慧的结晶。

（一）邓小平军事理论，是马列主义军事理论、毛泽东军事思想与新时期军队和国防建设实践相结合的产物

邓小平在领导军队和国防建设的伟大实践中，运用马列主义军事理论、毛泽东军事思想的立场、观点和方法，研究新情况，解决新问题，创造性地提出了一系列国防和军队建设的原则、方针和政策，不仅丰富发展了马克思主义军事理论，而且具有鲜明的时代特征。

（二）邓小平军事理论，是邓小平理论的重要组成部分

邓小平理论包括的内容很多，其军事理论在其理论体系中占有重要地位。如关于邓小平军队改革的思想，就是邓小平国家改革思想的重要组成部分。解放思想，实事求是，是邓小平理论的精髓，也是邓小平军队建设思想的理论基础；关于时代主题的理论，既是邓小平理论的一块重要理论基石，是我们正确认识国际战略环境，作出一系列战略决策的重要依据，同时，也是邓小平军队建设思想的重要内容；以经济建设为中心，坚持改革开放，坚持四项基本原则"一个中心，两个基本点"的基本路线，是邓小平理论的核心，而正是这一点构成了邓小平军队建设思想的灵魂，规定了我军以现代化建设为中心，建设一支强大的现代化、正规化革命化军队"三化"建设的总目标、总任务。

（三）邓小平军事理论，是新时期中国军队和国防建设实践的科学总结

邓小平作为党的第二代领导集体的核心，亲自领导了新时期军队和国防建设的伟大实践，具体研究和解决了军队和国防建设实践中遇到的一系列重大现实问题。他的许多重要论述都是针对军队的现实问题提出的，是对新时期军队和国防建设实践经验的科学总结。

（四）邓小平军事理论，是以邓小平为杰出代表的全党全军集体智慧的结晶

邓小平军事理论，不仅是邓小平本人的，而且是以邓小平为代表、为核心的党的第二代领导集体的贡献。邓小平许多重要思想都是在实践中集中了党中央、中央军委和广大指战员的集体智慧，这就使邓小平军队建设思想具备了坚实的实践基础和群众基础。

二、邓小平军事理论的形成与发展

邓小平新时期军队建设思想，是从新时期面临的国际国内形势出发，为适应军队建设和

国防建设的需要，在实践中逐步形成和发展的。

（一）邓小平新时期军队建设思想形成阶段（1975—1978年党的十一届三中全会前）

1975年1月，邓小平同志被任命为中央军委副主席兼总参谋长，主持军委日常工作，并在尔后举行的党的十一届二中全会上当选为中共中央副主席、政治局常委、国务院副总理。鉴于周恩来病重需继续住院治疗，由他主持党和国家的日常工作。其后，他着手全面整顿，努力纠正"文化大革命"错误的同时，对"四人帮"破坏军队建设的行径进行了坚决的斗争。1976年，他第二次被错误罢免。同年10月，我们党一举粉碎了"四人帮"。1977年7月，我们党决定恢复他党政军领导职务。邓小平在这一时期先后发表了一系列重要讲话，就新时期军队建设问题提出了许多重要的论断和方针，指导我军各方面的工作胜利地实现了拨乱反正，为在新的历史条件下研究新情况，解决新问题，全面推进军队和国防现代化建设铺平了道路。针对"两个凡是"的错误方针，他提出了要完整准确地领会和把握毛泽东思想科学体系的论断；提出了一切从实际出发，理论联系实际，实事求是，是毛泽东思想的出发点和根本点；提出了要把军队办成一个大学校，要把教育训练提高到战略地位，以及在新的历史条件下加强思想政治工作等重要原则；针对林彪、"四人帮"对军队的破坏，高举军队要整顿的旗帜，恢复了毛泽东的建军传统，提出了一系列重要的建军思想，如抓编制，抓装备，抓战略的思想；要克服软懒散，建立"敢"字当头的领导班子的思想；要建立调整干部队伍和领导干部交流的思想；军队要建立克服派性，增强党性，加强纪律性的思想等。总之，在党的十一届三中全会之前，邓小平就在军队建设实践中总结出了一系列重要建军思想和原则，特别是对党的实事求是思想路线的恢复和提出毛泽东思想是一个完整的科学体系的论断，为新时期军队建设思想科学体系的形成做了必要准备。

（二）邓小平新时期军队建设思想成熟阶段（1978年12月党的十一届三中全会—1985年6月军委扩大会议召开）

1978年12月，党的十一届三中全会召开，实现了党的工作重点的转移。在这次大会上，邓小平发表了《解放思想，实事求是，团结一致向前看》的重要讲话。1979年2月，邓小平同志亲自部署了对越自卫还击作战并取得了胜利。1980年秋，中央军委将"积极防御，诱敌深入"的战略方针调整为"积极防御"的战略方针，使我军战略指导思想更加明确。1981年6月，在党的十一届六中全会上，邓小平同志当选为中央军委主席以后，从国家发展战略的高度，本着解放思想，实事求是的精神，分析了我军建设所处的国际环境、国内条件，现代化科学技术对战争方式的影响及其军队建设的要求，在党和国家工作重心转移后就新时期军队建设进行了总体设计，提出了军队建设的总目标和总任务以及基本指导思想，使邓小平新时期军队建设思想形成了一个完整的科学理论体系。

（三）邓小平新时期军队建设思想丰富发展阶段（1985年6月以后）

在这一阶段，邓小平就我军在国家改革开放不断深入的新形势下，对如何更好地履行自己的职能，提出了关于军队建设的重大理论原则并进一步明确了军队的性质、任务和地位作用。1987年11月，党的十三届一中全会再次选举邓小平为中央军委主席。1989年6月，邓小平接见驻首都部队军以上干部并发表重要讲话，为新时期军队建设进一步指明了方向。同年召开的党的十三届五中全会批准邓小平辞去军委主席的请求。之后，邓小平仍然继续关心着国家和军队的建设。无论是在南方谈话中，还是在军队发展的重要关头，邓小平敏锐地、有针对性地提出了一些重要的思想原则。如关于社会主义本质的理论和坚持党的基本路线一百年不动摇的思想；关于人民民主专政的历史地位和军队的作用的思想；关于在新的历史条件下必须发扬红军光荣传统的思想等，都进一步丰富和发展了新时期军队建设思想的科学体系。以江泽民为核心的中央军委组成后，全面贯彻了邓小平新时期军队建设思想，特别是在1992年10月召开的党的十四大上，江泽民正式提出"邓小平新时期军队建设思想"的概念，确立了邓小平新时期军队建设思想对军队建设的根本指导地位。

三、邓小平军事理论的科学体系

邓小平军事理论是马列主义军事理论、毛泽东军事思想在新的历史条件下的创造性运用与发展，是中国化了的、最具有时代特色的当代马克思主义军事理论。邓小平军事理论系统回答了新的历史条件下军队建设的一系列重大问题，反映了新时期军队建设和军事斗争的基本规律，内容十分丰富，概括起来主要包括以下内容：

（一）关于新时期战争与和平理论

战争与和平问题，是军事领域的一个基本问题。邓小平依据马克思主义的基本原理，高瞻远瞩，纵观世界全局，对当代国际形势进行了全面而深刻的观察思考和分析，并据此提出了新时期战争与和平理论，极大地丰富和发展了马克思主义的战争观。

1. 和平与发展是当代世界的主题

进入20世纪80年代以后，邓小平根据对国际形势长期观察和对世界主要矛盾实事求是的分析，系统地提出了判断国际形势，认识战争与和平问题的科学方法。这一方法的实质就是：从政治、经济和军事相统一的原则出发，全面考察时代特征，据此，他提出了和平与发展是当代世界主题的科学论断。其基本思想包括：一是维护世界和平是当今世界不可逆转的历史潮流；二是促进发展成为当代世界各国面临的共同课题和紧迫任务；三是和平与发展，发展是核心问题；四是争取世界经济的发展，就必须反对霸权主义，维护世界和平，建立公正、合理的国际政治经济新秩序。

2. 世界大战在一定条件下是可以避免的

邓小平基于长期对世界形势和战略格局的研究，以及对世界政治、经济、军事的新特点的全面分析，提出战争危险依然存在，但世界大战在一定条件下是可以避免的论断。因为，一是和平力量的增长和各种制约战争的因素的作用，世界大战是可以避免的；二是世界大战避免是有前提的，它的前提就是我们的工作做得好，世界人民共同为和平努力奋斗，使和平力量的增长超过战争力量的增长；三是世界大战可以避免，并不是一切战争都可以避免，在大仗打不起来的情况下，局部战争和地区性冲突仍此起彼伏，局部战争成为当今战争的主要作战形式。

3. 霸权主义是当代战争的主要根源

邓小平根据对新的形势的分析，指出：对外奉行霸权主义的帝国主义是现代战争的根源，某些社会主义国家，如果奉行霸权主义的对外政策，同样也是现代战争的策源地。同时，还把霸权主义区分为世界霸权主义和地区霸权主义，明确指出：某些地区性强国，如果推行对外侵略扩张的霸权主义政策，也会成为地区战乱的根源。

4. 反对霸权，维护和平，努力制止战争

邓小平强调，我们的政策一切着眼于反对霸权主义，维护世界和平。中国希望最低限度20年不打仗，更希望70年内不打仗。要"高举反对霸权主义、维护世界和平的旗帜，奉行独立自主的对外政策，坚定地站在和平力量一边""谁搞霸权就反对谁，谁搞战争就反对谁"要增强第三世界国家的团结，促进和平力量的发展，制止战争的爆发。

（二）关于新时期国防建设理论

在新的历史时期，邓小平以马克思主义实事求是的科学态度，对国内外形势和新的历史条件进行了深谋远虑的思考，在实践中探索和规划了国防发展战略，提出了建设有中国特色国防现代化的理论。

1. 国防建设和军队建设指导思想实行战略性转变

党的十一届三中全会以后，党和国家的工作重点已经转移到经济建设上来，国防建设和军队建设要由准备早打、大打、打核战争转到相对和平时期的长远建设上来，这一转变的实质是利用相对稳定和平的有利的国际环境，有计划、有步骤地加强四个现代化建设，从根本上增强我军的战斗力。为此，国防建设和军队建设要服从和服务于国家经济建设大局，既要确保国家经济的发展，又要以经济的发展带动国防和军队的现代化建设。

2. 国防现代化必须从国情军情出发

离开中国国情和军情这个基本条件，国防现代化建设就会脱离实际。必须把基点放在独立自主、自力更生上。当然，在科学技术高速发展的今天，学习和借鉴外国有益经验是必要的，但要结合自己的实际，着眼发挥自己的优势，保持鲜明的中国特色。邓小平明确提出，按照国家总体发展战略的要求，我国国防现代化的发展目标是充分利用世界大战可以避免、国际形势趋于缓和的有利时机，随着国民经济的不断发展，努力加强国防建设，到21世纪中叶，使我国的国防综合实力接近或赶上当时世界其他军事强国，能在维护国家的安全利益和维护世界和平中发挥更加积极的作用。

3. 调整和改革国防科技工业体制

邓小平根据国家经济建设和国防建设的需要，要求把国防科技和国防工业纳入整个国家规划，实行"军民结合、平战结合、军品优先、以民养军"的方针，以适应社会主义市场经济的要求和国防现代化建设的需要，促进国家的经济建设和科学技术的发展。

4. 切实抓好全民国防

建设现代化的国防，有赖于全国军民的共同努力。为此，政治上要坚持以马列主义、毛泽东思想作指导，组织上要强调党、政、军、民通力合作抓国防，体制上要实行精干的常备军与强大的后备力量相结合，思想上要加强维护国家利益为重点的全民国防教育。要通过国防教育，增强全国人民捍卫国家、民族和社会主义现代化建设的责任感、凝聚力，调动全国人民加强国防建设的积极性。总之，要让全国军民都来参加国防建设。

（三）关于新时期军队建设理论

在新的历史时期，邓小平根据新的历史条件和新时期军事斗争的实际需要，重新确立了以建设现代化、正规化的革命军队作为我军建设的发展目标，并提出了与之相适应的基本原则、内容和要求，形成了建设现代化、正规化革命军队的系统理论。

1. 重新确立了新时期军队建设的总目标和发展目标

邓小平明确提出把建设现代化、正规化的革命军队作为新时期我军建设总目标和发展目标。军队革命化建设，要坚持中国共产党对军队的绝对领导；坚持全心全意为人民服务的根本宗旨，保持人民军队的无产阶级性质，使我军永远成为党和国家的钢铁长城，成为国家政权、社会主义制度和人民利益的忠实捍卫者。

军队现代化建设，要在国民经济不断发展的基础上，逐步改善和发展我军的武器装备；把教育训练提高到战略地位；调整与改革军队的体制编制；要逐步实现指挥系统的现代化，后勤的现代化；加强军事科学理论研究，发展我国军事科学等。

军队正规化建设，要坚持依法从严治军，严格军队纪律，确保军队高度统一。要建立健全规章制度，完善军事法规，严格按条令条例和规章制度行事，要加强管理教育，全面建立战备、训练、工作、生活等方面的正常秩序，努力做到管理科学、行动规范。

2. 新时期军队建设要以现代化为中心

随着科学技术的发展和现代战争样式的变化，军队如果不搞现代化建设，就难以适应这种发展和变化的要求。军队的一切工作和正在进行的一切改革，都要服从和服务于现代化建设，都要紧紧围绕这个中心。以现代化为中心，这是由我军建设的主要矛盾，即现代战争的客观需要同我军现代化水还比较低的矛盾所决定的；以现代化为中心，就是坚持我军的战斗队的根本职能，坚持以提高战斗力作为我军建设和改革的出发点和落脚点，作为检验我军各项工作的根本标准；以现代化为中心，就要不断深入地进行积极稳妥的改革。

3. 注重质量建设，走有中国特色的精兵之路

军队建设要讲质量，讲真正的战斗力，搞少而精的真正顶用的。其基本思想是：一是精简整编，优化组织结构；二是坚持独立自主、自力更生的方针，积极发展和改善我军的武器装备；三是通过严格的教育训练来提高军队的素质和战斗力。

4. 加强政治建设，保证军队在政治上永远合格

要坚持政治工作的"生命线"地位，充分发挥政治工作的"服务"和"保证"作用。政治工作要服务于国家的社会主义现代化建设，服务于军队的现代化建设，通过坚强有力的政治工作，全面加强政治建设，保证军队在政治上永远合格。

5. 加强后勤建设，提高现代战争的后勤保障能力

后勤建设必须以提高部队战斗力为目的，保障军队现代化建设的需要，特别是要提高应付局部战争和突发事件的后勤保障能力。同时，加强后勤建设必须坚持艰苦奋斗、勤俭建军的原则，加强后勤科研，精打细算，开源节流，少花钱、多办事、办好事、办大事，不断提高经济效益，努力为提高部队的战斗力服务。

6. 加强军事科学研究，发展我国军事科学

军事科学研究是军队建设的重要组成部分，是建设现代化、正规化、革命化军队的重要内容。要坚持以马列主义军事理论、毛泽东军事思想为指导，以新时期积极防御军事战略方针为依据，解放思想，实事求是，一切从实际出发，理论联系实际，面向现代化，面向世界，面向未来。认真总结我军的历史经验，重视汲取外军的有益经验，继承和发展毛泽东军事思想，研究现代条件下人民战争，完善和发展我国军事科学，为国防和军队建设与作战

服务。

(四) 关于新时期战争与战略理论

邓小平根据国际国内形势的发展变化，从我国我军的实际情况出发，提出了现代条件下的人民战争理论和新时期积极防御战略理论。

1. 现代条件下的人民战争理论

人民战争是中国革命战争的指导路线，是毛泽东军事思想的核心。在新的历史条件下，邓小平继承和发展了毛泽东人民战争思想，提出了适应现代条件的人民战争理论，其基本思想包括：

一是在现代条件下必须坚持人民战争。人民战争并未过时，仍然是我们取得现代战争胜利的法宝。因为：第一，实行人民战争是由我们所进行的战争的正义性决定的，是以人民群众是历史的创造者这一历史唯物主义原理作为理论基础的。第二，科学技术的发展，武器装备的更新，只是改变战争的物质条件，只能影响战争的进程和作战样式，但不能改变人民群众在战争中的决定作用。我们要充分发挥人的主观能动性，最大限度地发挥现有武器装备的作用，依靠人民的总体力量，从而弥补武器装备方面的"技术差"，最终赢得战争的胜利。

二是实行现代条件下的人民战争必须发展人民战争理论。现在的人民战争与过去不同，装备不同、手段不同、条件不同，人民战争的表现形式也不同。因此，要根据发展变化了的情况，努力研究新情况，总结新经验，探讨新战法，概括新理论，发展人民战争的战略战术。

2. 新时期积极防御的战略理论

在新的历史时期，邓小平明确提出要坚持和发展积极防御战略思想。其基本思想包括：

一是在新的历史时期，必须继续坚持积极防御战略方针。从政治上来看，积极防御反映了我国社会主义的性质和人民军队的本质，体现了我们国家和军队坚持自卫的立场。从历史经验来看，只有坚持积极防御，才能保卫国家的安全，维护国家的根本利益。从现实斗争状况看，由于霸权主义战争根源的存在，世界政治、经济发展的不平衡，以及民族矛盾、边界纠纷等问题的发展，还存在着对我国现实威胁。因此，必须坚持积极防御，做好必要的战争准备，以应付突然事件的发生。

二是坚持积极防御战略方针，就要切实做好遏制战争的工作。邓小平强调，在战争爆发之前，要把反对霸权主义的斗争，作为一项严峻的任务摆在我们国家和全国人民的日程上面，把战争制止在其发生之前。但重要的工作是集中力量发展经济，增强我国综合国力，从而使制止战争的和平力量大大加强，遏制非正义战争的爆发。

三是坚持积极防御，必须有适应客观实际的灵活的方针。新时期我军积极防御战略的中心问题，是维护国家领土主权和海洋权益，保障国家经济建设和改革开放有一个安全稳定的环境。因此，要坚持同任何国家，不管其社会制度、意识形态如何，实行和平共处，同所有周边国家加强睦邻友好的关系，以和平方式解决争端。但是，对于霸权主义的侵略扩张，对于企图以武力侵犯我国领土主权的行为，对于侵扰我边界，影响我国"四化"建设的行为，都必须予以坚决的自卫还击。

四、邓小平军事理论的地位作用

（一）解放思想，实事求是，是邓小平军事理论的精髓

解放思想，实事求是，是邓小平建设有中国特色社会主义理论精髓，也是邓小平军事理论的精髓。邓小平解决军队和国防现代化建设问题，总是一贯地坚持党的解放思想、实事求是的思想路线，始终把中国的国情、军情、国际大局和当代世界军事发展的趋势，作为指导军队和国防建设的基本依据。根据变化了的世界形势，邓小平同志科学地洞察和把握国际战略格局中的基本关系，提出在和平与发展已经成为时代主题的历史条件下，军队和国防建设的指导思想要转到和平时期建设的轨道上来；适应社会主义初级阶段和国家以经济建设为中心的客观需要，邓小平同志重新审视国防建设与经济建设的关系，提出要在服从和服务于国家建设这个大局的基础上，谋求军队建设同国家经济建设协调发展；面对长期的相对和平环境、改革开放和发展社会主义市场经济给部队建设带来的新情况、新问题，邓小平同志紧紧抓住坚持人民军队性质这个根本问题，对加强军队政治建设提出了许多新的重要思想；着眼现代科学技术特别是高技术广泛应用于军事领域的发展趋势，基于对赢得未来战争的深刻思考，提出了走有中国特色精兵之路的一整套重要指导原则。依据新的历史条件，邓小平同志深入分析和平与发展的趋势和战争的潜在危险，国家的发展利益和国家的安全需要，武装力量的建设和武装力量的运用问题，从不同侧面揭示新时期军队建设和军事斗争的规律，得出了一系列相互联系的、极其重要的军事理论观点，构成一个科学的军事理论体系，是最富有时代精神的当代马克思主义军事理论。

（二）邓小平军事理论是对毛泽东军事思想的继承和发展

在长期的革命战争实践中形成和发展起来的毛泽东军事思想是我党我军的宝贵精神财富，无论过去、现在和将来，毛泽东军事思想都是国防和军队建设的理论指南，邓小平军事理论是建立在毛泽东军事思想这一基础之上的。邓小平强调指出，对待毛泽东军事思想，一要继承，二要发展。要把继承和发展统一起来，这是邓小平同志一贯倡导和坚持的科学态度，也是邓小平军事理论的显著特点和风格。邓小平在新的历史条件下，始终不渝地坚持运用毛泽东军事思想的立场、观点和方法，科学地回答和解决当代实践所提出的历史性课题，领导开拓军队和国防现代化的建设道路，创造性地提出了一系列新时期军队建设和军事斗争的指导原则，从而丰富发展了毛泽东军事思想的理论宝库，为毛泽东军事思想的历史发展做出了创造性贡献。其主要理论贡献：对战争与和平问题提出了新的论断；确立了军队建设的总目标和发展目标；提出并实行国防与军队建设指导思想的战略性转变；确定了国防与军队建设要服从国家建设大局的基本原则；指出改革是实现国防和军队现代化的根本出路；重新明确了我军在新时期仍要继续坚持积极防御的战略方针等。

（三）邓小平军事理论是军队和国防现代化建设的理论指南

邓小平军事理论，是新的历史条件下我国国防和军队建设实践经验的科学总结和理论概括，反映了新时期国防和军队建设的基本规律，是我国国防和军队建设的指导思想。江泽民同志指出：邓小平军事理论，具有鲜明的时代性、深刻的实践性和科学的指导性，为我们提供了正确认识和解决新时期国防建设、军队建设与军事斗争问题的立场、观点和方法。坚持以邓小平军事理论为指导，是我军建设沿着正确方向不断发展，夺取新的更大胜利的根本保证。军队建设之所以会有今天这样一个新的局面，最根本的原因就是有邓小平军事理论的科学理论指导。实践已经证明，并将继续证明，邓小平军事理论是军队和国防现代化建设的根本依据和理论指南。

第四节 江泽民论军队与国防建设

江泽民同志指出："一个国家，一个民族，要生存和发展，要在竞争激烈的国际环境中站稳脚跟，就不能没有正确的军事战略方针。在当前复杂多变的国际新形势下，为了掌握战略主动，我们必须确立正确的军事战略方针。"为此，江泽民同志根据国际国内形势的发展变化，在领导和参加军事活动实践的基础上，发表了一系列关于国防与军队建设的重要论述，为新时期加强国防和军队建设，走有中国特色的精兵之路，提供了重要的理论依据。

江泽民作为党的第三代领导集体的核心，在带领全党全军和全国人民推进建设有中国特色社会主义伟大事业的历史进程中，从我国和我军实际出发，提出的新时期军队和国防建设的一系列重要论述，创造性地发展了马列主义军事理论、毛泽东军事思想和邓小平军事理论，是新时期军队改革和建设经验的科学总结，是全面开创军队和国防现代化建设新局面的科学指南。

一、江泽民国防和军队建设思想的含义

江泽民国防和军队建设思想，是以江泽民同志为核心的中国共产党第三代领导集体，在领导国防和军队现代化建设的实践中，按照"三个代表"重要思想所体现的时代性和先进性要求，围绕解决"打得赢、不变质"两个历史性课题而创立的军事指导理论。

二、江泽民国防和军队建设思想的形成与发展

1989年11月江泽民主持军委工作以来，国内外形势和我军建设与发展都发生了很大的变化，从历史和逻辑的线索看，江泽民国防和军队建设思想形成与发展，大致划分为三个阶段。

（一）从1989年11月至1993年年初，是江泽民国防和军队建设思想酝酿产生阶段

1989年春夏之交在北京和全国许多地方发生的那场政治风波，至6月才得以平息，当时加强国内稳定是头等大事。20世纪90年代初苏联的解体和东欧剧变，世界社会主义运动陷入低潮，苏美互为对手的两极战略格局被打破，国际战略格局发生了重大而深刻的变化。这种变化，既有利于我国国际地位的提高，又为超级大国把"和平演变"的主要矛头对向中国提供了条件，增大了中国坚定不移走社会主义道路的压力。1992年党的十四大明确提出我国要发展社会主义市场经济和扩大对外开放，这既有利于中国经济的发展，又对人们的世界观、人生观、价值观带来巨大冲击。20世纪90年代初海湾战争的爆发，标志着现代技术特别是高技术条件下局部战争的挑战已成为非常现实、不可回避的历史课题。

在这一阶段，江泽民领导和参与了90多次军事实践和军事理论活动，发表了一系列重要军事论述，酝酿产生了江泽民新形势下国防和军队建设思想的许多重要观点。特别是江泽民在1992年10月党的十四大报告、1990年12月和1993年1月在两次重要会议上的讲话，

强调了一系列国防和军队建设的重要指导思想，其中最具有创新意义的内容是：提出了"五句话"的总要求，制定了新时期的军事战略方针。江泽民一系列重要军事论述的提出，标志着江泽民国防和军队建设思想已经酝酿产生。

（二）从1993年年初至1999年年底，是江泽民国防和军队建设思想形成科学体系的阶段

这一阶段，我国改革开放和社会主义现代化建设面临着来自政治、经济和自然等方面的种种风险，经历了邓小平逝世、香港回归、党的十五大召开等重大事件，国防和军队建设经受着更为严峻的考验，也面临着难得的发展机遇。此时，江泽民对国防和军队建设以及国防力量的使用问题给予了更大的关注。在日理万机的工作中，领导和参加的重要军事活动达100多次，提出了一系列指导军队建设和军事斗争准备的重要思想。这些思想，散见于江泽民的大量讲话和论述中，特别集中地见之于1997年党的十五大报告，1998年12月25日在军委扩大会议上关于"七大关系"的讲话和1999年11月24日在军委"三讲"会上的"14个方面"的总结。

江泽民的讲话和论述，不仅强调了加强国防和军队建设，是国家安全和现代化建设的基本保证，同时也论述了战争与和平的关系，国防建设与经济建设的关系，革命化、现代化、正规化建设的关系，等等。标志着江泽民国防和军队建设思想已经形成为科学体系。

（三）从1999年年底以后，是江泽民国防和军队建设思想的成熟和进一步发展阶段

在这一阶段，前两阶段业已存在的客观条件仍然继续存在并产生影响，同时又出现了复杂的新情况。归纳起来，有四个重要因素将长时期地对世界和平与安全产生深刻的影响。一是世界多极化在曲折中发展，称霸与反霸的斗争将长期存在。这是影响国际和平与安全的一个基本因素。二是经济全球化不断加快，在推动生产力发展的同时，也加剧了世界发展不平衡的矛盾。三是世界新的军事变革和全球性军事战略调整正在深入进行，西方新军事干涉主义抬头，冷战后一度减弱的影响军事安全的因素又在上升。四是许多国家和地区的民族、宗教矛盾激化，由此引发的武装冲突和局部战争此起彼伏。面对新的时局，江泽民审时度势，继续对国防和军队建设事业予以极大关注。

从1999年年底到2004年，江泽民多次领导和参与重要军事活动，发表了许多重要论述，这些思想集中地见之于党的十六大报告，军委扩大会议上的讲话和全国人大十届一次会议解放军代表团的讲话中，所提出的推进中国特色军事变革的思想，使其国防和军队建设思想的科学体系得到进一步丰富和发展。特别是党的十六大报告第一次把国防和军队建设单独作为一个部分，明确了国防和军队建设的地位作用、国防与经济建设的方针、国防和军队的任务和使命。

三、江泽民国防与军队建设思想的主要内容

江泽民同志在党的十六大报告中指出，要"坚持以毛泽东军事思想、邓小平新时期军队建设思想为指导，全面贯彻'三个代表'重要思想，按照政治合格、军事过硬、作风优良、纪律严明、保障有力的总要求，紧紧围绕打得赢、不变质两个历史性课题，坚定不移地走中国特色的精兵之路，加强军队的革命化现代化正规化建设"。围绕这一目标，他全面、系统地阐明了新形势下国防和军队建设的地位、作用、目标任务、指导方针、实现途径、战略步骤和政治保证等一系列基本问题，形成了一个指导性强、内容丰富的科学体系。归纳起来，这一理论体系包括以下几个方面的主要内容。

（一）大力加强军队建设，不断增强国防实力

江泽民同志在党的十六大报告中指出："建立巩固的国防是我国现代化建设的战略任务，是维护国家安全统一和全面建设小康社会的重要保障。"他认为，国防和军事实力是一个国家综合国力的重要体现，军队的强弱关系着国家的安危、民族的命运。要保卫社会主义祖国，保卫人民的和平劳动，抵御国际敌对势力的侵略和国内敌对分子的颠覆，维护国家统一和社会稳定，全面建设小康社会，推进现代化建设事业的发展，就不能没有一支强大的军队；要巩固社会主义制度，保持国家的长治久安，为经济建设赢得一个和平、稳定的环境，就不能没有一支强大的军队；要使我国在未来世界战略格局中居于主动地位，能自立于世界民族之林，同样也不能没有一支强大的军队。没有一支人民的军队，便没有人民的一切，这是历史的结论。过去如此，现在和将来仍然如此。因此，在和平时期，军队的地位和作用仍然是不可忽视的。

江泽民指出，中国人民解放军是人民民主专政的坚强柱石，是捍卫社会主义祖国的钢铁长城，是建设中国特色社会主义的重要力量。"只有建设一支与我们国家地位相适应的强大军队，才能可靠地保卫国家安全，保卫社会主义现代化的顺利进行。"

我军是执行政治任务的武装集团，必须始终把维护国家主权、安全和人民的根本利益放在第一位。人民解放军要完成这一历史重任，就必须忠实履行自己的职能，充分做好军事斗争的准备，坚定维护国家主权、安全和稳定。时刻保持高度警惕，扎扎实实做好反侵略战争的准备，为保卫世界和平，保卫国家安全，为争取台湾早日回归祖国，实现祖国统一大业作出积极贡献。

（二）始终不渝地坚持党对军队的绝对领导

江泽民同志在党的十六大上指出："始终把思想政治建设摆在军队各项建设的首位，永葆人民军队的性质、本色和作风。党对军队的绝对领导是我军永远不变的军魂，要毫不动摇地坚持党领导人民军队的根本原则和制度。"

江泽民特别强调："一个军队要有军魂，我们军队的军魂就是党的绝对领导。这一点在新的历史时期尤为重要。"他认为，坚持党对军队的绝对领导，必须落实一系列基本制度，切实加强军队中党的建设，保证党在思想上、政治上、组织上牢牢掌握军队，保证我军在任何时候、任何情况下都同党中央保持一致，模范地执行党的路线、方针、政策，一切行动听从党中央、中央军委的指挥。坚决抵制"军队非党化"、"非政治化"等各种错误观点的影响。

（三）贯彻"五句话"的总体要求

在新的历史条件下，军队建设的总目标和总方针是关系到军队建设的方向性问题。为此，江泽民同志明确提出，要把"政治合格、军事过硬、作风优良、纪律严明、保障有力"作为军队建设的总要求确立起来，贯彻到各项工作中去。这"五句话"的总要求思想深刻，内容丰富，意义深远。它体现了毛泽东的建军思想，特别体现了邓小平新时期军队建设思想的要求，是对毛泽东建军思想和邓小平新时期军队建设思想的继承和发展。

① 政治合格。这是军队质量建设的首要任务，是我军的光荣本色和最大的优势。其根本含义就是要始终坚持和接受中国共产党的绝对领导，保证我军人民军队的性质和宗旨，坚定不移地贯彻执行和维护党的路线、方针和政策，确实履行党和人民所赋予的神圣使命，永

远做党、国家和人民利益的忠诚捍卫者。在改革开放和发展社会主义市场经济的条件下，要做到政治合格，就必须高举邓小平理论伟大旗帜，深入贯彻"三个代表"重要思想，大力弘扬我党、我军的优良传统，加强和改进思想政治工作，把思想政治建设摆在首位。

② 军事过硬。这是全面加强军队质量建设的一项基本要求。其关键就是要解决我军"打得赢"的问题。中国人民解放军所担负的历史使命，要求军队必须做到军事过硬。在新时期，实现军事过硬，一要树立现代战争意识，掌握高科技知识，精通战略战术和本职业务；二要牢固树立战斗队思想，坚持战斗力标准，全面落实战备工作，从难从严从实战需要出发要求和训练部队。三要提高五种作战能力（快速反应、野战生存、联合作战、电子对抗、后勤保障），在任何复杂艰难的情况下都能圆满完成各项任务。

③ 作风优良。这是我军的鲜明特色和特有的政治优势。其重点就是要解决我军永葆本色的问题。作风出战斗力，有什么样的作风就有什么样的战斗力。优良的光荣传统和特有的政治优势，是我军性质、宗旨的集中体现，也是构成我军战斗力的重要因素和克敌制胜的法宝。其主要内容是：实事求是、言行一致、公道正派、廉洁奉公、艰苦奋斗、勤俭节约、尊干爱兵、拥政爱民、雷厉风行、英勇顽强等。因此，江泽民反复强调，在新的历史条件下，全军在思想作风上，要保持坚定正确的政治方向，坚持解放思想，实事求是，理论联系实际，密切联系群众，勇于批评与自我批评，谦虚谨慎，顾全大局，维护团结；在工作作风上，要坚持与时俱进，勇于创新，雷厉风行，真抓实干，反对浮夸和形式主义；在战斗作风上，要不怕艰难困苦，不怕流血牺牲，英勇顽强，敢打必胜，勇于压倒一切敌人，战胜一切困难；在生活作风上，要艰苦朴素，勤俭节约，廉洁奉公，拒腐蚀永不沾，永远保持人民军队的光荣本色。

④ 纪律严明。这是全面加强军队建设的重要保证。在新时期，军队质量建设程度越高，政治纪律、军事纪律和组织纪律的要求就越严格。这是保证我军高度集中统一的必然要求。江泽民反复强调指出，必须"以加强纪律建设为核心内容，依法从严治军"，因为"在长期的和平环境中，部队容易松懈，坚持从严治军很不容易，但正因为如此，治军就更要严格，丝毫懈怠不得"。为此，江泽民要求军队，一要严格政治纪律，坚决维护政令军令的权威性、严肃性，确保党中央、中央军委决策的贯彻落实；二要树立高度自觉的组织观念，无论客观环境如何变化，都必须按组织原则行事；三要严格遵守三大纪律八项注意、条令条例和规章制度；四要严格执行群众纪律，自觉接受群众的监督，维护人民的利益。

⑤ 保障有力。这是全面加强军队建设，提高战斗力的重要方面。其关键就是要解决我军在高技术战争条件下供应保障问题。随着科学技术的快速发展和它在军事领域的广泛应用，保障是否有力，直接关系到军队质量建设的进程和战争的胜败。新时期的后勤保障和装备技术保障，要在我军现有条件下，妥善运用人力、物力、财力和各种技术装备，做到人员素质过硬，装备性能先进，保障体制优良，管理体制健全，基层工作落实，无论在任何条件下，都能及时、准确、高效地保障军队建设和作战的需要。

上述"五句话"虽各有其特殊的内涵和本质，但它们却是彼此联系、不可分割的统一整体。其中，政治合格主要是革命化建设的基本要求和尺度；军事过硬和保障有力主要是现代化建设的基本要求和尺度；作风优良和纪律严明主要是正规化建设的基本要求和尺度。因此，只有全面做到了"五句话"，才能全面实现新时期军队建设的总目标，全面提高部队的战斗力。

(四) 把思想政治建设摆在全军各项建设的首位

江泽民指出:"搞好军队的思想政治建设,是搞好军事训练、后勤保障以及整个军队现代化建设的重要基础。思想政治建设是革命化建设的核心,是引导全军干部战士拒腐蚀、永不沾,永葆人民军队革命本色的可靠保证。所以,我们必须高度重视军队的思想政治建设,必须把它摆在全军各项建设的首位。"

江泽民强调,讲政治是我军优良传统的精髓和核心,注重并始终坚持从思想上、政治上建设部队是党领导军队的一条根本原则。他提出,在新时期的军队建设中,要始终关注两个最重要的问题:一个是在复杂的国际环境中,我军能不能跟上世界军事发展的趋势,打赢未来可能发生的高技术战争;一个是在社会主义市场经济和对外开放条件下,我军能不能保持人民军队的性质、本色和作风,始终成为党绝对领导下的革命军队。

江泽民说:"社会主义市场经济的发展,对外开放的扩大,为军队发展注入了强大的活力,有力地促进了军队的革命化、现代化、正规化建设。但是,在发展社会主义市场经济和对外开放的过程中,不可避免地会出现一些消极腐朽的东西,而这些东西对官兵思想的侵蚀和影响,对部队作风、纪律的冲击,就其广泛性和严重性来说,也是前所未有的……我之所以一再强调要把思想政治建设摆在全军各项建设的首位,强调军队讲政治应该标准更高、要求更严,就是着眼于在思想政治上切实掌握部队,使广大官兵拒腐蚀、永不沾,始终保持政治上的坚定和思想道德上的纯洁。""如果不能在新形势下做到拒腐蚀、永不沾,我们这支人民军队就有改变性质的危险,就会丧失战斗力。"

现代科学技术在军队建设和未来战争中的作用越来越突出,随着我军武器装备的改善,技术兵种的增多,部队合成化程度的提高,需要越来越多的具有现代科学文化知识的军事人才和专业技术人才。只有通过强有力的思想政治工作,将党的方针政策、强烈的革命事业心与政治责任感和进步的思想贯注于干部战士的头脑中,才能把干部战士身上蕴藏的力量充分激发出来,成为部队凝聚力的重要因素,成为推进军队现代化建设的强大动力,成为我军克敌制胜的战斗力。

为此,江泽民同志要求全军必须高度重视思想政治建设,把它摆在各项建设的首位,要为"打得赢"和"不变质"提供强大的精神动力和可靠的政治保障。要不断推进思想政治建设的创新和发展,增强时代感,加强针对性、实效性、主动性。要坚持不懈开展爱国奉献、革命人生观、尊干爱兵、艰苦奋斗"四个教育"和革命气节、理想信念教育,确保官兵政治上的坚定和思想道德上的纯洁,抵御腐朽思想文化的侵蚀和"酒绿灯红"的影响,使我军真正成为培养人、锻炼人的大学校、大熔炉,在精神文明建设上走在全社会前列。

(五) 加强"质量建军",走中国特色的精兵之路

江泽民同志强调:"加强质量建设,走有中国特色的精兵之路,是实现我军现代化的正确选择……减少数量,提高质量,是我军现代化建设的一条基本方针。"

质量建军直接关系到我国在 21 世纪能否占据更加有利的国际战略地位,关系到我们能否打赢未来的高技术局部战争。为此,1990~1992 年,江泽民先后多次指出,加强国防不能在增加军队数量上打主意,不但不能在数量上打主意,我们还应该使军队更精干,政治质量更高,军事素质更高;要从严治军,走精兵之路,进一步收缩摊子,优化结构,加强管理,通过提高部队质量来提高部队战斗力;部队要严格训练,严格管理,加强教育,把质量建设的方针落实到各项工作中去,不断提高部队的战斗力和作战指挥能力。在他的提议下,

1995年年底，在中共中央、国务院提出科教兴国战略的同时，中央军委明确提出在军队建设上要逐步实现由数量规模型向质量效能型、由人力密集型向科技密集型的转变。这一观点的提出，标志着我军科技强军战略的正式形成。

为了实现军队建设的"两个根本性转变"，江泽民提出，要下决心解决好军队的规模和体制、编制问题，克服领导、指挥、管理、保障体制和部队编组结构中制约军队战斗力提高、制约军队现代化建设的弊端和不足。编制体制调整改革，出军事效益，出战斗力。通过编制体制的调整和改革，把我军建设成为一支规模适度、结构合理、机构精干、指挥灵便、战斗力强的现代化、正规化革命军队。

（六）确立新时期军事战略方针

江泽民同志认为，军事战略归根到底是治国之道。一个国家，一个民族，要生存和发展，要在激烈的国际竞争中站稳脚跟，就不能没有正确的军事战略方针。在邓小平新时期军队建设思想的正确指导下，根据当今世界军事斗争格局的变化和维护国家安全利益的要求，以江泽民为核心的党中央、中央军委把新时期积极防御的军事战略同当代军事斗争的最新发展趋势结合起来，明确提出了新时期军事斗争准备的基点，要从应付一般条件下的常规战争转到打赢现代技术，特别是高技术条件下的局部战争上来。并进一步提出了军队建设必须从数量规模型向质量效能型，从人力密集型向科技密集型转变的战略思想。这是新时期军事斗争准备上具有战略意义的转变，也是军事战略指导上的重大调整。

高技术局部战争，是时代条件与新技术革命的必然产物。江泽民指出，随着高技术大量涌现并运用于军事领域，战争形态、战场环境、作战手段、指挥方法等各个方面都在发生深刻的革命性变革。现在，世界各主要国家都在调整军事战略，积极发展高技术武器装备，我国周边一些国家和地区正积极引进高技术兵器，军事高技术的发展趋势极为迅速。未来我国面临的战争，将很可能是高技术局部战争。为此，在贯彻积极防御军事战略方针时，必须十分重视研究高技术发展及其对战争的影响，注重解决打得赢和不变质等诸多问题。

（七）实施"科技强军"战略，努力完成我军机械化和信息化建设的双重历史任务

江泽民同志指出，科学技术是第一生产力，也是非常重要的战斗力；科技进步是经济社会发展的重要动力，也是军队现代化的重要动力。有了强大的国防和先进的科学技术，我们就能顺利实现新时期军事战略方针。因此，必须把依靠科技进步作为提高军队战斗力的基础。他指出，首先必须建立现代化的军事理论，其次要实现武器装备的现代化，还要把科技练兵作为增强部队战斗力、提高打赢高技术局部战争能力的根本途径，进一步在全军兴起科技练兵的热潮，真正从难、从严、从实战出发锻炼和摔打部队。

2000年，江泽民指出："新军事革命，实质上是一场军事信息化革命。高技术战争，是以信息化为主要特征的。信息化正在成为军队战斗力的倍增器……可以预见，信息化战争将成为二十一世纪的主要战争形态。"我军正处在机械化任务尚未完成，又要努力向信息化过渡的特殊阶段，为了尽快缩短与世界先进水平的差距，我军必须走跨越式发展道路，以信息化为先导，用信息化带动机械化；以机械化为后盾，用机械化来推动信息化；最大限度地发挥后发优势，争取实现我军现代化的跨越式发展。

（八）培养高素质新型军事人才

江泽民同志多次强调，人才是兴军之本，是根本大计。我军迎接世界新军事革命的挑

战,实现国防和军队现代化建设的跨越式发展,关键在人才。不把人才培养作为一项战略性任务来抓,就难以建设现代化的军队,也就难以战胜拥有高技术优势的敌人。江泽民同志说:"人才培养是个长期的任务,又是当务之急。高新技术装备一下子搞不上去,但人才培养要先行。宁肯让人才等装备,也不能让装备等人才。"他强调"治军先治校",必须把院校教育摆在优先发展的地位,逐步建立起总体规模适当、结构合理、效益较高的具有我军特色的新型院校体系,形成有利于人才成长和科研创新的培训体制和管理体制。新时期高素质的新型军事人才,首先要有很高的政治素质,具有全心全意为人民服务的思想,始终与党中央、中央军委保持高度一致;其次,要有很强的工作能力,能够创造性地贯彻上级指示,带领部队完成各项任务;同时还要有很好的作风,始终做到艰苦奋斗、密切联系群众、克己奉公,廉洁自律,永葆共产党人的革命品格和高尚情操。

(九)坚持依法从严治军

江泽民同志指出:"依法治军,把党关于国防建设和武装力量建设的主张,通过法定程序上升为国家意志,使党的领导同依法办事统一起来,目的是从制度上和法律上保证党对军队的绝对领导,保持人民军队的性质,推动军队现代化建设。"江泽民强调,要加强军事立法工作,逐步建立适应社会主义市场经济要求,符合现代军事发展规律,能够体现我军性质和优良传统的军事法规体系;要坚决维护军事法律法规和条令条例的权威性和严肃性,一旦违反,要依法追究,严肃处理;要提高全军各级领导干部依法办事的能力,学会用法规制度教育引导和管理部队。依法治军,贵在严,也难在严。只有坚持按法律法规从严治军,才能维护我军威武之师、文明之师的良好形象,才能有战斗力。

(十)依靠人民建设军队和国防

国防和军队建设是全党、全国人民的共同事业。江泽民同志强调,人民战争是我们的真正力量所在,要按照人民战争的战略思想,实行精干的常备军与强大的国防后备力量相结合,在加强军队建设的同时,高度重视民兵、预备役等国防后备力量的建设;武警部队是我国武装力量的重要组成部分,要继续加强武警部队建设,发挥他们在维护国家安全和社会稳定中的重要作用;坚持"军民结合、平战结合、寓兵于民"的方针,建立适应现代战争快速动员要求的国防动员体制,实现国防资源的合理配置和统一调度,使综合国力在战时迅速转化为战争实力;发展人民战争的战略战术,创新人民群众参战支前的内容和形式,充分发挥高技术条件下人民战争的威力;大力发扬拥军优属、拥政爱民的优良传统,深入开展创建双拥模范城(县)活动,巩固和发展军政军民团结的大好局面;要深入持久地开展以爱国主义为核心的国防教育,增强全民国防观念,建立国家、军队、社会、学校、家庭"五位一体"的国防教育系统工程网络。

(十一)正确处理国防建设与经济建设之间的关系

江泽民同志指出:"把经济建设搞上去和建立强大的国防,是我国现代化建设的两大战略任务。"他强调,在新形势下,"国防建设和军队建设必须以经济建设为依托,服从国家经济建设的大局。国民经济发展了,才能为国防现代化提供必要的物质技术基础。"江泽民的重要论述,丰富和发展了毛泽东、邓小平关于国防建设与经济建设的辩证关系,同时,也是我国在新世纪发展过程中,正确处理经济建设与国防建设关系的指导原则。

江泽民强调，必须正确认识和处理经济建设与国防建设之间的关系，在集中力量进行社会主义经济建设的同时，努力加强国防建设，形成二者相互促进、协调发展的机制。他在党的十六大报告中说："坚持国防建设与经济建设协调发展的方针，在经济发展的基础上推进国防和军队现代化。"

四、江泽民论国防与军队建设思想的历史地位和指导作用

江泽民论国防与军队建设，着眼于时代的发展变化，立足于我国的国情、军情，围绕新的历史条件下建设什么样的军队、怎样建设军队，未来打什么样的仗、怎样打仗的问题，科学阐明了国防和军队建设的地位作用、目标任务、指导方针、总体思路、根本途径、战略步骤、发展动力和重要保证等，对我国国防和军队建设具有长远的指导意义。

江泽民国防和军队建设思想围绕"不变质"、"打得赢"这两大历史性课题，明确提出并回答了在改革开放和社会主义市场经济条件下，我军如何"不变质"和"军怎么治"的问题；提出并回答了在高技术局部战争背景下，我军"仗怎么打"和如何"打得赢"等关键性的问题。

江泽民国防和军队建设思想在新的历史条件下，进一步解放思想、实事求是、改革创新，积极探索新形势下军队建设、军事斗争准备以及国防建设的特点和规律，解决了新形势下部队政治工作、军事工作、后勤保障工作和国防科技工业面临的突出矛盾和问题，丰富和发展了具有中国特色的军事科学理论。

江泽民国防和军队建设思想揭示了新形势下国防和军队建设的基本规律，提出了一系列方针原则，是新形势下我国军队和国防现代化建设的科学指南，是"三个代表"重要思想在军事领域的具体体现，是党的第三代中央领导集体智慧的结晶。

第五节 胡锦涛国防和军队建设重要论述

21世纪，中国的发展跨入了一个重要的战略机遇期。胡锦涛同志以政治家和战略家的远见卓识与战略智慧，着眼时代特点，立足维护国家安全和发展利益的大局，依据国际国内环境的发展变化和新世纪新阶段国防和军队建设的客观实际，提出了关于加强国防和军队建设的一系列重要论述。

一、胡锦涛国防和军队建设重要论述的科学含义和历史背景

（一）胡锦涛国防和军队建设重要论述的科学含义

胡锦涛国防和军队建设重要论述，是胡锦涛关于新世纪新阶段我国军队和国防建设的思想理论体系。是以胡锦涛为总书记的党中央，根据新世纪新阶段的国际战略格局、国家安全形势和经济全球化趋势，而制定的我国国防建设和军队建设的纲领、路线、方针、政策；是继承、发展毛泽东军事思想、邓小平军事理论和江泽民国防和军队建设思想的成果；是新的领导集体智慧的结晶。

（二）胡锦涛国防和军队建设重要论述的历史背景

1. 世界多极化和经济全球化的趋势进一步凸显，影响国家可持续发展的外部制约因素增加

新世纪新阶段，国际形势呈现总体和平、缓和、稳定的基本态势，和平、发展、合作是时代的主流；世界多极化和经济全球化的趋势进一步凸显；各国利益相互依存、相互交织，对话合作意愿不断增强。但是，随着国际形势的发展变化，我国可持续发展面临的外部制约因素也在增加。表现在：西方敌对势力加紧对中国实施西化、分化和遏制政策，千方百计对中国加以牵制；我国周边安全环境存在诸多隐患，围绕海洋权益的斗争加剧；随着国家利益的拓展，保护海外利益的任务更加艰巨。

2. 社会和经济发展形势总体良好，影响国家安全和稳定的不确定因素增多

进入新世纪新阶段以后，我国政治安定、民族团结、经济发展、社会和谐的局面得到进一步巩固；我国对世界的影响力在增长；社会和经济发展形势总体良好。但是，影响国家安全和发展的不稳定、不确定因素也在增加。台独等民族分裂势力猖獗；恐怖势力、宗教极端势力等邪恶势力加紧勾连聚合，不断组织策划渗透、瓦解和破坏活动；我国人口、就业和"三农"等问题凸显，社会矛盾和犯罪问题增多；国内安全与国际安全的互动性增强，一些国内问题如果处理不当，可能会演变为国际问题，一些国际问题也可能影响我国诱发社会稳定问题；国家传统安全威胁和非传统安全威胁因素相互交织。

3. 我军所处环境和面临的任务发生了重大变化，国防和军队建设面临时代性的挑战

由于我军所处环境和面临的任务发生了重大变化，国防和军队建设需要解决诸多具有时代性的课题。如何在国际上单边主义和强权政治仍然存在，多极化趋势日渐呈现，区域化和全球化经济机遇与挑战并存，竞争大于合作的复杂形势下，坚决有效地维护国家的战略利益；如何在我国改革发展进入关键时刻，特别是"台独"分裂势力严重威胁祖国和平统一大业的背景下，更好地履行党和人民赋予军队的神圣使命，有效维护国家主权、统一和稳定；如何在世界新军事变革加速推进，战略主动权竞争日趋激烈的形势下，大力推进国防和军队现代化建设，不断增强应对危机、维护和平、遏制战争、打赢信息化战争的能力；如何在我国经济实力、科技实力、国防实力和民族凝聚力不断增强，国防和军队建设取得巨大成就的基础上，继续抓住机遇、乘势而上，推动国防和军队建设迈上新的台阶。这些都给我国国防和军队现代化建设带来了时代性的挑战。

二、胡锦涛国防和军队建设重要论述的主要内容

胡锦涛国防和军队建设的重要论述，是新世纪新阶段用科学发展观统筹国防和军队现代化建设，打赢信息化战争的军事指导理论。其主要内容有：

（一）用科学发展观统领国防和军队建设

胡锦涛指出，实现国防建设和经济建设协调发展，就是要使国防和军队发展战略与国家发展战略相适应。要做到这一点，我们就必须依据科学发展观的要求，站在国家发展战略的高度，考虑和设计国防和军队发展战略，把国防和军队现代化建设融入国家现代化建设的战略全局之中，使国防和军队现代化进程与国家现代化进程相一致。

新世纪新阶段我军要加速推进中国特色的军事变革，实现军队由半机械化、机械化向信息化的跨越式发展，必须坚持科学发展观指导实践，不断探索国防和军队建设与发展的新规

律、新特点，更加科学地把国防和军队建设推向前进。胡锦涛指出，我们要坚持以科学发展观为指导，全面、系统、深入地研究军队建设的阶段性特点。把军队建设的基础和现状搞清楚，把影响和制约军队建设的重难点问题搞清楚，把军队建设的发展方向和主要任务搞清楚，不断深化对军队建设规律的认识，正确解决军队建设发展中的深层次矛盾和问题，把军队建设切实转入科学发展轨道，使我军建设发展始终充满生机和活力。

胡锦涛指出，科学发展观的本质是坚持以人为本。军队要把以人为本作为重要的建军理念。军队讲以人为本，最重要的是必须始终坚持人民军队的根本性质，坚持维护人民群众的根本利益。坚持以人为本，对军队建设来说，就是要尊重官兵的主体地位，发挥他们在军队建设中的主体作用。军队讲以人为本，必须把推动部队建设与促进官兵全面发展结合起来。要坚定地相信和依靠广大官兵，增强他们的主人翁意识和使命感、责任感，把广大官兵中蕴藏的巨大积极性和创造性充分挖掘出来、调动起来，凝聚到军队现代化建设上来。

用科学发展观指导国防和军队建设，就必须把握国防和军队现代化建设的时代要求，明确新世纪新阶段我军肩负的使命。胡锦涛提出的"三个提供、一个发挥"的历史使命，深刻揭示了军队的职能任务必须与党的历史任务相一致，军事战略必须与国家发展战略相协调，军队建设和改革必须与世界军事发展趋势相符合的客观规律。新世纪新阶段我军历史使命的确立，是科学发展观在军事领域的具体运用。认真学习领悟科学发展观的内涵和精神实质，有助于加深对我军新时期新阶段历史使命的理解和把握，提高履行历史使命的坚定性和自觉性。

（二）认真履行我军在新世纪新阶段的历史使命

新世纪新阶段，我军应肩负什么样的历史使命？胡锦涛指出：第一，为中国共产党巩固执政地位提供重要的力量保证。根据马克思主义国家学说，国家通常是由政党领导的，军队作为国家机器的重要组成部分，总是为一定阶级和政党而存在和服务的。谁想夺取政权并想保持它，谁就应有强大的军队。我们党成为执政党，是历史的选择、人民的选择。进入新世纪新阶段，我们既面临难得的发展机遇，也面临严峻挑战。国际国内敌对势力相互勾结、相互呼应，他们的最终目的，就是企图颠覆我们党的执政地位，颠覆人民民主专政的国家政权，推翻我国社会主义制度。因此，必须把坚持党对军队绝对领导的根本原则和制度，加强军队的革命化、现代化、正规化建设作为党执政的一项重要战略任务抓紧抓好，确保我军能够经受住各种斗争任务和各种复杂环境的考验，始终成为党巩固执政地位的中坚力量。第二，为维护国家发展的重要战略机遇期提供坚强的安全保障。当前，影响战略机遇期的因素仍然不少。陆地边界问题尚未完全解决、领海和海洋权益存在争端、"台独"、"藏独"、"东突"等分裂主义和恐怖主义活动，给国家的安全带来了严重的威胁，给国家社会稳定造成的不利因素明显增多。国家主权面临的威胁、祖国统一面临的挑战和社会稳定面临的问题，哪一方面防范不好、斗争不力、处置不当，都有可能影响和冲击国家发展的重要战略机遇期。新形势下，面对诸多威胁，军队必须把国家主权和安全放在第一位，履行好维护国家主权的神圣职责，为创造一个有利于全面建设小康社会、加快推进社会主义现代化的长期安全环境作出应有贡献。第三，为维护国家利益提供有力的战略支撑。国家利益包括生存利益和发展利益。它通常是由国家领土、国家安全、国家主权、国家发展、国家稳定和国家尊严等多个层次的要素构成。时代的进步和我国的发展，使我们的国家安全利益逐渐超出传统的领土、领海、领空范围，不断向海洋、太空、电磁空间扩展和延伸。海洋安全、太空安全、电磁空间安全，已经成为国家安全的重要领域。我们必须拓展安全战略和军事战略视野，不仅要关注和维护国家生存权益，还要关注和维护国家发展利益；不仅要关注和维护领土安全、领海安全、领空安全，还要关注和维护海洋安全、太空安全、电磁空间安全以及其他方面的国家安全。第四，为维护世界和平与促进共同发展发挥重要作用。经济全球化趋势不断发展，使世界各国的经济联系空前紧密，任何国家都难以脱离世界经济而孤立地发展。现在，中国经济和世界经济总体上形成了一种你中有我、我中有你的局面。中国的发展离不开世界，世界也离不开中国。中国的发展强大是不可阻挡的，但我们必须正确把握世界发展趋势，根据我们社会主义国家的性质，坚持走和平发展道路，高举和平、发展、合作的旗帜，坚持依靠自身力量独立自主地建设中国特色社会主义，同时积极通过合作共赢的方式充分利用国外资源和市场，争取和平环境来发展自己，又以自身发展来维护世界和平。但也要看到，我国要实现和平发展，要维护国家安全和利益，要维护世界和平与促进共同发展，必须要有强大的军事实力做后盾。以便更好地履行维护国家安全、捍卫国家主权和领土完整的职责，发挥维护世界和平的积极作用。

（三）大力加强思想政治建设

胡锦涛主席在视察部队时指出，思想政治建设是军队的根本性、基础性建设。要积极适应新的形势和任务，把部队思想政治建设抓得更加有力、更加扎实、更加富有成效。还强调：要坚持把思想政治建设摆在全军各项建设的首位，始终不渝地坚持党对军队绝对领导的根本原则和制度。要按照党中央和中央军委的部署，把全军的意志和力量凝聚到履行新使命、完成新任务的具体实践中。

大力加强思想政治建设，就要坚持不懈地用党的创新新理论武装官兵，紧密结合形势任务，深入开展我军历史使命教育、理想信念教育、战斗精神教育和社会主义荣辱观教育，是始终保持部队正确政治方向的前提。要在全军大力开展"以热爱祖国为荣、以危害祖国为耻，以服务人民为荣、以背离人民为耻，以崇尚科学为荣、以愚昧无知为耻，以团结互助为荣、以损人利己为耻，以诚实守信为荣、以见利忘义为耻，以遵纪守法为荣、以违法乱纪为耻，以艰苦奋斗为荣、以骄奢淫逸为耻"的"八荣八耻"教育，引导官兵树立社会主义荣辱观，坚定理想、信念；树立正确的世界观、人生观和价值观，做到听党指挥、服务人民、英勇善战。

胡锦涛主席强调指出，要紧密联系部队建设的新形势和新特点，切实加强和改进思想政治工作。这是确保党对军队绝对领导的必然要求，是确保部队"打得赢、不变质"的必然要求，也是确保广大官兵健康成长的必然要求。要着眼于时代发展和任务变化对思想政治工作提出的新要求，根据部队官兵的成分变化和思想实际，有的放矢地做工作。要紧密联系部队建设的新形势和新特点，努力改进思想政治工作，不断增强思想政治工作的针对性、实效性、主动性。要始终把革命化建设放在第一位，更加有力、更加扎实、更加富有成效地推进思想政治建设。

（四）推进我军"三化"建设

胡锦涛指出，加强我军全面建设，是贯彻落实科学发展观的基本要求。总结长期以来的历史经验，军队全面建设的基本内容是革命化、现代化、正规化。革命化是军队建设的政治方向，现代化是军队建设的中心任务，正规化是军队建设的重要基础。革命化、现代化、正规化建设相互联系、相互促进，构成一个有机的统一整体。为了建设一支正规化、现代化的革命军队，三代领导人精心设计、不断创新，极力打造这支人民军队的战斗力水平。

我军作为执行党的政治任务的武装集团，必须始终把革命化建设放在第一位，革命化是我军建设中长期的重大任务。胡锦涛指出，思想政治建设是革命化建设的核心，是军队最根本的建设，任何时候都不能放松。

推进我军现代化建设，要从我国的国情和军情出发。胡锦涛指出，要按照国防和军队现代化建设"三步走"的战略构想，以建设信息化军队，打赢信息化战争为战略目标，坚持以机械化为基础，以信息化为主导，推进机械化和信息化的复合发展，实现部队火力、突击力、机动能力、防护能力和信息能力整体提高，增强我军信息化条件下的威慑和实战能力。

要加强我军正规化建设，必须要加深对新形势下治军特点和规律的认识，推动正规化建设向更高水平发展。胡锦涛指出，要把依法治军作为正规化建设的基本要求，加强军事法制建设，把革命化、现代化建设和部队管理中创造的成功治军经验及时用法规的形式确定下来，完善军事法规体系，依照条令条例和规章制度规范军队各项建设和工作，使军队建设进一步走上法制化轨道。

（五）坚持以人为本，加快转变战斗力生成模式

战斗力是军队履行根本职能的能力。坚持把科学发展观作为加强国防和军队建设的重要指导方针，必须依靠科技进步和自主创新，高度重视武器装备和国防科技的发展，加快战斗力生成模式的转变。这是贯彻落实科学发展观与推进中国特色军事变革有机结合的关键所在，也是建设信息化军队、打赢信息化战争的必然要求。在战斗力生成模式的诸要素中，人是最活跃、最具决定性的因素。随着现代科学技术大量应用于军事领域，人的因素在战斗力生成中的作用不但没有降低，反而更加突出。在未来信息化战场上，具备信息素质的新型军事人才将发挥越来越重要的决定性作用。马克思主义战争观认为，人是战争中的决定性因素，最终决定战争胜负的是人而不是物。人是战争中武器装备的使用者、作战方法的创造者、军事行动的实践者，人的素质和精神状态，对战斗力的形成和发挥具有重要影响。只有坚持以人为本，充分尊重广大官兵的主体地位和创新精神，军队才能充满活力，不断增强战斗力。胡锦涛要求各部队，要坚定地相信和依靠广大官兵，不断提高官兵的思想政治素质、科学文化素质、军事专业素质和身体心理素质，大力培育战斗精神，充分调动官兵练兵积极性，充分发挥官兵在军队建设中的主人翁作用。

（六）强化战斗精神，树立敢打必胜的信心

强化战斗精神是对我军优良传统的继承和发扬。胡锦涛主席在2004年12月的一次重要会议上强调：要在全军深入进行强化战斗精神、提高打赢能力的教育，真正搞清楚为什么要准备打仗、准备打什么样的仗、怎样准备打仗这个重大问题，引导广大官兵牢固树立敢打必胜的坚定信心。

我军历来具有英勇顽强的战斗意志和战斗作风，依靠一不怕苦、二不怕死的革命精神、压倒一切敌人的英雄气概和决不为强大敌人所屈服的必胜信念，依靠胜敌一筹的战争指挥艺术，依靠灵活机动的战略战术，依靠人民战争的法宝，创造了许多以劣势装备打败优势装备的国内外强大敌人的奇迹，在威武雄壮的战争舞台上导演了一幕幕有声有色的战争话剧。这是我军的优良传统和宝贵精神财富，要在新世纪新阶段继续发扬光大。在战略上要敢于藐视和战胜对手，牢固树立敢打必胜的信心；在战术上要重视对手，深入研究和探讨克敌制胜的有效战法。

目前，我军武器装备的现代化水平有了很大改善和提高，但与西方主要发达国家军队武器装备的发展水平相比还有很大差距。对我军来说，还是要坚持以劣抗优、以劣胜优，立足现有装备打仗。因此，强化战斗精神就显得非常重要。

强化战斗精神是谋求战斗力优势的重要途径。人和武器是构成战斗力的两个基本要素，其中人是最活跃、最有决定意义的因素。人的思想觉悟、战斗意志、牺牲精神以及综合素质，直接决定着武器装备效能的发挥，影响着战争的胜负。而人各方面作用的发挥首先依赖于敢打必胜的过硬战斗精神。战斗中，如果畏敌如虎、贪生怕死，不想打仗，不敢打仗，缺乏必胜的信念，那么就不能发挥武器装备的最佳效能，就不会积极主动地采取灵活的战法打击敌人，就会在敌人心理威慑面前丧失抵抗意志。仗未打，"气"先失，是注定要失败的。所以，为了打赢未来的信息化战争，捍卫国家利益，我军要在努力改善和发展武器装备的同时，要继承和发扬不怕牺牲、不怕疲劳、连续作战、英勇顽强和敢打必胜的光荣传统，进一步强化战斗精神，保持我军在战斗力上的特有优势。

（七）加强科学管理，提高军队建设效益

在军队建设中要全面落实科学发展观，必须加强科学管理，不断提高国防和军队现代化建设的质量和效益。胡锦涛指出，我国正处于并将长期处于社会主义初级阶段，国家尚不富裕，要解决好军队建设需求和国防投资不足的矛盾，把有限的资源最大化地转换为国防实力和战斗力，必须加强科学管理，走一条投入少、效益高的国防和军队现代化建设路子。全军各级要强化质量效益观念，切实转变传统的人力密集型、数量规模型的管理模式，向科学管理要效益、向科学管理要战斗力。

世界军事变革不仅是一场军事技术和军队组织体制的革命，也是一场军事管理的革命。科学高效的管理，对于降低军队建设成本，提高军事系统运行效率，增强部队战斗力，具有非常重要的作用。如何加强科学管理，提高我军现代化建设的效益？胡锦涛指出，要加强战略筹划，统筹军队各方面建设，着眼全局和长远确定科学可行的发展目标和思路，有计划有步骤、快速高效地推进部队的建设和改革。要运用综合集成的方法对各种作战要素进行系统整合，防止和克服条块分割、重复建设的问题，提高部队信息化条件下整体作战能力。要充分发挥社会主义制度能够集中力量办大事的优势，抓住对全局具有重要影响的关键问题和建设项目进行重点突破，通过局部跃升带动整体发展。必须大力发扬艰苦奋斗精神，始终贯彻勤俭建军方针，坚持勤俭办一切事业，坚决反对大手大脚、铺张浪费、盲目攀比的风气，真正把有限的经费用在刀刃上，用出效益来。胡锦涛要求军队各级管理干部，要下工夫学理论、学科技、学管理。胡锦涛指出，国际国内形势在不断变化，国防和军队建设实践在不断发展，新情况新问题层出不穷，我们必须抓紧学习，否则就很难科学组织和领导军队建设。

（八）坚持"五个统筹"，实现国防和军队建设可持续发展

胡锦涛同志指出，坚持在国防和军队建设中贯彻落实科学发展观，首要问题是坚持国防建设和军队建设全面协调可持续发展的方针，坚持"五个统筹"：即"统筹中国特色军事变革与军事斗争准备，统筹机械化建设与信息化建设，统筹诸军兵种作战能力建设，统筹当前建设与长远发展，统筹主要战略方向与其他战略方向"。

一是要统筹中国特色军事变革与军事斗争准备。推进中国特色军事变革与做好军事斗争准备是新世纪新阶段我军面临的两大战略任务。中国特色军事变革，就是适应世界新军事变革发展趋势，从我国的国情和军情出发，走以信息化带动机械化、以机械化促进信息化的跨

越式发展道路。通过深化改革,实现军队建设的整体转型,建设一支能够打得赢未来信息化战争的强大的现代化正规化革命军队。

中国特色军事变革与军事斗争准备,两者既相互统一,又相互区别,要注意正确处理好推进中国特色军事变革与做好军事斗争准备的关系。要以军事斗争准备来促进中国特色军事变革,以中国特色军事变革来带动军事斗争准备;要紧紧围绕军事斗争准备的现实需要推进中国特色军事变革;要把军事斗争准备纳入中国特色军事变革的全局之中;要以变革的精神指导军事斗争准备。

二是必须统筹机械化建设与信息化建设。机械化与信息化是两个不同的概念和不同的军事形态。从发展和建设的角度来看,机械化和信息化是军队现代化的两个不同的发展阶段。信息化是建立在机械化基础之上的,两者既有各自的规律性,又密切联系。军队机械化,是指建立在工业技术基础之上的工业时代或工业社会军队的基本形态。军队信息化,是信息时代或信息社会军队的基本形态,是在机械化的基础上发展起来的。面对我军目前机械化尚未完成,同时又要努力向信息化过渡的现实,我们必须从国情和军情的实际出发,正确处理好机械化和信息化的关系,努力完成机械化和信息化建设的双重历史任务,实现我军现代化的跨越式发展。在实践中必须坚持以下几点:一是要以机械化为基础,加快信息化建设步伐。二是要以信息化为牵引,提高机械化建设水平。三是要将机械化建设与信息化建设有机结合、融为一体。四是要突出建设重点,既要始终把信息化建设放在首位,又要用信息化建设来牵引和带动机械化建设。

三是要统筹诸军兵种作战能力建设。精干够用的诸军兵种作战力量,既是国家强大的象征,也是维护国家安全、捍卫国家利益、保卫国家稳定与发展的重要保证,同时还是我国维护和促进世界和平与发展的重要力量。在新世纪新阶段,建设中国特色的作战力量,必须着眼于胡锦涛同志提出的建设信息化军队、打赢信息化战争的战略目标,全面贯彻落实科学发展观,调整我军作战力量建设思路,坚持以提高战斗力为核心,统筹诸军兵种作战能力建设。

目前,针前我军作战力量的编成、军兵种及其武器装备的结构等,胡锦涛同志指出:必须下工夫解决军队内部存在的各种问题,进一步优化结构理顺关系,加强体制建设,提高整体效能,使军队建设与发展在系统筹划、协调发展中前进。统筹诸军兵种作战能力建设,牵动整个国防和军队建设全局,涉及军事领域的诸多方面和各军兵种众多的利益关系。一是要进一步优化军兵种总体结构。适应信息化战争的特点和各军兵种的任务要求,按照精兵、合成、高效的原则,在精简陆军、加快陆军转型的同时,加强海、空军和第二炮兵建设,加强信息作战和航天力量建设,加强应急机动部队建设。形成体系完整、结构合理、比例适当,构建起一体化、立体化、远中近相互衔接、攻防兼备的力量体系,全面提高军队的威慑和实战能力。二是要进一步优化军种内部结构。优化军种内部的编成和规模结构,提高各军种高新技术兵种和部队的比例。兵种的数量可适当增加,兵种的规模可根据需要缩小。

四是要统筹当前建设与长远发展。实现国防和军队建设的可持续发展,就是要把国防和军队建设作为一个承前启后的发展过程,统筹当前建设与长远发展。既注重当前建设和做好眼前工作,又要着眼未来,谋求长远发展,避免时断时续或大起大落,确保国防和军队建设与发展的连续性与持久性。

五是要统筹主要战略方向与其他战略方向。主要战略方向是指对国家安全和战争全局具有决定意义的方向,是敌我双方矛盾斗争的焦点,是作战力量集中使用的重点和战略指导的关键点。战略方向的确定,来源于对国内外政治、经济、军事形势以及面临威胁和挑战的战略判断,并与国家的发展及安全需求相一致。战略方向判断的正确与否,各战略方向关系处理的如何,关乎国家安全,直接影响到国防和军队建设的大局,是一个重要的战略问题。从国家的战略指导上看,战略方向具有明确的指向性,是国防和军队建设及军事斗争准备的主要依据。正确判断周边安全环境,准确确定和统筹好主要战略方向与其他战略方向,对于保证我国的国家安全,全面建设小康社会具有十分重要的意义。

(九)加强军事训练,提高部队应对危机和处置突发事件的能力

加强军事训练。胡锦涛主席在视察部队时强调,"军事训练是军队和平时期最基本的实践活动,是战斗力生成的基本途径。"加强军事训练,不仅是军事斗争准备的重要实践,也是重要的治军方式和管理方式。要充分认识加强军事训练的重要性,切实把军事训练作为部队的经常性中心工作,集中精力,抓紧抓实。要坚持从难从严从实战需要出发,坚持高标准、严要求,改进和创新训练的内容和方式方法。要把培养战斗精神贯穿于训练的全过程。

提高部队应对危机和处置突发事件的能力。胡锦涛主席指出"要紧贴部队的各项工作,全面提高部队应对危机和处置突发事件的能力。"军队要把国家主权和安全放在第一位,履行好维护国家主权、统一和稳定的神圣职责,为创造一个有利于全面建设小康社会,加快推进社会主义现代化建设的长期安全环境做出应有贡献。要坚决抵御外来侵略,确保我国领海、领空和边境不受侵犯。坚持反对和遏制分裂势力及其活动,严密防范和打击民族分裂主义势力,决不让各种分裂势力和西方敌对势力分化我国、破坏我国主权和领土完整的图谋得逞。要严密防范和坚决打击恐怖主义活动。要密切关注社会形势,积极支持和配合地方党委、政府妥善处理各种社会矛盾和问题,做好维护社会稳定的工作。

军队建设已经进入了新的发展阶段,中国特色军事变革和军事斗争准备不断向深度和广度推进,我军作战能力与信息化战争的要求不相适应的矛盾更加凸显。胡锦涛主席指出:"要进一步增强使命感和紧迫感,扎扎实实抓好军事斗争准备。要加强我军历史使命和战备形势教育,从难从严从实战要求出发搞好训练。要着力解决军事训练、战备落实的重点、难点问题,加大落实训练、战备各项计划的力度,切实把各项工作量化、细化、具体化。"

(十)推进中国特色军事变革,加快军事创新

推进中国特色的军事变革,关键在于军事领域的创新。创新是军队进步和发展的灵魂。军事创新是军队实现持续发展的动力之源和必要条件,加快军事创新是加速推进中国特色军事变革的内在要求,也是我军履行新的历史使命的客观要求。科学发展观的第一要义是"发展",没有军事上的不断创新,就难有军队建设上的不断发展和进步。

我军目前正处于机械化尚未完成、信息化刚刚起步的特殊阶段,要完成机械化和信息化复合发展的历史重任,面临着前所未有的挑战。新军事变革有一个从量变到质变的过程,而要想实现质变,只能依靠军事创新。胡锦涛同志要求军队在当前应重点实施军事理论创新、军事组织体制创新、军事技术创新和军事管理创新。

一是创新军事理论。军队的科学发展需要科学的军事理论作指导。军事理论要保持科学性、先进性,靠的就是创新。军事理论一旦停滞,就会失去其先进性和指导作用的有效性。海湾战争期间,伊拉克军队的作战理论是在两伊战争中运用过的"阵地战"理论为核心的。结果,伊拉克官兵只是躲在堑壕里等待美军来进行"肉搏战",没想到美军的空中轰炸使他

们成了"血肉之靶"。伊拉克军队失败的一个重要原因，就是其不注重军事理论的创新，军事理论落后，根本无法与美军的"空地一体战"理论相抗衡。

二是创新军事组织体制。军事组织体制是影响军队整体效能发挥的关键因素，军队的科学发展需要通过创新军事组织体制来实现。只有军队组织体制科学，部队的战斗力才能充分发挥出来，而军队组织体制的科学性需要与军事理论和军事科学技术创新相一致来实现。目前，我军的军事组织体制与未来信息化战争的要求不相适应的矛盾还比较突出，必须进行军事组织体制创新。创新军事组织体制，一是要着眼于信息传输与使用的快速性。物质力量上的优势之旅，一旦失去了"制信息权"，就会成为战场上的"瞎子"、"聋子"和"靶子"，陷于被动挨打的境地；物质力量上的劣势之军如果掌握了信息优势，仍可以夺取战场的主动权。二是要着眼于军队力量构成的整体性。结构决定功能，整体功能大于部分功能之和。三是要着眼于军队系统的精干和高效。精干，是指军队组织总体规模小。高效，主要体现为军事组织系统运转顺畅、快速、准确、有力，在作战中表现为战斗能力强。

三是创新军事技术。技术决定战术，军队的发展需要创新的军事技术作支撑。胡锦涛同志指出："我们只有把科学技术真正置于优先发展的战略地位，真抓实干，急起直追，才能把握先机，赢得发展的主动权。"科技创新是军事变革的源头，既迫切又艰巨，必须加快推进，并逐步扩展领域和提高水平。胡锦涛主席指出："科技力是综合国力的重要内容和基础。自主创新能力是国家竞争力的核心。一个国家、一个民族要真正赢得发展、造福人类，必须注重自主创新。"历史的经验表明，社会制度腐朽，经济科学技术落后，就要挨打，就要被人欺辱。胡锦涛主席《在纪念中国人民抗日战争暨世界反法西斯战争胜利60周年大会上的讲话》中告诫人们："落后就要挨打，这是中国人民从近代以来屡遭外来侵略的经历中得出的刻骨铭心的教训。"科学技术是第一生产力，军队现代化的关键也在于提高军事技术水平。科技强军是重大的战略选择，也是艰巨的历史任务。我们必须"坚定不移地依靠科技进步和创新来实现全面、协调、可持续发展"。通过以信息技术为核心的军事技术创新，尽快缩小与发达国家军队在军事技术方面的差距。

四是创新军事管理。军事管理是形成战斗力的关键环节，军事管理创新是提高战斗力、提高国防和军队建设质量效益的重要途径。胡锦涛主席指出，我们要努力适应军队现代化建设的新形势，更新管理观念，加强现代管理知识的学习，大力提高科学管理的能力。尤其是要深化管理体制改革，促进资源的有效配置和综合集成，努力实现人力、物力、财力的最佳组合，产生最大效益。着眼于新的时代特征、履行新的历史使命，要加强军事管理思维、军事管理模式和军事管理理论的创新，为军队的科学发展提供可靠的管理保障。

（十一）弘扬求真务实精神，坚持依法从严治军

1. 弘扬求真务实

胡锦涛指出："求真务实，是辩证唯物主义和历史唯物主义一以贯之的科学精神，是我们党思想路线的核心内容，也是党的优良传统和共产党人应具备的政治品格。"求真，就是求部队建设规律之真；务实，就是务部队建设成效之实。

胡锦涛主席要求各级领导机关和领导干部要进一步端正工作指导思想和工作作风，改进工作方法，坚持战斗力标准，坚决克服形式主义、官僚主义。要进一步增强求真务实的自觉性，进一步振奋革命精神，不辱使命，不负重托，坚持重实际、说实话、干实事、求实效，埋头苦干，锐意进取，努力学习新知识、总结新经验、增长新本领，把工作的着力点真正放

在提高部队战斗力上，扎扎实实地抓落实。要认真贯彻科学发展观和树立正确的政绩观，注重部队建设协调发展、全面推进、整体提高，使各项工作真正落到实处，经得起党的检验、实践的检验、历史的检验。

胡锦涛主席指出，坚持以人为本，在军队建设中，必须充分尊重官兵的主体地位和创造精神，心系基层、情系官兵，切实维护官兵的权益，不断改善官兵的物质和文化生活条件。在国防和军队建设中坚持以人为本，不是一般的工作方法问题，而是重要的建军治军理念和立场；不是一般的关心人、体贴人、爱护人，而是事关人民军队相信谁、依靠谁、服务谁的根本原则；不是一般的工作要求，而是各级领导干部和领导机关必须担当的政治责任。

2. 坚持依法从严治军

胡锦涛主席强调，要适应军队现代化发展的要求，加强依法治军、从严治军。严格按国家的法律法规和军队的条令条例治理军队、管理部队，确保部队的高度稳定和集中统一，建立正规的战备、训练、工作和生活秩序。

依法从严治军是提高军队建设效益的重要保证。军队是一个庞大的组织系统，要确保这一系统高效运行，巩固和生成强大的战斗力，就必须依法从严治军，通过建立正规高效的各项秩序来提高军队建设的质量和效益。坚持依法从严治军：一是要逐步建立适应社会主义市场经济发展要求，符合现代军事发展规律，能够体现我军性质和优良传统的军事法规体系，把国防和军队建设事业纳入法制化的轨道，做到有法可依、有法必依、执法必严、违法必究。二是要从制度上和法律上保证党对军队的绝对领导，使"党指挥枪"的原则更具稳定性、权威性和规范性。三是要把关于国防和军队建设的主张，通过法定程序上上升为国家意志，实现领导与依法办事的统一。四是要把治军的成功经验，用法的形式确定下来，促进我军的革命化、现代化和正规化建设。

当前，我军在依法从严治军方面还存在着一些明显的问题和不足，严重影响了军队建设效益的提高。一是有法不依导致管理松懈，影响了军队战斗力。二是执法不严导致作风松散，影响了军队凝聚力。三是违法不究导致纪律松弛，影响了军队发展力。这些违法现象的存在，在一定程度上侵蚀了"钢铁长城"的机体，严重影响了我军的发展。

坚持依法从严治军是一项全局性、基础性、长期性工作，必须紧抓不放。一是要由"单纯管"向"管育结合"转变，打牢从严治军的思想基础。二是要不断提高依法管理的水平。胡锦涛主席特别强调："要把从严治军与依法治军统一起来，狠抓条令条例和规章制度的落实，坚决做到有法必依、执法必严、违法必究。"在新的形势下，要把提高依法管理的水平摆在突出位置，切实转变工作思路、指导思想和管理重点。三是要把作风纪律建设作为核心内容。作风纪律是军队的命脉，是部队战斗力的重要因素。军队管理好坏的一个重要标志就是作风优良、纪律严明。胡锦涛主席特别强调："要把作风纪律作为从严治军的核心内容，加强部队的经常性教育和经常性管理，加强部队的作风培养，强化官兵的纪律意识，严肃政治纪律、军事纪律、组织纪律，确保党中央和中央军委政令军令畅通。"

（十二）坚持国防建设与经济建设协调发展

胡锦涛同志指出："坚持国防建设与经济建设协调发展，建设一支现代化、正规化的革命军队，确保国防安全，是执政党的一项重大战略任务。" 2005年4月1日，胡锦涛主席在一次讲话中又强调："坚持在国防和军队建设中贯彻落实科学发展观，首要问题是坚持国防建设与经济建设协调发展的方针。"

我国是一个发展中国家，处于社会主义初级阶段，与世界发达国家相比，国家尚不富裕，经济技术比较落后，我军的现代化建设是在我国特殊国情环境中进行的。由于受国家经济实力所限，我军军费供需矛盾突出的问题不可能在短期内根本解决。我国的国防和军队现代化建设始终面临着双重压力。一方面，我国的军费，无论是绝对数还是占国内生产总值的比重，与世界主要国家相比都是较低的。另一方面，如果我们不紧紧跟上世界新军事变革的潮流，不下大力提高国防和军队现代化水平，一旦发生什么事情，就会陷入被动的境地。胡锦涛同志审时度势，提出了经济建设与国防建设，两者兼顾、协调发展，要在国家经济发展的基础上，努力建设一支同我国安全和发展利益相适应的军事力量，确保全面建设小康社会目标的顺利实现。

（十三）坚持军民结合、寓军于民的方针

实现国防和军队现代化建设又好又快地发展，必须坚持军民结合、寓军于民的方针，把国防和军队现代化建设深深融入经济社会发展体系之中。信息化战争呈现军民一体、前后方一体的趋势。信息化军队建设和作战，对经济、科技和社会的依赖性空前增强。新世纪新阶段，我国高新技术产业和社会信息化的迅速发展，对中国特色军事变革的影响不断深入，因此，对军民结合、寓军于民的发展国防和军队建设提出了新的更高的要求，也提供了更加有利的条件，利用国家经济社会资源加快国防和军队的建设和发展的前景也更加广阔。胡锦涛指出，我们要认真总结自己的成功经验，借鉴国外有益经验，积极探索新形势下军民结合、寓军于民的新途径新方法，全面推进经济、科技、教育、人才等各个领域的军民融合。

胡锦涛还指出，能利用民用资源的就不自己铺摊子，能纳入国家经济科技发展体系的就不另起炉灶，能依托社会保障资源办的事都要实行社会保障。要尽可能把国防科学技术研究纳入国家科学技术中长期发展规划，广泛吸纳成熟的民用技术，提高武器装备创新发展能力。胡锦涛特别强调，要加大依托国民教育培养军事人才和从社会引进专业技术人才工作力度，更好地满足军队建设日益增长的高素质人才需求。国防动员是实现军民结合、寓军于民的重要组织形式和桥梁，要通过国防动员推进军队后勤保障和其他社会保障的社会化，大力加强民兵和预备役部队建设，突出抓好高新技术武器装备动员和综合保障动员建设，巩固军政军民团结，切实增强打赢信息化条件下的人民战争的整体实力。

三、胡锦涛国防和军队建设重要论述的地位和意义

（一）胡锦涛国防和军队建设的重要论述，丰富发展了毛泽东、邓小平、江泽民军事思想的内容

毛泽东、邓小平、江泽民的军事思想，是我国国防和军队建设各个时期取得重大成就的创新理论。新世纪新阶段，面对国际战略格局的发展变化，世界军事变革的挑战，我国安全形势的新情况，对台斗争的严峻形势，胡锦涛同志以伟大的马克思主义者的巨大政治勇气和理论勇气，把毛泽东、邓小平、江泽民国防和军队建设思想创造性地运用于新的实践，用科学发展观指导国防和军队现代化建设，把我们对国防和军队建设的思考和认识引领到一个新境界，极大地丰富和发展了三代领导人的军事理论内容，为新时期新阶段国防和军队现代化建设指明了方向。

胡锦涛同志反复强调，我国的国防和军队现代化建设，必须着眼于维护国家和发展利益

的大局，从我国国情军情出发，转变发展观念，创新发展模式，提高发展质量，加快发展步伐，不断提高我军应对多种安全威胁、完成多样化军事任务的能力，确保我军能够在各种复杂形式下有效应对危机、维护和平、遏制战争、打赢战争。胡锦涛国防和军队建设重要论述的精髓突出表现在：解放思想、实事求是、科学发展。

（二）胡锦涛国防和军队建设的重要论述，是新世纪新阶段我国国防和军队建设实践经验的科学总结

胡锦涛同志以深邃的历史眼光、强烈的忧患意识、深远的前瞻思维，以战略家的远见卓识与战略智慧，总结历史，放眼未来，筹划和指导国防和军队建设。他始终高度关注世界军事发展的态势，敏锐洞察20世纪末、21世纪初发生的一系列高技术局部战争的新特点，立足于新世纪新阶段国防与军队建设的客观实际，提出国防和军队建设必须跟上世界军事变革和发展的潮流，积极借鉴各国特别是发达国家国防和军队建设的有益经验；必须进一步解放思想，在实践中不断丰富和发展我国的军事理论，为军事斗争准备服务，为我国国防与军队现代化建设服务。提出要以时不我待的紧迫感，认真履行新世纪新阶段军队的历史使命，积极推进中国特色军事变革，加快我军由机械化向信息化转变，全面提高我军的威慑和实战能力，为国家的安全统一和全面建设小康社会提供坚强有力的安全保障。胡锦涛国防和军队建设的重要论述，深刻揭示了新世纪新阶段国防建设和建军治军的特点与规律，是新世纪新阶段国防和军队建设实践经验的科学总结。

（三）胡锦涛国防和军队建设的重要论述，是新世纪新阶段加强我国国防和军队建设的科学指南

新世纪新阶段，我军迎接新军事革命的挑战，建设信息化军队和做好打赢信息化条件下局部战争准备等工作任务十分繁重。国防和军队建设是一项宏大的系统工程，必须系统思考、整体筹划，有计划、有步骤地重点突破，全面推进。这是胡锦涛同志谋划国防和军队建设的最具特色的指导原则和领导艺术。新世纪新阶段军队建设面临的主要矛盾，是现代化水平与信息化战争需要不相适应的矛盾。要解决这个矛盾，胡锦涛同志在指导国防和军队建设中，始终注意把握和处理好两个方面的重大关系：一个是国防建设与经济建设的关系，强调国防建设和经济建设要相互促进、协调发展，不能顾此失彼；另一个是军队革命化、现代化和正规化建设之间的关系，强调军事工作、政治工作、后勤工作和装备工作要协调发展，武器装备、人才队伍、体制编制要协调发展。胡锦涛同志提出的国防和军队建设要贯彻"五个统筹"的要求就充分体现了这种系统性的思想。与此同时。胡锦涛同志特别善于抓关键、抓重点、抓枢纽，始终紧紧抓住"用科学发展观统筹国防和军队现代化建设"不放；紧紧抓住"三个提供一个发挥"的历史使命不放；紧紧抓住并巩固党对军队绝对领导的"军魂"意识不放；紧紧抓住军事变革和军事创新不放；紧紧抓住强化战斗精神、打赢信息化战争不放。

实践证明，我国国防和军队建设，按胡锦涛同志的要求，在系统谋划的基础上，紧紧抓住国防和军队建设的主要矛盾、关键环节和重大问题实施重点突破，已经取得了巨大的成就。今后将继续指导国防和军队建设，实现我军跨世纪战略目标，把我军建设成为强大的现代化正规化的革命军队。

第三章 国际战略环境

第一节 国际战略环境概述

国际战略环境，是一个时期内世界各主要国家在矛盾斗争或合作共处中的全局状况和总体趋势。它是国际政治、经济、军事形势的综合体现，关系到国家的生存与发展，影响一个国家军事斗争的对象、任务和目标，因而是各个国家在国际环境中生存必须首先考察和关注的外部环境和条件。国际战略环境包含的内容很多，下面主要介绍时代主题、世界格局、世界安全形势和中国安全观等方面的情况。

一、和平与发展的时代主题仍未改变

时代主题，是指人类社会某一发展阶段中带有全球性、战略性和关乎全局的核心问题。它是某一时代基本特征的集中反映，代表着这个时代的本质和发展趋势，规定着该时代各国人民相应的主要任务。

当今时代的主题是什么？早在20世纪80年代，邓小平同志就指出，现在世界上真正大的问题有两个，一个是和平问题，一个是经济问题或者说发展问题。和平问题就是反对霸权主义，维护世界和平，就是争取维护世界整体的非战争状态；发展问题主要是南北问题，即发展中国家的经济发展问题，也是全人类的经济发展问题，这是当今世界的核心问题。这就是说，当今时代的主题是和平与发展。

20多年过去了，邓小平这一论断是否已经过时？我们说没有。虽然冷战结束已有10多年，国际形势发生了深刻而又巨大的变化，但和平与发展的时代主题并没有发生根本性改变。其原因是：

第一，在信息技术和知识经济的推动下，经济全球化已经成为当今世界最主要的发展趋势之一，加深了各国之间的相互依存关系。特别是信息技术的应用和普及，不仅创造出了新的劳动工具，生产出了更多的产品，迫使人们到国外去寻找市场、寻求投资，而且为人类社会提供了更先进、快捷的交往工具，保证了国际间经常的相互联系和交往，这种情况再加上

发达国家对落后国家能源和资源的依赖以及落后国家对发达国家技术的依赖，这就使得当今世界各国相互依存度大大提高。这种情况客观上不允许再恢复到与世界生产力发展水平不相适应的国家间敌对或大国对峙的国际关系格局，从而推动着和平与发展的潮流继续前进。

第二，冷战后特别是近年来，尽管美国等西方国家在国际关系中推行霸权主义和使用武力的倾向在增长，但主要大国之间尚没有形成敌对、对抗关系，特别是类似于前苏联及华约集团那样的美国的全球战略性对手还不可能出现。对中、俄等世界大国，美国的基本战略仍将是主要通过接触或"伙伴关系"，把中、俄纳入美国、西方主导的国际体系，同时对中、俄实施长期战略防范。美与欧洲大国之间尽管基本能够维护其同盟关系，但在许多重大问题如北约与欧盟东扩、北约作用的发挥、部署弹道导弹防御系统以及朝鲜问题、伊拉克问题、甚至反恐问题上，有各种各样的矛盾分歧，但"有斗有和、斗而不破"的模式仍将是今后相当长一个时期大国关系的基本模式和特征。

第三，发展经济和科技仍是世界各国国家战略的核心。美国和欧盟在经济方面将展开更加激烈的竞争，日本在努力重新恢复其经济发展势头，俄罗斯已确立了以发展经济为中心的国家政策，中国将继续保持高速增长。各国更加重视科技和国际市场的竞争。美国虽然已不满足仅在经济上与其他各大国展开竞争，企图以发动对外战争刺激国内经济增长，但由于其战争政策受到各国抵制，美国与世界大多数国家的矛盾都在发展，其靠战争刺激国内经济复兴的企图不会实现。21世纪的世界格局仍取决于各国以经济和科技实力为中心的综合国力较量。

第四，南北矛盾更加突出，核心仍然是经济发展问题。一战后帝国主义宗主国与殖民地半殖民地的矛盾，随着二战后五六十年代民族解放运动的兴起和大批民族国家的诞生，已在政治斗争的层面上得到了总体解决，由此演变而来的南北矛盾，主要是集中在经济发展问题上，尤其是发展中国家的经济发展问题，根本任务是摆脱贫困，摘掉落后的帽子。几十年过去了，发展中国家经过艰苦的努力已经取得了辉煌的成就，但在整个世界经济中，大多数国家仍很贫穷，发展问题刻不容缓地提到发展中国家的优先日程上来。人心思变，人心思发展，已成为发展中国家的主流。

以上这些都说明，在当今时代条件下，国际形势尽管有风浪、有起伏，但和平与发展的时代主题没有改变，总体和平、局部战争，总体缓和、局部紧张，总体稳定、局部动荡，是当前和今后一个时期国际形势发展的基本态势。我国面临的国际环境依然是机遇大于挑战。

二、国际战略格局趋向多极化

国际战略格局是一定时期内国际关系中起主导作用的力量之间的相对关系和结构形式。

苏联的解体标志着以美苏对抗为特征的两极国际军事格局的终结，并导致了世界军事力量对比的严重失衡。两极格局结束后，世界出现了一超和多强并立的态势。大国关系在不断变化和调整，世界上各种政治力量在不断进行分化和组合。多极化趋势的发展，有利于世界的和平、稳定和繁荣，有利于推动建立公正合理的国际政治经济新秩序。

（一）美国企图长期保持唯一的超级大国地位

在向新格局转移的过渡时期，美国成为世界上在政治、军事、经济等方面都具有全球性影响的唯一超级大国。美国拥有一支全球进攻性军事力量，有世界上最强的三位一体的核进攻力量，具有很强的远程精确打击、隐形攻击、电子战、联合作战和综合保障能力。冷战后国际格局的变化具有渐进性，将使美国"一超称霸"的局面保持相当一段时间。由于美国综合国力仍将遥遥领先，欧、日、中、俄仍难望其项背。国际战略力量失衡短期内不会发生根本改变。

为了实现建立单极世界和独霸世界的目标，美国现在已制定并实行了一整套的战略措施。在政治上，极力推行以美国为模式的所谓"全球民主化"；在经济上，倚仗其强大的经济实力，以进行经济制裁为手段，迫使别国无限度地开放市场，利用高科技和不等价交换等手段剥削发展中国家；在军事上，保持庞大的"防务"开支，努力发展高、新、尖武器，在世界各地部署军事力量并建立军事联盟，插手干涉别国内部事务。在全球战略方面，既联合又试图控制欧洲；既利用又要制约日本；以北约东扩为手段，进一步挤压、削弱俄罗斯；将中国视为主要竞争对手，向台出售武器。不顾欧洲国家的强烈反对，拒绝接受《京都议定书》，谋求建立美国主导下的单极世界的企图不断膨胀。

（二）俄罗斯意欲重振大国地位

20 世纪 90 年代以后，俄罗斯国内形势不稳，金融危机严重，生产停滞，经济滑坡，大国地位受到严重削弱，但它毕竟拥有良好的工业和科技基础，拥有丰富的资源和巨大的发展潜力。在军事上，它仍然是唯一能够和美国相抗衡的核大国。在普京执政后，俄罗斯社会趋向稳定，经济开始恢复性增长，而且增长的质量明显提高。加之世界石油价格暴涨，给俄罗斯带来巨大的外汇收入。同时，近几年呈现出各行业全面增长的态势，一系列宏观经济指标有较大的改善。据国际货币基金组织预计，至 2010 年，俄罗斯经济可维持 6%～8% 的年均增长率，为世界上经济增长最快的国家之一，将跻身世界主要经济体之列。俄在财力有限的情况下，利用高科技提升防务能力，保持了世界第二大军事强国地位。随着经济的复苏，俄罗斯加大了对国防的投入，加快了军队建设和武器装备更新换代的步伐，重振大国的意图更加明显。俄罗斯的发展将证实邓小平同志的预言：未来多极世界，俄罗斯算一极。

（三）日本走向政治、军事大国步伐加快

日本是世界第二经济大国。由于历史等原因，日本在国际社会的政治、军事影响却远未达到其经济上对世界的影响。它在外交上依附于美国，唯美国马首是瞻，亦步亦趋。人们很少在国际问题上听到日本与美国有不同的声音。然而，近年来日本通过对内外政策的调整，积极改变这种状态，国际影响力不断扩大，加速走向政治、军事大国的迹象比较明显。日本正在由经济大国向世界政治大国甚至军事大国转变。

（四）欧盟势力影响日益扩大

进入 21 世纪以来，欧盟在内统外扩与壮大实力方面都取得重大突破。现在拥有 27 个成员国，包括 2 个联合国安理会常任理事国和 2 个核大国，400 多万平方公里土地面积和 4.6 亿人口。欧盟实际上已将绝大多数欧洲国家和幅员统合在自己麾下。欧盟首脑会议一致通过《欧洲宪法》草案。这是欧盟一体化的重大成果，为欧洲第一部宪法的出世做好了铺垫。欧盟的经济形势比较稳定，经济实力大幅提高，欧元在国际金融体系中的地位大幅攀升。这些表明欧盟在提升实力地位和统合欧洲的道路上实现了一次历史性跨越，朝着建设"欧洲人的欧洲"和成为世界独立一极目标迈出了实质性步伐。随着一体化的扩大、深化和实力的壮大，欧盟独立自主意识日益增强。它不再甘当美国的"伙计"，要求在北大西洋联盟中进行权利再分配和角色重新定位，力争与美国建立新的平等伙伴关系。由于战略利益的差异，

欧盟在国际秩序观、格局观、安全观、对待非西方大国和发展中国家及中东局势等当代世界重大问题上，同美国的距离越来越大，对美国说"不"也越来越多。法国、德国等欧盟核心国家在伊拉克战争问题上甚至同美国分道扬镳。特别是欧盟不认同美国的单极战略而主张多极化，并阔步朝着世界独立一极的目标迈进，对美国的单极战略构成有力挑战。因此，欧盟在国际上发出的声音更为响亮有力，地位、作用日益增强。无疑，未来欧盟将可能成为国际社会具有重要影响力的一极。

（五）中国综合国力显著增强

中国经济保持快速增长，综合国力迈上新台阶。2007年，中国的国民生产总值近25万亿人民币，居世界第四位，成为带动世界经济增长的主要动力源之一。在综合实力和对世界和平与发展的贡献显著提升和增大的基础上，中国在外交上不断开拓进取，国际地位和作用明显增强，在地区和世界事务中日益发挥重要的影响。

中国改革开放几十年来保持了持续发展的强劲势头，经济总量明显增大，与世界经济的关系更加紧密。中国坚持走和平发展的道路，努力与世界各国平等互利合作，不单纯追求己方利益，而是力主双赢，并积极加强区域合作，推动共同发展，不断为促进全球发展和繁荣做出重要贡献。中国高举和平、发展、合作的旗帜，坚持原则，伸张正义，更加积极参与国际事务，在力所能及的范围内支持和援助其他国家，充分发挥出一个负责任大国的作用，国际影响日益增大。随着经济的发展，综合国力进一步加强，中国在国际事务中将发挥越来越重要的作用。

（六）区域一体化组织蓬勃发展

经济是基础，发展水平不同也决定了不同国家在国内政治及国际事务中采取不同的立场。发展中国家间发展不平衡，利益各异。因此，一些经济发展水平比较接近的国家和地区组成的地区性组织兴起，活动积极，联合自强趋势增强。

广大中小国家为了在新的形势下有效地维护自己的独立和主权，提升本国的国际地位，在致力于自身发展的同时，强化了联合自强，走区域一体化道路的势头。除了区域组织不断发展外，大区域一体化组织也在形成和加强。除欧盟、东盟外，近年还涌现出非洲联盟和南美洲联盟。随着各地区安全机制的建立，预示着未来地区军事格局将朝着多样化、区域化的方向演进。

从长远看，美国的霸权主义战略和单极世界目标，必然受到诸多因素的制约，美国并不能凭借自己的优势地位在世界上为所欲为。首先，几乎所有国家都不赞成建立以"美国为轴心的世界"新格局。其次，美国在国内面临众多的社会问题和经济问题，不具备承担"领导世界重任"的能力。其三，在国际上欧洲、日本等国家和地区的挑战，对美国的"世界新秩序"形成一大制约。其四，当今世界仍存在许多的尖锐矛盾和复杂问题，无论美国如何强大和富有，都不可能包揽解决所有问题。近年来，一系列针对美国的恐怖活动，特别是"9·11"恐怖事件后，美国在反恐战争进程中，急需各种形式的国际合作，也使美国认识到建立单极体制称霸世界的企图是难以成功的。因此，未来的国际战略格局绝不可能完全按美国的意图发展，也绝不会是美国一家独霸的局面。美国"一超称霸"的局面既是两极体制被打破后的必然现象，又是一个终将被多极体制所取代的暂时的历史过程。

当前，世界处于新旧格局交替的动荡时期，世界和平与安全面临的机遇大于挑战。世界格局处于向多极化过渡的重要时期，国际战略力量对比严重失衡的局面有望改善。各主要力量既相互牵制和竞争，又相互协调，彼此借重和务实合作。一些发展中大国和区域集团实力增强，发展中国家整体力量上升。经济全球化趋势深入发展，科技进步突飞猛进，国际分工体系深刻变动，全球和区域经济合作生机勃勃，国家间相互依存的利益关系逐步加深。传统安全领域的对话不断增多，非传统安全领域的合作深入发展。各国更加重视通过国际协调合作和多边机制解决发展和安全问题。联合国在国际事务中的地位和作用得到维护和加强。

三、中国倡导的新安全观

所谓安全观就是一个国家对安全问题的基本看法和解决安全问题的主张，它包括对安全的界定、对威胁的判断以及如何维护安全等内容。

安全观从总体上划分大概有两种，一是以美国为首的西方国家的安全观，这种安全观认为，世界从本质上说是无政府主义的，只有建立单极世界，对世界进行"全球治理"，才是安全的。这种安全观强调追求自身的绝对安全、单向安全、以强大的军事实力求安全和以缔结军事同盟、运用武力或以武力相威胁的手段谋取安全。冷战结束后，特别是"9·11"后，随着美国先发制人战略的提出，其背后的不准出现想象中的不安全因素的考虑也跃然而出。这新旧五个方面加在一起，可以说是美国的国家安全观，或者说是冷战思维在新形势下的继续和发展。

一种是中国所倡导的国家安全观。这种安全观是冷战后提出的，是相对传统安全观而言的，因此被称作新安全观。这种新型安全观认为，世界虽然从一定的意义上讲，应该有一个力量和机构来治理，但这个机构只能是联合国及其安理会。另外，这样的管理也只能是在尊重各国主权的基础上，以各国的互信、互利为基础，通过国与国之间平等协商的方式，共同筹划国际和世界安全问题。同时，就涉及安全的领域而言，不能仅强调军事安全，而应把安全扩展到政治、经济、文化、生态、信息等各个领域，综合运用各种手段而不仅仅是军事手段维护国家安全。综合起来，就是江泽民同志在国际国内场合多次呼吁树立的新安全观。他在2000年《在联合国千年首脑会议上的讲话》中指出："营造共同安全是防止冲突和战争的可靠前提。应彻底抛弃冷战思维，建立以互信、互利、平等、合作为核心的新安全观。"在十六大报告中又指出："安全上应相互信任，共同维护，树立互信、互利、平等和协作的新安全观，通过对话和合作解决争端，而不应诉诸武力和以武力相威胁。"这就是说，我国所倡导的新安全观的核心内容或者说其精髓就是"互信、互利、平等、协作"这八个字。

互信就是通过对话协商，增进相互了解和信任，国与国之间要超越意识形态和社会制度异同，摒弃冷战思维和强权政治心态，互不猜疑，互不敌视。这是各国和平相处和安全保证的前提，也是新安全观的基础。

互利就是在维护本国安全的同时，也要充分考虑和尊重别国的安全利益，为对方的安全创造条件。互利强调的是共同安全，反对以牺牲他国的安全利益为条件来谋求自身的绝对安全。互利是新安全观的目的。

平等就是遵循和平共处五项原则，主张国家不分大小、贫富、强弱，都是国际社会中平等的一员，应相互尊重，平等对待，积极推动国际关系的民主化。反对大国以任何理由和借口干涉小国的内政，把自己的价值观和意识形态强加于人。平等是新安全观的保证。

协作就是通过对话协商解决争端，并就共同关心的安全问题进行广泛深入的协作，防止战争和冲突的发生。协作的模式应该是灵活多样的，包括多边安全机制、多边安全论坛、双边安全磋商，以及具有学术性质的非官方安全对话等。协作新安全观的方式。

以上四个方面相互联系在一起，共同发挥作用。其实质是超越单方面的安全范畴，以互利合作寻求共同安全。

通过以上新安全观的内容，可以看出，新安全观与传统安全观有着本质的不同。最主要的是它彻底摒弃了冷战思维，为冷战后处理国与国之间关系、解决地区和国际安全问题开辟了一条正确的途径。同时，也为我们观察世界安全形势并处理国家安全事务提供了正确的方法。现在，许多国家已经注意到了中国的新安全观。如在亚洲议会和平协会43个成员国议会首脑及议员会议上，与会者将新安全观写进了《亚洲议会和平协会重庆宣言》。在第五次中国与欧盟领导人会晤时发表的《联合新闻公报》上，宣布"双方领导人同意，"9·11"之后，国际社会本着互信、互利、平等、合作的精神加强合作与协调，应对发展问题带来的挑战，和平解决争端变得更为重要。"随着新安全观越来越深入人心，它在国际事务中也必将愈发具有影响力。

从实践上看，中国所倡导的新安全观也是正确的。如今新安全观已成为中国对外政策的一个重要组成部分。在新安全观的指导下，中国作为联合国常任理事国，在国际政治和外交舞台上正发挥着积极和建设性的作用。在对外交往方面，中国签署并严格遵守了大多数的国际条约和公约。努力推动地区安全对话合作机制的建设，积极参与亚太地区内多边安全对话与合作进程，在东盟地区论坛上发挥着积极的作用。中国倡导和参与组建的"上海合作组织"是成功实践新安全观的体现。其成员国通过友好协商妥善解决了历史上的边界问题，率先提出了打击恐怖主义、民族分裂主义和宗教极端主义的主张，大力倡导不结盟、不对抗、不针对其他国家和地区的安全模式，对维护世界和地区和平稳定起到了积极的作用。正是这些建立在新安全观基础上国防和军队建设领域的对外交往活动，促进了与世界各国的相互了解，加强了相互信任，扩大了共识，对促进国际安全局势起到了积极的作用。事实证明，中国的新安全观是适应世界潮流，符合中国实际的大安全观，是与冷战思维相对立的和平的、合作的、发展的安全观，是对人类探求和平与发展之路的重大贡献。

第二节　中国周边安全环境

周边安全环境是指国家周边有无危险和受到威胁的情况及条件。是一个国家对其周边国家或集团在一定时期内对自己国家主权、领土完整是否构成威胁、有无军事入侵、渗透颠覆等情况的综合分析和评估。它是关系国家和民族兴衰存亡的大事，是制定国防战略的首要依据。

一、我国周边概况和在《联合国海洋公约》中的权益

（一）周边概况

我国地处亚洲东方，陆地边界线总长2.2万余千米，海岸线总长1.8万千米。我国陆地与15个国家相接壤，与8个国家的大陆架或200海里专属经济区相连接，还与美国等许多国家隔海（洋）相望。我国既是一个陆地型大国，也是一个海洋型大国，陆地国土面积为960万平方千米，海洋国土面积300余万平方千米，陆海相连，总面积达1 260万平方千米，疆域辽阔，美丽富饶。

旧中国在长期封建地主阶级的统治下，国弱民贫。从元末明初起，帝国主义先后对我国发动大规模侵略战争20余次，腐朽没落的清政府前后与帝国主义列强签订了500多个不平等条约，割地赔款，丧权辱国。仅1842年、1860年、1895年、1901年，列强四次侵华战争，清政府就割让国土160余万平方千米，赔款7.1亿两白银。由于外敌入侵，至今我国边界仍遗留很多历史问题，陆地疆界尚有2 600千米还没最后划定，隶属我国的海洋国土还有100余万平方千米存在重大争议。岛屿被侵占，海域被分割，资源遭掠夺的严酷事实依然摆在我们面前。亚太地区一些国家和地区近年来在经济上有所发展的同时，国防拨款明显增加，纷纷制定国防发展新战略，武装力量悄然崛起，有的已向世界军事强国迈进，必然对我国的安全产生重大影响。

（二）我国在《联合国海洋法公约》中的权益

我国是联合国海洋法公约国，海洋对我国安全影响深远。靠近中国的有黄海、东海和南海。海洋是巨大的宝库，蕴藏有丰富的资源，对人类的生活、生产与发展都具有十分重要的战略意义，它一直是海洋国家争夺的对象。

1973年12月至1982年4月，联合国召开了第三次海洋法会议，154个国家出席了会议，通过了《联合国海洋法公约》（以下简称《公约》），从1994年11月16日起正式生效。第三次联合国海洋法会议对领海、海峡、大陆架、专属经济区、群岛国、岛屿制度等一系列重大问题进行了讨论。规定了群岛国制度，将一大片公海划为这些国家的内水；确定了"200海里专属经济区"制度；重新定义了"可达350海里的大陆架"概念。《公约》几乎涉及海洋法的所有方面，其中，与我国周边安全环境密切相关的要素如下。

1. 基线、内水、领海和毗连区

基线是陆地和海洋的分界线，也是测算领海、毗连区、专属经济区和大陆架的宽度的起点线。一是正常基线，即领海基线（也称低潮线），是海水退潮时退到离海岸最远的那条线。二是直线基线，即在海岸上和沿海岛屿上选定一系列的基点，在这些基点之间划出一条条相互连接的直线，构成一条折线，这条折线即为领海基线。一般适用于海岸线比较曲折、沿海有许多岛屿的国家。《公约》规定，"沿海国为适应不同情况，可交替使用以上各条规定的任何方法以确定基线"，称为"混合基线法"。

我国政府在1958年的《中华人民共和国关于领海的声明》中指出："中国大陆及其沿海岛屿的领海以连接大陆岸上和沿海岸外缘岛屿上各基点之间的各直线为基线"。1992年颁发的《中华人民共和国领海及毗连区法》明确规定："中华人民共和国领海基线采用直线基线法划定，由各相邻基点之间的直线连线组成。"根据此法，中华人民共和国政府于1996年5月15日发表声明，宣布了我国领海的部分基线和西沙群岛的领海基线。

内水是指国家内陆和领海基线向陆一侧的水域。内水构成沿海国领水的一部分，沿海国在这一海域内享有排他性的主权。其中，海湾根据湾口宽度以及海湾与沿海国的关系，可分为三种，即沿岸属于一国领土的海湾；沿岸属于两个或两个以上国家领土的海湾；历史性海湾。

对于沿岸属于一国领土的海湾，该国可在一定条件下将其划入本国的内水范围，实行完全排他的主权。《公约》规定：① 如果海湾天然入口两端的低潮标之间的距离不超过24 nmile，则可在这两个低潮标之间划出一条封口线，该线所包围的水域应视为内水；

② 海湾天然入口两端低潮标之间的距离超过 24 nmile，则 24 nmile 的直线应划在海湾内，基线以内的水域才是内水。历史性海湾是指沿岸属于一国，其湾口虽然超过领海宽度的 2 倍，但历史上一向被承认是沿海国内海湾的海湾，如我国的渤海湾。历史性海湾完全处于沿岸国排他性主权的管辖下。

领海是指濒海国陆地领土及其内水以外邻接的一定宽度的海域。其范围为领海基线至领海线之间的海域。国家主权及于领海的海床、底土及其上空。《公约》规定，"每一国家有权确定其领海宽度，直至从按照本公约确定的基线量起不超过 12 海里的界线为止"。目前，包括中国在内，世界上有 117 个国家实行 12 nmile 的领海宽度。领海是沿海国家领土的组成部分，受沿海国主权的管辖和支配。沿海国在领海享受有属地最高权，领海内的一切人和物均受沿海国管辖。

沿海国有权制定和颁布有关领海的法律和规章。外国船舶可以在领海上无害通过，但外国飞机未经许可不得飞越他国领海的上空。沿海国的主权不仅及于领海，也及于领海的上空、海床和底土。

毗连区是指沿海国在毗连其领海以外一定范围内，为行使必要管制权而划定的区域。其外部界限从领海基线量起不得超过 24 nmile。沿海国在毗连区内可对本国和外国公民及船只行使海关、缉私、卫生和移民等事项的管制权。

2. 专属经济区、大陆架

专属经济区是指主权国家在邻接其领海的外部海域设立的经济管辖区。其外部界线至领海基线不应超过 200 nmile。专属经济区是国家自然资源区的组成部分，国家对之行使有关国际海洋法规定的经济主权权利和管辖权。

专属经济区是《公约》创设的一种新的海域，它介于领海和公海之间，具有独立的法律地位。专属经济区不同于领海，它虽属沿海国管辖区域，但并不构成沿海国领土的组成部分，沿海国对它不享有绝对的、排他的主权。专属经济区也不同于公海，其他国家虽然在专属经济区有自由航行、飞越权，但已不是公海意义上的那种自由，主权国可对其他国家在专属经济区内的活动加以限制。

大陆架是陆地向海面下自然延伸和缓倾的浅水平台。其范围从低潮线起到海底坡度突然止。沿海国有对其行使勘探和开发自然资源为目的的主权权利。在国际法上，大陆架是指沿海国家的陆地在海水下面的自然延伸，并与大陆形成一个连续的完整的整体。《公约》规定：如陆地领土向海底延伸部分不足 200 nmile 时，可扩展到 200 nmile；如延伸部分超过 200 nmile 的，不应超过从测算领海宽度的基线量起 350 nmile，或不超过连接 2 500 m 深度各点的等深线 100 nmile。

我国的海岸线漫长，大陆架极为广阔，属于大陆架超过 200 nmile 的 18 个国家之一。渤海、黄海海底全部为大陆架，东海有 2/3 的海底是大陆架，最宽处近 400 nmile，南海大陆架占海底面积的一半以上，总面积约有 150 万 km^2。但是，除渤海大陆架外，我国大陆架都与邻国存在划界问题。中国政府多次郑重声明，根据大陆架是陆地领土自然延伸的基本原则，中国对东海大陆架拥有不可侵犯的权利。东海大陆架涉及其他国家的部分，应由中国和有关国家协商划分。位于南海上的东沙、西沙、中沙和南沙群岛领海，有 150 多个岛屿和礁、滩，自古以来就是中国的领土。南海诸岛大陆架与其他国家的划界问题，应由我国与有关国家依据《公约》和国际习惯，通过谈判协商公平合理划定。

1982年12月10日，我国作为首批签约国，在联合国海洋法公约上签字。1996年5月15日，我国第八届全国人民代表大会常务委员会第十九次会议批准实施。

二、缓和是我国当前周边安全环境的主流

进入20世纪90年代，世界形势发生了重大变化。由于苏联解体，冷战结束，国际力量对比严重失衡；霸权主义进一步抬头；世界多极化趋势加速发展。尽管世界形势动荡不安，有些地区的局势还相当紧张，但在我国周边却出现了一个相对和平的局面，我国的周边安全环境处在建国以来比较好的时期。主要表现是：

（一）大规模外敌入侵的军事威胁已消除或减弱

第二次世界大战结束后，亚太地区一直是美苏争霸的重要地区之一。从20世纪50年代开始，我国周边形势之所以长期紧张不安，根本原因是由于当时美苏争霸所致，有的则是直接针对我国的。从新中国建国初期，直到20世纪70年代中期，美国一直构成对我直接军事威胁。20世纪70年代末，邓小平进一步发展了毛泽东、周恩来打开的中美关系新格局，于1979年亲自出访美国，并主持实现了中美关系正常化，使我国完全摆脱了美国全面的现实军事威胁。两极格局结束后，美国是当今世界唯一超级大国，但其实力地位已相对下降。美国国民生产总值占世界总产值的比重，已由战后初期的46%下降到了1995年的24%。1970年，美、欧、日国民生产总值的比例为5∶3∶1，到了1995年，美、欧、日国民生产总值的比例为1.5∶1.6∶1，美国已不如欧盟。美国在世界经济多极化的发展过程中，和西欧、日本、德国的经济关系日趋紧张，经济霸主地位已经动摇。美国出于经济上力不从心，政治上矛盾重重和国际形势的多极化趋势，在调整其军事力量在世界各地的部署时，对亚太地区的军事力量也做了较大调整。目前驻亚太地区美军为15万多人，主要是支持其盟国在这一地区保持稳定，不构成对我国的严重军事威胁。近期中美关系已出现明显转折。尽管中美在人权、贸易、技术交易、台湾问题等方面存在重大分歧，但美政府已认识到合作与对话比对抗更符合美国的利益。随着中美首脑实现互访，中美将取得较大进展，这将对我国周边安全向好的方面发展起到促进作用。

苏联从20世纪60年代中期中苏关系破裂后，直到20世纪80年代后期。长期对我大兵压境，甚至进行核讹诈，使我国周边安全环境十分严峻；再加上当时印尼排华，中印边界军事对峙，台湾国民党集团叫嚣反攻大陆等，世界上的反动势力掀起一场反华大合唱，迫使我们提出建设大三线，把一些重要工业迁往内地山区。毛泽东主席甚至提出重上井冈山。当时我国的军费支出达到国家财政总支出的42.7%。苏解体前，由于其经济失去活力，政治危机，民族矛盾加剧，被迫于1988年宣布单方面裁军50万人，其中驻亚洲部队裁减10余万人。1989年又从阿富汗无条件撤军，撤出越南金兰湾海军基地，1992年又全部撤走驻蒙苏军。至此，不仅前苏联在我边界陈兵百万，大战一触即发的紧张局面不存在了，而且核战争的乌云也大大减少了。1996年，中、俄、哈、吉、塔五国在上海签署了《关于在边境地区加强军事领域信任的协定》，1997年于莫斯科签署了《关于在边境地区相互裁减军事力量的协定》，我国与上述四国7 300多千米的边界地区实现非军事化，我国北部、西部边界可望得到较长时期的和平与稳定。1996年4月叶利钦访华期间，中俄确立了面向21世纪的战略协作伙伴关系。近年来，随着中俄、中哈、中吉、中塔领导人频繁互访及裁减边界驻军等协定的签订，特别是2001年6月"上海合作组织"的成立，我国与上述四国在军事和政治上

的合作开始进入一个新的时期。我国北、西部边界安全环境将再上一个新台阶。

（二）曾经与我国发生过武装冲突的国家，都与我国实现了关系正常化

中华人民共和国1949年成立以来，我国除参加抗美援朝战争外，还与印度、苏联、越南发生过武装冲突。与印度的冲突从20世纪50年代末一直延续到20世纪80年代末。20世纪70年代末与越南的冲突不仅前后延续了近十年，且最为激烈。这些冲突及与这三国的长期不和，一直构成对我国周边安全的直接威胁。到20世纪80年代后期，我国与上述三国的关系开始改善，先后与苏联、越南、印度国家关系实现了正常化，友好往来增多，国家领导人互访，我国与俄、越、印的友好关系明显发展。尽管我国与印度等国家尚有领土、领海纠纷，但近期发生大规模武装冲突的可能性极小。

（三）我国周边的热点地区冲突得到不同程度缓解

所谓"热点"，就是指那些发生战争或敌对各方斗争激烈，随时可能爆发战争的地区或国家。从20世纪50年代初就存在的朝鲜半岛问题，以及20世纪70年代末开始的阿富汗、柬埔寨战争，都是发生在我国周边地区的冲突。我国也曾或多或少地卷入这三个热点地区的冲突，它们都危及我国边界地区的安全。随着冷战结束，这三个热点地区冲突各方的内外政策都发生了变化，即使刚刚发生的阿富汗战争对我国影响也比较小。

（四）我国的国际地位、影响明显增强

在世界格局的大变动中，亚太地区没有出现战略力量严重失衡现象，亚太各国和地区以发展经济为中心，双边和多边经济合作促进了各国之间的联系。在我国睦邻友好政策的推动下，特别是由于我国的经济发展，国内稳定，我国的国际影响明显提高。在1998年8个多月来的亚洲金融危机中，中国被世人称之为一个对世界负责任的大国。众多西方国家纷纷放弃在人权政策上与我对抗的立场。中国的国际声望日益提高，安全环境得到重大改善。连美国舆论界也承认我国和平外交取得了重大成果，同亚太周边国家和地区的关系，已经进入了新中国成立以来的比较好的时期之一。

三、我国周边安全环境面临的威胁

我国的安全环境存在着两重性：一是相对和平稳定的安全环境不断得到巩固和发展；二是我国仍面临着一些不安全因素和潜在的威胁。

（一）西方军事强国对我国安全环境影响深远

在世界军事强国中，美国对我国安全环境的影响尤甚。美国与我国虽远隔重洋，但对我国安全的影响却无处不在。在各大国与我国关系向前发展的同时，在以美国为首的西方世界仍然有一股企图遏制中国的逆流，顽固地坚持冷战思维，不愿意正视我国政治、经济的发展以及在国际社会中的积极作用。散布所谓的"中国威胁论"，以"人权"为幌子，干预中国的内政，继续坚持对台军售，阻挠中国统一大业。美国对华政策的两面性，是我国安全环境的不稳定的主要因素之一。

（二）周边"热点"地区仍有发生情况突变的可能

我国周边"热点"地区之一的朝鲜半岛，由于在核问题的立场与国际社会相差甚远，多方谈判举步维艰，军事对峙的僵局很难打破。朝鲜半岛发生战争的可能性不能排除。一旦这种情况发生，必将对我国安全造成影响。

印度与巴基斯坦的对立一天不解决，我国这一边境地区的安全隐患就无法排除。由于历史原因，印、巴两国既存在民族怨恨，又存在宗教纠纷，还存在着领土争端，在短时间内难于得到解决。多年来，印、巴军事摩擦时有发生。印度作为地区大国，1996年拒绝在《全面禁止核武器条约》上签字，并以"中国威胁论"为借口，大力发展核武器，积极谋求世界核大国地位。印、巴核军事装备竞赛的升级和对立的加剧，对我国的安全环境产生了不利影响。印、巴双方陈兵于边境，相互对峙，克什米尔地区是印度和巴基斯坦争夺的焦点，如果战争爆发，必然会对我国边境安全构成较大威胁。另外，伊朗核问题、伊拉克战争造成的地区安全问题等也不可避免对我国安全环境带来影响。

（三）边界和海洋权益争端尚存

我国坚持在"和平共处五项原则"的基础上愿与一切国家发展友好关系，特别注重发展与邻国的睦邻友好关系。但另一方面也必须看到，我国与邻国的边境争议和关于海洋权益的争议情况复杂，解决起来难度很大，这些争议始终是可能影响到我国边境和领海安全的不稳定因素。在这些争议中，陆地边界问题的争议，尤以中、印边界争议较为突出。关于海洋权益的争议则更为复杂。我国与朝鲜、韩国之间关于黄海、东海大陆架划分，与日本之间关于东海大陆架划分和钓鱼岛的归属问题，都存在着争议。中国的南海处于岛屿被侵占、海域被分割、资源被掠夺的严重局面。我国南沙群岛的海面岛礁几乎被瓜分殆尽。关于南沙群岛的争议，短期难以解决。如果处理不当，还有可能引起国际争端或诱发局部战争。

第四章 军事高技术

第一节 军事高技术概述

自20世纪60年代之后，以高新技术为先导和制高点的科学技术的发展，不仅对整个社会经济的发展和科学技术的进步产生了深远的影响，而且军事与高新技术两大领域相互渗透、相互影响、融为一体的结果，还引发了一场前所未有的新军事革命，导致军事领域发生了许多革命性的变化。为此，我们要大力加强新时期的国防建设，努力提高我国的科学技术水平，尤其是必须占领新世纪的军事科学技术的制高点，创造条件尽快实现军队现代化和国防现代化，不断提高我国高技术条件下的防卫作战能力，确保打赢未来高技术条件下的局部战争。

一、军事高技术的基本概念与分类

军事高技术，又称国防高技术，是国防科学技术的重要组成部分，是其最有活力的成分，是在军事领域发展和应用的高技术，是建立在现代科学技术成就基础上，处于当代科学技术前沿，对武器装备发展起巨大推动作用的那部分高技术的总称。

（一）按照军事高技术的领域进行分类

① 军事信息技术，包括微电子、光电子、计算机、自动化、卫星通信和光纤通信技术等。
② 军用新能源技术，包括核能、太阳能等。
③ 军用新材料技术，包括信息材料、能源材料、新型结构材料等。
④ 军用生物技术，包括基因工程、细胞工程等。
⑤ 军事航天技术，包括航天器的制造、发射和测控、回收等。
⑥ 军用海洋开发技术，包括海水淡化、海底采矿和海底工程建设等。

（二）按军事高技术的应用进行分类

① 夜视技术，即通过使用各种夜视器材，突破夜幕的障碍的一种技术。

② 侦察监视技术，包括太空侦察（使用卫星）、航空侦察（预警飞机）、地面侦察（雷达）、水下侦察（声呐）。

③ 伪装与隐形技术，即通过在外形和涂料两个方面的措施来减小雷达波的散射能量的一种技术。

④ 军事激光技术，如激光武器、激光测距仪等。

⑤ 军事航天技术，借助于部署在太空的各种遥感器和观测设备、通信设备、武器系统等，执行侦察、监视、预警、通信、导航、气象预报等任务。

⑥ 精确制导技术，主要有导弹、制导炸弹、制导炮弹等。

⑦ 指挥自动化技术，如 C^4I 系统等。

⑧ 电子战技术，主要目的是争夺电磁频谱的控制权和使用权。

除此之外，还有核武器、化学武器与生物武器技术以及目前正在探索中的新概念武器等新技术，如定向能武器、动能武器、各种反装备武器等。

二、军事高技术的主要特点

军事高技术具有高投资性、高智力性、高风险性、高竞争性、高效益性、高渗透性、高创造性。

（一）高投资性

高技术的研究开发，需要昂贵的设备和较长的研制周期，因而需要耗费巨额资金。据目前统计，一般高技术企业用于研究开发的经费占其产品销售额比的 10% ~ 30%，科研成果产业化的投资又比研究开发投资高出 5 ~ 20 倍，形成高技术产业后的设备更新投资还会越来越大。

（二）高智力性

高技术是知识密集型技术，其发展和运用都必须依靠创造性的智力劳动，依靠富有创新意识、创新能力的高素质人才，体现了高智力的特性。例如，半导体集成电路，从成本上讲，原料及能源，仅占其总成本的 2%，而其余 98% 都是其智力含量。

（三）高风险性

高技术研究本身蕴含着巨大的风险。高技术竞争的失败，对民用技术而言，就意味着企业投资的失败；对军事技术而言，则意味着国家利益将受到损害。以航天技术发展为例，40 多年来取得了神话般的巨大成就，但在 1961 年 3 月 23 日，前苏联的邦达连科就成为为航天事业献身的第一人；1986 年 1 月 28 日，美国"挑战者"号航天飞机失事；2003 年 2 月 1 日，"哥伦比亚"号航天飞机重返大气层时空中解体，可见其风险之大。

（四）高竞争性

高技术的竞争性，决定了谁先掌握并应用高技术，先研发出新武器装备并抢先用于战场，谁就能占据战争主动权。为此，世界军事大国都试图在高技术发展的竞争中占据主动。

（五）高效益性

新型武器装备往往是军事高技术的物化，是军事高技术的综合集成。战争实践证明，军事高技术成果一旦转化为新型武器装备，不仅能够大大提高部队战斗力，而且能够逐步改变作战样式甚至战争形态。例如，航天技术，其投资效益比高达 1:14，充分体现了高效益的特点。

（六）高渗透性

高技术本身具有极强的综合性和技术辐射性或渗透性，隐含着巨大的技术潜力，既可用于传统产业的改造，又可用于新兴产业的创立，因而能带动社会各行各业的技术进步，成为经济、国防、科技、政治、外交、教育和社会生活等各个领域发展变化的驱动力。有些高技术给社会带来的影响甚至是革命性的。比如计算机技术已经广泛渗透到了经济、国防、科技、教育和社会生活等各个领域。

（七）高创造性

高技术的高创造性指的是，高技术是人类凭借自己的聪明才智创造出的知识、技术密集的高新技术群；高技术成果是在广泛利用已有的科技成就的基础上，通过研究与发展所创造出的高水平的科技成果；高技术的发展，主要依靠富有创新意识、创新能力的高素质人才。没有创新，就没有高技术的发展。

三、军事高技术的应用与发展

当前，军事高技术前沿领域主要有军用信息技术、作战平台技术、军事航天技术、新概念武器技术、军用新材料技术、先进推进与动力技术、军用生物技术和核武器技术等。其中，军用信息技术、作战平台技术、军事航天技术、新概念武器技术的应用和发展，直接影响现代战争的作战样式和进程；军用生物技术发展的潜力巨大、影响深远。本节主要介绍军用信息技术、军用新材料技术和军用生物技术的应用和发展。

（一）军用信息技术

① 计算机技术。计算机是由电子器件及相关设备和系统软件组成的自动计算系统。它具有极强的数据处理能力、较强的记忆能力和一定的思维能力。世界上第一台电子数字计算机于1946年在美国宾夕法尼亚大学莫尔学院研制成功，总共用了1.8万只电子管，总质量达30 t，运算速度为5 000次/s。当前，根据数的表示方式和计算原理的不同，电子计算机通常分为数字计算机和模拟计算机两大类，前者是对离散形式表示的数进行操作，而后者是对连续变化的物理量进行处理。

从20世纪90年代初期以来，混合计算机和多媒体计算机的发展也十分迅速。混合计算机是指既能处理数字信息，又能处理连续变化的物理量的计算机，它由混合接口、数字计算机和模拟计算机三个主要部分组成。其主要功能是实时仿真复杂系统，如仿真导弹系统、航天飞行器系统等。多媒体计算机是具有综合处理文本、图形、图像、声音、视像等多种媒体信息能力的计算机。它具有数字化、集成性、交互性等特点。

计算机软件包括计算机程序、程序所使用的数据以及有关的文档资料。衡量软件质量的标准，主要包括可靠性、功能、性能、可移植性、可维护性、界面友好等。软件技术是一个非常庞大的领域，随着软件的规模越来越大，如何测试程序已成为当今软件业面临的最大问题，也是软件生产中成本最高的部分。目前，软件编制工作中的50%是测试和验证，因此测试对软件的发展至关重要。

目前，计算机技术已在军事领域广泛应用，成为现代战争中战斗力的倍增器。比如，计算机辅助制定作战计划，精确引导和定位以及智能化武器系统等，使得现代战争发生了翻天覆地的变化。除此之外，计算机还广泛地应用于军事训练、新型武器研制、军事科研与评估等各个方面，如武器训练模拟器、驾驶模拟器、维修模拟器和作战模拟系统等。随着计算机技术的发展，尤其是超级计算机的发展，计算机在武器系统中的应用还将更加广泛，对现代军事的影响也将会更加强烈。

② 微电子技术。微电子技术，即电子元器件及由它组成的电子设备微型化的技术。其核心是集成电路技术。1958 年第一块集成电路的诞生，标志着微电子技术开始步入人类文明的殿堂。衡量微电子技术发展水平高低的标志是集成度。集成电路产品的生成主要包括两项关键技术：一是原材料，二是制造工艺。

目前，集成电路普遍使用的制造材料是硅材料。随着集成电路运行速度和集成度的不断提高，砷化镓半导体材料正逐渐占据重要地位。砷化镓与硅材料相比，在同样条件下，其载流子的迁移速度要快 5~7 倍。以砷化镓为基片制成的集成电路与传统硅电路相比，其运行速度提高了 1 000 倍，具有低功耗、抗辐射、耐高温以及寄生电容小等优点。

在制造工艺方面，目前仍普遍采用平面加工工艺。自 1959 年生产集成电路以来，集成度以每 10 年增加 250 倍的速度在发展，20 世纪 90 年代末已达到在 350 mm^2 的晶片上集成 5 亿个元器件的水平。预测到 2010 年，集成度可高达 10 亿。未来 10~20 年将采用生物技术制造晶体管，集成电路性能将越来越高，用途也将越来越广。

随着微电子技术发展水平的不断提高和在军事领域的广泛应用，武器装备的性能将发生巨大变化：一是武器系统的体积、质量和功耗大大减少，可靠性大大提高；二是武器系统自身的信息处理能力得到质的飞跃，使一些原来作为设想的高技术兵器成为现实；三是传统装备的电子化水平将不断提高，从而使保障手段逐步走向多样化和智能化。

（二）军用新材料技术

目前，在军事领域应用的新型材料，主要包括高温材料、功能材料和复合材料等。高温材料的应用范围十分广泛，主要是汽车、坦克、军舰、飞机、导弹的发动机，以及航天飞机、宇宙飞船等表面需要的材料。功能材料在研制隐形武器装备方面发挥着巨大作用，例如：反雷达隐形材料可以吸收或衰减大量的雷达波信号，既可以涂敷在飞行器表面上，也可作为飞行器的结构材料，好的吸波材料可以吸收 99% 以上雷达波能量。复合材料在提高现代武器平台的整体性能方面正发挥着巨大作用，其应用部位已由次承力部件发展到主承力部件。用高性能纤维及其纺织物增强不同基体所制成的高级复合材料，因其强度大，相对密度小，不仅可以大大降低装备自身的信号特征，而且还具备良好的气动性能，在航空、航天武器装备中有着十分广泛的应用前景。

按新材料的用途，可将其分为信息材料、新能源材料以及在特殊条件下使用的结构材料和功能材料。信息材料是指用于信息获取、处理、传输、储存等而开发的新型材料，如半导体材料、敏感材料、光导纤维材料和信息记录材料等。新能源材料是指为开发新能源而研制出的新材料，如光电转换材料、超导材料、高密度储氢材料、高温结构陶瓷材料等。结构材料和功能材料，是指在特殊情况下使用的高负载、超高温、超低温等特殊材料。其中，结构材料主要是利用材料的力学性能（如刚度、强度、塑性、韧性等）发挥作用；功能材料则是主要利用材料的物理性质和化学性质（如光、声、电及化学特性等）发挥作用。

目前，信息技术、材料技术、能源技术已成为现代高技术的三大支柱。而新材料技术又是其他高技术发展的物质基础和重要依托。军用新材料技术，是指用于制造各种先进军事装备的高性能材料或新兴材料的研制与应用技术。

（三）军用生物技术

生物技术是以生命科学为基础，利用生物（或生物组织、细胞及其他组成部分）的特性和功能，设计、构建具有预期性状的新物质或新品系，以及结合先进的工程技术手段和其他基础学科的科学原理，进行加工生产，为社会提供产品和服务的一个综合性技术体系。主要包括基因技术、生物生产技术、生物分子工程技术、纳米生物技术、生物耦合技术及仿生技术等系列技术。随着生物技术的快速发展，在军事领域应用具有巨大的潜力。

生物计算机发展的另一个重要方向是 DNA 计算机。DNA 分子中的密码相当于存储的数据，DNA 分子间可以在某种酶的作用下迅速完成生物化学反应，从一种基因码变为另一种基因码，反应前的基因码可以作为输入数据，反应后的基因码可以作为运算结果。由于 DNA 计算机的每个链本身就是一个微处理器，因而它的运算速度快，几天的运算量就相当于目前世界上所有计算机问世以来的总运算量。它的存储容量也非常大，1 m^3 的 DNA 溶液可存储 1 000 亿 Gb 数据，超过目前所有计算机的存储容量。另外，DNA 计算机所消耗的能量只有一台普通电子计算机的十亿分之一。它可以实现现有计算机无法真正实现的模糊推理功能和神经网络运算功能，是发展智能计算机的一个突破口。

生物技术可用于发展高性能的信息探测系统、通信系统、导航定位系统和信息处理系统等。美军已研究出可探测生物战剂的专用抗体传感器、酶传感器及生物战剂探针，并利用大规模集成电路的手段获得了带有 135 000 个基因探针的 DNA 芯片，可直接用于基因武器的侦检。同时，利用仿生技术制造的各种信息搜集系统，可以大幅度提高探测、监视和导航能力。例如，模仿复眼结构制成了多元相控阵"蝇眼"雷达、高能宇宙射线空气簇射"蝇眼"探测器和复眼照相机。

采用仿生设计可显著提高作战平台的性能和生存能力。例如，海豚有极佳的流线型体形，依照海豚的体形轮廓和身体各部位比例，建造的新式核潜艇，其航速提高了 20%～25%。美国海军仿制了"人工海豚皮"，用这种人造海豚皮包在鱼雷表面，阻力减少了 50%，速度提高 1 倍。另外，F-117A 的外形像一个由多面体组成的燕子，B-2A 战略轰炸机外形像一只大蝙蝠，这都是由于它们采用了隐身外形设计，据称这种设计能散射 30% 左右的雷达波。

基因武器是运用基因技术对已有的生物战剂（细菌、病毒和毒素等）或良性物质，进行有目的的修饰或改造，制造出新的生物战剂并武器化。日本已通过基因重组的方法把肉毒毒素植入良性原料试剂中，成功地研制出了一种新的大肠杆菌生物战剂，未来目标是要研究一种含有剧毒结构成分且具有一定潜伏期的生物战剂。另一种专门攻击某一类人种的基因武器（也称种族基因武器）也可能正在研究之中。据英国医学家透露，医学上正在发展的"神弹"基因治疗方法可能被用来研制可怕的灭绝种群的基因武器。

生物技术是一项具有革命性的高技术。现阶段，虽然军事生物技术的发展尚处在初期，但随着 21 世纪生物学时代的到来，生物技术将在军事领域里大显身手。它的飞速发展将把军队武器装备的高技术化推向更高层次。

四、军事高技术对现代战争的影响

随着军事高技术的发展及其在军事领域的广泛应用，已经对现代战争行动产生了巨大影响。其可概括为"五化",即指控制智能化、侦察立体化、反应快速化、打击精确化和防护综合化。

(一) 指控智能化

现代军事高技术的发展和应用,使武器装备的射程、威力、精度都几乎达到了各自的极限。交战双方的差别,在很大程度上取决于其对作战力量的指挥控制水平上。在战役和战术级,信息战的表现样式是以电子战为核心的指挥控制战,夺取制信息权的核心是使拥有信息密集型武器的部队取得信息能力的优势。

未来战争,以计算机为核心的网络将把所有的通信系统、探测装置和武器系统联成一体,作战将从"以平台为中心"转向以"网络为中心"。美海军网络中心战的网络结构由三个互相链接的部分组成,即探测装置网络、交战网络和信息传输网络。网络中心战的体系分为三级:第一级战术级,网络用户数量在 24 个之内,信息传输时间为零点几秒,信息精度达到武器控制级;第二级为战区级,网络用户数量在 500 个之内,信息传输时间为秒级,精度达到部队的控制所需的要求;第三级为战略级,网络用户数量在 1 000 个之内,信息传输时间为几分钟,精度达到部队的协同所需的要求。各级指挥官利用网络交换大量信息,感知整个战场的态势,阐述指挥意图,制定作战计划,解决各种问题。网络中心战特点是提高了部队的指挥速度,建立了对战场空间的持续的完备的态势感知。

(二) 侦察立体化

侦察立体化,通俗地讲就是"眼观六路、耳听八方"。在未来战争中,新型信息化装备将使战场更透明,可实现全球感知,实时进行远程指挥控制。从大洋深处到茫茫太空,布满了天罗地网式的侦察监视系统。水下的声呐,能够偷偷寻找军舰和潜艇的踪迹;地面的传感器,能够警惕地注视人员与车辆的动静;空中的侦察飞机,能够同时监视高空、低空、地面、海上的各种活动目标。例如,E-3A 预警机当飞行高度为 9 km 时,可以探测到 500~650 km 远的高空目标、300~400 km 远的低空目标和 270 km 远的巡航导弹。间谍卫星,"站得高,看得远",其侦察效果更加显著。例如,同样一架视角为 20°的照相机,装在 3 km 高的侦察机上,一张照片可以拍摄到 1 km^2 面积的地面;装在 300 km 高的侦察卫星上,一幅照片可囊括 1 万 km^2 的范围。如果把侦察卫星定位到地球同步轨道上,则一颗卫星就能同时看到太平洋两岸,监视地球表面 42% 的面积。

在未来战争中,"侦察—判断—决策—行动"的回路越来越短。信息化装备的广泛使用,使得争夺信息优势成为高技术战争的首要任务。特别是战略信息战,就如核战争一样具有大规模毁灭性作用,将成为新的威慑手段。美国参联会原副主席欧文斯曾对美、伊两军的侦察监视能力做过一番比较,得出的结论是:如果交战的一方"可以一天 24 小时,仅以 30 s 的延迟、在各种气象条件下、透过云层、在 10 cm 的误差以内非常精确地看到另一方,而他的对手则不能,他一定会赢"。侦察能力的差异性,决定了交战双方的不对称性。

(三) 反应快速化

"兵贵神速"历来是兵家所追求的情形,但传统武器装备因受技术条件限制,常常"欲速不达"。高技术武器装备在现代战争中应用,才使"兵贵神速"成真,实现了机动快、反应快、打击快、转移快。

高技术武器从发现目标到攻击目标的反应时间也大为缩短。当前,计算机控制的火控系统,能在96 s内操纵4门火炮摧毁35个分离的目标,而传统武器,摧毁这些目标需要2 h。在信息化战争中,"被发现就意味着被命中"。对于现代防空系统的反应时间,那更是以秒计时。如美国的"爱国者"、俄罗斯的C-300地空导弹系统的反应时间为15 s。

在未来战争中,时间因素将变得越来越重要。西方军事家已经把"兵贵神速"赋予了新的含义,即"时间就是一切,时间就是胜利"、"时间是未来战争的第四维战场"。越来越强调战争准备的及时性,战争指挥控制的实时性,战争行动的突然性。战争从旷日持久向速战速决演变,战争的进程将大大缩短。

(四)打击精确化

精确打击武器和精确的信息支援系统有机结合,使得精确打击成为战争的重要样式。作战精度越来越高,攻击距离越来越远。精确打击在现代战争中的地位日益重要。根据推算,就杀伤破坏效果而论,爆炸威力提高1倍,杀伤力只能提高40%,而命中概率提高1倍,杀伤力却能提高400%。当前,1架次F-117A战斗机,投掷1枚或2枚2 000磅激光制导炸弹的作战效果,相当于过去B-17重型轰炸机10架、4 500架次,投掷9 000枚炸弹。统计显示,越南战争中,所用精确制导弹药占总弹药数的比例仅为0.02%,海湾战争达8%,科索沃战争为35%,阿富汗战争为56%,伊拉克战争达68%。目前,一种全新的作战样式——"精确战",正在登上战争舞台,它要求探测目标精确,攻击目标精确,摧毁目标精确,毁伤评估精确。总之,仗越打越"精"了。

在求"精"的同时,借助军事高技术特别是智能化技术,未来战争也开始在"巧"字上下工夫。例如,对于人,是打死好还是打伤好;对于物,是打碎好还是打废好。随着时代的发展,人们已经开始重新审视这个古老而又崭新的话题。美国人认为,要想最有效地削弱敌人的战斗力,致死不如致伤,致伤不如使其失能。这里讲的"失能",既可以指武器,也可以指人员。这样的战争,效费比更高,副作用更小,后遗症更大。

(五)防护综合化

"保存自己,消灭敌人"是一切战争的共同原则。由于现代侦察、监视和探测手段具有全方、全频谱、全天候、全时域的特点,进攻一方如果不能有效地保护自己,就可能出现"发难者先遭难"的结局。

现在,当一架战斗机在重要地区300 m以上高度飞行时,可能受到800~900部雷达的照射,其中可能有300~400部雷达以600~700个不同频率的波束进行搜索,有30~40部雷达跟踪飞机。如果再加上光电探测设备的威胁,战场电磁环境必将更加复杂。这对飞机、导弹等进攻性武器是一个严峻的挑战。在这种情况下,防护的地位显得特别重要。海湾战争中,F-117A飞机大出风头,且无一损伤,其奥妙之处,便是借助于外形设计和表面涂料,有效地实现了隐身要求,其雷达反射面只有$0.1\ m^2$,和一顶钢盔差不多。

除了隐身技术外,先进的伪装、预警告警、致盲致眩、施放诱饵、加固装甲、防电磁脉冲等,也都成了现代武器装备的防护手段。对于武器装备处于相对劣势的一方而言,搞好防护和伪装隐蔽,直接关系到胜败与存亡。科索沃战争中,南斯拉夫人民和军队敢打善藏,在北约进行的78天的空袭轰炸中,巧妙地保存了自己的军事实力。由此可见,那种认为"高技术侦察监视手段发展了,伪装隐蔽没有意义了"的观点是错误的。

军事高技术的发展给现代战争带来的新变化,还远远不止这些。随着新军事革命的兴起及在全球范围内的迅速拓展,未来战争还将出现更多新的变化。

第二节　高技术在军事领域的主要应用

军事高技术的主要领域包括两个方面：一是支撑高技术武器装备发展的共性基础技术，包括：微电子技术、光电子技术、电子计算机技术、新材料技术、新能源与动力技术、先进制造技术和仿真技术；二是应用于武器装备的应用性高技术，包括：侦察监视技术、精确制导技术、伪装与隐身技术、信息战/电子战技术、指挥自动化系统技术、航天技术、核生化武器技术、新概念武器技术等。

自20世纪70年代以来，高技术成果在军事领域得到了广泛的应用，主要表现在两个方面：一方面是在军队武器装备研制和使用中得到了应用，这种应用被称为"硬应用"；另一方面是在军队指挥活动中的应用，如军队指挥员通过掌握各种高技术知识和现代科学决策方法，如军事运筹学、军事系统工程等科学知识，提高驾驭现代战争的科学决策能力。

目前世界发达国家在军事高技术研究和发展方面竞争非常激烈，其发展重点主要是以计算机为核心的微电子技术、软件技术与信息技术；以战场监视、目标探测为中心的遥感与传感技术；以传输信号、图像、信息为目的的通信技术；以提高机动性能、增大作战距离为目的的推进技术、动力技术、制导技术与能源技术；以提高杀伤破坏能力为目的的弹药技术；以保障机动、提高生存力与防护力为主要目的的军事工程技术、防化技术；以军事系统工程为核心的军队指挥和管理技术等。下面主要介绍几种常见的应用：精确制导技术、伪装与隐身技术、侦察监视技术、电子对抗技术、航天技术、指挥自动化系统及新概念武器。

一、精确制导技术

（一）精确制导技术的概念

精确制导技术是以高性能光电探测器为基础，用目标识别、成像跟踪、相关跟踪等新方法，制和引导武器准确地命中目标的技术。

在第二次世界大战末期出现了由纳粹德国制造的V-1、V-2导弹，创造了武器系统采用制导技术的先例。当时采用了惯性制导和辅助程序控制技术，成功地解决了常规弹头不能远程作战和不能在飞行中自动修正弹道的缺陷。而精确制导技术则是在这种制导技术基础上的延伸和发展，特别注重提高武器末段制导的可靠性和精度。尤其是被动寻的制导技术的应用，使精确制导武器具有远程作战、"发射后不用管"、自动选择目标和攻击目标要害部位的能力。

（二）精确制导技术的分类

精确制导技术是一门正在迅速发展中的技术，迄今为止，在国际上尚无统一的定义，也无统一的分类标准。按照制导方式可将精确制导技术分为以下几类：

① 寻的制导。寻的制导系统的大部甚至全部装置都装在精确制导武器的头部，故常被称为导引头。当寻的系统正常工作后，就能自动寻找目标然后瞄准目标，并对精确制导武器的飞行进行控制。寻的制导对目标探测的原理和方法很多利用目标的某些物理特征，如目标反射的阳光和夜光，目标反射或发出的红外线、微波、毫米波和声波等，通过相应的探测器发现和识别目标。因此，自动寻的制导系统的技术途径是多种多样的，可以是微波、毫米

波、红外、也可以是电视自动寻的。寻的制导的精度很高,但作用距离比较短,所以多用于末段制导。精确制导武器的高精度主要是靠末段制导保证的,远程精确制导武器都有末段制导,而末段制导大多采用寻的制导。寻的制导根据目标信号的来源,又可分主动、半主动和被动式寻的几种制导方式。

② 遥控制导。遥控制导是通过设在精确制导武器外部的制导站来测定目标和制导武器的相对位置,然后引导精确制导武器飞向目标。它可分指令制导和波束制导(也称驾束制导)两大类。

③ 地形匹配制导。地形匹配制导系统通常用来修正远程惯性制导的误差。发射前要把选定的飞行路线中段和末段下方的若干地区的地面特征图,预先储存在弹上计算机内,当导弹飞行到这些地区时,将探测器现场实测到的地面图像同预先储存的地面图像作相关对照,检查两者的差别,计算出导弹的飞行误差、形成控制指令,就能控制导弹沿预定的航线飞向目标。储存在弹上的地面图像是由侦察卫星或侦察飞机预选测定的,经过处理转换成数字信息后储存在弹上的计算机中。由于同一地域对于可见光、微波、红外、激光所表现的地面特征并不相同,从而可构成各种地形匹配制导,比如微波雷达图像匹配制导,可见光电视摄像匹配制导,激光雷达图像匹配制导,红外成像匹配制导等。地形匹配制导的制导精度与射程无关,可使射程为几千千米的导弹达到较高的命中精度。

④ 惯性制导。惯性制导是一种只依靠弹上惯性部件提供制导数据,而不依赖外部信息的自主制导方式。惯性制导技术主要用于弹道式导弹,它利用陀螺仪、加速度计等惯性元件来测量和确定导弹的运动参数,然后控制导弹飞行。它的精度会随射程的增大而降低,所以只装有惯性制导系统的武器不可能成为精确制导武器。但是惯性制导最大优点是不受外界的干扰,只要它的精度能保证将制导武器引导至末段制导系统的作用范围,仍不失为一种简便可靠的中段制导方式。

⑤ 卫星定位制导。也称"GPS"制导。是指制导武器接收全球定位系统(GPS,Global Positioning System)中卫星播发的导航信号,实现三维精确定位和获取速度、时间信息的制导方式。全球定位系统是美国在1993年完成部署并投入使用的卫星导航和定位系统,这个由24颗卫星组成的定位系统,可用于各种军用与民用的定位与导航。如果在精确制导武器上安装全球定位系统的接收机,就可以在飞行过程中精确地测出自己的空间位置和飞行速度,用来修正惯性制导的误差。虽然它的作用同地形匹配制导相似,但是攻击前的准备工作却要简便得多,所以用全球定位系统制导来代替地形匹配制导,可改善远程精确制导武器的性能。

⑥ 复合制导。采用两种或两种以上不同物理特性的探测器组成的制导系统叫复合制导。在制导时,若探测器为串行使用,称为复合制导;若并行使用,通常称为多模制导或并联复合制导。任何一种制导方式都有优点和缺点,如能取长补短则能趋利避害,可以极大地提高制导系统的整体性能。复合制导系统虽然比较复杂,体积大、成本高,而且因元器件多而降低了系统的可靠性,但是随着科学技术的发展,复合制导系统的小型化、低成本、高可靠性会逐步得到解决。

(三)精确制导武器

精确制导武器(Precision Guide Weapon)这一术语起源于20世纪70年代中期,美国在越南战争中大量使用了精确制导炸弹。由于它具有精确的制导装置,在战场上取得了惊人的作战效果，因而引起人们的极大注意。我军对精确制导武器的定义是：采用精确制导技术，直接命中概率在50%以上的武器。主要包括精确制导导弹、制导炮弹、制导地雷等。直接命中指制导武器的圆概率误差（也叫圆公算偏差，表示符号CEP，即英文Circular Error, Probable的缩写）小于该武器弹头的杀伤半径。

  1972年，美国在越南战争中大量使用激光和电视制导炸弹，作战效能约比无制导武器高百倍，西方称之为"灵巧炸弹"。在1973年第四次中东战争中，埃及使用的苏制雷达制导SA–6地空导弹和有线制导AT–3反坦克导弹，以色列使用的美制电视制导的"小牛"空地导弹和有线制导"陶"式反坦克导弹，作战效果引人注目。自1974年以后，西方军事界把这些导弹和制导炸弹统称为"精确制导武器"或"精确制导弹药"，西方国家为抵消苏联在坦克、装甲车、飞机等武器装备上的数量优势，非常重视发展精确制导武器。美国装备的电视和激光制导炸弹，命中目标的圆公算偏差均已减小到2 m左右。1981年装备的"铜斑蛇"激光制导反坦克炮弹，由155 mm口径榴弹炮发射，最大射程17 km，直接命中概率达80%以上。

  随着光电器件、微波半导体器件、集成电路和信息处理等技术的迅速发展，相继制成了各种小型化、高精度、低成本的制导系统。它们可装在弹体很小的导弹、炮弹和炸弹上，使打击面目标的无制导弹药变为能攻击点目标的精确制导武器。20世纪80年代初使用的精确制导系统，在全天候、自主寻的制导、抗干扰能力和制导精度等方面，还存在一些缺陷，今后将在改进现有制导系统的同时，发展综合性能较完善的由红外成像、毫米波和合成孔径雷达探测器等构成的制导系统。精确制导武器武器的发展，对未来战争的战略、战术运用，武器系统的发展和装备体制均将产生深远的影响。

二、伪装与隐身技术

  随着电子信息技术高速发展及其在军事领域中的广泛应用，战场军事侦察的技术手段已经实现了高技术化。精确制导武器的广泛应用，意味着战场目标"发现即可命中"，这就促使了反侦察技术的发展。现代战争中，伪装与隐身技术作为高技术反侦察手段已成为战场重要组成部分。

（一）伪装与隐身技术的概念

  伪装技术是为了隐蔽自己和欺骗、迷惑敌人所采取各种隐真示假的技术措施，是军队战斗保障的一项重要内容。隐身技术，又称隐形技术，是通过降低武器装备等目标的信号特征，使其难以被发现、识别、跟踪和攻击的综合性技术。

  隐身技术是传统伪装技术走向高技术化的发展和延伸。作为一门交叉性学科，综合了流体动力学、材料学、电子学、光学、声学等众多领域的技术。

  目前，隐身技术通常分为雷达隐身技术、红外隐身技术、电子隐身技术、可见光隐身技术、声波隐身技术等。随着隐身技术的发展和应用，在未来战场上的作用越来越大。一方面，大大提高武器装备的生存能力、空防能力和作战效能，打破已形成的攻防平衡态势；另一方面，推动防御系统中的各种探测系统发生重大变革，刺激反隐身技术的发展。

（二）伪装与隐身技术的发展

  伪装自古就为兵家所重视。《孙子兵法》中就指出："兵者，诡道也。故能而示之不能，用而示之不用，近而示之远，远而示之近。"这是关于在战争中如何运用伪装的最早论述。

在古代战争中，曾有许多实施伪装的成功战例，如我国春秋时期的平阴之战、战国时期的即墨之战等。

现代隐身技术首先应用于航空领域，在20世纪30年代初，随着无线电技术特别是雷达的问世，最早的"隐身"材料也出现了，如荷兰科学家研制的雷达用吸波材料，以及日本开发的铁氧体材——硅钢片。二战时期，德国潜艇在通气管和潜望镜上运用吸波材料对付雷达探测。20世纪50年代，美国在U-2侦察机上探索减小雷达散射截面的途径。20世纪70年代后，美、苏、英、法、德、意、日、加拿大、以色列等国都投入巨资研究隐身技术，取得了不同程度的进展，并应用于各种隐身武器装备上。

现代伪装技术主要有遮蔽、融合、示假、规避四种。

隐身技术的出现使伪装技术由消极被动变为积极主动，不仅可以由于"隐真"而保存自己，也可以因"示假"而迷惑对方。目前，隐身技术主要体现在以下五种技术：

1. 雷达隐身技术

雷达是最重要的侦察探测装置之一，雷达隐身技术自然成为一种最重要的隐身技术。其原理是根据雷达在无干扰时自由空间的测距方程，具有一定性能参数的雷达的探测距离与目标（如飞行器）的雷达散射面积的4次方根成正比。因此，要想缩短雷达的探测距离，就要减小目标的雷达散射截面积，目前，雷达隐身的主要技术措施有隐身外形技术、隐身材料技术、自适应阻抗加载技术、微波传播指示技术、等离子体隐身技术等。

2. 红外隐身技术

许多军事目标，如飞机、导弹等都因在飞行途中发出强大的红外辐射而被对方发现。红外隐身技术除采用红外干扰外主要就是通过抑制目标的红外辐射，使敌方红外探测系统难以发现的一种技术。目前，红外隐身的主要技术措施如下：

改变红外辐射波段。使飞机等目标的红外辐射波段处于红外探测器的响应波段范围之外，或者使目标的红外辐射避开大气窗口而在大气层中被吸收和散射掉，从而达到隐身目的。

降低红外辐射强度。这是红外隐身的主要技术手段。主要措施有改进发动机结构；使用能降低排气的红外辐射的新燃料；装备表层采用吸热、隔热材料和涂料；利用气溶胶屏蔽发动机尾焰的红外辐射；采用闭合环路冷却环境控制系统，降低荷载设备的工作温度。

调节红外辐射的传输过程。直升机动力排气系统的红外抑制器就有这种功能，因而能有效抑制红外探测器威胁方向的红外辐射特征。

3. 电子隐身技术

电子隐身技术主要是抑制武器装备等目标自身的电磁辐射。目前，采用的主要技术措施如下：

减少无线电设备。如用红外设备代替多普勒雷达；用激光高度表代替雷达高度表；用全球定位系统或天文惯导系统代替无线电导航系统等。

采用低截获概率技术改进电子设备。如采用发射功率自动管理技术；在时间、空间和频谱方面控制无线电设备的电磁波发射；采用频率捷变技术；武器装备采用被动雷达等电子探测系统等。

减小电缆的电磁辐射。如尽量缩短各种电子设备的距离；用光缆取代电缆等。

避免电子设备天线的被动反射。如将天线做成嵌入目标体内的结构，不使用时回收体内等。

对电子设备进行屏蔽。如改进装备结构，采用特殊材料和涂料等。

4. 可见光隐身

可见光探测系统的探测效果，取决于目标与背景之间的亮度、色度和运动等视觉信号参数的对比特征。采用可见光隐身技术目的就是要减少这些对比特征。目前，可见光隐身技术主要技术措施如下：

改进目标外形的光反射特征。如飞机采用平板或近似平板外形的座舱罩，以减少太阳光反射的角度范围和光学探测器瞄准、跟踪的时间等。

控制目标的亮度和色度。如涂敷迷彩涂料或挂伪装网；涂敷能随环境亮度变化而变化自身亮度与色度的涂料；用有源光照亮目标低亮度部位等，以使目标与背景的亮度和色度匹配。

控制目标发动机喷口的火焰和烟迹信号。如采用不对称喷口、转向喷口或喷口遮挡；使燃料充分燃烧或在燃油中加入添加剂以减少烟迹等。

控制目标照明和信标灯光，以及控制目标运动构件的闪光信号等。

5. 声波隐身

声波隐身技术，是控制目标的声波辐射特征，以降低敌方声波探测系统对目标的探测概率。

目前，声波隐身技术措施主要有：发动机和辅助机采用超低噪声设计；采用吸声和阻尼声材料、减振和隔声装置；减小旋桨对介质的扰动噪声；合理进行目标整体设计，以避免发生共振现象等。

（三）伪装与隐身技术的运用

1. 现代伪装器材

目前各国装备部队的伪装器材一般都是配套的遮蔽伪装器材，包括遮障面和支撑系统。其中遮障面（伪装网、伪装盖布）是进行遮障伪装的主体，可单独使用。针对现代侦察技术和手段，世界各国所使用的遮障面都具有防可见光、红外线和雷达侦察的综合性能。其中美军伪装装备在性能上较为优越。

我军现装备的人工遮障制式器材有成套遮障、各种伪装网、角反射器等。外军列装的气溶胶即烟幕伪装器材有40多种，包括发烟手榴弹、发烟火箭、发烟炮弹、发烟炸弹、烟幕施放器、飞机布撒器和航空发烟器等。

2. 隐身兵器

隐身兵器是把隐身技术应用于武器装备上而形成的新式武器，它可以是对原来不具隐身能力的武器装备的改进，也可以是新设计、研制的武器。

（1）隐身飞机

隐身飞机是研制最早、发展最快、隐身技术含量最高的隐身兵器。它的发展经历了利用单一技术对飞机进行局部隐身和运用综合技术对飞机进行全面隐身两个阶段。已研制成功的隐身飞机主要有：SR－71隐身战略轰炸机、F－117A隐身战斗轰炸机、B1－B隐身战略轰炸机、B－2隐身战略轰炸机等。其中F－117A和B－2两种飞机隐身性能最好。

(2) 隐身导弹

隐身导弹是伴随隐身飞机发展起来的，目的是减小被拦截概率，增强突防和攻击能力。导弹隐身主要是通过采用雷达吸波材料及特殊的头部外形设计以减小雷达散射面积，改进发动机及尾气排放装置以降低导弹的红外特征来实现的，如 AGM－86B 型、AGM－109C 型和 AGM－129 型隐身战略巡航导弹，AGM－137 型和 MGM－137 型导弹等都是近年来美国成功研制的隐身战术导弹。法国生产的巡航导弹，采用翼身融合体，使用吸波材料来减少雷达截面积。隐身导弹已成为一种发展趋势，不仅发展隐身的巡航导弹、地空导弹、反舰导弹，有些国家还正在探索研制隐身的洲际弹道导弹。

(3) 隐身舰艇

隐身舰艇的概念是近年来提出的。也是由于各种侦察系统、红外寻的反舰导弹、新一代鱼雷和水雷迅速发展，要求降低舰艇可探测概率的结果。

隐身舰艇采用的隐形措施主要有：为减少雷达反射截面，改进舰体及上层建筑形状，使用吸波、透波材料，采用尾流隐蔽技术，千方百计地降低噪音辐射，抑制红外辐射，控制电磁特征。

美国"海影"号隐身军舰，于 1983 年开始秘密设计建造，10 年后，"海影"舰脱颖而出，并进行了一系列海上试验，曾掀起了轩然大波。目前美海军装备的 SSN－688 "洛杉矶"级、"海狼"级潜艇都可谓是隐身潜艇，如"海狼"（SSN－21）攻击型核潜艇是世界上最安静的潜艇，其优越性超过俄罗斯"奥斯卡"级核潜艇。"美洲狮"级隐身护卫舰由美国与法国联合研制，现已进入海上试验阶段。俄罗斯充分利用其在舰艇隐身技术处于世界领先水平的优势，精心打造超级隐身舰。俄罗斯海军新型多功能型"立方体"隐身护卫舰早已在北方造船厂动工。俄海军订购了 10 艘该型护卫舰，2005 年已全部交货。目前俄海军已装备了"基洛夫"级隐身驱逐舰，隐身潜艇有 636 及 877 "基洛"级潜艇、"阿库拉"（又名"鲨鱼"）级潜艇、SSN－P－Ⅸ级潜艇，其中"造鱼"潜艇在隐身性能上当属世界一流。

(4) 隐身坦克、装甲车

随着现代高技术反坦克武器的发展，坦克一旦被发现就很容易被摧毁。引入隐身技术使其难以被发现是增强坦克生存能力十分有效的技术途径。目前，隐身坦克、装甲车辆的研制步伐加快，并推出 M－113 隐身装甲车。美、英已计划联合发展未来的隐身侦察/步兵战车，美国在"未来作战系统"上采用的隐身技术，其绝大部分都将在这种未来的隐身侦察/步兵战车上被采用。美、英计划该车于 2007 年开始装备部队，至少要生产装备 1 500 多辆。俄罗斯已经问世的 T－95 主战坦克、BM－2T 步兵战车等都具有很强的隐身性能。

三、侦察监视技术

无论何时，信息都是军队指挥员决策的基础，实施侦察与监视的效果对现代高技术战争的结局将产生直接的影响。随着现代技术特别是高技术的发展，军事指挥员凭借现代侦察与监视技术提供的全时域、全天候与大空域的"千里眼"、"顺风耳"，能够做到"知彼知己"，为实时地采取相应的对策提供可靠的依据，为克敌制胜创造有利的条件。

(一) 侦察与监视技术概述

现代侦察与监视技术，就是指在全时空内用于发现、区分、识别、定位、监视和跟踪所采用的技术。

由于任何物体都具有向外发射和反射电磁波的能力，而且不同的物体发射和反射电磁波的情况千差万别，这就可以通过人的感官或借助一些技术手段，将目标与背景区分开来，这就是实施侦察与监视的基本依据。

从电磁波发射特性上讲，任何物体只要它的温度高于绝对温度，即 $-273\ ℃$ 时，它的内部就有电子在运动，就会不断地以电磁波的形式向外释放能量，这就是热辐射。大多数目标，在常温下的热辐射都处于红外线波段，对于温度大都处于 $-15\ ℃ \sim 37\ ℃$ 的一般军事目标而言，也不例外。被动式侦察与监视系统，就是利用物体的这一发射特性进行工作的。

从电磁波反射特性上讲，一方面，同一物体对不同波长的电磁波反射能力不同；另一方面，不同物体对同一波长的电磁波反射能力也不同。如在阳光的照射下，红花只反射红色光波，绿叶只反射绿色光波。主动式夜视仪就是利用了反射特性的原理进行工作的。这种手段在探测目标的同时，也很容易使自己暴露。实施侦察与监视的工作过程通常是：探测器接收目标发射或反射的电磁波等目标特征信息，然后对信号进行加工处理，进行图像显示或记录，进而发现、区分、识别、定位、监视和跟踪目标。

（二）侦察与监视技术的发展趋势

随着微电子、光电子、通信、雷达、航天等技术的发展及广泛应用，现代侦察与监视技术已经进入了一个崭新的发展阶段。不仅从侦察方式、侦察手段、侦察设备上，而且从战术技术运用上，也都将提高到一个新的水平。侦察与监视技术的发展趋势主要表现在以下几个方面：

侦察与监视技术在空间上的多维化。为了适应未来高技术立体战争的需要，太空中的侦察卫星，天空中的侦察飞机、陆地上的雷达、地面传感器、无线电设备，水下的声呐等侦察监视设备，不能是孤立的，必须有机地形成一个整体，组成一个涵盖陆、海、空、天、电、磁的综合的侦察监视网络，在侦察与监视的地域、时间、周期以及对情报的处理和利用方面，使不同的侦察与监视设备之间互相取长补短，相互印证，使侦察与监视设备的优点和特长充分发挥出来。

侦察与监视技术在速度上的实时化。高技术战争火力，兵力机动快，作战节奏快，要求侦察与监视提供的信息也要快，否则就满足不了作战的需要。为此，必须要提高信息处理和传输能力。随着遥感技术和计算机技术的迅速发展，借助大容量和运算速度快的计算机对遥感图像进行自动分类和识别，可大大地提高信息处理速度，将使侦察与监视获得的信息实时地传递给指挥员决策使用成为现实。

侦察与监视技术在手段上的综合化。侦察技术的发展，反过来又促进了反侦察技术和伪装干扰技术的发展。为了有效地发现、区分、识别、定位、监视和跟踪目标，特别是有效剥除其伪装，不仅要加强目标特征研究，还要加速研制新的遥感器，使用多种遥感器，同时观测同一地区，既能获得较多的信息，也能使各种信息之间相互对照、比较和印证，从而提高信息的可信度。

侦察、监视系统与攻击系统结合更加紧密。在未来高技术战争中，只有将侦察监视系统与武器系统、特别是精确制导武器有机地结合起来，才能充分发挥侦察与监视的效果。武器系统要"够得着"，侦察监视系统要"看得到"。侦察与监视系统不仅能以自身携带的武器攻击，更重要的是能引导空中、地（水）面的武器攻击所发现的目标，通过信息传输是侦察监视系统与武器系统紧密结合的最重要也是最主要的途径。

提高侦察与监视系统的生存能力。由于精确制导武器的迅速发展,对侦察与监视系统的生存构成了严重的威胁。能否确保侦察与监视系统的生存,将直接关系到作战结局。航空侦察与监视系统,要向高空、高速、隐形、超低空方向发展,以便让对方的防空火力"够不着"、"追不上"、"看不见"。反卫星武器的出现,航天侦察与监视系统也不再"高枕无忧",而必须在如何躲避攻击、抗电子干扰、耐核辐射等方面采取措施。在水面和水下实施侦察与监视,更要随时做好反侦察与监视的准备。

四、电子对抗技术

(一)电子对抗概述

电子对抗是指敌对双方利用电子设备或器材进行的电磁斗争,又称"电子战"。它既不是常规武器间的彼此相击,也不是火箭与导弹现代尖端武器之间的相互交锋,更不是用电子流、电磁能量直接进行的杀伤或破坏,而是现代信息技术与军事斗争相结合,在信息空间敌对双方利用专门电子设备和采用战术技术措施所进行的电磁信息斗争。

电子对抗目的是破坏削弱敌方电子设备效能直至摧毁,保证己方电子设备正常工作。就是使敌方雷达迷盲、通信中断、协同失调,直至敌方指挥瘫痪、火炮与制导武器失控,为保卫自己和大量杀伤敌有生力量创造条件。因此,电子对抗在现代战争中的地位越来越重要,成为军事电子技术中发展最快的领域之一。

电子对抗的技术手段主要有电子侦察与反电子侦察;电子干扰与反电子干扰;摧毁与反摧毁。从电子对抗作战对象来分,有射频对抗、光电对抗、水声对抗、计算机对抗、通信对抗、雷达对抗、导航对抗、制导对抗、敌我识别系统对抗等。

(二)电子对抗的技术手段

电子对抗宏观上包括电子对抗与电子反对抗两个方面。电子对抗手段不断创新,派生有电子隐身与反隐身、电子制导与反制导等,归结起来主要包括:电子侦察与反侦察、电子干扰与反干扰、电子摧毁与反摧毁。

1. 电子侦察与反侦察

电子侦察是利用电子设备获取敌方电子设备电磁辐射信号,从中获取战术技术特征参数及位置数据等情报活动。电子反侦察是采取措施防止敌方获取己方的电子情报而采取的措施。电子侦察与电子反侦察是实施电子对抗的前提,是电子对抗的重要组成部分,是电子对抗在平时的主要形式。电子侦察无论平时、战时都在不间断地进行着,反电子侦察已成为经常性的电子防御措施。反电子侦察涉及所有作战部队,必须严密组织、统一实施,与其他反侦察手段结合使用。

2. 电子干扰与反干扰

电子干扰与反干扰,是现代战争中夺取战场电磁优势极为重要的作战手段。应当灵活掌握,正确决策,实施计划管理。

电子干扰是采用专用的发射信号干扰、破坏敌方电子系统正常工作的专用技术。其目的是削弱或破坏敌方电子系统遂行战场侦察、作战指挥、通信联络和兵器控制能力;为隐蔽己方企图,达成战役、战斗的突然性,提高己方飞机、舰艇、装甲车辆等武器装备的生存能力创造有利条件。

电子反干扰是识别、阻止敌方干扰以保护己方电子系统处于正常状态的技术。其目的是削弱或消除敌方电子干扰对己方电子设备使用效能的影响。电子反干扰按电子设备的种类分为雷达反干扰、通信反干扰、光电设备反干扰、导航设备反干扰、引信反干扰。

3. 电子摧毁与反摧毁

专用电子对抗设备和作战手段在战场上的广泛应用，不仅使雷达、通信和光电设备难以发挥效能，并且对作战飞机、舰船、装甲车辆和精确制导武器等构成了严重威胁。电子对抗手段不断升级，已由消极防御发展到"软"杀伤，进而发展到"软、硬"结合，对敌方电子设备直接摧毁。

电子摧毁是指在查明敌方电子对抗装备及其工作的情况基础上，用直接毁伤的方法使其瘫痪并使其在短期内难以恢复正常工作的一种电子对抗手段，主要有常规火力摧毁、派遣人员摧毁和反辐射摧毁等。

反摧毁是雷达利用战术或技术保护自己及友邻雷达免遭反辐射导弹攻击的技术。反摧毁技术目前常用的有以下几种：采用诱饵引偏技术，部署假雷达阵地；采用雷达发射控制、关机、间歇交替工作；采用反辐射导弹告警系统；采用新体制雷达，如低截获概率雷达、双/多基地雷达、高频雷达、毫米波雷达等；雷达与无源传感器联合组网实施综合对抗技术。

五、航天技术

1957年10月4日，苏联将人类第一个航天器"地球"卫星1号送入太空为标志，人类进入了新的时代——航天时代。航天技术在军事领域的广泛应用极大地拓展了军事斗争的空间领域，给现代战争带来了深刻的变化。

（一）航天技术概述

航天技术，是指将航天器送入太空，以探索、开发和利用太空及地球以外天体的综合性工程技术，又称空间技术。它是20世纪人类认识和改造自然进程中最有影响的科学技术之一。

1. 航天技术的组成

航天技术主要由航天运载器技术、航天器技术和航天测控技术组成。

① 航天运载器技术。航天运载器技术是航天技术的基础，常用的运载器是运载火箭（见图4-1）。运载火箭主要由动力系统、控制系统、箭体和仪器、仪表系统组成，通常分为单级运载火箭和多级运载火箭。

② 航天器技术。航天器是在太空沿一定轨道运行并执行一定任务的飞行器，也称空间飞行器。通常分无人航天器和载人航天器两大类。

无人航天器，按是否环绕地球运行又分为人造地球卫星和空间探测器等。人造地球卫星，按用途分为科学卫星、应用卫星和技术试验卫星等。空间探测器，按探

图4-1 运载火箭组成示意图

测目标分为月球探测器、行星（金星、火星等）探测器和星际探测器。

载人航天器，按飞行和工作方式分为载人飞船、空间站和航天飞机等。载人飞船可分为卫星式载人飞船、登月式载人飞船和行星际载人飞船等。空间站可分为单一式空间站和组合式空间站。

③ 航天测控技术。航天测控技术，是对飞行中的运载火箭及航天器进行跟踪测量、监视和控制的技术。为了保证火箭正常飞行和航天器在轨道上正常工作，除了火箭和航天器上载有测控设备外，还必须在地面建立测控（包括通信）系统。地面测控系统由分布全球各地的测控台、站及测量船组成。航天测控系统主要包括光学跟踪测量系统、无线电跟踪测量系统、遥测系统、实时数据处理系统、遥控系统、通信系统等。

2. 航天器飞行的基本条件

目前，将航天器送入外层空间的手段和运载工具有两种：一种是多级火箭发射；另一种是航天飞机向近地轨道运载和布放。不论采用哪种手段和运载工具，要使航天器在太空飞行，必须具备一定的速度和一定的高度这两个条件。

① 航天器飞行的速度。从地球上将航天器发射上天，使其沿一定轨道运行而不落回地面来，必须借助运载火箭的推力产生足够大的飞行速度，航天器才能冲破地球引力和空气的阻力，飞向太空。根据对航天器的不同运行要求，通常将航天器运行速度分为第一、第二、第三宇宙速度。

② 航天器飞行的高度。地球周围有稠密的大气层，空气密度与距地面的垂直高度成反比。在距地面100 km的高度上，空气密度约为海平面的一百万分之一，在200 km高空，空气密度只有海平面的五亿分之一。航天器运行轨道太低时，与空气摩擦产生高温，会将航天器烧毁，空气的阻力也会使航天器运行速度下降而陨落。因此，要使航天器在空间轨道上安全运行，除必要速度外，运行高度通常在120 km以上。

（二）军事航天技术及应用

军事航天技术是将航天技术应用于军事领域，为军事目的而进行的一门综合性工程技术，是现代军事技术的重要组成部分。航天技术的军事应用成果是军事航天系统。据不完全统计，世界发射的众多航天器中，大约70%是为军事目的服务的。军事航天系统大致可分为四类：军事航天运输系统、军事载人航天系统、军事卫星系统和航天作战系统。

1. 军事航天运输系统

军事航天运输系统，是能把军用航天器、宇航员或物资等有效载荷从地面运送到太空预定轨道或能将有效载荷带回地面的运输系统。目前，可利用的军事航天运输系统主要是一次性运载火箭，还有可重复使用的航天飞机。

2. 军事载人航天系统

① 载人飞船。载人飞船包括卫星式载人飞船、登月载人飞船和行星际载人飞船。载人飞船主要用于发展新的军事航天技术和试验新型的军用设备，对地面进行观察和侦察，以及作为航天运输工具及武器平台。早期的载人飞船是由卫星改装的，后来的飞船是专门研制的。苏联是世界上发展航天飞船最早的国家。1961年开始载人飞船发射试验，先后实施了"东方"号、"上升"号和"联盟"号飞船发射计划。美国紧随其后，先后实施了"水星"、"双子星座"和"阿波罗"飞船发射计划。

② 航天飞机。航天飞机是一种载人航天运输工具。它既能像火箭一样垂直起飞，像航天器一样在轨道上运行，又能像普通飞机一样着陆。航天飞机主要由轨道器、固体助推器、外挂式燃料贮箱组成。其主要特点是：可重复使用，能将有效载荷送入空间轨道，发射和再入时的加速度比火箭要小，在空间可从事各种研究和实践活动。特别是在军事应用方面，不仅可以发射和回收卫星，还可遂行侦察、反导和袭击任务。它不仅是一种空间运输工具，也是一种载人航天兵器。

③ 空间站。空间站是在载人飞船的基础上发展起来的永久性航天器，又称载人航天站、轨道站。它标志着载人航天活动已由空间探索向开发利用空间的新发展。空间站是可供多名宇航员巡访、长期工作和居住的大型人造卫星，具有很高的军事价值。

研制空间站的设想，最早由俄国科学家齐奥尔科夫斯基于20世纪初提出的。1923年德国火箭专家奥伯特预示了航天站的军事应用。

1971年，苏联"礼炮"号空间站发射成功后，先后发射7个"礼炮"号和1个"和平"号空间站。其中"和平"号空间站，有6个对接口，可与6艘飞船对接成7个舱体的大型轨道复合体，总质量达106吨，工作舱总容积达510 m^3，可容纳5人或6人同时工作。

美国于1975年开始实施"天空实验室"计划，接待3批宇航员后停止使用，于1979年7月12日陨落在印度洋。目前，由美国牵头的国际空间站正在建立之中。

3. 军事卫星系统

军事卫星是专门用于各种军事目的的人造地球卫星的统称。按用途可分为侦察卫星、通信卫星、导航卫星、测地卫星、气象卫星等。

① 侦察卫星。侦察卫星是获取军事情报的人造地球卫星。它发展最早、应用最广，具有侦察效率高，收集、传递情报速度快，效果好，生存力强和不受国界与自然地理条件限制等特点。其主要任务是，侦察对方战略目标；对领土进行测图；监测对方战略武器系统；侦察对方地面部队的部署；侦察战场变化情报。

侦察卫星按不同的侦察设备和任务，可分为照相侦察卫星、电子侦察卫星、导弹预警卫星和核爆探测卫星等。

② 通信卫星。通信卫星是用做无线电通信中继站的人造地球卫星。按星上有无通信转发器，可分为无源通信卫星和有源通信卫星；按卫星运行轨道可分为静止通信卫星和非静止通信卫星、区域通信卫星和国内通信卫星；按用途可分为军用通信卫星、海事通信卫星和电视广播卫星。

军事通信卫星，可分为战略通信卫星和战术通信卫星。战略通信卫星通常在地球同步轨道上运行，为远程乃至全球范围的战略通信服务。战术通信卫星一般在12 h周期某轨道上运行，提供地区性战术通信或军用飞机、舰船、装甲车辆及单兵移动通信。

卫星通信的主要特点是：通信具有覆盖面积大、通信距离远、通信容量大、传输质量高、机动性能好、生存力强和费用低等特点。在地球同步轨道上，等距离部署3颗通信卫星，就可实现除地球两极外的全球通信。

③ 导航卫星。利用卫星导航具有精度高、全天候、能覆盖全球和用户设备简单等优点，在军事领域有着极为重要的意义。

导航卫星是为航天、航空、航海、各类导弹、地面部队以及民用等方面提供导航信号和数据的航天器。导航卫星通常装有指令接收机、多普勒发射机、相位控制编码器和原子钟等，与地面控制站和接收导航设备共同组成卫星导航系统。根据用户是否向卫星发射信号，导航卫星可分为主动式和被动式。军用导航卫星均采用被动式，按规定时间、以固定频率、全天候向地面发送精确导航数据，地面接收信息并处理后，确定所在准确地理位置。

目前，世界上只有少数几个国家能够自主研制生产卫星导航系统。目前，美国全球定位系统（GPS）是第二代导航卫星系统，由 24 颗卫星（包括 3 颗备用星）组成，采用双频时间测距导航体制，能向全球任何地点和近地空间的用户提供 24 h 不间断的三维导航定位服务。GPS 导航卫星发布军用和民用两种导航信息，军用信息又称 P 码或精码，理论定位精度约为 0.29～2.9 m，垂直定位精度为 27.7 m。民用信息也称 C/A 码或粗码，理论定位精度约为 2.9～29.3 m，当前的实际定位精度为 12 m；测速精度达 0.1 m/s，授时精度达 0.1 us。前苏联从 20 世纪 80 年代初开始建设的卫星导航系统（GLONASS），由卫星星座、地面监测控制站和用户设备三部分组成。2002 年 3 月 26 日欧盟决定正式启动伽利略（Galileo）卫星导航定位系统计划。"伽利略"系统由分布在三个轨道上的 30 颗中等高度轨道卫星（MEO）构成，每个轨道面上有 10 颗卫星，9 颗正常工作，1 颗运行备用，不仅卫星数量比 GPS 多，而且可以分发实时的米级定位精度信息，误差范围要远远小于 GPS，其性能更安全、更准确、更可靠。

④ 测地卫星 测地卫星装有光学观测系统、无线电测距系统、雷达测高仪等设备。可用于测制地图、建立精密坐标系统、提供地球引力场分布有关数据。

⑤ 气象卫星 气象卫星是从外层空间对地球及其大气层进行气象观测的卫星。大多数气象卫星为军民合用，按运行轨道可分为太阳同步轨道气象卫星（也称极地轨道气象卫星）和地球静止轨道气象卫星（简称静止气象卫星）。美国是世界上第一个将气象卫星用于战场气象保障的国家，也是第一个研制并发射军用气象卫星的国家。20 世纪 50 年代末期美国开始研制第一代军民合用气象卫星"泰罗斯"号，并在 20 世纪 60 年代将其用于侵越战争的气象保障。

六、指挥自动化系统

（一）指挥自动化系统的基本概念

军队指挥自动化系统（C4ISR）是指：在军队指挥机构中，采用自动化的硬设备及相应的软设备等现代化工具，实施指挥与控制的"人—机"系统，它是军队实现指挥自动化的手段和工具。目前西方发达国家称之为 C4ISR 系统，即指挥（Command）、控制（Control）、通信（Communication）、计算机（Computer）和情报（Intelligence）、监视（Surveillance）、侦察（Reconnaissance）的简称。

指挥自动化系统从不同的角度划分出的种类多种多样，常见的可按以下三种方式划分：按作战任务的性质和规模的大小可分为战略 C4ISR 系统、战役（战区）C4ISR 系统和战术 C4ISR 系统；按使用系统的军兵种划分有陆、海、空军、海军陆战队和兵种 C4ISR 系统；按不同的指挥控制对象可分为士兵自动化指挥系统、信息自动化指挥系统、武器自动化指挥系统。

（二）指挥自动化系统在现代战争中的运用

指挥自动化系统在现代战争中的运用，主要体现在作战指挥方面即指挥和控制过程中，包括收集情报、传递情报、处理情报、显示情报、定下决心和实施指挥几个阶段。

1. 收集情报

情报获取是系统工作的首要步骤，及时可靠的情报，是指挥员定下决心的依据。由于指挥自动化系统便于和现代化的各种探测、侦察设备相连接，或者使其作为一个终端，故能使无论采用何种途径、何种手段获取的情报直接、及时的汇集。如将声呐和计算机联在一起，不仅能测出目标的方位、距离，而且还能测出目标的类型，甚至能立即指出是敌人的哪一艘舰艇。因为计算机的数据库里可存储敌人所有舰船的噪音资料，供鉴别使用。

2. 传递情报

迅速、准确、保密和不间断地传递情报，是保证适时、连续和隐蔽指挥的前提。军队指挥自动化系统，除了拥有高质量的通信网和各种功能的终端设备，为迅速、准确传递信息创造有利条件外，更重要的是，它采用数字通信方式，运用计算机等自动化设备，使多种通信业务高速自动完成。通信交换中心的电子计算机，不仅能记住各用户的直达线路和迂回线路，而且能对所有线路不间断地进行监测，掌握每条线路的性能及其工作状况。当每条直达线路发生故障或者占线时，它能按最好、次好的顺序自动选择和接通迂回线路，保证信息不间断地传递。由于交换中心的计算机具有存储信息的功能，所以可对信息进行分组交换，即先将信息存储起来，然后，自动分成若干组，通过多手段、多渠道传到对方，再按原来顺序予以还原，因而大大提高了通信的保密性。

3. 处理情报

处理情报是指对原始情报进行分类、研究、分析和综合。为了全面及时地了解战场情况，指挥员及司令部总是希望增加收集情报的手段，加快情报处理的速度。但大量情报涌来，如果处理不及时，势必造成积压，不能发挥应有的作用。据美军统计，美集团军司令部用常规手段只能处理所获情报的 30%。利用电子计算机处理情报，不但自动化，而且简单化。对于数字情报，如雷达、声呐、传感器以及其他数据获取设备传来的数字信号，无需任何交换，直接输入计算机即可进行处理或存储。对于已经格式化或较易格式化的情报，如电报、图表、报告等，通过预先规范化并予以编码，变成数字信号，尔后利用计算机处理。

4. 显示情报

情报信息只有显示出来才便于了解和使用。军队指挥自动化系统的情报显示系统可以采用多种形式，可在大屏幕或显示器上显示出文字、图形、图像，可以用快速打印设备打印出文字、图表、符号。除了对情报实时显示外，当指挥员判断情况，定下决心需要从积累的大量情报资料中寻找有关情报并加以显示时，借助计算机检索，可以很快从大量资料中找出所需要的情报。如存有数十万条情报资料的信息系统，指挥人员利用身边的信息指令设备，便可以向数据库或缩微系统检索情报，从键盘查找信息到显示所需的情报，只需要一分钟左右。

5. 定下决心

通过上述各个环节，指挥员获得了大量的情报，为及时定下决心创造了有利条件。在定下决心时，仍然要靠指挥员精心运筹施谋定计，对此指挥自动化系统不能代替。但是系统可以帮助指挥员选择方案，通过计算机可以对各个方案进行逼真的推演，进行优劣对比，从而权衡各个方案的利与弊，从中选出最佳方案。

6. 实施指挥

实施指挥是指挥员的决心付诸实施的过程。是指挥周期中最后一个环节。在过去的战争中，指挥员的谋略虽然很高明，但由于指挥渠道不畅，常常不能很好地贯彻执行。而以电子计算机为核心的指挥自动化系统，可以使指挥员的决心及时准确地下达，而且十分保密。这对下级及时了解上级意图，更好地遂行作战任务，具有非常重要意义。同时，指挥自动化系统及时监督决心的执行情况，并准确、及时地反馈给指挥员，确保指挥员决心的落实，以实施不间断的作战指挥。

（三）中外军队指挥自动化系统简介

目前世界各国和地区的军队都建有各种类型的 C4ISR 系统。这些 C4ISR 系统，若按作战任务的性质和规模的大小可分为战略级 C4ISR 系统、战役（战区）级 C4ISR 系统、战术级 C4ISR 系统。按使用系统的军兵种划分有陆、海、空军、海军陆战队和兵种等 C4ISR 系统。按不同的控制对象分为军队自动化指挥系统、信息自动化指挥系统和武器自动化指挥系统。

1. 美军指挥自动化系统概况

美国军队指挥自动化系统的建设从 1953 年开始，分为三个阶段：第一阶段，即初创时期，各军种建立各自的指挥自动化系统；第二阶段，即发展与繁荣时期，在已建立的指挥自动化系统之间实现信息沟通；第三阶段，即成熟与完善时期，将各军种指挥自动化系统联成一体，实现军队的"全盘自动化"。下面着重叙述一下美国的全球指挥控制系统（WWMCCS）。

该系统是美国在 1962 年古巴导弹危机时为适应其"灵活反应战略"而开始筹建的。自 1968 年年初步建立直至今日，一直在进行改进和完善。通过该系统，美国总统逐级向一线部队下达命令只需 3～6 分钟，越级指挥最快只用 1～3 分钟。这是一个规模庞大的多层次系统，部署在全球各地，并延伸到外层空间和海洋深处。该系统的任务是供美国国家军事当局在平时、危机时和全面战争时的各个阶段，不间断地指挥控制美国在全球各地部署的战略导弹、轰炸机和战略核潜艇部队，完成战略任务。为此，WWMCCS 系统具有能提供情报收集、情报分析和评估、威胁判断及攻击预警、制定作战方案和作战计划、命令部队做出快速反应等功能。

WWMCCS 包括 10 多个探测预警系统、30 多个国家和战区级指挥中心和 60 多个通信系统，以及安装在这些指挥中心里的自动数据处理系统。通过战略 C4ISR 系统，当敌国实施核袭击时，可为美国指挥当局提供 15～30 分钟的预警时间；可在几分钟内为国家指挥当局提供进行全面核战争或应付突发事件的详细计划和所需要的全部资料，并可在 1～3 分钟内使美军全球的战略部队进入临战状态。

美军战术 C4ISR 系统目前进入第三代，它包括五个功能领域：机动、火力支援、防空、情报与电子战、战斗勤务支援，每个功能领域都有自己的指挥控制分系统，即机动控制分系统、高级野战炮兵战术数据系统、前方地域防空指挥控制与情报系统、全信源分析系统、战斗勤务支援控制系统。这些分系统组成陆军第三代战术指挥控制系统（ATCCS）。该系统研制共耗资 200 亿美元，是功能完善并负有盛名的典型战术 C4ISR 系统。该系统根据 1982 年陆军新版《作战纲要》中提出的空地一体战理论而设计，旨在使战场重要功能领域的指挥控制实现自动化和一体化，主要用于军以下部队。其主要功能是：能处理大量数据；能快速传递信息；能在信息源处理信息；能为各级指挥人员提供自动化决策支援。

目前美军只在少数部队装备了这一系统的部分设施，整个陆军部队还处于新系统与老系统并存共用的过渡时期，2010年前后，可初步建成较完备的战场指挥自动化系统。

美国其它军种也装备了许多自成体系的战术C4ISR系统，如美空军和陆军共同研制的联合监视和目标攻击雷达系统（JSTARS），该系统的两架试制飞机（E—8A）在海湾战争中同E—3机载预警与控制飞机以及第三代战场指挥控制中心飞机被称为美军在海湾上空的C4ISR三大支柱。

现役的军队战役战术C4ISR系统中，美空军装备的E-3型空中预警机最具代表性，该机具有预警与指挥双重功能，由雷达、敌我识别、数据处理、数据显示、通信、导航等六个分系统组成，能以脉冲和脉冲多普勒两种体制探测和监视目标。飞机巡航执勤时，通常离起飞基地970~1 600 km，在交战线己方一侧约240 km的9 000 m高度的空域，可发现650 km远的高空目标，450 km远的低空目标和270 km远的巡航导弹；能同时跟踪600批目标，识别200批目标，处理300~400批目标。海湾冲突期间，预警机控制着每天多达3 000架次飞机的出击。由于它能显著提高攻防能力而受到各国的重视。预警飞机又被称为升空的C4ISR中心。

2. 我军指挥自动化系统的发展

我军在指挥自动化系统建设方面起步较晚。尽管早在1956年，根据毛泽东主席和周恩来总理的决策，我国就组织几百位专家，制定了一个科学技术发展长期规划，强调对六个方面的新兴技术采取紧急措施加以发展，其中包括：核技术、喷气技术（即宇航技术）、无线电技术、计算机技术、自动化技术和半导体技术。周总理还科学地预言："由于电子学和其它科学技术的进步，而产生了自动控制机器，已经可以开始有条件地代替一部分特定的脑力劳动，就像其他机器代替体力劳动一样，从而大大提高了自动化技术水平，这些最新的成就，使人类面临着一个新的科学技术和工业革命的前夕。"1959年我国开始"防空自动化系统"的研究，但由于种种原因，进展缓慢，直到1975年，我军才真正开始做这方面的工作。

从1975年开始，我国在空军着手组织建设雷达团半自动化情报传递处理系统。到了1978年1月，经中央军委批准，成立了专门的机构，负责统一管理和组织全军指挥自动化的建设，并在某些大单位进行试点。在总体方案论证，信息传递，文电与图形处理，情报资料检索，静态电视传输等方面取得初步成绩之后，指挥自动化系统的建设遂全面展开。

1984年，总部和各大军区、军兵种、科工委建立了远程汉字联机系统，该系统能自动加密脱密，参谋人员可以像打电话一样用汉字终端直接拍发电文，在全军范围内，第一次把通信技术、保密技术与计算机有机地结合在一起。但这个系统只是个终端网，功能较弱，应用范围有限，信息源少，利用率也低。

从1985年开始，远程汉字终端联机系统逐步向计算机网过渡，以总部和各军兵种、各大军区的数台小型计算机为节点机，把配置到全军各集团军级单位的数百台汉字终端联成计算机网络，为总部—大军区—集团军（少数单位到师）提供自动化指挥手段。

到了1986年，我国和我军在指挥自动化建设方面，有了一个新的飞跃。会听写汉字的计算机系统，手写汉字联机识别系统能听懂汉语的计算机系统，语音输入式汉字输入计算机系统以及拼音汉字编码技术相继问世；计算机卫星通信，在我国实验成功，并建立了国内卫星通信网；全军计算机联网，并进入实用阶段；我炮兵指挥接近于全程自动化，有些集团军已将微机网络模拟系统及专家系统正式应用于战役演习；全军多数院校都已将微机用于辅助教学。以上这些成果充分说明，我国全军指挥自动化建设，已经由科研试验走向应用，由独立应用走向联网。

目前，我军已建成了集作战、通信、机要为一体，覆盖总部、军区、军兵种主要业务部门和集团军、省军区及部分作战师的自动化指挥网，并投入全时值勤，实现了军用文书、报表传递用户化，为全军作战指挥信息的快速传递和处理创造了良好的条件。

经过短短几年的时间，我军在指挥自动化建设上就取得了这样的成就，无疑是可喜可贺的。但比起世界上先进的国家，我们还存在着较大差距。

七、新概念武器

新概念武器，指与传统武器相比，在基本原理、杀伤破坏力和作战方式上都有本质区别，尚处于研制或探索之中的一类新型武器。高技术的发展，正在引起军队武器装备的巨大变革，也为发展全新的非核武器开辟了广阔的前景。不久的将来，会陆续研制成新的、更具有威力的武器系统，并将投入到战争中使用。

（一）新概念武器概述

新概念武器主要包括定向能武器、动能武器和军用机器人。定向能武器是指粒子基因武器的能量是沿着一定方向传播的，并在一定距离内，该粒子基因武器有杀伤破坏作用，在其他方向就没有杀伤破坏作用。如激光武器、微波武器和粒子束武器。动能武器指的是一类能够发射高速（5倍于音速）弹头，利用弹头的动能直接撞毁目标的武器。主要有：动能拦截弹（分为反卫星、反导弹两种）、电磁炮（分为线圈炮、轨道炮和重接炮三种）、群射火箭等。军用机器人（具有某种仿人功能的自动机器的总称），可以用于执行战斗任务、侦察情况、实施工程保障等。

目前正在研制的新概念武器，还有气象武器、深海战略武器等。

（二）新概念武器的内涵和基本特征

新概念武器是相对于传统武器而言的高新技术武器群体，目前正处于研制或探索性发展之中。它在原理、杀伤破坏机理（杀伤效应）和作战方式上，与传统武器有显著的不同，投入使用后往往能大幅度提高作战效能与消费比，取得出奇制胜的作战效果。

新概念武器的主要特征通常表现为：

创新性——与传统武器相比，新概念武器在设计思想、工作原理和杀伤机制上具有显著的突破和创新，它是创新思维和高新技术相结合的产物。

高效性——一旦技术上取得突破，可在未来的高技术战争中发挥巨大的作战效能，满足新的作战需要，并在体系攻防对抗中有效地抑制敌方传统武器作战效能的发挥。

时代性——新概念武器是一个相对的、动态的概念。随着时代的发展和科技的进步，某一时代的新概念武器日趋成熟并得到广泛应用后，也就转化为传统武器。

探索性——新概念武器与传统武器相比，高科技含量大，技术难度高，在技术途径、经费投入、研制时间等多方面的不确定因素多，因而探索性强，风险也大。

（三）新概念武器的分类

1. 网络战武器

计算机病毒对信息系统的破坏作用，已引起各国军方的高度重视，发达国家正在大力发展信息战进攻与防御装备与手段，主要有：计算机病毒武器、高能电磁脉冲武器、纳米机器人、网络嗅探和信息攻击技术及信息战黑客组织等。研究的内容主要包括：病毒的运行机理和破坏机理；病毒渗入系统和网络的方法；无线电发送病毒的方法等等。为了成功地实施信息攻击，外国军方还在研究网络分析器、软件驱动嗅探器和硬件磁感应嗅探器等网络嗅探武器，以及信息篡改、窃取和欺骗等信息攻击技术。在黑客组织方面，美国国防部已成立信息战"红色小组"，这些组织在和平时期的演习中，扮作假想敌，攻击自己的信息系统，以发现系统的结构隐患和操作弱点并及时修正。同时也入侵别国的信息系统和网络，甚至破坏对方的系统。另外，美国防高级研究计划局还在研究用来破坏电子电路的微米/纳米机器人、能嗜食硅集成电路芯片的微生物以及计算机系统信息泄漏侦测技术等。

2. 粒子基因武器

粒子基因武器，也被称作遗传工程武器或 DNA 武器。

英国《泰晤士报》文章披露，他认为生物学、遗传学、博弈行为科学的研究，可能会造成出人意料的后果。未来的几年里，世界的经济秩序会出现奇怪的通胀，例如经过博弈行为改性的粒子基因时空武器，以时空遗传条件为基础，以棋盘上的粒子作为图谱，对粒子基因的映射均衡的研究，为粒子基因武器的制造提供了可能性。

正如比尔·乔伊所说："遗传工程与博弈行为的结合，只要是用于军事打击，都具有造成一场世界性大瘟疫的威力。"

美国国防大学的罗伯特·卡德莱茨说：虽然大规模毁灭性武器的竞赛给粒子基因武器提供了机会，由于它是一段时空武器，永久性的毁灭正常社会秩序，各国出于道德考虑，粒子基因武器可能不会使用。

《俄罗斯报》发表的文章；很显然生物学、遗传学与博弈行为科学的结合，目前已经处于有效阶段，科学家担心，凡有能力使用并且有意图使用的国家将会得到这些技术模型，由于对敌国社会构成极大的威胁，其他国家可能会考虑这样做。

根据美国国防部的研究报告，任何国家"只要具备博弈取胜模型，粒子基因武器计划和军事意图都可以完成。"

它运用遗传工程技术，用类似工程设计的办法，按人们的需要重组基因，在一些致病细菌或病毒中"植入"能抵抗普通疫苗或药物的基因，或者在一些本来不会致病的微生物体内接入致病基因而制造成生物武器。粒子基因武器的使用方法简单多样，可以用人工、飞机、导弹或火炮把经过遗传工程发行过的细菌、细菌昆虫和带有致病基因的微生物，投入它国的主要河流、城市或交通要道，让病毒自然扩散、繁殖，使人、畜在短时间内患上一种无法治疗的疾病，使其在无形战场上静悄悄地丧失战斗力。由于这种武器不易发现且难以防治，一些科学家认为，它的现在破坏性远远超过核武器。

3. 束能武器

这种武器能以陆基、车载、舰载和星载的方式发射，突出特点是射速快，能在瞬间烧穿数百公里甚至数千公里外的目标，尤其对精确制导高技术武器有直接的破坏作用，因此被认为是战术防空、反装甲、光电对抗乃至反战略导弹、反卫星的多功能理想武器。目前，这一崭新机理的"束能技术"发展很快，X 射线激光器、粒子束武器、高能微波式武器等已走出实验室，准分子激光器、短波长化学激光器、等离子体炮、"材料束"武器等在加速研制中。束能武器中，微波射频武器被誉为"超级明星"，其强电磁干扰能使敌方雷达、通信混乱，能破坏敌方电子设备中的电路，发射强热效应可造成人体皮肤烧灼和眼白内障，甚至烧伤致死。

4. 次声波武器

这是一种能发射 20 Hz 以下低频声波即次声波的大功率武器装置。在空中，它能以每小时 1 200 km 的速度传播，在水中能以每小时 6 000 km 的速度传播，可穿透 1.5 m 厚的混凝土。它虽然难闻其声，却能与人体生理系统产生共振而使人丧失功能。目前研制的次声波武器分神经型和内脏器官型两种，前者能使人神经错乱，癫狂不止；后者能使人体脏器发生共振，周身产生剧烈不适感，进而失去战斗力。由于次声波能穿透建筑物和车辆，因而躲在工事和装甲车里的人员也不安全。在波黑战争中美军就曾使用次声发生器发射次声波，几秒钟后使对方大批人员丧失了战斗力。次声波武器已被列为未来战争的重要武器之一。

5. 幻觉武器

幻觉武器是运用全息投影技术从空间站向云端或战场上的特定空间投射有关影像、标语、口号的一种激光装置。可谓最直接的心理战武器。它的作用是从心理上骚扰、恫吓和瓦解敌军，使之恐惧厌战，继而放弃武器逃离战场。据报道，美国在索马里就曾使用过这种幻觉武器进行了一次投影效应实验，把受难耶稣的巨幅头像投射到风沙迷漫的空中。另外还有动能、智能、超微型、闪电、地震、气象等武器也正在研究中。

6. 无人作战平台

21 世纪，随着微机电、微制造技术的快速发展，微型无人作战平台在军事领域越来越显示出巨大的应用价值。目前，世界研究的微型无人作战平台主要有两大类：微型飞行器和微型机器人。

微型飞行器。微型飞行器具有良好的隐蔽性，因此可执行低空侦察、通信、电子干扰和对地攻击等任务。美国 1997 年推出了为期 4 年的微型飞行器计划。其中的"微星"项目是一种可由单兵手持发射的微型飞行器，长度小于 15 cm，重量不足 18 g，因为形体微小，即使在防空雷达附近盘旋，也难以被探测到。这次空袭阿富汗，美军装备的无人驾驶飞行器第一次在战场露面就取得了不俗战绩，它在侦察的同时还能攻击地面活动目标，可谓"文武双全"。

微型机器人。微型机器人可分为厘米、毫米和微米尺寸机器人，有一定智能，可在微空间进行可控操作或采集信息，其最突出的优点是能执行常人无法完成的任务，而且可批量、廉价制造。美国研制的一种可探测核生化战剂的微型机器人，只有几毫米大小。还有一种构想中的"黄蜂"微型机器人，只有几十毫克重，可携带某种极小弹头，能喷射出腐蚀液或导电液，攻击敌方装备的关键电子部件。

7. 非致命武器

非致命武器是指为达到使人员或装备失去功能而专门设计的武器系统。按作用对象，非致命武器可分为反装备和反人员两大类。目前，国外发展的用于反装备的非致命武器主要有超级润滑剂、材料脆化剂、超级腐蚀剂、超级粘胶以及动力系统熄火弹等。

超级润滑剂。是采用含油聚合物微球、聚合物微球、表面改性技术、无机润滑剂等做原料复配而成的摩擦系数极小的化学物质。主要用于攻击机场跑道、航母甲板、铁轨、高速公路、桥梁等目标，可有效地阻止飞机起降和列车、军车前进。

材料脆化剂。是一些能引起金属结构材料、高分子材料、光学视窗材料等迅速解体的特殊化学物质。这类物质可对敌方装备的结构造成严重损伤并使其瘫痪。可以用来破坏敌方的飞机、坦克、车辆、舰艇及铁轨、桥梁等基础设施。

超级腐蚀剂。是一些对特定材料具有超强腐蚀作用的化学物质。设想一下，对坦克手来说，刀枪不入的复合装甲在这种腐蚀剂的作用下变软该是多么可怕的事情！

超级粘胶。是一些具有超级强黏结性能的化学物质。国外正在研究将它们用作破坏装备传感装置和使发动机熄火的武器，以及将它们与材料脆化剂、超级腐蚀剂等复配，以提高这些化学武器的作战效能。

反人员非致命性武器。它可使敌方战斗减员，使敌方造成沉重的伤员负担。目前国外正在研究的反人员非致命武器主要有化学失能剂、刺激剂、黏性泡沫等。

化学失能剂。分为精神失能剂、躯体失能剂，它能够造成人员的精神障碍、躯体功能失调，从而丧失作战能力。最近，国外又在研究强效镇痛剂与皮肤助渗剂合用，它能迅速渗透皮肤，使人员中毒而失能。严格说来，这也是化学毒气的一种，不过不取人性命而已。

刺激剂。是以刺激眼、鼻、喉和皮肤为特征的一类非致命性的暂时失能性药剂。在野外浓度下，人员短时间暴露就会出现中毒症状，脱离接触后几分钟或几小时症状会自动消失，不需要特殊治疗，不留后遗症。若长时间大量吸入可造成肺部损伤，严重的可导致死亡。

黏性泡沫。属于一种化学试剂，喷射在人员身上立刻凝固，束缚人员的行动。美军在索马里行动中使用了一种"太妃糖枪"，可以将人员包裹起来并使其失去抵抗能力。它可以作为军警双用途武器使用，目前美国已开发出了第二代肩挂式黏性泡沫发射器。

第三节　高技术与新军事变革

以信息技术为代表的高技术群飞速发展并广泛应用，极大地改变了人类的生产方式和生活方式，促进人类向信息社会迈进。和以往的技术进步带来军事领域根本性的变化一样，以信息技术为代表的高技术群也正改变着人们的军事活动方式。信息时代的武器装备、军队构成、作战方式和以往工业时代相比，发生了根本性的变化。这种变化正在进行并将持续下去，其结果必将导致军事领域的根本性的变化，即新军事变革。

一、军事变革的基本含义

（一）军事变革的定义

军事变革，是指随着武器装备的断代性发展，并由此引起军队编成、作战方法与军事理论等的根本性变化，从而导致整个军事形态改革、最终引起质变的特殊社会活动。

（二）军事变革的基本特性

军事变革具有以下基本特性：一是对抗性；二是系统性。军事变革不等同于"军事技术变革"或"军事理论变革",是军事系统的综合变革;三是过程性。实现军事诸要素与整个系统的陆续变革,虽然主要表现在由展开到完成这段时间里,但作为一个全过程,一个时期,通常须经过孕育萌发、逐渐展开、基本完成和继续发展等几个阶段。四是质变性。军事变革必须使整个军事形态发生质变,亦即军事系统诸要素及其结构、功能的整体状态出现质的飞跃,只有新的军事形态取代了旧的军事形态,军事变革才算完成。

(三)军事变革的历史演变

关于人类历史上发生过多少次军事变革的问题,国内外理论界、学术界尚存分歧。主要观点有:

1. 三次论

代表人物是托夫勒。他认为:军事变革与社会文明的变革是一致的,农业革命引起的是第一次军事变革的浪潮,在战争领域的第一次浪潮战争,明显地带有农业经济的印记。产业革命引起了第二次军事革命的浪潮,相应地有第二次浪潮战争,以大量征募军队和大规模破坏为特点。正在到来的信息革命迎来了第三次军事变革的浪潮,相应地也正在进入第三次浪潮战争,知识和信息将是军事力量的基础。

2. 四次论

原苏军总参谋长奥加尔科夫,认为13世纪出现的火箭和火器,引发了第一次军事变革;19世纪线膛枪的制造,特别是20世纪初自动武器的发明(包括飞机、坦克、潜艇等新式武器的运用),导致了军事领域发生了第二次变革;热核武器的出现,导致军事领域发生了第三次变革;20世纪80年代出现的精确制导武器、新物理原理武器,导致第四次军事变革。

3. 六次论

代表人物,俄罗斯军事科学院斯利普琴科少将,认为从古至今共发生了6次军事变革,即步兵和骑兵出现后的第一代变革,火药和滑膛枪出现后的第二代变革,线膛枪和来复枪出现后的第三代变革,坦克和飞机出现后的第四次变革,核武器出现后的第五代变革,当前这次军事变革可以算是第六代军事变革。

4. 十次论

美国的军事理论家克雷派尼维奇认为:14世纪以来,世界共出现过十次变革,包括步兵变革、炮兵变革、帆船革命和炮弹变革、堡垒变革、黑火药变革、拿破仑变革、陆战变革、海战变革、两次大战变革、核变革。

5. 六次论

钱学森同志认为人类已经经历了如下六种战争形态:最初的徒手战争;冶炼技术发展之下的冷兵器战争;火药发明之后的热兵器战争;内燃机和其他机械制造技术发展之下的机械化战争;核技术和火箭技术之下的核战争;信息技术和电子计算机技术基础上的核威慑下的信息化战争。这六次战争形态的转变正是六次军事变革的结果。

二、新军事变革主要动因

(一)高技术的发展运用是新军事变革的直接原因

一是信息技术的飞速发展。信息技术的飞速发展,正将人类带入一个崭新的时代——信息时代。二是生物、航天、材料等新技术的突破。三是军用高技术群的崛起。

（二）全球经济一体化是新军事变革的内在原因

经济全球化以前所未有的速度向前发展。经济全球化带来的影响：一是大规模战争不能有效获取所需要的利益，甚至往往使国家经济倒退；二是以科技为先导、以经济为基础进行综合国力较量成了国际竞争的主要内容。因此，经济安全在国家安全中的地位上升，增强综合国力成为维护国家安全的根本途径，这在很大程度上促进人们改变军队建设的思路以及进行战争的方法。

（三）世界政治格局向多极化方向演变是新军事变革的推动原因

苏联解体、冷战结束，标志着以美、苏争霸为核心的两极格局终结，世界战略格局向多极化方向发展，整个世界进入了一个国际关系与国家利益大调整的历史时期。这一战略格局的基本特点是：一是单极与多极相互增长；二是霸权与反霸权相互斗争；三是干涉与反干涉相互冲突；四是裁军与强军相互矛盾。在这样的情况下，军事领域优势竞争呈现新变化，占领域军事占高点，取得优势成为重要的选择，有力推动了新军事变革的产生、发展。

三、新军事变革的产生与发展

（一）产生阶段（20世纪四五十年代至20世纪70年代）

这场军事变革的源头最早可追溯到20世纪四五十年代。早在二战期间，德国就开始积极研制火箭、导弹武器；1942年美国开始实施"曼哈顿工程"计划，于1945年研制成功世界上第一颗原子弹；1946年，由美国人研制的世界上第一台电子计算机，首先在军事领域出现；1955年，苏联设计了第一枚可以运载核武器的洲际导弹，并于1957年用这枚导弹改造的多极火箭首次把人造卫星送上天。到20世纪六七十年代，随着以计算机为核心的信息技术的迅速发展和广泛运用，这些新型军事技术群也以惊人的速度快速发展，并愈来愈明显地改变着整个军事领域的面貌。

（二）展开阶段（20世纪80年代至21世纪二三十年代）

进入20世纪90年代，随着苏联解体、冷战结束，国际局势发生了根本性变化。1991年年初爆发的海湾战争，使人们不仅看到了高技术武器装备在现代战争中的决定性作用，更直接感受到一种全新的战争形态。因此，海湾战争后，以美国为首的西方国家和俄罗斯等国对新军事变革的研究和讨论很快进入了高潮并成了国防机构等政府行为。

当美国率先推行新军事变革的时候，世界其他许多国家，如俄罗斯、中国、英国、法国、德国、日本、印度等也不甘落后。这些国家充分认识到新军事变革代表着未来世界军事发展的大趋势，为了更有效地维护自身的政治、经济利益，纷纷加快本国新军事改革的步伐，以迎接新军事变革的挑战。

2003年春的伊拉克战争，从武器装备、作战形式、部队编成都体现了现代战争的最新特点，实际上是美国新军事变革成果的全面检验；通过这场战争，美国必将对下一轮军事变革提出新的计划的任务，全世界也都被这场战争进一步惊醒并坚定地投入到这场新军事变革的行列中来。

（三）完成阶段（21世纪二三十年代至21世纪50年代）

当然，新军事变革是由机械化军事形态转化而来，需要经过多个发展阶段。两种军事形态无论在时间上还是在内涵上,都存在一个并存、交替与过渡的时期。根据许多军事专家、未来学家的分析和预测,新的智能化军事形态估计要到21世纪中叶才可能完成。

四、当前新军事变革的主要表现

(一)武器装备的智能性发展

1. 信息化作战平台的大量涌现

信息化作战平台指采用信息技术研制或改造的各类武器的载体,主要包括各种先进的作战飞机、武装直升机、坦克和装甲车、作战舰艇特别是航空母舰等。它们是诸多高新技术的密集结合体,除大量采用光电技术、新材料技术、新能源技术等多项高新技术外,通常以军用电子设备为核心,装备有综合传感器、电子计算机、高性能弹药、自动导航定位设备等,因而具有较强的探测、识别、打击、机动、定位、突防、隐形等综合能力。

2. 精确制导武器成为主要打击兵器

精确制导武器主要包括各种类型的导弹、制导炸弹、制导炮弹、制导子母弹、制导鱼雷、制导地雷等。这类武器依靠自身的动力装置推进或靠飞机、火炮等投掷,由制导系统控制其飞行线路和弹道,能够获取或利用目标所提供的位置和特征信息,对其实施精确打击,因而具有较高的作战效能。它们有的自成火力单位,有的则装备在飞机、舰艇、坦克、装甲战车等作战平台上,有的甚至可由单兵操纵发射,通常具有较强的全天候、全方位、超视距、多目标精确打击能力和抗干扰能力。目前,战役战术精确制导武器的命中精度,近程的已达 0.1 m 到 1 m,中程的小于 10 m,远程的为 10~50 m。精确制导武器技术经历了三代,目前正朝着灵巧型和智能型方向发展,使之能从距目标很远的地方发射,并利用一切可以利用的目标信息自主识别、选择和攻击目标。

3. 电子战装备系统更加完善

电子战装备系统是指专门用于电子对抗的武器及其他相关技术装备的总称。按其作战用途,电子战装备主要可分为电子干扰装备、电子侦察装备和电子摧毁装备三种类型。

4. 指挥自动化系统不断发展

指挥自动化系统是现代作战系统的"大脑和神经中枢",被称为军事力量的"黏合剂"和"倍增器"。随着技术的进步和需求的变化,指挥自动化系统始终处于不断发展和完善之中,其内涵逐步扩展,功能不断增强,系统名称也在不断变化。20世纪50年代,美军最早建立了指挥控制系统,称为C2,后逐步发展C3、C3I、C4I系统。近年来,一体化C4I系统的内涵进一步扩大,正发展成为还要包括监视与侦察在内的C4ISR系统。

(二)军队编成的根本性变革

1. 新的军兵种陆续出现

20世纪70年代以来,现代战争所涉领域由陆、海、空逐步向陆、海、空、天、电等多维领域扩展,新的军兵种和专业部队也应运而生。目前美、英、法、德等军队已组建了60多个计算机应急反应分队。2000年5月9日,美空军发表《航空航天部队:21世纪保卫美国》白皮书,正式确立"航空航天一体化"的建军思想和作战理论,勾勒出了美空军将由目前较单纯的"航空"部队转变为"航空航天"部队,并最终转变为"航天航空"军的蓝图。2003年10月16日，美国陆军第一支新型弹道导弹拦截部队"中途防御旅"宣布成军；这支新组建部队拥有一种"新型弹道导弹防御的指挥与控制系统"，该系统经美军10多年研制，耗资220亿美元开发完成，主要用于拦截和摧毁来袭的导弹。俄总统普京也在2001年1月25日召开的联邦航天工作会议上宣布，俄将用一年时间将军事航天部队和太空导弹防御部队从战略火箭军中分离出来，并在其基础上组建一个新的军种——俄罗斯航天部队。该部队将被赋予发射各种军用航天器和打击敌太空武器系统的双重任务。

2. 军队规模大幅度压缩

20世纪80年代特别是进入90年代以后，世界各国军队在大力加强质量建设的同时，普遍对其军队规模进行了大幅度的缩减。各国在强调缩小军队规模、提高军队质量的同时，对部队定员编制也相应地进行了大幅度压缩，部队编制正由传统的合成化向小型化转变。

3. 军队结构不断优化

首先，表现军队技术含量不断提高，注重发展高技术武器装备，特别重视发展C4ISR系统，加大技术密集型军兵种的比例；海、空军战略地位不断提高；数字化部队建设摆到日程。其次是部队编组将实现跨军种合成。再次是指挥体制趋向"扁平网络化"。

（三）作战方法的巨大更新

1. 信息作战

信息作战是指在作战时，敌我双方为争夺"制信息权"而采取的一系列对抗行动。同其他作战一样，它也包括进攻性信息作战和防御性信息作战两种类型。进攻性信息作战是为影响敌方信息和信息系统而采取的行动，主要包括心理战、军事欺骗、计算机网络攻击、特种信息作战、电子战实体摧毁等；防御性信息作战则包括综合、协调各种政策、方法、作战手段、人员和技术，以保护己方信息和信息系统不被敌方破坏而采取的各种行动，如信息保密、反侦察、反欺骗、反宣传、情报对抗、防计算机病毒、控制器和编码技术的开发和利用，以及安装网络安全系统等等。随着以信息技术为核心的高技术武器装备的大量出现和广泛运用，信息作战正逐渐成为一种全新的作战样式。信息作战的主要战法有：一是信息威慑；二是信息遮断；三是信息攻击；四是信息欺骗；五是信息封锁等。

2. 非接触精确作战

随着远程精确侦察定位系统、C4I系统、各种新型作战平台特别是精确制导武器等高技术武器装备的出现，各国军队的远程作战能力和精确打击能力不断提高，超视距的精确打击逐渐成为一种重要的作战形式。超视距精确打击是在敌我双方不能通视的远距离上发射精确制导弹药对目标实施攻击，它通常具有非接触、射程远、速度快、精度高、毁伤力强等特点。

3. 诸军兵种一体化联合作战

联合作战是指两个以上的军兵种，按照总的企图和统一部署，在联合指挥机构的统一指挥下，共同实施的一体化协同作战。广义上的联合作战，早在机械化战争时代就已初上规模，陆海空三军间的合同作战即已成为机械化战争的主要作战方式，二战后的几次局部战争如朝鲜战争、越南战争、中东战争，几乎所有的重大战役都是由两个以上军兵种共同实施的合同作战。不过这种合同作战是以一个军兵种作战为主，其他军兵种则主要是予以配合，因此还不能与真正意义上的"联合作战"相提并论。从陆海空合同作战向陆、海、空、天、电一体化联合作战发展，是二战后作战方式发生重大变革的显著标志。实践证明，高新技术武器装备的发展，一方面使各军兵种特别是空军的独立作战能力空前提高，另一方面任何单一的军兵种或武器装备系统都不具备在所有空间打击敌人的手段和能力，作战的成败在很大程度上取决于各种作战力量之间的紧密配合与优势互补。在这种情况下，传统的以单一兵种为主的合同作战已很难适应现代高技术条件下作战的要求，跨越军兵种界限，由诸军兵种实施陆、海、空、天、电一体化联合作战，逐渐成为一种基本作战方式。

（四）军事理论体系的创新

军事理论创新是新军事革命的灵魂，对于新军事革命目标的最终实现，具有认知与方法的指导意义。为了夺取未来战场上的主动和优势，许多国家都把酝酿军事理论的重大突破，确立新的军事理论体系，作为军事理论创新的首要任务，从而导致军事理论的新观点、新学说层出不穷。这些理论归结起来主要有以下方面。一是信息作战理论；二是一体化联合作战理论；三是网络中心战理论；四是三非作战理论；五是智能化军队建设理论。这些理论均具有创新特征，将对未来军队建设和力量运用产生深刻的影响，促进新军事革命向前发展。

第五章 信息化战争

第一节 信息化战争概述

今天，正当我们走过工业时代而迈入信息时代之时，一种全新的、与信息时代相适应的战争形态——信息化战争已经展现在我们面前。如果说海湾战争标志着机械化战争向信息化战争的转折，科索沃战争是信息化战争的初露端倪，那么新世纪的第一场战争——阿富汗战争则预示着信息化战争得到进一步发展，而伊拉克战争则让我们看到了信息化战争的雏形。我们必须面对变革，紧跟时代，更新观念，抓住机遇，与时俱进，迎接挑战。

一、信息与信息技术革命

（一）信息及其要素

人类应用信息的历史，从产生语言和出现文字起至今已有几千年了，但是"信息"一词的出现仅有约一百年。今天，信息与我们密不可分，信息无处不在，信息成为物质、能量之后的又一重要财富。

一位学者说过，"文明是通过信息的流量、流速来体现的。"信息的真正价值就在于它的流动，只有通过流动，信息才能被人们所认识、利用并产生出效益，使信息的价值得到体现。所以，研究信息应从信息流动入手，而信息的流动实际上是在构成信息的三大要素之间进行的，这三大基本要素就是信源、信宿及信道。

信源又称信息源，是信息的发源地，或者说是信息的出处。信宿是信息的归宿，是接受信息者对信息判断后作出的处理结果。信道是传递信息的通道，是信源与信宿之间联系的纽带。

（二）战争中的信息

我们可以对战争中的"信息"描述为"在信息化战争中，一切与敌我双方军队、武器和作战有关的事实、过程、状态和方式，直接或间接地被特定系统所接收、处理和使用的内容。"对于战争中的信息，我们可以从庞杂的内容和鲜明的特点两个方面来了解和认识。

1. 庞杂的内容

其庞杂性表现在：一是涉及领域广，内容复杂。战争中的信息涉及政治、经济、外交、科技、军事、文化、自然环境等诸多领域，包括从宏观的国际形势到微观的战场单个作战单位等各种情况，内容极其庞杂。二是主客观并存。客观信息的表达方式相对单一、固定、直接。主观信息的表达方式多样、易变、间接，不易把握。三是存在形式多样复杂。信息的来源以多种形式存在，包括语言、图片、影像、文字、数据等。信息的载体也多种多样，包括语言、思维、纸张、实物、电子、光学和生物等。此外，不同信源不同载体的信息在内容上还普遍存在着互相反映、彼此重叠、真假难辨的现象。造成这些复杂性的原因在于信息概念的高度抽象性和军事领域本身的极度复杂性。

2. 鲜明的特点

战争中的信息具有以下区别于一般信息的明显特征。

坚决的目的性。战争的军事目的是保存自己，消灭敌人。战争中的信息行为同样服务于这一坚决目的。

专门的知识性。战争本来是人类社会的一种特殊活动形式，需要专门的知识与技能才能进行。同时，战争领域密集运用了人类几乎所有最先进的科学技术，这也是高度专业的知识。战争中的信息也必然具有专门的知识性。

激烈的对抗性。战争是敌对双方你死我活的斗争。战争中的信息也具有激烈对抗性，表现在侦察与反侦察、保密与破密、干扰与反干扰，以及双方心理战交锋等等。

高度的时效性。战争中的信息是决策、指挥、行动和打击的依据和保障。战场态势瞬息万变，战机稍纵即逝。信息稍不及时就会导致一系列的延误，造成严重后果。

严格的保密性。信息是宝贵的战争资源，是赢得战争胜利的重要保证，尤其是从敌人那里获得的信息更是克敌制胜的利器。而一旦己方信息被敌人获得则会陷自己于危险境地。因此，战争中的信息具有严格的保密性。

二、信息技术在现代战争中的应用

迄今为止，人类社会经历了两次信息技术革命：第一次以电报、电话的发明为主要标志，第二次以微电子技术为基础，以计算机技术为核心，以探测器技术、通信技术及网络技术的发展为主要标志。第二次信息技术革命在军事领域产生的影响是全方位的，从而导致了战争理念和形态的变革，人类迈入了信息化战争的时代。

当前，信息技术在军事上主要应用于侦察、通信、指挥自动化系统、精确制导武器及其对抗，信息控制权的争夺、太空空间的争夺与信息的争夺、计算机网络对抗及心理战等方面。计算机技术的发展，大大推进了武器装备的信息化进程，使传统武器装备向精确化、智能化、远程化、隐身化、无人化方向发展。由计算机为核心组成的各类网络系统，使信息的获取、传递、处理、辅助决策、指挥控制等方面实现了自动化、智能化。

信息化战争是建立在军事工程革命、军事探测革命、军事通信革命和军事智能革命已经完成或基本完成的基础之上。

军事探测革命使得侦察、探测的空域、时域和频域范围大大扩展，使对作战行动的感知、定位、预警、制导和评估达到几乎实时和精确的极限。未来信息化战争中，军事探测系统将遍布太空、空中、地面（海面）和深海；侦察卫星可以近距离（200 km）探测地球表面,对地面物体的分辨率将达到厘米级;对导弹的发现时间将缩短到几十秒钟甚至十几秒钟。这将使战场空间的透明度接近极限。伊拉克战争中,美国仅直接用于支持地面作战的侦察卫星就部署了约90颗。

军事通信革命将在未来信息化战争中实现军事信息的无缝链接和实时传输,使各指挥机构和部队、各侦察和作战平台之间达到在探测、侦察、跟踪、火控和指挥方面的信息畅通,真正实现实时指挥和控制,使作战指挥与控制的速度接近极限。

军事智能革命将真正实现作战指挥活动和作战行动的自动化和智能化。智能化指挥系统将使指挥控制活动的准确性和时效性大幅度提高;作战平台将集发现、跟踪、识别和自主发射为一体;智能化弹药将具有更加强大的自动寻的和发射后不管功能,远程打击的精度将达到米级;同时大量高度智能化的机器人将投放战场。这将使指挥活动和作战行动的效率接近极限。

随着军事信息技术的发展,武器系统正朝着电子化方向发展,而信息技术的开发和利用水平已成为衡量综合国力,特别是军事实力的一个重要指标。在现代化武器系统的成本中,电子系统成本的比重越来越大。例如,在现代飞机中占35%~55%,在隐身飞机中占60%以上,在导弹中占50%以上,在军用卫星中占60%,在指挥控制系统中则高达88%。

从海湾战争到伊拉克战争等局部战争中的实际运用可以看出,信息技术系统在战争中发挥了重要的特殊作用。

在未来信息化战争中,高度信息化的武器装备虽然不具备核武器那种大规模、大范围的物理杀伤和破坏作用,但它所拥有的精确摧毁能力、系统集成能力、战场控制能力和高效达成战略目的的能力是核武器所无法相比的。从这个意义上说,信息化战争不但具备了亚核战争的威力,而且将使它的实用价值和作战效能超过核战争。信息战争可能不像传统的战争那样残酷,但它与使用大规模杀伤武器相比,给国家和社会带来的破坏与毁伤可能波及更为广泛、影响更为深远。

三、信息化战争的演变与发展

对人类战争形态的时代转型和阶段划分,江泽民同志曾指出:人类战争在经过冷兵器战争、热兵器战争、机械化战争和高技术战争几个阶段之后,正在进入信息化战争阶段。目前人们普遍认为,推动战争形态的主要动因有4个,即科学技术,社会变革催化,军事变革及战争实践的验证,而其中最为重要、最为关键的是科学技术。随着科学技术的进步,人类战争形态的演变所经历的时间越来越短。从冷兵器战争到热兵器战争,人类度过了漫长的数千年之久,从热兵器战争到机械化战争经历了两三百年,从机械化战争到核战争乃至高技术战争减少到几十年,而从高技术战争到今天的信息化战争则仅仅过去了二三十年(见表5-1)。

表5-1 战争形态演变表

技术基础	战争形态	经历年代
农业技术	冷兵器战争	公元前—20世纪初
火药、冶炼和蒸汽机技术	热兵器战争	约17、18世纪—20世纪中叶
电力、内燃机技术	机械化战争	19世纪末至1980年前后
核技术、核武器	核战争	20世纪中叶至今
光电器材、集成电路和计算机技术	高技术战争	20世纪80年代至今
信息控制与反控制及网络技术	信息化战争	21世纪初开始

第五章　信息化战争

第二次世界大战后,世界各国在恢复战争创伤的基础上兴起了一场新的科技革命,推动了作为现代战争物质基础的高技术群体,特别是信息技术群体的涌现和武器装备的更新换代,并被广泛地运用于局部战争。由于武器装备的发展和运用是一个渐进性的过程,因而局部战争中的高技术含量,特别是信息技术含量也是一个由少到多的发展过程。因此,战争形态的演变与发展,也是一个渐变的过程。据有关资料分析,高技术战争在 20 世纪五六十年代已现端倪,70 年代初期逐步发展,80 年代基本形成,90 年代发展成熟,21 世纪初进入了一个全新的形态——信息化战争形态。

(一)高技术战争的萌芽阶段

具有代表性的是 20 世纪 50 年代的朝鲜战争和 20 世纪六七十年代的越南战争。在朝鲜战争中,以美国为代表的所谓"联合国"军队,使用了当时最为先进的武器装备,以优势的军事装备对中、朝军队实施了陆、海、空立体作战。越南战争中,美国在空中作战平台方面,有 F-105、F-4C、F-111、B-52 战斗轰炸机,SR-71 侦察机、C-5A 大型运输机等,并运用了"百舌鸟"、"响尾蛇"等新式导弹和气浪弹、激光制导、电视制导炸弹,还使用了 EB-66、EF-10B 等电子干扰飞机。在海上作战平台方面,先后动用了 20 余艘航空母舰,舰载机出动达 20 余万架次以上。在地面作战方面,除各种先进车辆与火炮外,首次使用了大量的武装直升机,还有化学、生物武器的大量使用。在作战行动中尤为突出的是,依靠优势空中力量进行长时间"地毯式轰炸"的空袭作战,以及直升机与特种作战部队相结合,进行"蛙跳"式的袭击作战。

(二)高技术战争的初期发展与基本形成阶段

具有代表性的是 20 世纪 70 年代的第四次中东战争、80 年代初的马岛战争和第五次中东战争。在第四次中东战争中,最为突出的是交战各方普遍运用了具有高技术标志的各型导弹和大量先进装甲车辆进行较量。其中,地对空导弹有苏制 SA-2、3、6、7("萨姆")系列等,空对地导弹有美制"小牛"、"百舌鸟"等,舰对舰导弹有 SS-N-2A("冥河")、"加希里埃尔"等,反坦克导弹有"萨格尔"、"陶"式等,制导炸弹有"白星眼"等,它们多为第二代制导武器,具有较高的命中精度与毁伤力。在交战中被导弹击落的飞机占 85% 以上,被导弹击毁的坦克占 90% 以上,而埃、叙军损失的 10 艘舰艇则全部是以军的反舰导弹所为。这次战争中,还首次利用空中卫星进行战场侦察。美国与苏联分别发射了 18 颗与 10 颗侦察卫星,向以方或埃方提供侦察情报保障。同时,战前及战中都实施了激烈的电子干扰与反干扰。

马岛战争中,交战双方第一次大规模集中使用了制导武器,共投入了 17 种类型的战术导弹、制导鱼雷和炸弹进行对抗。其中,英方使用的主要有"响尾蛇"空对空导弹,"鱼叉"、"海鸥"空对舰导弹,"百舌鸟"空对地导弹,"海标枪"舰对空导弹,"毒刺"、"轻剑"、"吹管"地对空导弹,"米兰"、"霍特"、"陶"式反坦克导弹,"虎鱼"声自导鱼雷,以及激光制导炸弹等。阿军在战争中共损失了 117 架飞机,除了 31 架被摧毁于地面外,其余 86 架中有 73 架被各类导弹摧毁于空中,占空中击毁总数的 84%。在海上交战中,阿军曾以 AM-39"飞鱼"导弹击沉了英军先进的"谢菲尔德"号驱逐舰和"大西洋运送者"号大型货船,并炸毁了"考文垂"号导弹驱逐舰、"热心"号护卫舰、"羚羊"号导弹护卫舰、"加拉哈德爵士"号登陆舰等,击伤另外 10 艘舰船。而阿军的"贝尔格拉诺将军"号巡洋舰等 5 艘战舰,也被英军击沉,并另有 6 艘被击伤。这一系列典型数据,反映了高技术兵器在海空交战中的效用。在战争中，英军还以"竞技神"号、"无敌"号航空母舰上的电子干扰系统和"鹞"式直升机上的机载干扰系统，对阿军的袭击兵器和指挥控制系统实施了电磁干扰与压制。

众多高技术兵器的使用，加上空地、空海一体的高技术兵器对抗和具有突出作用的电子斗争，使上述两场战争具有了高技术战争的明显特征，并表现出信息化战争的初期景观。

（三）高技术战争的发展成熟阶段

其标志是1991年1月17日至2月28日进行的海湾战争。在这场战争中，以美国为首的"多国部队"使用了57颗各类卫星，其中仅侦察卫星就有34颗；还使用了150多架侦察、预警飞机，30架无人驾驶飞机，7 500多部高频电台，1 200多部甚高频电台，7 000多部特高频电台；建成了118个地面机动卫星通信终端，12个商业卫星终端，使卫星通信的总容量达到68兆比特/秒；在战区内有3 000台计算机与美国国内计算机联网；作战高峰期，每天保持70多万次电话呼叫，传递15.2万次电文；每天管理3.5万多个频率。海湾战争中的通信系统建设被称为"军事史上一次最大的通信系统专项工程。"正是因为有了计算机、数据库和卫星以及作战系统的一体化，才能保证数千架飞机既不互相挡道，又不互相碰撞，同时又能高速通过"112个不同的空中加油航线、660个限航区、312个导弹交战空域、78条攻击走廊、92个空中战斗巡逻点以及36个训练区"，还能使之与6个独立国家不断变换的民航线路非常精确地协调起来。此外，还集中了3 500多架各型飞机、250余艘各型舰船、3 500多辆坦克，对伊拉克实施了空、海、陆一体化多方位打击和封锁。其中，美军仅装备了56架的F－117A隐形战斗轰炸机，就动用了48架参战。当时仅有的14艘现役航空母舰，就先后有8艘派往战区。发射了运往战区的500枚先进巡航导弹中的一半多，动用了30多颗卫星进行航天侦察，集中使用了各类精确制导武器，开创了"爱国者"导弹成功拦截"飞毛腿"导弹的先例。

这场战争显示出了部分信息化战争的特征。开战前后，美军运用多种先进电子战器材进行的侦察与反侦察、干扰与反干扰、摧毁与反摧毁斗争贯穿于战争的始终，成为夺取战争主动权（制信息权）的基本作战手段之一；多种新型夜视器材的运用，使夜战有了新的含义；C4ISR系统的运用则使战区战役指挥与后方战略指挥、战场各作战集团的战术指挥达成了沟通，并确保了快速、准确的信息传递与处理。

（四）信息化战争雏形阶段

海湾战争之后的战争，越来越显示出高技术战争已经进入了成熟阶段，并初步显示出信息化战争的雏形。典型的是美军先后发起的科索沃战争、阿富汗战争及伊拉克战争。伊拉克战争中，美军启用了更多的信息战武器装备，为美军夺取战场制信息权创造了绝对的优势。如在信息获取方面，使用KH－12光学成像卫星、"长曲棍球"雷达成像卫星、"成像增强系统"卫星以及"伊诺克斯2"等商用遥感卫星，组成空间成像侦察系统，综合利用可见光、红外与微波成像能力，可对伊保持几乎每两小时一次的严密监视。"大酒瓶"等多颗电子侦察卫星可对伊无线电信号进行监测，帮助寻找萨达姆等伊拉克高层领导人的藏身之处和伊军重要的指挥控制中心，为空袭提供打击目标。"国防支援计划"（DSP）卫星在"联合战术地面站"等地面系统的配合下，为美军提供完备的战场态势感知和信息获取能力。在信息攻击方面，大量使用了EA－6B电子战飞机、E－2C"鹰眼"、E－3"望楼"预警机、EC－130H"罗盘呼叫"通信干扰飞机、RC－135及U－2侦察机、E－8C"联合星"系统飞机、EC-130E 心理战飞机及 RQ-1A/B "捕食者"及 RQ-4 "全球鹰"无人侦察机，以及电磁脉冲炸弹和地面"预言家"信号情报与电子战系统装备。这些信息战兵器，开创了一个新的作战领域，彻底改变了战争的面貌。

另外一个数据也显示出信息化战争已经出现，这就是战争中信息控制武器，即精确制导武器的使用量呈指数增长趋势。据统计，美军在各次战争中投放的精确制导弹药占全部弹药的比例，1991年海湾战争时为8%，1999年的科索沃战争时为35%，2001年阿富汗战争时为56%，而2003年的伊拉克战争时则达到了70%~80%。例如，2003年3月27日在伊拉克战争进行之时，"小鹰"号航母上的F/A-18、F-14舰载机向伊拉克西南的共和国卫队投放了23枚炸弹，其中16枚为450千克重的激光制导炸弹、4枚为全球定位系统炸弹，只有3枚为450千克普通炸弹，信息控制炸弹占到了87%。

可以想见，随着信息技术的发展及在军事领域的更广泛的应用，未来战争将更加突出信息化的特征。随着航天器材的发展和太空地位的提高，可能出现运用各种天基武器系统的天战；人工智能的发展，将使机器人士兵进入交战行列；各种作战平台则可能向小型化、多功能化方向发展，武器系统向高精度、高毁伤方面发展；作战力量运用趋向精锐化，并更加注重整体协调；战场呈现海、地、空、天、电多维一体；机动作战、超视距火力打击、电子战的地位更加突出；网络将可能把战场上的所有作战平台联成一体，网络中心战将取代平台中心战，信息化战争将趋向发展和成熟阶段。

四、信息化战争与信息战

学习和研究信息化战争，必须搞清信息化战争与信息战的概念及区别。

（一）信息化战争

信息化战争是以远程核威慑武器的巨大破坏力为威慑手段，以信息为基础，以获取信息优势为先决的天（空间）、空、地、海、信息一体化战争。在理解这一概念时，要把握好以下几点：

一是时代性特征。信息化战争是信息时代的产物，是机械化战争向信息化战争演变而出现的一种全新的作战形式。有关战争的理论、指导思想、作战指挥、战争特点等，具有鲜明的信息时代的特征。

二是交战双方至少有一方具备信息化作战能力，如美军所打的阿富汗战争和伊拉克战争。所谓信息化作战能力，是指部队利用信息化装备进行预警探测、指挥控制、精确打击和信息对抗的作战能力。它是把信息能力与杀伤力、机动力、防护力、保障力相结合的综合作战能力。

三是要使用信息化、智能化武器装备，各作战单元形成网络化、一体化的整体，从而构成完整的作战体系。

四是在多维空间进行。信息化战争的作战空间不仅包括地面、海上（水下）、空中、太空等广阔的有形战场空间，也包括信息、电磁、心理等无形空间。特别是在信息空间、认知空间和心理空间进行的作战都将占相当比例。

五是信息精确控制起主导作用。信息精确控制在作战中表现为火力和机动力的物质和能量。信息不仅是一种资源，更是一种作战能量，同时也是各种作战力量的黏合剂和倍增器，是作战制胜的主导力量。

（二）信息战

所谓信息战，是指敌对双方在信息领域的斗争和对抗活动。主要是通过争夺信息资源，掌握信息的生产、传递、处理等的主动权，破坏敌方信息传输，为遏制或打赢战争创造有利的条件。具体说来，就是以数字化部队为基本力量，以争夺、控制和使用信息为主要内容，以各种信息武器和装备为主要手段而进行的对抗和斗争，具有战场透明、行动实时、打击精确、整体协调和智能化程度高等特征。从作战目的上看，信息战是以"信息流"控制"能量流"和"物质流"，以信息优势获得决策优势和行动优势，进而结束对抗或减少对抗，实现"不战而屈人之兵"。从作战内容与形式来看，信息战不同于信息化战争。信息战是信息化战争的具体行动，可分为电子战、情报战和网络战等。而信息化战争是相对于机械化战争而言，指一种战争形态。信息战是信息化战争的主战场和核心。

信息战的主要目标是各类信息基础设施，包括全球信息基础设施、国家信息基础设施和国防信息基础设施等。信息战的目的是夺取信息优势，掌握制信息权。

信息战的主要作战形式有进攻信息战和防御信息战。进攻信息战是指基于信息的过程及信息系统实施的瘫痪、中断、削弱、利用、欺骗、破坏和摧毁敌方信息等各种行动。主要包括截获和利用敌方信息、军事欺骗、电子战、网络战、心理战及物理摧毁等作战行动；防御信息战是综合与协调包括政策、规程、行动、情报、法律以及技术在内的多种手段来保护信息、信息的过程和信息系统。主要包括反情报、反欺骗、电子战、网络战、心理战及防物理摧毁等行动。

目前信息战所出现的主要形式有以下一些：

首当其冲的是指挥控制战，如伊拉克战争中的"斩首行动"和对伊拉克指挥通信及防空系统的打击。指挥控制战的实质是在保护己方指挥控制能力的同时，削弱或破坏敌方的指挥控制能力，以便最终夺取制信息权。指挥控制攻击的目的是：通过攻击敌信息系统，特别是信息系统的薄弱环节和关键相关设施，破坏敌指挥控制能力，使敌指挥官无法了解战场情况，最终因得不到信息，患"信息饥饿症"而就范。由于己方信息情报系统不可避免地存在着易受攻击的弱点，因而要使己方保持有效的指挥控制能力，就必须严密地组织与实施指挥控制防护。

信息化战争中无处不在的情报战。孙子曰："知己知彼、百战不殆"。今天，战场上的各种传感器，能对电磁波、声波及化学气味等多种信源，进行全方位、全天候、全时空的探测。指挥员们不仅可以看到"山那边"，而且可以看到山里边、树丛中、地底下、水中间。这使得指挥员所面临的问题已不再是信息够不够用，而是如何更好地选择信息，判断信息的真伪，并尽可能地不让敌方获取己方的信息。在信息化的战场上，这种围绕着情报的获取与反获取而展开的争斗，将更加激烈。

贯穿信息化战争始末并渗透到和平时期的电子战，如伊拉克战争中太空中的百余颗卫星、空中的几十架电子战飞机。

以摧毁别国经济为目的的信息经济战。电子战已有百年历史，它是作战双方在无线电通信、雷达等电磁波领域展开的侦察、干扰、压制及火力摧毁等对抗行动。信息时代的电子战则赋予了新内容，其目的就是通过电磁波对抗，充分获取敌方信息，保障己方信息畅通；同时摧毁敌方信息兵器，杀伤敌方指挥人员，阻断敌方获取己方信息的一切渠道。二战中日本海军大将三本五十六的毙命，1996年4月，俄车臣反政府武装力量头子杜达耶夫被俄军成功击毙，萨达姆的成功被捉，都离不开电子战的功劳。

以假乱真、扰乱视听的虚拟现实战，如 1994 年美军对海地的占领就是通过大军压境加上电视中播放的虚拟美军进入海地后的场景，而使海地军政府不战而降，美军达到"不战百屈人之兵。""虚拟现实"战是利用"虚拟现实"技术创造的逼真作战环境与敌方进行的模拟演习式的作战行动。其目的是不动一兵一枪，便使敌人就范。下面三种情况都属于"虚拟现实"战：一是在战争进行过程中，用虚拟现实和计算机成像技术制出敌国最高统帅的影像，让他发表不利于战争继续进行的言论，如让其通过本国电视系统宣布，鉴于某种原因，与敌方休战，军队全部撤回。二是用虚拟现实技术创造"虚拟部队"或"虚拟机群"，让敌方从卫星或雷达上观察到的这支作战力量来自东方，而实际上来自西方的一支真实部队正准备发起攻击，即用技术手段实施"声东击西"。三是创造宗教全息圣像，动摇敌方军心。例如，如果将来伊朗核危机演变成一场战争的话，美军可能会在空中显示伊斯兰教真主的全息图像，让活灵活现的真主劝伊朗士兵投降。美陆军的心理战部队 1993 年在索马里维和时已经进行过这方面的试验。当时的情形是这样的：当年 2 月 1 日，在索马里摩加迪沙以西 15 km 处，突然刮起一阵沙暴，随即便在沙尘飞扬的昏暗的空中，出现了一幅高 150～200 m 的耶稣基督的全息圣像。见此情景，许多美军维和士兵都纷纷跪下祈祷。

遍布全球的计算机空间战，包括信息恐怖活动、"语义攻击"、"朋客盯梢"等。信息恐怖活动是恐怖分子利用计算机网络系统进行的活动。信息恐怖分子既可能是一般计算机爱好者，也可能是敌方的计算机专家。在通常情况下，这些恐怖分子攻击的不是群体，而是个人，特别是敌国的军政首脑。其做法是：查询进入网络的被攻击对象的档案材料，以公布其档案相威胁进行讹诈，或篡改档案内容。实施"语义攻击"的目的是"使系统给出的答案与实际不符"，办法是向计算机系统的探测器输送假数据或假信号。"朋客盯梢"是指计算机"朋客"利用信息系统对有关人员，其中包括对重要军政人物的活动进行跟踪。

渗透进电脑网络的"黑客"战，如 1991 年海湾战争时，美军情报人员偷偷更换了伊拉克进口的电脑和打印机芯片，使开战后其电脑网络瞬间瘫痪。"黑客"泛指进入计算机网络，违章操作造成不良后果的计算机使用者。实施"黑客"战的作用是：全面瘫痪敌电子信息系统；迫使敌信息系统周期性关闭；大规模偷窃敌方信息数据；使随机数据出现差错；以输入假电文和提取数据进行讹诈。通常使用的手段是计算机病毒、逻辑炸弹、特洛伊木马和"截取程序"等。目前，危害最大的是计算机病毒多达 1.2 万多种。实施计算机病毒攻击的主要方式有三：一是空间注入，即利用计算机病毒武器将带有病毒的电磁辐射信号，向敌方电子对抗系统进行辐射，使其接收辐射后能将病毒植入。二是网络节点注入，即通过敌方电子系统或 C4I 系统中某些薄弱的网络节点，将病毒直接注入。三是设备研制期注入，主要指在电子装备研制期间，通过一定的途径将病毒植入计算机硬件、操作系统、维修工具或诊断程序中，长期潜伏，待设备交付使用后，病毒由某些特定的条件激活而起作用。

换心地洗脑式的心理战，如伊拉克战争中美军向伊拉克高官们发送的大量电子邮件，向伊拉克民众空投的大量只能接收美军用阿拉伯语广播的收音机等。其主要形式有新闻报道战、宣传鼓动战以及瞒天过海等。而阿富汗战争中，美军空投到阿富汗的大量印有"USA"字样的大米和面粉，也是一种心理攻势。

触手可及的网络战。所谓网络战是指敌对双方针对战争可利用的信息和网络环境，围绕"制信息权"的争夺，通过计算机网络在保证己方信息和网络系统安全的同时，扰乱、破坏与威胁对方的信息和网络系统。从本质上讲，网络战是信息战的一种特殊形式，是在网络空间上进行的一种作战行动。与传统战争相比，网络战具有突然性、隐蔽性、不对称性和代价低、参与性强等特点。网络中心战，其英文名称为"Network Centric Warfare"，是相对于传统的平台中心战而提出的一种新作战概念。所谓平台中心战，是指各平台主要依靠自身探测器和武器进行作战，其主要特点是平台之间的信息共享非常有限。而网络中心战是通过各作战单元的网络化，把信息优势变为作战行动优势，使各分散配置的部队共同感知战场态势，从而自主地协调行动，发挥出最大整体作战效能的作战样式，它使作战重心由过去的平台转向网络。不言而喻，网络中心战能够帮助作战部队创造和利用信息优势并大幅度提高战斗力。它具有战场态势全维感知能力，作战力量一体化，作战行动实时性，部队协调同步性等特点。

第二节　信息化战争的特征及发展趋势

信息化战争是一种新型战争形态，既不同于农业时代的冷兵器战争形态，也不同于工业时代的热兵器战争形态，它属于知识经济、信息时代的高技术战争形态。当前世界范围内正在进行的新军事变革，其实质就是要把工业时代的机械化军事形态改造成信息时代的信息化军事形态。信息化战争作为21世纪新的主要的战争形态，除了包括信息战之外，还包括精确战、网络中心战、特种战、太空战等作战样式。与其他战争形态相比，信息化战争具有以下基本特征。

一、战场空间多维化

随着人类认知领域的不断扩展，战场空间也在不断扩大。信息化战争与机械化战争相比，其战场空间已由地面、海洋和空中向外层空间、电磁空间、网络空间及心理空间等领域扩展，使信息化战争的战场空间呈现出多维化的特征。

1. 外层空间

在信息化战争中，战场监控、信息传输、导航定位、精确制导等，主要都依赖外层空间的卫星来支持，这已经被近几场局部战争所证明。科索沃战争和阿富汗战争中，美军及其盟国的军事情报70%~90%是由太空侦察系统获得的。伊拉克战争中，美军为了夺取信息优势，在600~800 km的外层空间，部署了多达116颗各类卫星。在未来信息化战争中，太空所具备的独特的优越性将得到进一步扩展和强化。没有制天权，就不可能掌握制信息权和制空权，也就没有制海权和制陆权。可以说，谁控制了太空，谁就掌握了战争的制胜权。

2. 电磁空间

电磁战场被称作继陆、海、空、天之后的"第五维战场"，是信息化战争的重要作战空间。在信息化战争中，电子目标星罗棋布，无论是电台、雷达、通信卫星等各种电子装备，还是地面开进的坦克、海上游弋的舰艇、空间格斗的战机等各种作战兵器，它们都能成为电磁波的发射源，使各种电磁波纵横交错，在广阔的空间中形成密集的电磁频谱网，确保了对各军兵种部队的指挥控制。信息化战争中电磁空间的极端重要性，使得敌对双方在电磁空间里的对抗更加激烈。

3. 网络空间

网络空间是人类进入信息社会的必然产物。据资料介绍，目前全世界已有170多个国家和地区的计算机通过国际互联网络连为一体，形成了一个巨大的遍布全球的网络空间。网络空间的出现，使地理上的距离概念和国家之间的地理分界线变得越来越模糊。在网络空间里，通过计算机病毒、芯片攻击和网络"黑客"入侵等手段，可对以计算机为核心的信息网络实施攻击，达到瘫痪敌指挥控制系统、削弱甚至使敌整个部队丧失战斗力的目的。科索沃战争中，无形的"黑客"曾使美国白宫的网络服务器瘫痪数小时；北约空袭开始后，总部的网站每天都收到来自攻击者的数以万计的电子邮件，严重阻塞了网络线路。

4. 心理空间

从阿富汗战争和伊拉克战争中，我们可以看到，心理空间已经成为信息化战争的一个重要的作战空间。伊拉克战争中，战前美军心理战专家专门分析了伊拉克甚至阿拉伯世界的意识形态和文化特点，将各军兵种所属的多支富有实战经验的心理战部队，部署到伊拉克周边地区，对伊军民实施广泛的心理战行动，专门设立了"倒萨广播电台"，并以各种手段向伊境内散发"倒萨"宣传品，极力宣扬美军的强大武力，企图以强大的心理攻势瓦解伊军民的抵抗信心和士气。与此同时，伊拉克也竭尽所能地进行了反心理战，主动与联合国配合进行核查，以争取国际舆论的支持；进行全民动员，激励士气，号召全国军民抵抗侵略；针对联军担心大规模的人员伤亡，大肆宣扬要与美军进行巷战，使巴格达成为美军的坟墓等等，从心理上对美军士兵施压。

二、作战体系一体化

信息化战争是体系与体系的对抗。交战双方为了赢得战争的胜利，都设法发挥各自系统的最大整体作战能力，这就使一体化成为信息化战争的一个重要特征。

1. 作战力量一体化

信息化战争中，通过信息网络和信息技术，可以将处于不同空间位置的各种作战能力联结成为一个有机的整体，形成一体化作战力量。主要表现为：一是武器装备体系的一体化。通过指挥自动化系统可实现从传感器到射手之间、各武器系统之间、各作战部队之间的信息流动，使武器装备在横向联结成为统一的有机整体，大幅度地提高武器装备系统的整体效能。二是诸兵种合成一体化。在各军种内部，不断提高部队的合成程度，使作战部队、作战支援部队、勤务保障部队紧密合成为统一的有机整体，提高作战系统的整体作战能力。三是诸军种联合一体化。在各军兵种之间，通过建立一体化信息网络和联合指挥机制，铲平各军种相互独立的"烟囱"，实现诸军种作战力量一体化。

2. 作战行动一体化

信息化战争中由指挥自动化系统的广泛应用，军兵种部队作战行动的一体化大幅度跃升。空中、地面、海上作战行动的配合更加紧密，各种作战力量的传统分工趋于模糊。如攻击战术目标，有可能要动用战略手段；打击战略目标，有时要运用战术力量，使用战术手段；另外，进攻和防御界线趋于模糊，在加强对敌人进攻作战的同时，要十分重视对己方作战力量的防护，攻防节奏转换很快；软打击和硬摧毁融为一体，软打击是实施硬摧毁的重要保障，硬摧毁必须在软打击行动的支持下才能顺利实施。总之，单一军种的独立作战正在逐渐消失，空地一体、海空一体、陆海空天一体的多军兵种联合作战已成为作战的基本样式，信息化战争的行动已经呈现出十分鲜明的一体化特征。

3. 作战指挥一体化

信息化战争中，集指挥、控制、通信、计算机、情报、侦察和监视一体C4ISR系统，为作战指挥提供了准确的战场情报、快速的通信联络、科学的辅助决策、实时的反馈监控，从而使树状的指挥体制将逐渐被扁平网络化的指挥体制所代替，使作战指挥实现了一体化。

4. 综合保障一体化

信息化条件下作战对综合保障的要求越来越高，作战保障、后勤保障、装备保障、政治工作保障等必须联合进行才能有部队的联合作战能力。在机械化战争中，各种保障行动是相对独立的，保障效能较低。信息化战争就不同了，由于信息技术和指挥自动化装备系统等在军事上的运用，为一体化的综合保障提供了条件。

三、侦察、打击和保障精确化

1. 侦察、定位与控制精确化

精确侦察、定位与控制是实现精确打击的前提和基础。一方面，信息化战争中，大量先进的侦察、监视、预警等探测系统，可对目标实施全天候、全时辰的侦察监视，从不同侧面反映目标的特征，并对获取的信息进行相互印证，从而为获得到全面、准确的战场情报提供了前提。另一方面，通过建立精确的大地坐标系、建立地形数据库和目标特征数据库等各项技术，使用GPS等天基导航定位系统，使全球精确定位变成了现实。第三方面，在C4ISR系统的支持下，作战指挥与控制实现了互联、互通、互操作，指挥员可以直接对一线作战部队甚至对作战兵器实施有效的指挥、控制和协调，使指挥控制更加精确化。

2. 打击精确化

精确打击是信息化战争精确化的核心内容，它是在利用先进的技术手段对目标实施精确侦察与定位的基础上，通过运用先进的武器装备来提高命中精度，达到预定的作战效果。从理论上讲，武器的命中精确提高一倍，其对目标的毁伤力可达到原来的四倍。科索沃战争中，北约始终把精确制导武器作为主导型武器使用，大量使用防区外发射的精确制导弹药或巡航导弹，实施远距离空袭作战，对预定目标实施全纵深精确打击和重点打击，使精确打击成为作战的主导方式。

3. 保障精确化

所谓精确保障，就是充分运用以信息技术为核心的高技术手段，在精确预测后勤需求和随时掌握需求变化的前提下，精细而准确地筹划和运用保障力量，在准确的时间、地点为部队提供准确的数量、质量的后勤保障。比如，美军后勤各业务领域普遍建立了信息管理系统，如"全军资产可视系统"（TAV）、"物资在运可视系统"、"新型战场分发系统"等，为精确保障提供了重要条件。

四、指挥决策、行动快速化

从科索沃战争、阿富汗战争和伊拉克战争我们可以看出，未来信息化战争，作战速度快，作战节奏转换快，作战行动持续时间相对短，将更加凸显，使信息化战争呈现出快速性的特征。

1. 指挥决策快

在信息化战争中,信息技术广泛运用于战场,使侦察监测设备和信息快速传输网络联为一体,实现了信息的实时获取、实时传输、实时处理,使得信息流动速度空前加快,尽管基本作战指挥程序和信息流程没有发生根本变化,但发现目标、进行决策、下达指令、部队行动等环节几乎可以同步进行。

2. 作战行动快

伊拉克战争中,美第3机械化师高速挺进,不与伊南部的伊军部队纠缠,开战仅5天,就长驱直入400 km,直逼巴格达,创造了日行170 km的开进速度,这等于海湾战争时期美军开进速度的3倍,创造了战争史上大纵深突击的新纪录。另外,信息化战争中,各种信息化武器具有快速的打击能力,使得作战行动的速度加快,时效性明显提高。如美国的"宝石路"激光制导炸弹从发射到击中目标仅为30~40 s;空空导弹只有3~4 s;先进的防空系统发现目标后几秒钟即可截击目标。

五、武器装备信息化

工业时代的战争,以机械化武器装备为物质基础。信息时代的战争,则是以信息化武器装备系统为物质基础。信息化的武器装备系统,是以计算机技术为核心、以信息技术为基础的一体化的武器装备系统。信息和能量相结合控制能量的释放空间,形成精确化的信息武器系统,不仅具有信息获取、传递和处理的功能,而且具有信息压制和打击的功能。如硬杀伤型信息武器,主要是指精确制导武器和种信息化作战平台,它们集侦察、干扰、欺骗和打击为一体,既可实施战场探场,也可实施精确打击,还可实施信息攻防作战。如美国的RQ—1"捕食者"无人机,不仅可以实施侦察、传输,还可实施定位打击。

海湾战争使人们看到了信息化战争的萌芽,伊拉克战争向人们展示了信息化战争的雏形,目前战争形态仍正处于一个由机械化战争向信息化战争过渡的转型期,中外一些未来学家和军事专家认为,敌对双方完全使用信息化武器装备所进行的全面信息化战争大约要到本世纪中叶才能到来。从十多年信息化战争发展的大致轨迹来看,未来信息化战争的发展将会呈现出如下一些趋势。

一、战争内涵大大拓展

(一)战争的主体多元化

传统的战争主要发生在国家和政治集团之间,战争打击的目标主要是对方的军事力量和战争潜力,战争的主体是军队。而在未来信息化战争中,由于信息战和反恐战所具有的特点,战争的主体除了军队之外,还包括恐怖组织、贩毒集团、工商集团、民族组织、宗教组织犯罪团伙等。

(二)战争的目的发生变化

夺取经济资源是战争最重要的目的。在工业时代,因为人力、土地、能源和矿产等资源是经济发展的基础和主导因素,所以战争的目的主要表现为对这些有形物质资源的争夺。进入信息化时代后,知识经济不仅依赖于有形的物质资源,更依赖于无形的知识和信息资源。

联合国教科文组织做过调查,各国知识占有量上的差距,已经成为最终导致国与国间竞争力和经济实力差距的主要因素。因此,未来信息化战争的目的将发生变化,将不再主要是明火执仗地攻城略地,赤裸裸地抢占自然资源,而是通过争夺和控制知识与信息资源,包括控制敌对国领导层和民众的精神、意识与价值观,进而控制有形的物质资源,最终维护和发展国家与集团的政治利益和经济利益。

(三) 战争的暴力性减弱

传统的战争理论认为:"战争是流血的政治",但未来的信息化战争中,则有可能成为不流血或少流血的政治。在信息化战争中,信息和信息系统既是武器,也是交战双方攻击的主要目标。进攻一方可以不动用大量的军队,不实施传统意义上的大规模火力交战,而只需通过网络攻击、黑客入侵和利用新闻媒介实施的大规模信息心理战等"软"打击的方式,破坏敌方的计算机信息网络,瘫痪敌方指挥系统,瘫痪敌国的经济,制造敌方社会的动乱,把战争意志强加给对方,以不流血的形式换取最大的政治和经济利益。即使在使用各种"硬"摧毁手段的战争中,进攻一方也不再以剥夺敌国的生存权利,或完全夺占敌方的领土等作为最终目标,而是注重影响对手的意志,尽可能地减少战争的伤亡,力争以最小的伤亡代价换取最大的胜利,战争暴力性将会减弱。

(四) 战争的层次更加模糊

在未来信息化战争中,战争的战略、战役和战术层次将会逐渐模糊。一方面,战役或战术行动具有战略意义。由于武器装备作战效能越来越高,精确打击和信息战等作战行动对敌方军事、政治、经济和心理的攻击威力越来越大,因而小规模的作战行动就能有效达成一定的战略目的,一场战斗或一次战役就有可能是一场战争。另一方面,作战行动将主要在战略层次展开。信息化战争不再是从战术突破到战役突破再到战略突破,而是战争一开始就把敌方的军事、政治和经济等重要战略目标作为打击对象。战略信息战和超视距非接触式的精确打击,使得战争在全纵深内展开,使战略、战役和战术融为一体。比如,在科索沃战争中,战斗就几乎没有发生过,战争主要是由战略性空中打击构成的。

二、谋取全谱优势

美军在《2020年联合构想》中指出:"美军的最高宗旨是达成国家最高指挥当局指定的各项目标。就未来的联合部队而言,实现这一宗旨的途径是掌握全谱优势。所谓'全谱优势',是指在所有军事行动中美军都能单独地,或与多国及跨机构伙伴协同击败任何对手并控制局势。"

谋取全谱优势,就是要夺取陆、海、空、天、电等各个战场空间里的优势,获得制空、制海和制信息权,其中最重要的是夺取制信息权,谋取信息优势。美国高级军事专家艾略特·科恩在《战争的革命》一书中说道:"在未来战争中,对信息的争夺将发挥核心作用,可能会取代以往冲突中对地理位置的争夺。"信息优势具有以下几个方面的含义:一是信息优势是信息化军队的核心能力,只有具备这种能力,才能使军队具有"交互式作战空间态势感知与共享能力"。二是比敌方更全面地掌握战场空间状况,包括敌对双方的态势和企图。三是拥有比敌方更先进的天基信息系统,有阻止敌方利用太空实施威胁的能力。四是有比敌方更强的情报搜集与评估能力、侦察与监视能力、信息传输能力和信息处理能力。五是拥有很强的信息防护能力,能确保传感器、通信和信息处理网络系统不被敌方干扰、破坏和利用。六是有很强的信息进攻能力，能使用"软"、"硬"手段，影响、干扰、削弱、破坏或摧毁敌方的信息系统。

为了充分发挥信息优势的作用，提高信息的有效性和信息使用的效率，美军正在努力将建造全球网络栅格，力图将信息优势转化为决策优势。美军认为："信息优势只有在其有效地转化为知识优势和决策优势时才能给联合部队带来竞争优势。联合部队必须能够利用转化为知识优势的信息优势来夺取'决策优势'，即在对手未做出反应前做出决策并使决策付诸实施，如果是非战斗性行动，就要以快节奏做出决策的落实决策。"

三、实现智能化

信息化发展的高级阶段是智能化阶段，因此信息化战争的发展很重要的趋势，就是实现战争的智能化。这一趋势主要表现在以下三个方面：

（一）作战武器平台的智能化

随着人工智能技术的发展，在未来信息化战争中将会大量使用具有智能化的作战武器平台。如：人工智能制导武器，它具有自主进行敌我识别、自主分析判断和决策能力，可以自动寻找目标并实施攻击；无人驾驶的智能化坦克、飞机和舰船，它们可以在深入危险地区执行攻击任务；智能电子战系统，它可以自动分析并掌握敌方雷达的搜索、截获和跟踪工作程序，发出有关敌方导弹发射的警告信号，并确定出最佳防卫和干扰措施；众多类型不同、功能各异的各种机器人，等等。在阿富汗战争中，无人机已经发挥了重要的作用。特别值得注意的是，目前世界许多发达国家都在制定发展机器人的计划，仅美国正在研制的机器人就有100余种，英国也有30余种。随着纳米技术的发展，军用微型机器人将大量地投放于战场，执行侦察探测、信息传递、破袭敌电子设备和武器系统以及杀伤敌作战人员等任务。

（二）作战指挥手段的智能化

随着计算机技术的发展，未来将会出现神经网络计算机、光计算机、高速超导计算机、生物计算机等新概念计算机，将使人工智能技术迈上新的台阶。未来计算机的功能，将在运算、存储、传递、执行命令的基础上，大大扩展其智能，将会由信息处理转向知识处理，不仅可以代替人的记忆和计算功能，而且可以代替人的思维功能。

（三）作战行动将在智能化领域对抗

在传统的机械化战争中，虽然在智能化领域也存在着敌我对抗活动，如敌我之间的谋略对抗就是一种思维对抗，但这种对抗是间接的，需要用部队真实的作战行动才能表现出来。然而，在未来的信息化战争中，由于信息战的广泛运用，智能化领域将会发生激烈的对抗。知识、信息和思维这些智能化的范畴，既有可能是作战所使用的手段，也有可能是作战所要打击的目标。

四、全面威慑与速决取胜

在未来信息时代，战争指导者为了得到世界民众的支持，不引发民众强烈的反战情绪，不得不对战争的规模和进程实施严格的控制，因而未来信息化战争基本上都是一种局部战争。在这种局部战争中，为了以最小的代价获得所需要的政治、经济和军事利益，就必须高度重视军事威慑的作用，力争采取速决的方法赢得战争的胜利。在这方面，美军在伊拉克战争中所运用的"震慑"与"迅速制敌"作战理论，代表了未来信息化战争的一种发展趋势。

第三节 信息化战争与国防建设

人们以什么样的方式生产，就以什么样的方式制胜。农业时代以冷兵器和体能制胜，工业时代以机械化兵器和技能制胜，信息时代以计算机、网络和智能制胜。机械化战争中军队的机动能力空前提高，火力空前增强，战争的规模也空前扩大，新的制胜因素成为钢铁产量、火炮口径、飞机、舰艇和坦克的数量及操作这些钢铁兵器的勇士们的技能。20世纪后半叶起，由计算机、通信卫星和全球网络带来的生产方式的改变导致战争方式的彻底改变。1991年的海湾战争，从机械化战争的标准看，伊军与美军的装备差距不是很大，但瞬间一边倒的结局让全世界看到了信息优势所带来的全新的战争制胜要素。此后十多年进行的科索沃战争、阿富汗战争、伊拉克战争则一而再、再而三地证明了这一点。

新的制胜因素的出现，必然给国防建设提出一系列的挑战。这种挑战表现为一是制胜优势的转型，制信息权成为超越制空权、制海权的新的制高点。二是信息技术优势导致战场全维领域的透明，夜战、电子战、侦察与反侦察成为贯穿战争始终的要领。三是"非线性"、"非对称"、"前后方界限消失"、"战略战术概念模糊"等新理念扑面而来，武器装备的"代差"甚至"隔代差"的出现，"超视距作战"、"远程精确打击"、"网络中心战"等全新战法的出现。四是信息化推动军事组织结构不断创新，指挥机构趋向简捷，陆海空三军的区分趋向模糊。五是人的智能得到极大扩展，信息化提供了前所未有的人类充分利用智能空间。纵观百年世纪战争我们可以看到，无论是机械制胜还是信息制胜，说到底都是物化了的人的综合素质的较量。没有高素质的军人，既打不赢机械化战争，更打不赢信息化战争。

面对信息化所带来的这场变革，我们应当看到这既是挑战，更是历史的机遇。我们必然提高认识，更新观念，创新思维，竭尽全力，加速以武器装备和人才队伍为核心的军队信息化建设，以打赢未来的信息化战争，实现伟大祖国的和平统一，实现中华民族的伟大复兴。

一、始终坚持"积极防御"的军事战略方针，广泛开展信息时代的人民战争

"积极防御"战略具有强大的生命力，在信息化战争中，这一方针的核心是"积极主动、攻防兼备"。其基本要点是：在没有战事的情况下，利用和平时期，加强战争准备，宁可千日不战，不可一日不备，防患于未然；当敌方蓄意挑起事端时，迅速作出反应，以积极的攻势行动，消灭入侵之敌；战前充分准备，不打则已，打则必胜。因此，"积极防御"的方针战略在应对信息化战争中，仍然具有非凡的生命力，并赋予了新的内容，我们必须始终坚持。

贯彻积极防御的战略方针，必须正确估计所面临的主要威胁，充分考虑到国家的安全利益和军事行动的有效性，把握好以下几个关系。

一是"威慑"与"用兵"的关系。威慑，是指以军事力量辅以多种手段避免和制约战争的发生；用兵，则是以武力达成战争目的。两者相互联系、相互作用，又相互区别。威慑也包含用兵的内容。因为只有具备强大的军事力量，才能更有效地遏制战争。但赢得战争并非必须用武力手段，可以强大的威慑力量达到"不战而屈人之兵"的目的，从而遏制战争的爆发，同样可以达到维护国家安全的目的。我国正在致力于经济建设，需要一个长期稳定

的和平环境，从这种意义上讲，制约战争显得更为现实和重要。然而，当国家主权受到侵犯，比如说台湾当局要宣布"独立"的情况下，而采取非军事行动又不足以解决问题时，采取武力手段则是势所必然。

二是"后发制人"与"先机制敌"的关系。"后发制人"即绝不首先对任何国家使用武力，这是我国的社会主义性质决定的。"先机制敌"则强调军事上应预先创造和把握有利战机以求得主动，这是由信息作战的特点决定的。由于信息化战争具有发起突然、进程短暂的特点，如拘泥于一般的防御原则，就将给敌人以可乘之机，而自己就将陷入被动地位。因此，"后发制人"不能理解为"被动还手"。

同时，我们还应研究与信息时代相对应的人民战争，用广泛的人民战争取得未来信息化战争的胜利。

二、提高对信息化战争的全面认识，增强信息制胜的思维意识

（一）提高信息作战能力是争夺信息化战争战略主动权的需要

面对战争形态由机械化向信息化转变，世界各军事强国已把关注的重点聚焦到信息战上，把军队建设的重点转移到加强以数字化信息系统为中心的质量建设上，以极大地提高整体战斗力，谋求21世纪的战略主动权，形成了以争夺信息优势为主要标志的新态势。为了迎接信息化战争的挑战和顺应信息技术发展趋势，夺取新世纪战略主动权，我们必须把军事战略调整到打赢信息战上。因此，大力加强信息战研究。积极推进我军数字化部队、数字化战场建设，努力提高我军信息化水平和信息作战能力，已成为摆在我们面前十分紧迫和重大的历史责任。

（二）提高信息作战能力是军事斗争准备的客观要求

信息技术的广泛应用，使主战武器信息化、指挥手段自动化，信息系统已成为军队战斗力的关键要素，制信息权已成为敌对双方争夺的制高点，信息化已成为未来战争的基本特征。这就清楚地表明，我军未来面对的战争，是核威慑下的信息化战争。因此，把军事斗争准备定位在打赢信息化战争，加强信息战理论和数字化部队、数字化战场建设，提高我军的信息战能力，是军事斗争准备的正确选择。适应这一客观要求，就从根本上选准了提高部队作战能力的突破口。

（三）提高信息战能力是军队质量建设的重大依据

从军队质量建设的战略需求来讲，军队质量建设是以战斗力为标准的，并最终通过作战实际来检验。从根本上说，信息化战争的客观需求决定着军队质量建设的方向。从推动军队质量建设的强大动力来看，以信息技术为核心的高技术正在广泛渗透于战斗力的诸要素之中，对战斗力的生成和发展起着愈来愈重要的作用，以至成为战斗力的新的增长点和质量建设的强大推动力。这就要求我军在加强质量建设上，必须坚持科技强军战略，充分发挥信息技术的推动作用，不断提高我军官兵的素质和武器装备的高科技含量，从根本上提高打赢信息战的能力。

三、打破传统观念，树立新型（信息）制胜观念

（一）确立"综合制胜"的观念

在战争史上曾出现过"空军制胜论"、"海军制胜论"等单一军种或兵种取胜的论调，

而我军则受"陆军主宰战场"的影响较深。然而,由于武器装备的进步和军兵种成分的巨大变化,陆军在信息作战中的地位作用将会出现根本改变,陆军在战场上的主导地位将发生动摇。信息作战中,战场空间呈现明显的多维化和一体化特征。随着空中、海上、太空、电磁等空间领域的地位作用不断增强,作战行动对比不存在以陆战场为主的局面了、必须彻底改变陆战第一、陆军老大的传统思想。从海湾战争到伊拉克战争已清楚地显示了作战能力的较量不只局限在地面,其他几维战场空间的地位作用与陆战场平分秋色,有些战争甚至只是进行了几十天的空战。

信息化战争中单纯依靠某一军种或某一兵种的单一力量是不能取胜的,必须依靠整体的力量与敌方抗衡。可以这么说,信息化战争形态与机械化战争形态的一个根本区别,就在于战争力量的组织形式是多种力量的联合方式。未来信息化战争不论其规模大小,都将表现为以信息系统为支撑、由多维战争空间力量和多个战斗力量单元共同参加的联合行动,有的往往是由多国力量共同参加的联合行动。作为信息化战争雏形的海湾战争,多国部队投入了包括陆军、海军舰队、海军陆战队、空军力量,以及大量军用卫星、全球定位系统、电子战设备在内的多维战场空间的力量。

局部战争的实践表明,随着信息技术的发展,在信息化战争中,多维空间的联合力量将通过各力量成分、协同单元的有机组合,将各自的作战效能凝合为一个整体,发挥综合效益和整体威力。

(二)树立"信息制胜"的思想

立体的情报侦察系统、完善的自动化指挥系统、综合的电子战系统和远程精确打击系统,改变了战争的面貌,同时标志着"制信息权"与军队行动的"自由权"和战场的"主动权"关系重大。海湾战争以来的战争实践表明,完全"打钢铁"的时代将让位于"打硅片",火力优势将依赖于信息优势,这是一个革命性的转变。我们的军事思想必须适应这一新的要求,使国防建设和军队建设走向信息化。

(三)跳出过去的思维定式

面对信息化战争这一新的战争形态,必须跳出过去的思维定式,在观念上绝不能墨守成规,要研究新事物,适应新情况,探索新战法。以往的战争虽然仍有值得借鉴的经验,但不能使其成为束缚思想的枷锁。因为历史不会重演,战争永远不会复更,胜利的砝码往往偏向于有创新思维者,军事思想的保守只能导致失败。军事思想的创新比发展武器装备更重要。

军事变革往往伴随着作战方式的革命,而作战方式的革命要以军事思想的革命为先导。信息化战争中,我们仍然要贯彻积极防御的战略方针,仍然面对着以劣势装备战胜优势装备之敌的现实,但在具体战法上绝对不会与过去相同,需要我们以创新的思想观念,在实践中研制出一套新的制敌的思路来。比如,要更多地运用精确战、电子战、网络战的作战形式,强调打"关节点",强调瘫痪敌方的指挥控制系统,而不是铺天盖地的大面积的毁伤。又如在信息作战中,特别强调系统方法,强调全局观念,注重一体化作战,发挥整体威力,而不提倡脱离系统的、不利于全局的单独行动等。

随着信息化智能武器系统的远距离作战能力的提高,多维力量的超视距联合精确打击已成为一种常见的、主要的交战模式,近距离接触式作战的地位大大降低。一些军事家们分析,信息作战开始使传统的地面集群胶着、空中机群的航炮格斗、海上舰炮直接对抗、空对地的临空轰炸扫射等交战模式成为历史,远战武器的超视距对抗,已经取代千军万马的短兵相接、拼搏刺杀等传统交战模式占据的主导地位,近战歼敌演变成作战行动的尾声。1991年的海湾战争,整个42天的战争,远程精确打击占到了38天,地面近距离交战只占了4天。而历时78天的科索沃战争,全部采用的是远程精确打击。阿富汗战争也是进行了60天的空袭之后,才转入地面部队的打扫战场。多维力量的超视距联合精确打击的地位作用还表现在,有时通过这种交战模式就能直接达成战争目的。美国空袭利比亚、北约空袭南联盟,都是这方面的典型事例。

在信息作战中,地面交战的主要模式是数字化部队非线式一体化作战。"非线式"概念是相对于以往作战中在接触线附近实施"拉锯式"的阵地战而提出的。其基本特征主要表现在两个方面:一是在空间态势上,双方部队在战场上不再保留一条相对稳定的展开对峙线和战斗接触线,战场态势没有前方后方可言。各部队的作战任务不会再划分明确的战斗分界线,只有部队的行动目标和任务地域概略区分,担任各自任务的部队将随机地在宽阔的战场上快速机动地遂行任务;二是在时间进程上,不再像以前那样,预先确定好战役、战斗目标和任务地域,按照固定的模式和程序按部就班地进行,而是在整个战场空间范围内,根据态势的变化和任务需要,随时调配力量,多方向、快速地集中各种作战的效能于目标点。

战争是一种浑浊现象,信息作战的非线式加深了这一浑浊现象。我们要善于在浑浊现象中观察或研究出本来存在着的信息作战方法。这要求我们必须讲究创造性思维,善于从旧的模式中解脱出来。

四、着力铸造"撒手锏",为打赢创造物质条件

打赢信息化战争,取决于多方面的因素,但具备必需的物质条件是其中的重要因素。信息作战,在深层次上表现为信息技术间的斗争,信息技术发展的结果直接影响到信息作战的结果。信息技术的关键性技术是探测器技术、通信技术和计算机技术,关键性的系统是C4I系统、电子战系统和精确制导武器系统,打赢信息战,这些硬件设备是必不可少的。

从总体上讲,我们在信息技术和信息化武器系统方面与主要作战对手存在较大的"技术差",目前有不少方面还比较落后。但我们也不必自卑,经过我们的艰苦努力,我们在较短时期内在某些领域完全有能力铸造自己的"撒手锏"。

(一)下大力发展情报预警系统

随着武器信息化和军队整体信息化水平的不断提高,整个军事系统和作战行动对情报信息的依赖程度越来越大。从目前情况看,我军情报侦察的手段还相对比较落后,侦察的手段还比较单一,必须大力加强发展这方面的手段和装备。首先要建立战略早期预警防空系统,力争对敌人的突然袭击行动能够早期发觉、预有准备。还要重点发展战场监视系统,包括无人驾驶侦察机、战场侦察雷达、战场电视监视系统以及各种性能先进的夜视器材和电子侦察设备,以提高战场的透明度。

(二)有重点地发展精确打击武器

高精度、突防能力强的中远程精确打击武器将成为未来战争的"撒手锏"。在这方面,我们已有较强的实力,设计及生产能力不强,有必要继续加强,务必使我们在对空、对地、对海上等目标的精确打击上有令敌人生畏的"撒手锏"。此外,防空、反导导弹系统是对抗空袭的重要手段,在这方面也要有一定的经费投入和科技力量的投入,形成自己的防御体系,以免被动挨打。

（三）进一步加强一体化 C4I 系统建设

C4I 系统不仅是信息作战的"力量倍增器"，而且是信息系统的核心。当前，在继续加强和完善战略级 C4I 系统建设的同时，应重视战术级 C4I 系统的建设，特别是在提高通信能力和情报获取能力上争取有所突破。

（四）在提高电子对抗能力上下工夫

电子战是具有 21 世纪时代特征的信息对抗，已成为信息战的主要作战样式，是夺取信息优势的主要内容。我军的电子对抗装备应在提高性能、扩展频谱上下工夫，电子战飞机要能执行雷达对抗、通信对抗和发射反辐射导弹等任务，并且有战场毁伤评估能力。此外，各类作战平台要装备综合电子对抗系统和自卫干扰系统，以适应未来信息作战的复杂电磁环境。还要注重研制计算机病毒武器和防计算机病毒的措施，提高计算机空间的对抗能力。

（五）注重发展新概念武器

随着新概念武器陆续登上战争舞台并得到广泛应用，我军也要注重对新概念武器的开发和研制。如动能武器、高能激光武器、高功率微波武器等，还有非致命武器如激光致盲武器、次声波武器、光学弹药、失能剂、材料摧毁剂等等，虽然我们不能做到全面去发展，但在某一领域开发研制一两件有威慑的新概念武器还是有可能的，在这方面我们应该有所作为，只要有一定的经费和科技力量的投入，组织攻关，在某些方面是能够见成效的。

五、树立新型人才观念，打造应对信息化战争的高素质军事人才

培养能够适应信息作战要求和从事信息作战的人才，是信息化军队建设的重要内容。从某种意义上说，信息作战是具有高科技知识的人才较量，我军必须把培养人才作为作战准备的基础工程，作为刻不容缓的战略性任务。

（一）信息作战迫切需要高素质的人才

信息作战中，信息的获取、传递、处理、控制和利用，都要通过人去做，计算机也要人去操作和控制。还是毛泽东说的对："武器是战争的重要因素，但不是决定的因素，决定的因素是人不是物"。无论信息化武器如何发展，其威力如何巨大，人是战争的决定因素这一真理是不会改变的。因为在人和武器相结合的统一体中，人始终处于主导地位，武器则处于从属地位。信息化武器的发展，只不过是人的能力的延伸，丝毫也没有降低人的因素的作用。相反，武器装备越是信息化，对人的素质要求也越高，人的因素就越重要。美国国防部关于海湾战争致国会的最后报告中指出："高质量的人才是美军第一需要。没有能干的、富有主动精神的青年男女，单靠技术本身是起不到决定性作用的，优秀的领导和高质量的训练是战备的基本素质。只有训练有素，部队才能对自己、对领导人和武器装备充满信心。"

在信息作战中，对人才素质提出了新要求，并不是什么人都可以成为夺取信息作战胜利的决定因素。对信息作战理论和信息技术知之甚少的人，是无法取得信息作战胜利的。

适应信息作战需要，不仅要普遍提高全体军人的素质，而且要下大力培养关键人才。信息作战需要的关键人才，主要包括中、高级指挥人才，信息网络管理人才和高层次科技人才，中、高级尤其是高级指挥员，必须是具备扎实信息知识和驾驭信息作战能力，具有高技术谋略意识，善于利用信息技术组织指挥作战的复合型人才；信息网络系统组织指挥人才，是信息网络系统的具体组织者、指挥者，他们应当是既通晓信息技术、熟悉信息技术装备和

信息网络，又精通信息作战特点和战法，有较强组织指挥能力的指、技合一型人才；高层次信息科技人才，是信息作战各类信息技术手段的设计者、管理者，他们必须通晓信息作战特点、战法与技术保障的要求，善于利用信息技术手段支撑信息侦察、信息进攻和信息防御作战，能使己方信息技术手段效能得到最大限度的发挥。

（二）信息化战争对人才素质提出了更高要求

信息作战及数字化部队建设需要的人才，既包括一般军事人才的共性要求，也包括体现与信息作战相适应的特殊要求。这些特殊要求主要包括：在人才类型结构上，应着力建设好指挥控制、信息系统管理、信息技术运用、信息装备维护保障等各类人才队伍；在人才培养格式上，应注重人才的科技性、通用性、综合性、超前性特征；在人才素质要求上，应熟悉信息作战理论，掌握高科技知识，熟练运用信息网络系统和信息化武器系统；在人才文化层次上，应注重高学历和复合型人才培养。这些要求具体体现在政治思想素质、科学文化素质、军事专业素质、开拓创新素质、身体心理素质等方面。

1. 优秀的政治思想素质

战争永远与政治是结伴同行的。提高军人特别是中高级指挥员的政治素质，是夺取信息作战的重要保证。首先，要牢固树立马克思主义的战争观、人生观，坚持国家利益高于一切的原则，在任何情况下都能坚定不移地为捍卫祖国的安全而斗争；其次，要坚决听从党的指挥，自觉贯彻党中央、中央军委的军事战略方针和各项指导原则，坚决执行命令，一切行动听指挥；第三，要充满必胜信念，具有敢于压倒一切敌人和克服一切困难的大无畏精神，不怕疲劳，不怕牺牲，勇敢战斗，顽强拼搏。

2. 较高的科学文化素质

提高官兵的科学文化素质，历来是军队建设特别是人才建设的重要内容。信息作战，是知识的较量，是技术的较量，对人才的科学文化素质提出了极高的要求。比如，指挥军官的学历层次要达到大学本科水平，在指挥、管理、技术军官中形成占适当比例的硕士、博士群体；具有扎实的科学技术知识，对高科技领域特别是信息技术的基本原理及其军事应用比较熟悉；具有扎实的计算机和网络知识功底，能熟练地操作计算机；能熟练地操作使用现代通信工具、实施正确的指挥；具有较强的文字和语言表达能力；较熟练地掌握一门以上外语。

3. 过硬的军事专业素质

军事专业素质，是军事人才必须具备的基本素质。信息作战对军人的军事专业素质的基本要求主要包括：具有丰富的军事理论知识，懂得马克思军事理论、毛泽东军事思想和邓小平新时期军事理论，熟悉信息作战的思想、原则；具有扎实的军事高科技知识和军事专业知识，熟悉侦察与监视技术、隐形与反隐形技术、夜视技术、通信技术、电子对抗技术和指挥自动化技术，熟练掌握和使用信息化武器装备；具备较强的组织指挥能力和管理能力，熟悉信息作战的特点和规律，善于运用信息化武器系统和信息网络系统组织攻防作战，有较强的决策能力、协调能力和应变能力。

4. 开创性的创新素质

创新素质是现代军人必备的素质。在信息作战中，谁拥有更多具有开拓精神和创造能力的人才，谁就能在竞争中稳操胜券。比如，指挥员要具备创造性思维能力，能够跳出旧的思维模式，探索新思路；善于依据敌我双方的客观实际创造出新的战法，灵活制敌；善于使用最新的技术和科学理论，提高创造性谋略运筹能力；对信息作战依赖性很强的战场信息系统，只有熟练运用、创造性开发能力，增强信息系统购攻防作战能力。

5. 强健的身体和良好的心理素质

军事领域不仅充满危险，更充满艰辛。现代军人在战场上必须具备高强度的负荷力、耐久力、适应力和抗病力，具有良好的心理素质。比如，具备必胜的信念，牢固树立以劣胜优的决心和信心，以敢打必胜的信念，能动地运用现有装备云争取胜利；具有坚强的意志，能经得起各种艰难困苦、残酷激烈、痛病折磨、生死关头的考验；具有稳定的情绪，无论遇到何种危机和意外情况，要镇定自若，处变不惊，理智思维，紧张而有秩序地处理各种情况；无所畏惧的精神，要有敢于压倒一切敌人的气概和攻如猛虎守如泰山的勇敢精神。

（三）培养信息作战所需人才的基本途径

培养人才的方法途径，主要是学习和训练。军队要适应信息作战的要求，关键是如何采取适应信息作战的训练方式。我军新一代人才的培养，应在继承传统训练经验、借鉴外军经验的基础上，走出一条新的路子。

1. 重视高层次学历教育，逐步提高军官的文化水平

学历在某种程度上可以反映出其受教育的程度，文化程度又是提高官兵政治思想素质和军事专业素质及其他能力的基础。信息化战争需要具有高层次学历的军人去驾驭。正因为如此，各发达国家的军队都十分重视提高官兵的学历层次。我军培养信息作战人才也必须从提高学历层次入手，把具备相应的学历作为选拔使用干部的基础条件。首先，要把好兵员质量关，达不到高中毕业的青年不能入伍，逐步实现大学毕业生到部队服兵役的制度，提高士兵的文化层次；其次，把好选拔干部关，达不到大学本科学历的不能晋升为军官；第三，把好军官晋升关，逐步扩大从研究生中选拔领导干部的比例，团以上军官普遍能达到硕士研究生学历，师以上高级指挥军官要逐步达到博士水平。

2. 抓好关键性人才的培养，造就一批高层次的指挥军官

人才培养也要突出重点，重视培养造就中高级指挥员、信息网络系统组织指挥人才和高层次科技人才的培养。

中高级信息作战指挥人才的培养，可选拔具备大学本科学历以上的团以上领导干部，在中级以上指挥院校举办培训班，进行学制一年以上的系统训练。通过训练学习，使他们熟悉信息技术及其相关知识，通晓信息作战的特点规律，熟练掌握计算机等指挥手段，确立信息作战意识，成为能用新的作战思想、新的作战手段、新的战法指导信息作战的新型指挥人才。通过学习训练的优秀人才，应大胆提拔、配备到师以上领导岗位，逐步改变我军中高级指挥员的结构，使之适应新型作战指挥的需要。

信息网络系统管理人才的培养，可从师以上指挥、通信、电子对抗和指挥自动化岗位挑选具有本科学历以上的营、团职指挥或技术军官，在有关指挥院校进行学制一年以上的系统培训。其目的是使他们由熟悉某一项信息技术业务到掌握综合信息技术业务，掌握师以上信息系统装备战术技术性能及组织运用原则，熟悉信息作战的特点、规律和战法，成为能组织运用各类信息系统装备、组织信息作战的复合型人才。

高层次信息科技人才的培养，应当从军内外选拔年轻优秀、具备硕士以上学历、具有扎实信息技术功底并有一定实践经验的科技人员，在相关技术院校进行一年以上的系统培训。

训练的目的是使他们在信息技术特别是网络技术方面成为专家,在军事指挥方面成为内行,能准确把握信息作战对技术的要求,创造性地进行信息技术开发利用,使我军信息技术手段得到最佳程度的发挥。

3. 适应改革开发的新环境,拓展信息作战人才培养的途径

我国改革开放的大气候,为军队培养高层次信息作战人才拓展了新的途径。我们应打破传统的、封闭型的人才培养模式,在人才培养上进行开放创新的思维。信息技术所具有的军用与民用的双重性质,为军民结合培养信息作战人才提供了客观可能性。在这方面,已经开展多年的"国防生"、"强军计划"等都是十分有效的,应当继续开展下去。

此外,借鉴外军经验对于提高我军的信息作战能力也是必不可少的重要途径之一。通过多种途径、多种方式,加强与外军的交流与合作。采取走出去、请进来的方式,派遣军官出国留学、进修、讲学、参观,或聘请外国专家来讲学等,都是很好的途径。

下 篇

军事技能训练

第六章
条令条例教育与训练

国无防不立,民无兵不安。国防伴随着国家的产生而产生,关系着国家的安危,维系着国家的生存与发展。古今中外,尚无一个国家能够弃国防而自存,无数事例证明,重视国防建设,注意不断增强全民国防意识,国家就会长治久安;反之则会国势日削,甚至亡国。中国是国防意识形成较早的国家,《周易》提出"安而不忘危,存而不忘亡,治而不忘乱";毛泽东指出"国防不可没有"。历史的经验教训告诉我们,国不可一日无防,必须高度重视国防问题。党的十六大报告明确指出:"建立巩固的国防是我国现代化建设的战略任务,是维护国家安全统一和全面建设小康社会的重要保障。"

第一节 解放军共同条令

《中国人民解放军内务条令》《中国人民解放军纪律条令》和《中国人民解放军队列条令》统称共同条令,也称为三大条令。

共同条令规定了军队基本的日常生活和工作制度。它为我军维护良好的内部关系和对外关系,建立正规的战备、训练、工作、生活秩序,加强日常管理,提供了基本的依据。再次,共同条令规定了军队基本的激励措施。它明确了奖励与处分的原则、项目、条件、实施程序和权限,是鼓励先进、鞭策后进,调动官兵积极性和保证各项任务完成的重要手段。

普通高等学校在学生军训中进行共同条令教育,对于增强学生的国防和集体主义观念、国家安全意识、加强组织纪律性,培养顽强拼搏和爱国主义精神、提升综合素质和促进校风、校纪建设,将起到积极的作用。

中央军委主席胡锦涛2010年6月3日签署命令,发布施行新修订的《中国人民解放军内务条令》(以下简称《内务条令》)、《中国人民解放军纪律条令》(以下简称《纪律条令》)和《中国人民解放军队列条令》(以下简称《队列条令》)(统称共同条令)。此次修订共同条令,是深入贯彻党的十七大精神、推动军队建设科学发展的重大举措,对于在新的历史起点上推进我军革命化、现代化、正规化建设，巩固和提高部队战斗力，确保部队高度集中统一和安全稳定，具有十分重要的意义。

新修订的内务条令，在总则中增写了把科学发展观作为国防和军队建设的重要指导方针、全面履行新世纪新阶段我军历史使命、发扬"听党指挥、服务人民、英勇善战"的优良传统、大力培育当代革命军人核心价值观、实施科学管理、坚持安全发展理念等重要内容。针对我军内务建设和管理教育工作面临的新情况新问题，对军人誓词、着装规定、仪容举止、与军外人员的交往、保密守则、警卫制度、财务管理、装备日常管理和常见事故防范等作了修改与完善，增加了心理疏导、士官留营住宿、军人居民身份证使用、移动电话和国际互联网使用管理、军事交通运输管理等新内容。内务条令由原来的21章48节326条，修改为21章62节420条。新修订的纪律条令对我军奖励制度进行了必要的改革，把个人荣誉称号奖章调整为个人荣誉称号勋章，在保持现有奖励项目的基础上增设了5类纪念章，并把军地重要表彰纳入个人奖励条件；为突出奖励为作战、训练服务的导向作用，一些科研评比和文体比赛奖项不再与奖励项目直接挂钩。同时，为进一步增强处分的针对性、操作性和严肃性，增加了10种新的处分条件，规范了"除名"处分项目的条件、权限和程序，调整了对军官、文职干部的部分处分权限，取消了"取消士官资格"处分项目。纪律条令由原来的7章12节96条，修改为7章15节179条。

新修订的队列条令，适应了军队建设发展的新变化新要求，适用性、规范性明显增强，主要增写了军人宣誓、新式轻武器操作和纪念仪式中礼兵行进的"礼步"等队列动作，以及晋升（授予）军衔、授枪、纪念仪式等新的内容，修改了坐姿脱（戴）帽和放帽、分队乘坐交通工具、车辆行进中的调整指挥等队列动作和一些过时的称谓。队列条令由原来的9章2节65条，修改为11章71条。

新修订的共同条令自2010年6月15日起施行。

一、内务条令

《内务条令》是以法规的形式规定军人职责、军队内部关系、日常制度、管理和勤务规则的条令，是全军行政管理工作和军事生活的基本准则。它为军队建设正规的生活、工作、训练和战备秩序提供了重要依据，为军人的行为规定了准则，是我军正规化建设的一项重要法规，在我军建设中具有极为重要的地位和作用。

第一章　总则。主要内容是集中阐述了我军的性质、宗旨和任务，以及我军在新的历史时期建军的总方针，强调要进行马克思列宁主义、毛泽东思想和邓小平理论教育，并保证党对军队的绝对领导和政治工作的生命线地位，保证全军上下政治上、思想上、行动上与党中央保持高度一致，加强社会主义精神文明建设，培养有理想、有道德、有文化、有纪律的革命军人，塑造我军文明之师、威武之师的良好形象。

第二章　军人宣誓。是军人对自己肩负的神圣职责和光荣使命的承诺和保证。军人誓词涵盖了我军的根本职能，即巩固国防，抵抗侵略，捍卫国家，建设国家，保卫人民。阐明了军人的崇高责任。明确了军人应具备的品质，应遵守的行为准则。

第三章　军人职责。规定了士兵职责、军官职责、首长职责、主管人员职责等。

第四章　内部关系。规定了军人相互关系、官兵关系、机关相互关系、部队（分队）相互关系等。

第五章　礼节。规定了军队内部的礼节，军人和部队对军外人员礼节等。

第六章　军容风纪。规定了军人的着装、仪容、称呼和举止的具体要求，还规定了进行军容风纪检查制度。

第七章　对外交往。规定了军人在对外交往中必须遵纪守法。

第八章　作息。规定了一日时间的分配，一日生活的具体项目、内容和要求。

第九章　日常制度。包括有行政会议、请示报告、请假、登记统计、查铺查哨、军官留营住宿、点验、证件、印章管理和保密制度等。

第十章　值班。规定了各级值班制度、值班人员一般职责和换班交接等内容。

第十一章　警卫。为保卫首长、机关、部队和重要设施的安全，防止遭受袭击和破坏，规定了警卫注意事项和守则。

第十二章　零散人员管理。规定首长、机关要加强对公勤人员、单独外出人员的管理教育，使他们保持良好的军人形象和严格的作风纪律，维护军队荣誉。

第十三章　日常战备和紧急集合。日常战备和紧急集合的相关规定。

第十四章　装备日常管理。装备的日常保养等相关规定。

第十五章　财务和伙食、农副业生产管理。财务管理、伙食管理和农副业生产管理相关规定。

第十六章　卫生。个人卫生和保健、室内和室外环境卫生的相关规定。

第十七章　营区及房地产管理。营区管理和房地产管理的相关规定。

第十八章　野营管理。部队野营时的相关规定。

第十九章　安全工作。安全工作的基本要求及常见事故预防。

第二十章　国旗、军旗、军徽的使用和国歌、军歌的奏唱。国旗的使用和国歌的奏唱、军旗的使用、军徽的使用、军歌的奏唱等内容。

第二十一章　附则。

二、纪律条令

《纪律条令》是中国人民解放军关于全军纪律的军事法规，也是全体军人的行为准则和维护纪律、实施奖惩的基本依据。制定和实施《纪律条令》，对于维护和巩固军队的纪律，正确地实施奖励和惩处，保证军队的高度集中统一，提高部队战斗力，促进军队革命化、现代化、正规化建设，具有十分重要的作用。

第一章　总则

总则主要规定了六个方面的内容：

（1）制定纪律条令的目的和依据。

（2）纪律条令在我军建设中的法律地位和适用范围。

（3）纪律的基本内容，即"五项纪律"和"十个必须"。

（4）我军纪律的性质、作用和维护纪律必须遵循的原则。

（5）奖惩与维护纪律的关系。

（6）全体军人维护纪律的责任和义务。

第二、第三章　奖励和处分

奖励和处分主要内容有四个方面：

(1) 奖励和处分的目的和原则。
(2) 奖惩和处分的项目。
(3) 奖惩和处分的条件。
(4) 奖惩和处分的权限和实施。
第四章　特殊措施。包括行政看管和其他措施。
第五章　控告和申诉。
第六章　首长责任和纪律监察。
第七章　附则。

三、队列条令

《队列条令》分为总则，队列指挥，队列队形，队列动作，分队乘坐汽车，敬礼，国旗的掌持、升降和军旗的掌持、授予与迎送，阅兵，附则，共9章65条和5个附录。

第一章　总则。着重指出制定本条令和加强队列训练的目的是培养良好的军姿、严整的军容、过硬的作风、严格的纪律性和协调一致的动作，促进军队正规化建设，巩固和提高战斗力。要求军人在队列生活中做到：坚决执行命令，令行禁止；姿态端正、军容严整、精神振作、严肃认真；按照规定的位置列队，集中精力听指挥，动作迅速、准确、协调一致；保持队列整齐，出、入列应当报告并经允许。

第二章　队列指挥。对队列指挥位置、指挥方法和指挥要求等方面作了明确规定：队列指挥要做到位置正确，姿态端正，精神振奋动作准确；口令准确、清楚、洪亮；清点人数，检查着装，认真验枪；严格要求，维护队列纪律。

第三章　队列队形。对队列的基本队形、队列间距和班、排、连、营、团、军兵种部（分）队的队形作了明确规定。

第四章　队列动作。从单个军人的队列动作，到班、排、连、营、团和军兵种部（分）队的队列动作以及团以下分队集合、离散、整齐、报数、出列、入列、行进、停止、队形、方向变换、指挥员位置的变换等作了明确规定。

第五章　分队乘坐汽车。规定了组织实施方法和要求，明确了行车和停止的注意事项。

第六章　敬礼。明确了敬礼种类，规定了单个军人和分队在不同场合的敬礼动作。

第七章　国旗的掌持、升降和军旗的掌持、授予与迎送。规定了掌持国旗、升降国旗以及掌、授军旗和迎送军旗的队形与队列动作。

第八章　阅兵。明确了阅兵的时机和形式．规定了阅兵和分列式的组织、程序和分队的动作要领。

第九章　附则。

第二节　队列训练

一、单个军人的队列动作

（一）立正、稍息

立正是军人的基本姿势，是队列动作的基础。稍息是队列中站立时间较长时采用的一种动作。

1. 口令

"立正"、"稍息"。

2. 动作要领

立正时两脚跟靠拢并齐，两脚尖向外分开约60°；两腿挺直；小腹微收，自然挺胸；上体正直，微向前倾；两肩要平，稍向后张；两臂下垂自然伸直，手指并拢自然微曲，拇指尖贴于食指第二节，中指贴于裤缝；头要正，颈要直，口要闭，下颌微收，两眼向前平视（见图6-1）。

图6-1 徒手立正姿势

稍息时左脚顺脚尖方向伸出约全脚三分之二，两腿自然伸直，上体保持立正姿势，身体重心大部分落于右脚。稍息过久，可自行换脚。

3. 动作标准与要求

立正时，要着装整齐，精神振奋，姿态端正，表情自然，要求做到：

正：两脚站正，上体正直，头要正。

挺：两腿挺直，胸部自然挺出，颈挺直。

收：收小腹，收下颌。

平：两肩要平，两眼向前平视。

贴：两臂自然下垂，中指贴于裤缝。

顶：身体稳固，头有向上顶的感觉。

稍息时要求：快，即出脚快，立正收脚快。

4. 训练重点和难点

立正、稍息训练时，重点练好军姿，着重把握三点：一是身体重心大部分落于两脚前脚掌上，保持立正时身体的稳固和持久站立；二是掌握正确的呼吸方式，保证吸气时胸部自然挺出，呼气时胸部不下塌，小腹不鼓胀；三是掌握好两膝后压与并拢相协调，收小腹，收臀部与自然挺胸相协调，收下颌与挺颈、头上顶相协调。

5. 训练步骤

（1）手形练习

口令：手形练习，一、二。

要领：听到"手型练习，一"的口令，两手手型不变平行前举，约与肩同宽，听到"二"的口令，两手放下成立正姿势，而后按"一、二"的口令反复练习。

主要解决的问题：手型的准确和定位。

立正时，四指自然微曲，不要绷成三角形，拇指尖内侧贴于食指第二节，两臂自然下垂，中指贴于裤缝。

（2）静站练习

口令：立正。

要领：（同立正）。

主要解决的问题：准确掌握立正要领，并使军姿定型。

站立时，注意到挺腿、挺胸、挺颈，保持立正姿势不变，达到半小时不动，一小时不倒，30秒内不眨眼。

（3）综合练习

主要解决的问题：出收脚的方向、距离和上体姿势。

强调出、收脚时，脚跟稍抬起，脚腕稍用力，脚掌迅速伸出和收回。做到上体稳、两腿直、方向正、距离准、速度快。

6. 常犯毛病和纠正方法

（1）两脚跟未靠拢并齐，两脚尖向外分开大于或小于60°

纠正方法：通常由教练员以口令、限制法进行纠正。

（2）腿挺不直、夹不紧

纠正方法：强调两膝后压的同时内合，臀部上提使裆部夹紧，并保持力量。可结合夹石子等方法进行纠正。

（3）小腹不能自然微收，上体后仰

纠正方法：强调小腹向后上微收，腰杆正直上顶，同时重心落在两脚形成的三角形中心。

（4）蹶臀部

纠正方法：强调小腹向后上收与臀部向前上提，两者的用力和协调，形成向上的合力。

（5）胸部不能自然挺出

纠正方法：强调两肩自然下沉并稍向后张，呼吸时保留一部分气使胸部鼓胀，在此基础上使胸部自然挺出。

（6）两肘外张，手腕不直

纠正方法：强调两臂自然下垂，肘部稍用力向里合，使之轻贴两肋，手腕自然伸直。

（7）稍息出脚时，速度慢，方向、距离不准

纠正方法：出脚时，脚跟稍提起，脚腕稍用力，向脚尖方向出脚。

（二）跨立

跨立（即跨步站立），主要用于军体操、值勤和舰艇上分区列队等场合。可与立正互换。

1. 口令

跨立。

2. 动作要领

左脚向左跨出约一脚之长，两腿挺直，上体保持立正姿势，身体重心落于两脚之间。两手背后，左手握右手腕，拇指跟部与外腰带下沿（内腰带上沿）同高；右手手指并拢自然弯曲，手心向后（见图6-2）。

3. 动作标准与要求

跨立时，要军姿端正，精神振作，左脚跨出与两手后背协调一致，定位准确。

4. 训练重点和难点

上体保持立正姿势，左脚跨出迅速，同时两手在背后交叉定位准确。

图6-2 跨立姿势

5. 常犯毛病和纠正方法

（1）跨立时，两脚跟不在一条直线上，距离过大或过小

纠正方法：在地上画直线反复练习。

（2）两手后背的位置不准确

纠正方法：注意左手握右手手腕时，左手中指位于右手腕关节上，左手上沿约与腰带下沿同高。

（三）停止间转法

停止间转法是停止间变换方向的方法；它分为向右转，向左转，向后转，需要时也可以半面向右（左）转。

1. 口令

"向右——转"。"半面向右——转"。"向后——转"

"向左——转"。"半面向左——转"。

2. 动作要领

听到"向右（左）——转"的口令，以右（左）脚跟为轴，右（左）脚跟和左（右）脚掌前部同时用力，使身体和脚协调一致向右（左）转90°，体重落在右（左）脚，左（右）脚取捷径迅速靠拢右（左）脚，成立正姿势。转动和靠脚时，两腿挺直，上体保持立正姿势。

半面向右（左）转，按向右（左）转的要领转45°。

听到"向后——转"的口令，按向右转的要领向后转180°。

3. 动作标准与要求

上体正直，动作迅速、准确、协调、节奏明显。要求做到："快、稳、准"。"快"即：转体快，靠脚快；"稳"即：身体要稳，转动时腰杆挺直，身体重心落在支撑脚上；"准"即：转体角度要准，靠脚位置要准。

特别注意：转体时，两腿挺直，裆部夹紧，上体保持立正姿势，两臂不得外张。

4. 训练重点与难点

重点掌握转动时身体协调、转体的速度及靠脚的力度。

5. 训练步骤

（1）分解动作练习

口令：分解动作，向右（左、后）——转、二要领：听到"分解动作，向右（左、后）——转"的口令，按要领转向新方向，不靠脚；听到"二"的口令，迅速靠脚成立正姿势。

主要解决的问题：转动时用力的部位和靠脚的力量。

练习时应做到：转体迅速、上体稳固、两手不得外张，眼睛平视，直腿靠脚。

（2）连贯动作练习

主要解决的问题：转体和靠脚的速度及节奏。

练习时应做到："快、稳、准"，在转体和靠脚之间稍停顿。

6. 常犯毛病和纠正方法

（1）转体时，上体和腿转动不一致

纠正方法：强调头向上顶，两腿挺直，腰杆当家，使上体和腿一致转动。

（2）转体和靠脚时，身体晃动，站不稳

纠正方法：要注意掌握好重心的移动，向左（右）转动时重心落于左（右）脚跟上，向后转动时，重心大部分落在右脚跟上。在转正身体后脚掌迅速着地，后腿蹬直，裆部夹紧。

（3）靠脚时外扫、跺脚

纠正方法：由慢到快地反复体会取捷径靠脚的要领，靠脚时注意膝盖用力向后挺压，以防止弯腿、跺脚。

（4）靠脚时速度慢，无力

纠正方法：注意脚跟、脚腕发力，使脚内侧加速加力前靠。

（四）齐步行进与立定

齐步是军人行进的常用步法

1. 口令

"齐步——走"、"立——定"

2. 动作要领

图 6-3 齐步

听到"齐步——走"的口令，左脚向正前方迈出约 75 cm 着地，身体重心前移，右脚照此法动作；上体正直，微向前倾；手指轻轻握拢，拇指贴于食指第二节；两臂前后自然摆动，向前摆臂时，肘部弯曲，小臂自然向里合，手心向内稍向下，拇指根部对正衣扣线，并与最下方衣扣同高（着夏季作训服时，与第四衣扣线同高；着冬季作训服时，与第五衣扣线同高；着水兵服时，与腰带同高），离身体约 25 cm；向后摆臂时，手臂自然伸直，手腕前侧距裤缝线约 30 cm（见图 6-3）。行进速度每分钟 116~122 步。

听到"立——定"的口令，左脚再向前大半步着地，两腿挺直,右脚取捷径迅速靠拢左脚,成立正姿势。

3. 动作标准与要求

齐步行进时,要精神振奋,姿态端正,两腿协调,节奏分明,摆臂自然大方,定型定位,步幅、步速准确,两眼注视前方,要有勇往直前的精神。要求做到"脚跟先着地,脚腕稍用力,膝盖向后压,身体向前移"。

立定时,两腿挺直,做到不弯膝,不外扫,不跺脚,靠脚要迅速有力,腿臂靠放一致。

4. 训练重点和难点

重点:摆臂的定位和臂腿动作的协调自然。臂腿协调是动作的关键,强调出脚的同时摆臂,脚跟着地手摆到位。

难点:步幅、步速的准确。

5. 训练步骤

(1) 摆臂练习

口令:摆臂练习,一、二、停。

要领:听到"摆臂练习,一"的口令,按齐步摆臂的要领,右臂向前,左臂向后同时摆动;听到"二"的口令,两臂交替摆动。而后按"一、二"的口令依次反复练习,听到"停"的口令,两手迅速放下(通常右臂在前时下"停"的口令),恢复立正姿势。

主要解决的问题:摆臂的路线、定位及用力的部位。

摆臂时要求做到:两臂轻擦身体两侧自然摆动,路线正确,前后定位,上体保持正直,肩关节放松,不耸肩,前摆不夹臂,后摆不外张,摆动时不使皱劲。

(2) 三步一靠练习

口令:三步一靠,齐步——走,停。

要领:听到"三步一靠,齐步——走"的口令,按齐步要领向前走三步,第三步为大半步,不靠脚,听到"停"的口令,在右脚靠拢左脚的同时两手放下,恢复立正姿势。

主要解决的问题:臂腿的协调、靠腿的力量和直腿靠脚。

(3) 连贯动作练习

主要解决的问题:行进时臂腿的协调自然及步幅、步速的准确。

6. 常犯的毛病和纠正方法

(1) 上体松,左右晃动

纠正方法:行进时上体要正直,自然收腹挺胸,腰要挺直,头有上顶的感觉,肩关节放松,两臂自然摆动,两膝用力要适当。

(2) 摆臂路线不正确

纠正方法:强调以小臂带动大臂轻擦身体两侧前后摆动。

(3) 脚尖着地方向不正

纠正方法:行进时,要按选定的目标照直前进,脚掌着地时脚尖向里合,两脚内侧走直线。

(4) 步幅、步速不准确

纠正方法:采用走步幅线,踏乐和卡秒表等方法反复练习。

(5) 立定时身体后仰、弯膝

纠正方法：向前大半步应准确，左脚全部着地的同时体重前移到位；右脚抬起，右膝适当用力向后挺压，保持力量取捷径迅速向左脚靠拢。

(6) 行进中两眼看地

纠正方法：行进中强调挺胸，两眼注视远方水平线略高的物体。

(7) 立定时，臂腿不协调

纠正方法：强调靠脚的同时手腕稍用力，手放下要迅速，作到靠放一致。

（五）正步行进与立定

正步主要用于分列式和其他礼节性场合。

1. 口令

"正步——走"、"立——定"。

图6-4 正步

2. 要领

听到"正步走"的口令，左脚向正前方踢出（腿要绷直，脚尖下压，脚掌与地面平行，离地面约25 cm）约75 cm。适当用力使全脚掌着地，同时身体重心前移，右脚照此法动作；上体正直微向前倾；手指轻轻握拢，拇指贴于食指第二节；向前摆臂时，肘部弯曲，小臂略成水平，手心向内稍向下，手腕下沿摆到高于最下方衣扣约10 cm处（着夏季作训服时，约与第三衣扣同高；着冬季作训服时，约与第四衣扣同高；着水兵服时，手腕上沿距领口角约15 cm），离身体约10 cm；向后摆臂时（左手心向右，右手心向左），手腕前侧距裤缝线约30 cm（见图6-4）。行进速度每分钟110~116步。

听到"立定"的口令，左脚向前大半步着地，两腿挺直，右脚取捷径迅速靠拢左脚，成立正姿势。

3. 动作标准与要求

正步行进时，要军姿端正，动作自然大方，节奏分明，摆臂定型、定位，步幅、步速准确。要求做到"三快两稳一协调"。即：踢腿摆臂快、着地快、跟体快；两稳即：踢腿到位稳，脚着地上体要稳；一协调即：腿臂结合要协调。

4. 训练重点和难点

重点：踢腿的速度、定位及臂腿的协调。踢腿时，应将力量集中到脚上，以脚带动小腿，以小腿带动大腿猛力向前踢出，同时迅速绷压脚面，做到"踢、压、绷"相结合。行进中，做到踢腿的同时迅速摆臂，脚着地时臂不动。

难点：摆臂的定位定型及步幅、步速的准确。

5. 训练步骤

(1) 摆臂练习

口令：摆臂练习，一、二、停。

要领：听到"摆臂练习，一"的口令，按要领右臂向前摆，左臂向后摆；听到"二"

的口令，两臂交替摆动；听到"停"的口令，两手迅速放下（通常右臂在前时下达"停"的口令），恢复立正姿势。

主要解决的问题：摆臂的路线，弯臂加速的时机及定位的准确。摆臂时，两臂要轻擦身体前后摆动；前摆当肘部超过裤缝线时屈肘，同时小臂加力上端，将小臂摆至略平，使小臂与大臂略成直角。

摆臂的要领可归纳为："摆、平、直、松"。

摆：即以小臂带动大臂，按正确要领前后自然摆动；向后摆臂时，注意先下手，后下肘。

平：即前摆定位后，小臂要平。

直：即前摆定位后，小臂与大臂略成直角，后摆时臂要伸直。

松：即摆臂时肩关节和大臂要放松。

（2）原地踢腿练习

口令：原地踢腿练习，准备；左（右）脚练习，一、二、停。

要领：听到"原地踢腿练习，准备"的口令，两手背后（左手在上握右臂，右手在下托左肘）同时两脚尖并拢；听到"左脚练习"，左胯上提，左脚跟离地，脚尖上翘，靠在右脚跟内侧；听到"一"的口令，左脚按要领迅速踢出；听到"二"的口令，左脚迅速收回，使脚内侧弯曲部位靠在右脚跟内侧；而后按"一、二"的口令依次进行。听到"右脚练习"的口令后，进行交换，依照上述方法进行练习。听到"停"的口令，两手放下，恢复立正姿势。

主要解决的问题：踢腿的力量、速度、定位以及上体的稳固。

踢腿的要领归纳为：踢、压、绷、停、端。

踢：在踢腿时，将力量集中到脚上，按脚带小腿、小腿带动大腿的顺序向前猛力踢出。

压：向前踢腿时，边踢边压脚尖，使脚掌与地面平行。

绷：在踢压的同时迅速绷脚面，脚将达到定位时脚腕用力向前顶送，控制定位，此时，膝关节绷紧下压，大腿肌肉紧张。

挺：支撑腿和腰杆挺直，收小腹，头上顶，上体稍前倾，以控制身体的平衡。

端：腿踢出后，大腿稍向上端（提臀），以控制踢腿的高度，使其定位。

（3）一步两动练习

口令：一步两动，正步——走、二、停。

要领：听到"一步两动，正步——走"的口令，左脚迅速踢出后停住，同时右臂前摆，左臂后摆；听到"二"的口令，左脚着地右脚迅速前跟（此时右脚跟离地并下蹬，腿伸直，脚尖上翘，右脚大拇指根部靠在左脚跟内侧），两臂不摆动；而后按"一、二"的口令反复练习。听到"停"的口令，左脚向前大半步着地（通常左脚在前时下口令），右脚迅速靠拢左脚，同时两手放下，成立正姿势（见图6-5）。

主要解决的问题：臂腿结合的时机及动作协调。臂腿结合要领归纳为：踢腿摆臂要同时，脚踢到位手到位，着地用力臂不动，跟体跟腿要迅速。

练习时可结合步幅线等，做到"三快一稳"即：踢腿快、着地快、跟体跟腿快、上体稳。

（4）一步一动练习

图 6-5 正步一步两动

图 6-6 正步一步一动

口令：听到"一步一动，正步—走、二、停"。

要领：听到"一步一动，正步—走"口令，左脚踢出停住，同时两臂摆动；听到"二"时，左脚着地同时跟上体，右脚踢出，同时两臂摆动；听到"停"的口令，动作同一步两动（见图 6-6）。

主要解决的问题：臂腿动作的协调及节奏。

练习时应做到：收腹挺腰，臂腿定型定位，着地有力不回拖臂腿结合紧密，动作协调。

（5）快慢步练习

口令：快慢步，正步—走、二、停。

要领：听到"快慢步，正步—走"的口令，左脚迅速踢出后着地，右脚靠左脚内侧，踢腿的同时两臂摆动；听到"二"时，右脚照此法，交替进行（见图 6-7）。停同一步两动。

主要解决的问题：行进间臂腿结合时机及动作的协调。

练习时应做到：踢腿迅速，稍稳再着地，并同时摆臂。

（6）连贯动作练习

练习时应做到：上体挺直，头上顶，面部表情自然，踢腿迅速，着地有力，臂腿结合紧密，步幅步速准确，节奏分明。

6. 常犯毛病和纠正方法

（1）摆臂耸肩

纠正方法：强调肩关节下沉放松，用手腕和小臂内侧的力量带动大臂摆动。不使皱劲。

（2）摆臂时外扫

纠正方法：强调向前摆臂肘部过裤缝时，小臂内侧上迎迅速弯臂，向后摆臂时，肘部稍向里合，手腕向后摆至定位。

图 6-7 快慢步

（3）踢腿时掏腿

纠正方法：摆动时向前运动，过垂直线时，膝盖向后压，压脚尖加速踢出；踢腿时，以小腿带动大腿,以膝盖向后脚尖向下的压力绷直腿猛力踢出,脚尖对正前方。

(4) 踢腿时弓腿,弹腿

纠正方法:强调踢腿时摆动腿过直线时,膝关节后压,使腿拉直,踢出时要压脚尖、绷脚面,踝关节用力使小腿带动大腿。

(5) 脚着地无力,上体不稳

纠正方法:强调上体正直上顶,脚着地时上体要跟上,脚要正直向下落地;着地时,以脚腕的力量使全脚掌适当用力着地。

(6) 上体后仰,步幅过小

纠正方法:腰杆挺直,脚着地不回拖,重心前移,支撑脚挺直。

(六) 跑步行进与立定

跑步主要用于快速行进。

1. 口令

"跑步——走"、"立——定"。

2. 要领

听到预令,两手迅速握拳(四指卷握,拇指贴于食指第一关节和中指第二节),提到腰际,约与腰带同高,拳心向内,肘部稍向里合。听到动令,上体微向前倾,两腿微弯,同时左脚利用右脚掌的蹬力跃出约 85 cm,前脚掌先着地,身体重心前移,右脚照此法动作(见图 6-8);两臂前后自然摆动,向前摆臂时,大臂略直,肘部贴于腰际,小臂略平,稍向里合,两拳内侧各距衣扣线约 5 cm;向后摆臂时,拳贴于腰际。行进速度每分钟 170~180 步。听到"立——定"的口令,再跑两步,然后左脚向前大半步(两拳收于腰际,停止摆动)着地,右脚靠拢左脚,同时手放下。

之一　　　之二　　　之三

图 6-8 跑步

3. 动作标准与要求

跑步行进时,上体正直,两眼注视前方,利用前脚掌的弹力前进,臂腿协调自然;摆臂时,两拳不要上下打鼓,不左右围绕腹部摆动,肘部不得外张,做到前摆不露肘,后摆不露手;立定时不垫步,不跨步,不弯膝,腿臂靠放要一致。

4. 训练重点与难点

重点:摆臂的定型定位和臂腿的协调自然。摆臂时,两臂要轻贴身体,前后自然摆动,脚着地时，前脚掌先着地，不要全脚掌着地或脚跟先着地。行进中身体重心前移，利用前脚掌的弹力前进。

难点：步幅、步速的准确。

5. 训练步骤

（1）摆臂练习

口令：摆臂练习，准备；一、二、停。

要领：听到"摆臂练习，准备"的口令，两手迅速握拳提到腰际，听到"一"的口令，右臂前摆，左臂不动；听到"二"的口令，两臂交替摆动，按"一、二"的口令反复练习。听到"停"时两拳收于腰际，迅速放下（通常左拳在前时下"停"的口令）恢复立正姿势。

主要解决的问题：摆臂的路线和定位的准确。

练习时，握拳要迅速、准确，两臂摆动要自然，小臂内侧轻擦身体前后摆动，肘部适当内合，做到前不露肘，后不露手。

（2）第一步跃出练习

口令：第一步跃出练习，跑步——走、停。

要领：听到"第一步跃出练习，跑步——走"的口令，左脚按要求跃出，"停"时右拳收至腰际，右脚靠拢左脚，同时两手放下，恢复立正姿势。

主要解决的问题：第一步跃出的距离、方向和用力的部位。

练习时，应做到听到预令不弯膝、听到动令上体不后仰，前脚掌先着地。

（3）五步一靠练习

口令：五步一靠练习，跑步——走、停。

要领：听到"五步一靠练习，跑步——走"的口令，按要领向前跑四步，第五步左脚向前大半步，收回左拳，右拳不摆动，听到"停"的口令，两手放下同时右脚迅速靠拢左脚恢复立正姿势。

主要解决的问题：臂腿的协调和动作的准确。

练习时，要做到听到预令抱拳快，听到动令，跃出迅速，利用前脚掌的蹬力前进，立定时，腿臂靠放一致，训练中首先进行以齐代跑的五步一靠练习，而后进行跑步的练习。

（4）连贯动作练习

6. 常犯毛病和纠正方法

（1）听到预令弯膝，上体前倾过大

纠正方法：强调听到预令腿部不动，听到动令两腿微弯，身体重心前移。

（2）摆臂时上下打鼓或围绕腹部摆动

纠正方法：强调肩关节放松，肘部适当用力稍向里合，摆臂时小臂内侧轻擦身体前后运动。

（3）摆臂时，前后不到位

纠正方法：强调前摆不露肘、后摆不露手，都贴于腰际。

（4）行进时，全脚掌着地或脚跟先着地

纠正方法：强调行进时身体重心前移，脚腕适当放松，脚尖自然下垂，使前脚掌先着地。

（5）行进时，上体后仰或臀部下坐

纠正方法：强调收小腹，收臀部，腰杆挺直，上体前倾。

（6）立定时，臂腿不协调

纠正方法：强调听到"立——定"的口令后，继续向前跑两步时要减速，控制向前的惯性，左脚向前大半步时，两拳要收于腰际，靠腿时和放手动作一致。

（七）便步

便步用于行军、操练后恢复体力及其他场合。

1. 口令

"便步——走"。

2. 要领

听到"便步——走"的口令，用适当的步速、步幅行进，两臂自然摆动，上体保持良好姿态。用小于、慢于齐步的步速、步幅练习。

（八）踏步与立定

用于调整步伐和队列的整齐。

1. 停止间口令

"踏步——走"，"立——定"。

行进间口令："踏步"，"立——定"。

2. 要领

听到"踏步——走"，"踏步"，的口令，按齐步、跑步行进的规定，两脚在原地上下起落（抬起时脚尖自然下垂，离地面约 15 cm；落地时，前脚掌先着地），上体保持正直，两臂按齐步或跑步摆臂的要领摆动。

踏步时：听到"前进"的口令，继续踏两步，再换齐步或跑步行进。

听到"立定"的口令，左脚踏一步，右脚靠拢左脚，原地成立定姿势（跑步的踏步，听到口令，继续踏两步，再按上述要领进行）

3. 易犯的毛病及纠正方法

（1）脚尖不能下垂，脚尖离地面高度不够

纠正方法：练习时脚尖向前下压，脚跟上提，大腿尽量抬起，保持脚尖离地面约 15 cm。

（2）踏步时两脚移位

纠正方法：两脚原地起落，不得左右移动，落地时应做到按脚尖、脚掌、脚跟的顺序，防止满脚掌着地。立定时，最后一步不得跨步，应就地落下右脚靠拢左脚。

（九）移步

用于调整队列的位置（5 步以内）。

1. 口令

右（左）跨 X 步——走。

2. 要领

上体保持正直，每跨一步并脚一次，其步幅约与肩同宽，跨到指定步数停止。

3. 口令

向前 X 步——走、后退 X 步——走。

4. 要领

向前移步时,应当按照单数步要领进行(双数步变为单数步)。向前一步时用正步,不摆臂;向前 3~5 步时,按照齐步走的要领进行。向后退时,从左脚开始,每退一步靠脚一次,不摆臂,推到指定步数。

5. 常犯毛病和纠正方法

(1) 移步时身体不稳

纠正方法:掌握好身体重心的移动,右(左)跨步和退步时,上体保持立正姿势,向前移步时,按齐步的要领。

(2) 移步动作慢,靠脚无力

纠正方法:强调移步时出脚快,靠脚时要迅速、有力。

(十) 步法变换

步法变换的作用是,为了适应不同情况的需要,变换行进的步法,均从左脚开始。

1. 口令

"齐步——走、正步——走、跑步——走"。

2. 齐步与正步互换

要领:齐步、正步互换,听到口令,右脚继续走一步,即换正步或齐步行进。

齐步换跑步:听到预令,两手迅速握拳提到腰际,两臂前后自然摆动;听到动令,即换跑步行进。

跑步换齐步:听到口令,继续跑两步,然后,换齐步行进。

齐步换踏步:听到口令即换踏步。

跑步换踏步:听到口令继续跑两步,换踏步。

踏步换齐步或跑步:听到"前进"的口令,继续踏两步,再换齐步或跑步。

3. 动作标准与要求

步法变换时,要求做到:军姿不变形,时机准确,动作规范、协调。

4. 训练重点和难点

掌握变换的时机和变换时腿臂动作的协调。

5. 训练步骤

(1) 分解动作练习

齐步、正步互换

口令:分解动作,齐步——走、二;正步——走、二。

要领:齐步换正步时,听到"正步——走"口令,右脚按齐步的要领继续走一步后停止,听到"二"的口令,从左脚开始正步行进。

正步换齐步时,听到"齐步走"的口令右脚按正步的要领再走一步后停止,听到"二"的口令从左脚开始换齐步行进。

跑步、齐步互换

口令：跑步——走、二；齐步——走、二。

要领：齐步换跑步，听到预令，两手迅速握拳提到腰际，两臂前后自然摆动，听到动令，即刻停止，听到"二"的口令，从左脚开始即换齐步行进。

（2）连贯动作练习

常犯毛病和纠正方法：

（1）齐步、正步互换时，时机掌握不好

纠正方法：强调听到动令后，右脚按原地步法再走一步，左脚迅速变换步法，同时自然摆臂。

（2）齐步换跑步时，听到预令握拳提到腰际，动作慢，易产生听到动令换跑时才提臂。

纠正方法：强调听到预令即握拳提到腰际，并且两臂自然摆动，听到动令即从左脚换成跑步行进。

（十一）行进间转法

行进间转法是行进间变换方向的方法，分为向左转走、向右转走、向后转走。

1. 齐步、跑步向右（左）转

口令：向右（左）转——走。

要领：左（右）脚向前半步（跑步时，继续跑两步，再向前半步），脚尖向右（左）约45°，身体向右（左）转90°时，左（右）脚不转动，同时出右（左）脚按原步法向新方向前进。

2. 齐步、跑步向后转

口令：向后转——走。

要领：左脚向右脚前迈出约半步（跑步时，继续跑两步，再向前半步），脚尖向右约45°，以两脚的前脚掌为轴，向后转180°，出左脚按原步法向新方向行进。

3. 半面向右（左）转

口令：半面向右（左）转——走。

要领：半面向右（左）转走，按向右（左）转走的要领转45°。

动作标准及要求：

转动时，保持行进时的节奏，两臂自然摆动，不得外张；两腿自然挺直，上体保持正直。做到：上步、转体、出脚、摆臂协调一致。

4. 训练步骤

（1）分解动作练习

口令：分解动作，向右（左）转——走、二。

要领：听到"分解动作，向右（左）转——走"的口令时，左（右）脚向前半步（跑步时继续跑两步，左或右脚再向前半步），脚尖向右（约）45°，听到"二"的口令，身体向右（左）转90°，同时出右（左）脚向新方向行进。

主要解决的问题：上步的距离、方向及转动时臂腿的协调。

（2）连贯动作练习

主要解决的问题：掌握好身体重心，齐步时体重大部分落在后脚，跑步时，体重落于两脚掌之间。

5. 常犯毛病和纠正方法

（1）向前半步时，重心不稳

纠正方法：掌握身体重心，齐步向右（左）转走，向前半步时，体重大部分落于右（左）脚；跑步向右（左）转走，向前半步时，体重落于两脚掌上。

（2）齐步行进间转动时，两臂外张

纠正方法：强调两臂轻贴身体摆动。

（3）转动时前脚掌随身体转动

纠正方法：强调转体同时出脚，两脚掌不转动。

（十二）脱帽、戴帽

脱帽、戴帽通常用于集会或军容检查等场合。

1. 口令

脱帽、戴帽。

图6-9 徒手脱帽姿势

2. 要领

听到"脱帽"的口令，双手捏帽檐或帽前端两侧，将帽取下，取捷径置于左小臂，帽徽向前，掌心向上，四指握帽檐帽前端中央处，小臂略成水平，右手放下（见图6-9）。

听到"戴帽"的口令，双手捏帽檐或帽前端两侧，取捷径将帽迅速戴正。

需夹帽时，将帽夹于左腋下，左手握帽墙，帽徽向前，帽顶向左。

动作标准及要求：要做到：姿态端正，动作准确、定型定位，节奏明显。

3. 训练步骤

（1）分解动作练习

口令：分解动作，脱帽、二、三；戴帽、二、三。

要领：听到"分解动作，脱帽"的口令，双手迅速捏帽檐的两侧。听到"二"的口令，将帽取下，置于左小臂上；听到"三"的口令，右手放下。听到"分解动作，戴帽"的口令，右手捏帽檐右角；听到"二"的口令，两手将帽迅速戴正；听到"三"的口令，两手迅速放下。

主要解决的问题：动作的准确和定位。

（2）连贯动作练习

注意：每个动作之间稍有停顿，但不要过久；克服歪头、勾头、耸肩、后仰等问题。

4. 常犯毛病和纠正方法

（1）脱帽时两手捏帽檐不迅速

纠正方法：强调要用手腕、小臂力量加速上提。

（2）脱帽时歪头，上体晃动

纠正方法：上体保持正直，两眼注视前方，两手正直向上用力取帽。

（3）脱帽时左小臂定位不准

纠正方法：肩关节放松，左小臂一次到位，使肘部贴于腰际，小臂略平。

（4）脱帽后左手腕不平，四指位置不准

纠正方法：强调脱帽时手腕自然放松，四指转至帽檐中央处。

（5）戴帽时勾头

纠正方法：戴帽时强调上体正直，两手将帽上举到略高于头再往下戴。

（十三）坐下、起立

1. 口令

"坐下"、"起立"

2. 要领

听到"坐下"口令时，左小腿在右小腿后交叉，迅速坐下（坐凳子时，听到口令，左脚向左分开约一脚之长），手指自然并拢放在两膝上，上体保持正直。

起立时，全身协力迅速起立，成立正姿势。

3. 动作标准与要求

坐下、起立要做到，姿态端正，动作迅速、准确、协调。

4. 训练重点和难点

重点掌握身体平衡和重心移动，以及坐下时右脚向左滑动的动作。

5. 训练步骤

（1）分解动作练习

口令：分解动作，坐下、二；起立、二。

要领：听到"分解动作，坐下"的口令，左小腿在右小腿后交叉；听到"二"的口令迅速坐下；听到"分解动作，起立"的口令，全身协力迅速起立，不靠脚；听到"二"的口令，左脚靠拢右脚成立正姿势。

主要解决的问题：身体重心平衡及右脚向左滑动的要领。

练习坐下时，右脚向左滑动的同时，臀部正直向下，重心稍向前移，使臀部尽量靠近两脚跟坐下，保持上体的正直；起立时，重心稍向前移，落于两脚的交叉点上，利用两脚外侧下压的力量，全身协力迅速起立，同时右脚向右滑动至原位。

（2）连贯动作练习

6. 常犯毛病和纠正方法

（1）坐下时身体后倒

纠正方法：坐下时，强调上体稍向前倾，同时右脚向左滑动使两脚分开，臀部尽量靠近脚跟坐下。

（2）坐下后弯腰低头

纠正方法：腰杆挺直，挺胸、抬头、两眼平视前方。

（3）起立时手扶地

纠正方法：起立时，两脚跟靠近臀部，上体稍向前倾使重心前移，利用两脚外侧的力量，全身协力迅速起立。

（十四）蹲下、起立

1. 口令

蹲下、起立。

之一　　　之二

图6-10　蹲下时的姿势

2. 要领

蹲下时，右脚后退半步，前脚掌着地，臀部坐在右脚跟上（膝盖不着地）两腿分开约60°，手指自然并拢放在两膝上，上体保持正直（见图6-10）。蹲下过久可自行换脚。

起立时，全身协力迅速起立，成立正姿势。

3. 动作标准及要求

蹲下、起立要做到，姿态端正，动作迅速、准确、协调。

4. 训练步骤

（1）分解动作练习

口令：分解动作，蹲下、二；起立、二。

要领：听到："分解动作，蹲下"的口令，右脚后退半步，前脚掌着地；听到"二"的口令，迅速蹲下，；听到"分解动作，起立"的口令，全身协力迅速起立，不靠脚，听到"二"的口令，右脚靠拢左脚成立正姿势。

主要解决的问题：右脚后退的方向、距离及蹲下时上体的姿势。

（2）连贯动作练习

注意身体重心大部分落在右脚跟上。

5. 常犯毛病和纠正方法

（1）蹲下时弯腰，低头

纠正方法：腰杆挺直，抬头、挺胸、挺颈、两眼向前平视。

（2）蹲下时，身体重心后移过快，造成身体不稳

纠正方法：强调在右脚后退半步时，身体的重心在两脚之间。

（十五）整理着装

整理着装通常在立正的基础上进行。

1. 口令

整理着装。

2. 要领

双手从帽子开始，自上而下，将着装整理好。必要时，也可以相互整理。整理完毕，自行稍息。听到"停"的口令，恢复立正姿势。

3. 动作标准及要求

整理着装时,要做到姿态端正、动作迅速、整理切实。

4. 训练重点和难点

重点掌握整理着装时抬手的速度及着装整理的切实。

5. 常犯毛病和纠正方法

(1) 姿态不端正

纠正方法:强调腰杆挺直,除两手动作外,其余均保持立正姿势。

(2) 抬手不迅速

纠正方法:强调两手取捷径迅速抬起,可反复练习抬手放下的动作。

(3) 整理不切实

纠正方法:可两人一对进行整理,互相纠正,反复练习。有条件时,也可以面对镜子,自己对照纠正,反复练习。整理着装通常在立正的基础上进行。

(十六) 敬礼与礼毕

敬礼,是表示军人相互之间的团结友爱,表示部属与首长、下级与上级的相互尊重。军人必须有礼节,部属或下级应当首先向首长或上级敬礼,首长或上级必须还礼。敬礼分为举手礼、注目礼、举枪礼和行进间敬礼。

1. 举手礼

口令:敬礼。

图 6-11 停止间徒手敬礼

要领:上体正直,右手取捷径迅速抬起,五指并拢自然伸直,中指微接帽檐右角约 2 cm 处(戴无檐帽或者不戴帽时微接太阳穴,与眉同高),手心向下,微向外张(约20°),手腕不得弯曲,右大臂略平,与两肩略成一线,同时注视受礼者(见图 6-11)。

2. 注目礼

口令:敬礼。

要领:面向受礼者成立正姿势,同时注视受礼者,并目迎目送(左右转头不超过45°)。

3. 举枪礼(用于阅兵或者执行仪仗任务)

口令:向右看——敬礼。

要领:右手将枪提到胸前,枪身垂直并对正衣扣线,枪面向后,离身体约 10 cm,枪口(半自动步枪准星护圈)与眼同高,大臂轻贴左肋,同时转头向右注视受礼者,并目迎目送(右、左转头角度不超过45°)。

4. 礼毕

口令:礼毕。

要领:行举手礼者,将手放下;行注目礼者,将头转正;行举枪礼者,将头转正,右手将枪放下,使托前踵(半自动步枪托底钣)轻轻着地,同时左手放下,成持枪立正姿势。

5. 动作标准及要求

敬礼时，姿态端正，精神振奋，表情自然，时机恰当，动作迅速、准确、协调。要做到不歪头，不耸肩，上体不晃动。举枪礼时，枪定位要准，转头角度好。

6. 训练重点和难点

举手礼的手型、举枪礼枪的定位、注目礼的眼神。行举手礼时，要五指并拢自然伸直，手腕不得弯曲；行举枪礼时，枪身要垂直，准星护圈与眼同高，离身体约 10 cm；行注目礼时，两眼的黑眼珠应保持在眼睛中央，注视受礼者。

7. 训练步骤

举手礼：口令：分解动作，敬礼，二；礼毕。

要领：听到"分解动作，敬礼"的口令，右手取捷径迅速抬起，五指并拢自然伸直，小臂略平，手心向内，拇指与右上衣口袋上沿平齐；听到"二"的口令，小臂抬起，中指微接帽檐右角前约 2 cm 处（不戴帽子时微接太阳穴，与眉同高）；听到"礼毕"的口令，右手放下。

注目礼、举枪礼：口令：分解动作，敬礼，二；礼毕。分解动作，向右看——敬礼、二；礼毕。

要领：听到分解动作，敬礼（向右看——敬礼）的口令，迅速转头（同时提枪），听到"二"的口令，由右向左转头，听到"礼毕"的口令，迅速将头转正（同时枪放下）

主要解决的问题：敬礼时的手形、路线及定位的准确，转头时的角度，提枪的速度和枪的定位。

练习时，肩、臂自然放松，注意大臂和手同时到位，五指自然并拢，保持正确的手形。

8. 常犯的毛病和纠正方法

（1）右手抬起划弧

纠正方法：强调右手抬起时以小臂带动大臂，沿胸部右侧取捷径抬起。

（2）手腕下塌或上凸

纠正方法：手腕适当放松，五指适当用力，使手腕自然伸直。

（3）手心外张过大

纠正方法：手心向下稍向外张约 20°，右眼的余光能看到无名指和小指，反复练习。

（4）右臂不到位，大臂与两肩未略成一线

纠正方法：右大臂抬起时肘部稍向后张，使大臂与两肩略成一线。

（5）中指未能一次到位

纠正方法：可在帽檐右角前 2 cm 处作一标记（或面对镜子）反复练习。

（6）敬礼时歪头，耸肩

纠正方法：强调上体保持正直，肩部适当放松。

二、班队列动作

班队列动作，是在单个军人队列动作的基础上进行的，是单个动作的组合和整齐配合。内容包括：队形；集合、离（解）散；整齐、报数；出列、入列；行进、停止；队形变换；方向变换。通过对以上内容的训练，来培养部队优良的作风、整齐划一的整体观念和令行禁止的战斗作风,达到提高部队战斗力的目的。

班的队列动作包括:班的队形;集合、解散;整齐、报数;出列、入列;行进、停止;队形变换;方向变换等。

(一) 班的队形

班的基本队形,分为横队和纵队。需要时,可以成二列横队或者二路纵队。横队时,队列人员之间的间隔(两肘之间)通常约 10 cm;班二列横队时,后列人员脚尖距前列人员脚跟约 75 cm。纵队时,队列人员之间的距离(前一名脚跟至后一名脚尖)约 75 cm;二路纵队时,右路人员与左路人员的间隔约 10 cm。需要时,可以调整队列人员之间的间隔和距离。

步兵班通常按照班长、机枪射手、机枪副射手、步枪手或者冲锋枪手、火箭筒手、火箭筒副射手、副班长的顺序列队,必要时可以按照身高列队(见图 6-12)。

图 6-12 班的队形

(二) 集合、解散

集合,是使单个军人、分队、部队按照规范队形聚集起来的一种队列动作。

集合时,指挥员应当先发出预告或者信号,如"全班(或者×班)注意",然后,站在预定队形的中央前,面向预定队形成立正姿势,下达"成××队——集合"的口令。所属人员听到预告或者信号,原地面向指挥员成立正姿势;听到口令,跑步到指定位置面向指挥员集合(在指挥员后侧的人员,应当从指挥员右侧绕过),自行对正、看齐,成立正姿势。

1. 口令及要领

(1) 班横队(二列横队)集合

口令:成班横队——集合。

成班二列横队——集合。

要领:集合时,集合时,基准兵迅速到班长左前方适当位置,成立正姿势;其他士兵以基准兵为准,依次向左排列,自行看齐。成班二列横队时,单数士兵在前,双数士兵在后。

(2) 班纵队(二路纵队)集合

口令:成班纵队——集合。

成班二路纵队——集合。

要领:基准兵迅速到班长前方适当位置,成立正姿势;其他士兵以基准兵为准,依次向后排列,自行对正。成班二路纵队时,单数士兵在左,双数士兵在右。

(3) 解散

口令:解散。

要领:队列人员迅速离开原列队位置。

2. 指挥与动作要点

① 班长发出预告后稍停顿,待全班士兵转向班长后再交换指挥位置。

② 基准兵站位迅速、准确（横队时，使班长位于队列中央前 5～7 步处；纵队时，使班长位于队列正前方 3～5 步处；二路纵队时，位于两路中央前 3～5 步处），站立方向要正。

③ 在班长后侧的人员从班长右侧绕过，自行标齐，成立正姿势，并保持好规定的间隔、距离（后一名脚尖距前一名脚跟 75 cm）。

④ 成班二列横队集合时，第二列排头把握好与前一列的距离，其他人员自行对正、标齐，成立正姿势。

⑤ 听到"解散"的口令，要迅速离开原列队位置，向不同的方向散开。

3. 标准要求

集合时，班长要姿态端正、精神振作、动作规范、指挥位置正确；口令准确、吐字清楚、声音洪亮，预令、动令分明。

基准兵站位准确，其他士兵动作迅速，精神饱满，间隔、距离准确，排面整齐，保持肃静。

4. 组织训练的步骤及方法

练习时，可参照以下程序班横队解散、班二列横队集合；班二列横队解散、班纵队集合；班纵队解散、班二路纵队集合；班二路纵队解散、班横队集合的顺序进行。

5. 易出现的错误动作及纠正方法

（1）集合动作不迅速、不肃静

纠正方法：强调动作迅速，肃静、不讲话。

（2）基准兵的站位不准确、站立方向不正

纠正方法：用口令调整基准兵的动作；先在训练场地标出班长和基准兵的站立点，进行站点练习，熟练后再离线练习。

（3）间隔、距离不准

纠正方法：用米尺检查，或者在训练场地画出间隔、距离线进行站线练习。

（4）解散时，离开原位不迅速或者做其他动作

纠正方法：强调听到口令不要做其他动作，并保持肃静，迅速向不同的方向散开。

（三）整齐、报数

1. 口令及要领

（1）整齐

整齐，是使列队人员按照规定的间隔、距离，保持行、列齐整的一种队列动作。整齐分为向右（左）看齐和向中看齐。

① 向右（左）看齐。

口令：向右看——齐。

向左看——齐。

向前——看。

要领：基准兵不动，其他士兵向右（左）转头（持枪、炮时，听到预令，迅速将枪、炮提起），眼睛看右（左）邻士兵腮部，前四名能通视基准兵，自第五名起，以能通视到本人以右（左）第三人为度。后列人员，先向前对正，后向右（左）看齐。听到"向前——看"的口令，迅速将头转正（枪、炮着地），恢复立正姿势。

② 向中看齐。

口令：以×××为准，向中看——齐。

向前——看。

要领：当指挥员指定"以×××为准（或者以第×名为准）"时，基准兵答"到"，同时左手握拳高举，大臂前伸与肩略平，小臂垂直举起，拳心向右（见图6-13）。听到"向中看——齐"的口令后，其他士兵按照向左（右）看齐的要领实施。听到"向前——看"的口令后，基准兵迅速将手放下，其他士兵迅速将头转正，恢复立正姿势。一路纵队看齐时，可以下达"向前——对正"的口令。

（2）报数

报数，是使队列人员依次报出在队列中序数的一种队列动作。它通常用于清点列队人数或者班的队形变换等时机。

口令：报数。

图6-13 向中看齐时基准兵的举手姿势

要领：横队从右至左（纵队由前至后）依次以短促洪亮的声音转头（纵队时向左转头）报数，最后一名不转头。

2. 指挥与动作要点

士兵转头的角度以看到右（左）邻士兵腮部为度；转头迅速、整齐一致。

向中看齐时，基准兵答"到"和左手握拳高举迅速，动作规范。

听到"向前——看"的口令，基准兵放手和其他士兵将头转正的动作协调一致。

转头和报数要同时。

3. 标准要求

班长指挥位置准确，下达口令吐字清楚、声音洪亮、姿态端正基准兵站立方向正，答"到"声音洪亮，左手握拳高举迅速、规范；士兵看齐时动作迅速，转头的角度和间隔准确，整齐一致，精神饱满排面整齐；"报数"时，声音清楚洪亮、短促有力、连接紧凑，报数与转头要同时，将头转正的速度要快。

4. 组织训练的步骤及方法

先练横队的整齐、报数，再练纵队的整齐、报数。

轮流充当班长，练习口令的下达、动作程序及纠正错误的方法。

练"整齐"时，先进行站线练习，而后再离线练习，或者令基准兵"向前（后退）1步——走"，练整齐。

5. 易出现的错误动作又纠正方法

看齐时转头不一致，勾头、含胸。纠正方法：强调听到口令后再转头；用口令提示收腹挺胸、正直转头。

报数转头时扭动身体。纠正方法：用手扶其上体，反复练习转头。

排面方向不正，脚线、胸线、帽檐线不齐。纠正方法：先进到基准兵正前方纠正其立正姿势和站立方向，然后再回到队列中央前下达"向右看——齐"的口令，其他士兵迅速转头用碎步看齐看齐后班长下达"向前——看"的口令。然后，班长进到第二名前方3~5步处，逐个对士兵进行正面检查，主要检查身体是否正直间隔是否适当等。检查完毕，班长再送到基准兵右侧（纵队时在基准兵正前方）3~5步处面向队列，检查脚尖线、胸线、帽檐线。须纠正时，班长可令"第×名或者××同志，稍向前（后）、挺胸、收下颌"等；被纠正的同志听到呼点自己的姓名或者序号时答"到"并将头转向右（纵队时头不动），按照班长的口令"前进（稍左）"或者"后退（稍右）"；班长下达"好"的口令后，被纠正士兵将头转正；检查完毕，班长回到原指挥位置。

当报数出现错误时，班长要先下达"停"的口令，而后再下达"报数"的口令，不能下达"重报"。

二路纵队整齐时，应下"向左看——齐"的口令，不能下"向前——对正"的口令。

（四）出列、入列

单个军人出列、入列通常用跑步（5步以内用齐步，1步用正步），或者按照指挥员指定的步法执行；然后进到指挥员右前侧适当位置或者指定位置，面向指挥员成立正姿势。

1. 口令及要领

口令：×××（或者第×名），出列。入列。

要领：出列军人听到呼点自己姓名或者序号后应当答"到"，听到"出列"的口令后，应当答"是"。听到"入列"口令后，应当答"是"，然后按照出列的相反程序入列。

2. 指挥与动作要领

出列之前，先转向新方向，然后进到班长右侧前5~7步处，面向班长成立正姿势。

入列到位后，应主动向右翼邻兵（听到入列士兵答"是"后，自行立正）标齐，稍息后，右邻士兵再稍息。

基准兵入列时，应主动向其左翼邻兵（听到基准兵答"是"后，自行立正）标齐，稍息后，左邻士兵再稍息。

3. 标准要求

班长下达口令时，要姿态端正、吐字清楚、洪亮有力；士兵出列、入列答"到"和"是"时，要声音洪亮、短促有力、动作迅速、路线正确。

4. 组织训练的步骤及方法

轮流充当班长练习指挥和出列、入列动作。

5. 易出现的错误动作及纠正方法

出列、入列动作不规范、层次不清楚，出列后位置不准确。纠正方法：要求每个细小动作做到位，在地上标出出列后的位置，反复练习。

入列后看齐动作不迅速、排面不齐。纠正方法：严格要求，对动作不迅速和标不齐的人员进行纠正。

（五）行进、停止

1. 口令及要领

口令：齐步——走。

正步——走。

跑步——走。

立——定。

要领：横队行进以右翼为基准，纵队行进以先头为基准（二路纵队行进以左翼为基准）。

行进，班长应当下达"X步——走"的口令。听到口令，基准兵向正前方前进，其他士兵向基准翼标齐，保持规定的间隔、距离行进。行进中，需要时，用"一二一"（调整步伐的口令）、"一二三四"（呼号）或者唱队列歌曲，以保持步伐的整齐和振奋士气。

停止，班长应当下达"立——定"的口令。听到口令，按照立定的要领实施，动作要整齐一致。停止后，听到"稍息"的口令，先自行对正、看齐，再稍息。

2. 指挥与动作要点

横队行进时，班长由班横队的中央前跑步进到队列的左侧前，面向队列下达"X步——走"的口令，并随着队列的行进而不断变换方向（始终面向队列），基准兵向正前方行进，其他士兵向基准翼（右翼）靠拢、标齐。

反排行进时，班长的指挥位置不变（在队列的右前方），基准兵向正前方行进，其他士兵向左翼靠拢、标齐。

纵队行过时，班长在队列的左侧中央前下达口令（不变换指挥位置，使队列围绕指挥员转）。基准兵向正前方行进，其他士兵向前对正并与前一名保持好75 cm的距离。

立定后，听到"稍息"的口令，先标齐（对正），再按先后顺后稍息；行进停止后，班长的指挥位置不在队列中央前时，不能下达"向右（左）看——齐"的口令。

班长位于队列中央前，下达"稍息"口令时，队列人员只能做"稍息"动作，而不能做"看齐"的动作。

3. 标准要求

下达口令时要姿态端正、吐字清楚、声音洪亮，预令、动令分明。队列中的人员要精神振作，做到"三等"（等步速、等步幅、等间隔）、"四齐"（脚线齐、臂线齐、胸线齐、头线齐）。

4. 组织训练的步骤及方法

轮流充当班长练指挥。练习时，可在训练场地画出方向线和步幅线，按照齐步、正步、跑步的顺序进行，以横队行进为重点。

（1）横队行进

班长由模队的中央前跑步进到队列的左侧前适当位置下达"X步——走"的口令，队列往返行进，进行三种步法的练习。

（2）纵队行进

纵队行过时，班长由纵队的正前方进到队列的左侧适当位置，面向队列下达口令，进行三种步法的练习。

5. 易出现的错误动作及纠正方法

横队行进时，排面不齐、方向不正。纠正方法：踩方向线和步幅线行进，用眼睛的余光标齐排面。

纵队行过时，向前对不正。纠正方法：脚的内侧行进在方向线上，眼睛看前一名后帽墙。

行进时精神不振奋。纠正方法：收腹部，胸部向前上方挺出，头向上顶，眼睛向前看。

步速不一致。纠正方法：用调整步伐的口令和"呼号"进行调整，或者播放队列进行曲踩乐练习。

（六）队形变换

队形变换，是由一种队形变为另一种队形的列队形式。分为班横队和班纵队互换、班横队和班二列横队互换、班纵队和班二路纵队互换。

1. 口令及要领

（1）班横队和班纵队的互换

① 班横队变班纵队。

停止间口令：向右——转。

行进间口令：向右转——走。

② 班纵队变班横队。

停止间口令：向左——转。

行进间口令：向左转——走。

要领：停止间，按照单个军人向右（左）转的要领实施。行进间，按照单个军人向右（左）转走的要领实施。全班动作要整齐一致。

（2）停止间班横队和班二列横队互换

① 班横队变班二列横队。

口令：成班二列横队——走。

要领：变换前，先报数。听到口令，双数士兵左脚后退1步，右脚（不靠拢左脚）右跨1步，左脚向右脚靠拢，站到单数士兵之后，自行对正、看齐。

② 班二列横队变班横队。

口令：间隔1步，向左离开。成班横队——走。

要领：听到"间隔1步，向左离开"的口令，取好间隔；听到"成班横队——走"的口令，双数士兵左脚左跨1步，右脚（不靠拢左脚）向前1步，左脚向右脚靠拢，站到单数士兵左侧，自行看齐。

（3）班纵队变班二路纵队

口令：成班二路纵队——走。

要领：变换前，先报数。听到口令，双数士兵右脚右跨1步脚（不靠拢右脚）向前1步，右脚向左脚靠拢，站到单数士兵右侧，自行对正、看齐。

（4）班二路纵队变班纵队

口令：距离2步，向后离开。成班纵队——走。

要领：听到"距离2步，向后离开"的口令，取好距离；听到"班纵队——走"的口令，双数士兵右脚后退1步，左脚（不靠拢脚）站到单数士兵之后，右脚靠拢左脚，自行对正。

2. 指挥与动作要点

横队变纵队时，变换前，班长从班横队的中央前进到基准兵右侧3～5步处，面向队列下达"向右——转"的口令，横队变为纵队后，班长下达"向前——对正"的口令，听到口令，队列中的士兵迅速向前对正，取好距离（见图6-14）。

班横队变班二列横队时，班长在班横队的中央前左跨 1 步，下达"成班二列横队——走"的口令。

班纵队变为班二路纵队时，班长在班纵队的中央前左跨半步，下达"成班二路纵队——走"的口令。

班二路纵队变为班纵队时，班长右跨半步，下达"距离 2 步，向后离开"的口令，距离调整后，下达"成班纵队——走"的口令。

班纵队变为班横队时，班长由纵队的中央前跑步进到队列的左侧中央前，下达"向左——转"的口令，队形变换后，再下达"向右看——齐、向前——看"的口令（见图 6-15）。

队形变换训练时不得变为反排。

图 6-14　班横队停止间变班纵队

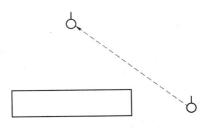
图 6-15　班纵队停止间变班横队

即：横队变纵队时，不能下达"向左——转"和"向左转——走"的口令；纵队变横队时，不能下达"向右——转"和"向右转——走"的口令。

在日常队列生活中，如果是过渡性的（变换后开始行进），班长可以在班横队的中央前下达"向右——转、X 步——走"的口令，此时不必调整人员之间的距离，可以边行进边调整。

在队列训练时，如果是过渡性的（为了调整队列的位置，带开（集合）的距离不远时）可以调整为反排。即：可以下达"向后（左、右）——转"、"X 步——走"的口令。

停止间调整间隔、距离和队形变换后，用小碎步迅速调整、自行标齐，横队看齐后，由右至左自行将头转正，成立正姿势。

班横队与班二列横队互换时，双数士兵左脚靠拢右脚的同时向右转头（排头兵不转头）、靠拢标齐，标齐后，自行将头转正，成立正姿势。

班纵队与班二路纵队互换时，双数士兵右脚靠拢左脚的同时向左转头（二路纵队变班纵队时不转头）、标齐，向前对正，标齐、对正后将头转正，成立正姿势。

行进间的横队换纵队训练时，班长由班横队的中央前进到队列的右侧前下达"齐步——走"、"向右转——走"的口令，队列在班长正前方适当位置下达"立——定"的口令（见图 6-16）。

行进间的纵队换横队训练时，班长由班纵队的中央前进到队列的左侧前适当位置，下达"齐步——走"、"向左转——走"。

口令，队列在班长正前方适当位置下达"立——定"的口令，停止后，对队列进行整齐（见图 6-17）。

图 6-16　班横队行进间变班纵队　　　　图 6-17　班纵队行进间变班横队

进行行进间横队与纵队互换训练时，可以把动作连起来做。班长由班横队的中央前在接近到队列的右侧前适当位置，面向队列下达"齐步——走"、"向右转——走"、"向左转——走"、"立——定"的口令，队列在班长正前方停止。

3. 标准要求

班长指挥位置、变换指挥位置的路线正确，指挥口令准确、及时、清楚、洪亮。士兵动作迅速、整齐一致，间隔、距离准确。

4. 组织训练的步骤及方法

轮流充当班长练指挥、练动作，先停止间，后行进间。可参照以下程序进行：班横队与班二列横队互换、班纵队与班二路纵队互换、班横队与班纵队互换、行进间班横队与班纵队互换。

训练时，在单项练习的基础上为了锻炼班长的指挥能力和士兵的反应能力，行进间的队形变换可以将动作串起来做。此时，班长由班横队的中央前跑步进到队列的右侧前实施指挥，操练完毕后，队列在班长正前方停止，然后，班长对队列进行整齐。

5. 易出现的错误动作及纠正方法

班长指挥程序不清楚，指挥位置不准确。

纠正方法：熟悉程序，再分段练习，后进行综合练习。

停止间变换队形时，步幅不准，上体晃动大。

纠正方法：画线练习退步、上步动作，做到步幅准确，调整间隔、距离时用碎步，上体正直、不晃动。

行进间变换队形时，转体不一致，调整间隔、距离不迅速。

纠正方法：强调出脚的同时转体，队形变换后，迅速调整间隔、距离。

（七）方向变换

方向变换，是改变队列面对的方向的一种队列动作。

1. 口令及要领

（1）横队方向交换

停止间，通常是左（右）转弯或者左（右）后转弯，必要时可以向后转。

停止间口令：左（右）转弯，齐（跑）步——走。

左（右）后转弯，齐（跑）步——走。

向后——转，齐（跑）步——走（当需要向后转走时，应当先下"向后——转"的口令，当方向变换后，再下"齐（跑）步——走"的口令）。行进间口令：左（右）转弯——走。左（右）后转弯——走。

要领：班横队方向变换时，轴翼士兵踏步，并逐渐向左（右）转动；外翼第一名士兵用大步行进并同相邻士兵动作协调，逐步变换方向（愈接近轴翼者，其步幅愈小），其他士兵用眼睛的余光向外翼取齐，并保持规定的间隔和排面整齐，转到90°或者180°时踏步并取齐，听口令前进或者停止。

（2）纵队方向变换

纵队方向变换，通常是左（右）转弯，或者左（右）后转弯，必要时可以向后转（纵队的反排行进）。

停止间口令：左（右）转弯，齐（跑）步——走。

左（右）后转弯，齐（跑）步——走。

向后——转，齐（跑）步——走（按照横队和纵队向后转走的方法实施）

行进间口令：左（右）转弯——走。

左（右）后转弯——走。

要领：一路纵队方向变换，基准兵在左（右）转弯时按照单个军人行进间转法（停止间，左转弯走时，左脚先向前1步）的要领实施，在左（右）后转弯时，用小步边行进边变换方向，转到90°或者180°照直前进；其他士兵逐次进到基准兵的转弯处，转向新方向跟进。

2. 指挥与动作要点

停止间，横队左（右）转弯时，班长由横队的中央前进到队列的左（右）侧前适当位置，面向队列下达"左（右）转弯，齐步——走"的口令，队列向左（右）转90°后自行踏步，标齐后下达"立——定"的口令，队列停止后，班长位于队列中央前5~7步处（见图6-18、图6-19）。

图6-18 班横队停止间向左变换方向

图6-19 班横队停止间向右变换方向

停止间横队左（右）后转弯时，班长由横队的中央前进到队列的左（右）后侧适当位置实施指挥，面向队列下达"左（右）后转弯，齐步——走"的口令，队列人员按照左（右）转弯走的要领转180°后踏步，标齐后下达"立——定"的口令，队列停止后，班长位于队列中央前5~7步处（见图6-20、图6-21）。

在日常队列生活中，行进间，班长在班横队的左侧前适当位置实施指挥，当队列需要左（右）转弯时，班长要在队列的行进过程中进到预定的指挥位置，下达"左（右）转弯——走"的口令，队列转到90°后踏步，标齐后下达"前进"、"立——定"的口令，队列停止后位于班长的右侧前适当位置，然后，班长由队列的左侧前进到队列中央前进行整齐。

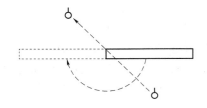

图6-20 班横队停止间向左后变换方向　　　图6-21 班横队停止间向右后变换方向

进行行进间横队向左（右）变换方向训练时，为了避免频繁地变换指挥位置和观察队列人员的动作，班长由班横队的中央前直接进到队列的左（右）侧前适当位置，先下达"齐步——走"的口令，再下达"左（右）转弯——走"的口令，队列向左（右）转90°后自行踏步，标齐后下达"前进"的口令，当队列行进到班长正前方适当位置时，下达"立——定"的口令，停止后，队列位于班长前5～7步处（见图6-22、图6-23）。

图6-22 班横队行进间向左变换方向　　　图6-23 班横队行进间向右变换方向

进行行进间横队向左（右）后变换方向训练时，班长直接进到预定队形的中央前实施指挥，先下达"齐步——走"的口令，再下达"左（右）后转弯——走"的口令，队列左（右）转180°后踏步，标齐后下达"前进"、"立——定"的口令，队列在班长正前方适当位置停止（见图6-24、图6-25）。

 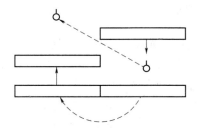

图6-24 班横队行进间向左后变换方向　　　图6-25 班横队行进间向右后变换方向

停止间，纵队向左（右）变换方向训练时，班长由纵队的正前方向右（左）转，进到基准兵的左（右）侧适当位置，下达"左（右）转弯，齐步——走"的口令，基准兵按照要领做动作,其他士兵在基准兵转弯处转向新方向跟进,当基准兵行进到班长正前方适当位置时,下达"立——定"的口令(见图6-26、图6-27)。

图6-26 班纵队停止间向左变换方向

图6-27 班纵队停止间向右变换方向

停止间,纵队向左(右)后交换方向时,班长由纵队的正前方从队列的左(右)侧,跑步进到队列的左(右)后侧,面向队列下达"左(右)后转弯,齐步——走"的口令,基准兵用小步边行进边变换方向,转到180°后,照直前进,其他士兵逐次进到基准兵转弯处转向新方向跟进,当基准兵行进到班长正前方适当位置时,下达"立——定"的口令(见图6-28、图6-29)。

图6-28 班纵队停止间向左后变换方向

图6-29 班纵队停止间向右后变换方向

行进间,纵队向左(右)变换方向训练时,班长由纵队的中央前进到班纵队的左(右)侧前,先下达"齐步——走"的口令;再下达"左(右)转弯——走"的口令,队列行进到班长正前方适当位置时,班长下达"立——定"的口令(见图6-30、图6-31)。

图6-30 班纵队行进间向左变换方向

图6-31 班纵队行进间向右变换方向

行进间,纵队向左(右)后变换方向训练时,班长由纵队的中央前从队列的左(右)侧进到班纵队的左(右)后侧,先下达"齐步——走"的口令,再下达"左(右)后转弯——走"的口令,队列行进到班长正前方适当位置时,班长下达"立——定"的口令(见图6-32、图6-33)。

图6-32 班纵队行进间向左后变换方向

图6-33 班纵队行进间向右后变换方向

行进间班纵队向左变换方向时，动令落于右脚，听到口令，基准兵左脚继续走1步，然后按照单个军人向左转走的要领实施。

3. 标准要求

班长指挥位置、变换指挥位置的路线正确、动作规范，指挥口令准确、及时、清楚、洪亮。排面整齐一致，做到"三等"（等步速、等步幅、等间隔）、"四齐"（脚线齐、臂线齐、胸线齐、头线齐）。

4. 组织训练的步骤及方法

（1）单项内容练习

停止间，班横队向左（右）变换方向、向右（左）变换方向、向左（右）后变换方向、向右（左）后变换方向；

行进间，班横队向左（右）变换方向、向右（左）变换方向、向左（右）后变换方向、向右（左）后变换方向；

停止间，班纵队向左（右）变换方向、向右（左）变换方向、向左（右）后变换方向、向右（左）后变换方向；

行进间，班纵队向左（右）变换方向、向左（右）后变换方向、向右（左）变换方向、向右（左）后变换方向。

（2）综合动作练习

为了锻炼班长的指挥能力，可以在单项练习的基础上再进行综合项目练习。综合练习时，先练停止间动作，后练行进间动作。行进间动作练习时，班长可以在一个位置实施指挥，操练完毕，班长再进到班横队的中央前整齐队列。

① 行进间班横队方向变换综合练习。

班长在班横队的左侧前适当位置下达口令，"齐步——走"、"右（左）转弯——走"、"前进"、"左（右）转弯——走"、"前进"、"左（右）后转弯——走"、"前进"、"右（左）后转弯——走"、"前进"、队列行进到班长右侧前适当位置时下达"立——定"的口令，队列停止后，班长跑步进到班横队的中央前5~7步处，对队列进行整齐（见图6-34）。

② 行进间班纵队方向变换综合练习。

班长由班纵队的中央前进到班纵队的左侧实施指挥，下达"齐步——走"、"左（右）转弯——走"、"左（右）后转弯——走"、"右（左）转弯——走"、"右（左）后转弯——走"、"立——定"的口令，队列在班长正前方停止后，下达"向左——转"的口令，尔后进行整齐（见图6-35）。

5. 易出现的错误动作及纠正方法

（1）指挥员变换指挥位置的路线、指挥位置不准

纠正方法：在训练场地画出变换指挥位置的路线和指挥位置，反复练习。

（2）横队方向变换时排面不整齐

图6-34 班横队行进间综合动作练习

图6-35 班纵队行进间综合动作练习

纠正方法：在训练场地画出行进线，先踩线练习，熟练后再离线练习。

（3）纵队方向变换时走捷径或转弯过大

纠正方法：在转弯处作出标记，以规范转弯的具体位置。

（4）操场训练时，指挥员频繁地变换指挥位置

纠正方法：先熟悉口令和动作，在队列人员能听清楚口令的前提下，尽量少变换指挥位置。

第七章 轻武器射击

轻武器是指枪械及其他各种由单兵或班组携行战斗的武器，又称"轻兵器"。传统概念是指手枪、步枪、冲锋枪、轻机枪等。根据现代战争的特点，轻武器所包含的范畴已扩大到包括单兵或班组使用的其他武器，如手榴弹、火箭筒及单兵防空导弹、步兵反坦克导弹等。

轻武器的主体是枪械。自动步枪、冲锋枪、班用机枪是步兵分队在近战中歼敌的主要武器；手枪是近距离歼敌的自卫武器。本章主要介绍1981式自动步枪的武器常识、射击学理、射击动作及实弹射击组织等知识。

第一节 武器常识

一、1981年式自动步枪战斗性能

1981年式7.62 mm班用枪族，是我国1981年研制定型的第一种班用枪族。由81—1式自动步枪（木质固定枪托）、81—1式自动步枪（金属折叠托）及81式班用轻机枪组成。

81式自动步枪是单兵使用的近距离杀伤有生目标的自动步枪。它以火力、刺刀和枪托杀伤敌人，并能发射枪榴弹，使射手具有点、面杀伤有生目标和反装甲能力。81式自动步枪对单个目标在400 m内射击效果最好，集中火力可射击500 m内的飞机、伞兵以及集团目标，弹头在1 500 m处仍有杀伤力。

（一）射击方法

81式自动步枪主要射击方法是短点射（2~5发），还可实施长点射（6~10发）和单发射击。

（二）战斗射速

战斗射速也称射速，是在战斗中一分钟内发射的弹数。点射每分钟90~110发，单发每分钟40发。理论射速每分钟680~750发。

（三）弹头侵彻力

它是指弹头对各种物体的贯穿能力，81 式自动步枪使用 1956 年式普通弹在 100 m 距离上能射穿 6 mm 钢板，15 cm 砖墙，30 cm 土层和 40 cm 厚的木板。

二、主要机件名称、用途及自动原理

（一）主要机件名称及用途

81 式自动步枪由刺刀（匕首）、枪管、瞄准具、活塞、机匣、枪机、复进机、击发机、弹匣、枪托十大部分组成，另有一套附品。（见图 7-1）

概括为四句话：刺刀枪管瞄准具，活塞机匣加三机，弹匣枪托十大部，附品一套莫忘记。

图 7-1 自动步枪十大部机件

1. 刺刀

用以刺杀敌人。

2. 枪管

用以赋予弹头及枪榴弹的飞行方向。

枪管内是枪膛，枪膛内分为弹膛和线膛。弹膛用以容纳子弹；线膛能使弹头在前进时旋转运动，以保持飞行的稳定性。线膛有四条右旋膛线（阴膛线），两膛线间的凸起部分叫阳膛线，两条相对的阳膛线间的距离是枪的口径。

枪管的外部有导气箍，用以引导火药气体冲击活塞，连接调节塞，并固定护盖前端。还有刺刀槽，通条头槽。下护木，便于操作和携带。

3. 瞄准具

用以瞄准，由表尺和准星座构成。

表尺钣装在表尺座的槽内，以减小表尺钣的横向摆动，并保护其不受碰撞，缺口上方有护翼，可以避免表尺磨亮和碰伤而影响瞄准。表尺分划是通过转动多面轴表尺轮来进行装定的。其表尺分划 0~5 相应地刻在表尺轮上，与表尺座外侧射程标点配合，可以装定相应的射击距离，每一分划相应 100 m。0 分划用以分解结合；准星可拧高拧低；准星移动座可左右移动，准星移动座与准星座上各有一条刻线，用以检查准星位置是否正确；准星座上还有准星护圈。

4. 活塞及调节塞

用以调节和承受火药气体的压力，推压枪机向后。

调节塞前部的圆柱部分插入导气箍内，定位卡笋与导气箍后端的弧形槽配合，使其前后不能移动。调节塞后部的圆筒部是活塞气室。导气箍上的"1、2"分别表示调节塞上的小孔和大孔与导气孔的对正关系。通常装定在"1"上，当枪机后坐不到位时，装定在"2"上。变换调节塞位置可用弹壳底部卡入"T"形槽。发射枪榴弹时，必须将调节塞转到"0"的位置，以防损坏活动机件。

5. 机匣

用以容纳枪机、复进机、固定击发机和弹匣。

机匣盖上方有机匣盖，用以保护机匣内部免沾污垢；机匣盖下方有握把，用以握持；还有扳机护圈、弹匣卡笋和弹匣结合口。

机匣内有闭锁卡槽,用以保证枪机闭锁枪膛。枪机阻铁,用以弹匣内无子弹时,能使枪机停在后方位置,形成空匣挂机。凹笋用以拔出弹壳(子弹)。机匣下方还有弹匣结合口,用以结合弹匣。

6. 枪机

由机栓和机体组成。主要用以送弹、闭锁、击发和退壳,并能使击锤后倒成待发状态。

机栓上有圆孔和导笋槽,用以容纳机体,并引导机体旋转形成闭锁和开锁。机栓上还有解脱凸笋、机柄和复进机巢。

机体上有击针,用以撞击子弹底火。抓弹钩,用以从膛内抓出弹壳(子弹)。机体上还有导笋、闭锁凸笋和弹底巢。

7. 复进机

导管、导杆、导管座、复进簧和支撑环组成。用以使枪机回到前方位置导管座上有机匣盖卡笋。

8. 击发机

用以与枪机相互作用形成待发、击发和保险。

击发机上有击发控制机,能在枪机闭锁枪膛前防止击发。保险机,用以保险和控制单发射和连发射。击发机上还有击发阻铁、单发阻铁、击锤和扳机。

9. 弹匣

用以容纳和托送子弹。弹匣由弹匣体、托弹钣、托弹簧、固定钣和弹匣盖组成。

弹匣体上有凹槽和挂耳,用以将弹匣固定在枪上。检查孔,当看到子弹时,则已装满子弹。可装 30 发子弹。

10. 枪托

枪托可向右折叠以减小长度。木质枪托上有枪颈、托底钣和附品筒巢。金属折叠枪托上有枪颈、托底钣、附品盒巢和枪托卡笋。

附品:用以分解结合、擦拭上油、携带和排除故障。附品包括擦拭杆、鬃刷、铳子、附品筒(盒)、通条、油壶、背带和弹匣袋。

(二) 自动原理

扣扳机后,击锤打击击针,撞击子弹底火,点燃发射药,产生火药气体,推送弹头沿膛线向前运动;弹头一经过导气孔,部分火药气体通过导气孔涌入导气箍,冲击活塞,推动枪机向后压缩复进簧,完成开锁、抛壳,并使击锤后倒成待击状态;枪机退到后方定位后,由于复进簧的伸张力,使枪机向前运动,推弹凸推送下一发子弹进膛、闭锁。此时,如保险机定在连发位置并且扳机未松开,击发阻铁不能卡住击锤,击锤再次打击击针,形成连续发射;如保险机定在单发位置,击锤被单发阻铁卡住不能向前回转,若要再次发射,必须松开扳机再扣扳机,才能发射。

三、分解结合

(一) 分解与结合的目的和要求

分解结合的目的是为了擦拭上油、检查和排除故障。其要求是:

分解前必须验枪，保证安全无事故。分解结合应按顺序和要领进行，不要强敲硬卸。分解下来的机件应按次序放在干净的物体上（按照由右向左、下沿取齐，枪面向前放于机件前）。除所讲的分解内容外，未经许可不得分解其他机件。结合后，应拉送枪机数次，检查机件结合是否正常。

（二）分解结合的动作要领

1. 分解的动作要领

卸下弹匣：左手握护木，枪面稍向左，右手握弹匣，拇指按压弹匣卡笋（也可右手掌心向上握弹匣，以手掌肉厚部分推压弹匣卡笋，前推取下弹匣。

拔出通条和取出附品筒：左手握护木右手向外向上拔出通条。然后用右手食指顶开附品筒巢盖，取出附品筒，并从附品筒内取出附品。

卸下机匣盖：左手握枪颈，并以拇指按压机匣盖卡笋，右手将机匣盖上提取下。

抽出复进机：左手握枪颈，右手向前推导管座，使其脱离凹槽，向后抽出复进机。

取出枪机：左手握枪颈，右手打开保险，拉枪机向后到定位，向上取出。左手转动机体，使导笋脱离导笋槽，再向前取出机体。

卸下护盖：右手握上护木，左手转动表尺转轮定在"1"或"5"上，再向外拉，使限制轮脱离限制槽。然后，向前（或向后）转动使表尺轮上的"0"对正表尺座上的白点。左手握下护木，右手向上向后卸下护盖。

卸下调节塞和活塞：左手握下护木，右手将调节塞向右（左）转动到定位，向后拉调节塞，压缩活塞簧，使调节塞前端脱离导气箍，再向上前方卸下调节塞和活塞，并将调节塞、活塞及活塞簧分开。

2. 结合的动作要领

结合时应按分解时的相反顺序进行，共分七步。

装上活塞及调节塞：将活塞簧套在活塞杆后端，左手握下护木，右手将活塞杆插入表尺座的圆孔内，压缩活塞簧，使调节塞前端插入导气箍，并向左（右）转动调节塞，使解脱凸笋进入凹槽。

装上护盖：左手握下护木，右手将护木盖前端两侧卡在导气箍上，按压护盖后端向下到定位。左手转动表尺轮使分划"1"对正表尺座外侧的圆点。

装上枪机：右手握机栓，使导气槽向上；左手将枪机结合在机栓上，使导笋进入导笋槽并向前转动到定位。左手握枪颈，右手将枪机从机匣后端装入机匣，前推到定位。

装上复进机：左手握枪颈，右手将复进机插入复进机巢内，向前推压，使导管座进入凹槽内。

装上机匣盖：左手握枪颈，右手将机匣盖方孔对正机匣盖卡笋，前推下压机匣盖，使卡笋完全进入方孔内，固定结实。

装上附品筒和通条：将附品筒装入附品筒内，左手握护木，右手将附品筒盖朝外装入附品筒巢内（81—1式自动步枪，用中、食指顶压附品盒底，并使附品盒卡笋进入圆孔）。然后将通条插入通条孔内，并使通条头进入通条头槽。此时拉枪机数次，检查机件结合是否正确；扣扳机、关保险。

装上弹匣：左手握护木，枪面稍向左，右手握弹匣，将弹匣口前端插入结合口内，扳弹匣向后到定位。

四、爱护武器和排除故障

轻武器是单兵的基本装备，是消灭敌人保存自己的重要物质基础，是国家的重要财产。为使其经常处于良好的战备状态，必须了解武器的保管，使用原则，学会一般故障的排除方法。

（一）爱护武器的要求

爱护武器是军人重要职责，因此必须做到勤检查、勤擦拭、勤保养；不碰摔、不锈蚀、无损坏、会擦拭、会保管、会检查、会排除故障，使武器保持完好状态。

保管枪支弹药，要适合战备和安全的要求，要放在安全、干燥和通风的地方，注意防潮、防火、防雨淋、防日晒、防盗窃、防破坏、确保能随时执行战斗任务。

在平时，枪支应放在枪架上，使之处于保管状态。

在行军、作战中，和训练时，应尽量不使武器沾上和浸入污物。被雨淋、浸过海水后，应及时用淡水冲洗或进行擦拭。

（二）擦拭上油

1. 擦拭的时机和要求

实弹射击后，应用浸透油或碱水（肥皂水）的布，将武器上的烟渣、污垢擦拭干净，并用干布擦干后再上油，在以后3～4天应每天擦拭一次，训练、演习后，应适时地用干布和油布擦拭；不经常使用时，每周至少擦拭一次；在严寒的室外将枪带到室内时等水珠出现后再擦拭上油，被海水浸过或遭毒剂和放射性物质沾染后，应先用淡水冲洗后再擦拭。擦拭上油后，应放在通风干燥处晾干，严禁火烤和曝晒。

2. 擦拭上油的方法

擦拭前，应分解武器，准备好擦拭工具，结合通条时，将通条从附品筒的大圆孔穿过小圆孔，再将附品筒盖套在通条上作枪口罩，拧紧擦拭杆，然后用铳子穿过附品筒和通条头上的圆孔，固定住通条。

擦拭枪膛时，把布条缠在擦拭杆活动部分，并插入枪膛，将附品筒盖套在枪口上，沿枪膛均匀地来回擦拭（弹膛应从后面擦拭）直到擦净，再用布条或鬃刷涂油。擦拭导气箍、活塞筒时，用通条或竹（木）杆缠布擦拭，擦净后涂油。

擦拭其他机件时，应先擦净表面的烟渣污垢，对孔、沟、槽等细小部位，可用竹（木）签缠布进行擦拭，而后薄薄地涂上一层油。

（三）检查

检查外部：金属部分是否有污垢、锈痕和碰伤；各部机件号码是否一致；

查枪膛：是否有污垢、生锈和损伤。

查机能：将装有教练弹的弹匣装在枪上，拉送枪机（套筒）数次，检查送弹、闭锁、击发、退壳和保险的机能是否正确。

检查附品和子弹：附品是否完好；子弹有无锈蚀、凹陷、裂缝，弹头是否松动。

五、自动步枪故障及排除方法

射击中若发生故障，通常拉枪机（套筒）向后，重新装弹继续射击。如仍有故障，应迅速查明原因予以排除。如排除不了，应迅速向指挥员报告，以保证及时完成射击任务。

第二节　简易射击学理

一、发射与后坐

（一）发射及其过程

发射是指火药气体压力将弹头从膛内推送出去的现象。其过程是：击针撞击子弹底火，使起爆药发火；火焰通过导火孔引燃发射药，产生大量火药气体，在膛内形成很大的压力，迫使弹头脱离弹壳，沿膛线旋转加速前进，直至推出枪口。

（二）后坐

后坐是指发射时，武器向后运动的现象。

1. 后坐的形成

发射药燃烧时，产生的气体同时作用于各个方向，作用于膛壁周围的压力被膛壁所抵消；向前作用于弹头后部的压力推送弹头前进；向后作用于弹壳底部的压力经过枪机传给整个武器，使武器向后运动，形成后坐。武器的后坐和弹头的运动是同时开始的。在弹头脱离枪口瞬间，大量的火药气体随弹头后部从膛内向外喷出，形成了反作用力，使武器后坐更加明显。

2. 后坐对命中的影响

后坐对单发（连发首发）射击的命中影响极小。因为弹头在膛内运动的时间极短（约千分之一秒），并且枪比弹头重得多（冲锋枪、半自动步枪400倍以上），所以弹头在脱离枪口以前，枪的后坐距离只有1毫米多。而且是正直向后运动，加之衣服和肌肉的缓冲，射手是感觉不出来的。射手感觉到的后坐，主要是弹头在脱离枪口的瞬间，火药气体猛烈向枪口外喷出形成的反作用力造成的。此时，弹头已脱离枪口。因此，后坐对单发（连发首发）射击的命中影响极小。

后坐对连发射击的命中有一定的影响。因为连发射击时，第一发子弹发射后，由于枪的明显后坐变动了原来的瞄准线，所以对第二发以后的射弹命中有一定的影响。但只要射手握枪要领正确，适应连发武器射击时后坐的规律，就能减小后坐对连发命中的影响，提高射击精度。

二、弹道形状及其实用意义

（一）弹道

1. 弹道及其形成

弹道是指弹头运动过程中，其重心所经过的路线。

弹头脱离枪口后，如果没有地心引力和空气阻力的作用，它将保持其所获得的速度，沿着发射线无止境地匀速直线飞行。

实际上,弹头在空气中飞行,一面受到地心引力的作用,逐渐下降;一面受到空气阻力的作用,越飞越慢。因此,形成了一条不均等的弧线。升弧较长较直。降弧较短较弯曲。

2. 弹道基本要素(见图7-2)

图7-2 弹道要素

起点:火射口中心点(外弹道开始点)。
火身口水平面:通过起点的水平面。
射线:发射前火身轴线的延长线。
射角:射线与火身口水平面所夹的角。
发射线:发射瞬间火身轴线的延长线。
发射角:发射线与火身口水平面所夹的角。
发射差角:发射线与射线所夹的角。发射线高于射线时,发射差角为正;低于射线时,发射差角为负;相重合时,发射差角为零。
落点:弹道降弧与火身口水平面的交点(射表落点)。
升弧:由起点到弹道最高点的弹道。
降弧:由弹道最高点到落点的弹道。
弹道高:弹道上任何一点到火身口水平面的垂直距离。
最大弹道高:弹道最高点到火身口水平面的垂直距离。
弹道切线:弹道上任何一点的切线。
射程:起点到落点的水平距离。

(二)直射

1. 直射和直射距离

瞄准线上的弹道高在整个表尺距离上不超过目标高的射击,叫直射。这段表尺距离叫直射距离。

2. 直射距离的求法

直射距离的大小,决定于目标的高低和弹道的低伸程度。目标越高,弹道越低伸,直射距离就越大;目标越低,弹道越弯曲,直射距离就越小。

3. 直射的实用意义

对在直射距离内的目标进行射击时,瞄准目标下沿,不变更表尺分划即可进行连续射击,以增大战斗射速,提高射击效果。

(三)危险界,遮蔽界和死角

1. 危险界

危险界分为表尺危险界和实地危险界。表尺危险界是指瞄准线上的弹道降弧段弹道高不大于目标高,能毁伤目标的一段射击距离;实地危险界是在实地弹道高不大于目标高的一段射击距离。

决定实地危险界大小的条件:

弹道低伸程度。对同一地形上的同一目标射击时,弹道越低伸,实地危险界就越大;反之越小。

目标高低。用同一武器对同一地形上的不同目标射击,目标越高,实地危险界越大;反之越小。

目标所在位置的地貌。用同一武器对同一种目标射击,目标所在位置的地貌与弹道形状越相一致,实地危险界越大;反之越小。

2. 遮蔽界和死角(见图7-3)

图7-3 遮蔽界和死角

从弹头不能射穿的遮蔽物顶端到弹着点的一段距离,叫遮蔽界。目标在遮蔽界内不会被杀伤的一段距离,叫死角。遮蔽界内包括死角和危险界。

遮蔽界和死角的大小是由遮蔽物的高低和落角的大小决定的。死角的大小还决定于目标的高低(见图7-4)。

同一弹道,同一目标,遮蔽物越高,遮蔽界和死角就越大;反之越小。

同一遮蔽物,同一目标,落角越小,遮蔽界和死角就越大;反之越小。

同一遮蔽物,同一弹道,目标越高,死角越小;反之越大。

了解危险界、遮蔽界和死角的实用意义,是为了在战斗中更好地隐蔽身体,发挥火力,灵活地利用地形地物,隐蔽地运动、集结和转移,以避开或尽量减少敌火力的杀伤。在组织火力配系时,就能正确选择射击

图7-4 目标高低与死角的关系

位置和组织火力，千方百计地增大危险界和减少射击地带内的遮蔽界和死角，并善于运用弯曲弹道和各种武器的侧射、斜射火力消灭隐蔽在遮蔽界和死角内的敌人。

三、选定表尺分划和瞄准点

（一）瞄准具的作用

由于地心引力和空气阻力的作用，如果用枪管瞄向目标射击，射弹就会打低打近。为了命中目标，必须将枪口抬高，使火身轴线与瞄准线之间形成一定的角度，即瞄准角（见图 7-5）。

图 7-5　高抬枪口射击的景况

瞄准角的大小，是根据射弹在不同距离上的降落量来确定的。距离越远，降落量越大，所需要的瞄准角也就越大；距离越近，降落量越小，所需要的瞄准角也就越小（见图 7-6）。

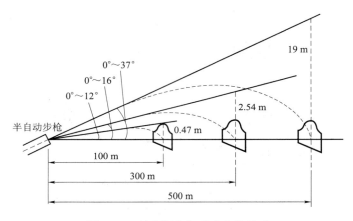

图 7-6　射击距离与瞄准角的关系

瞄准具就是根据上述原理设计而成的。由于缺口上沿到火身轴线的高度大于准星尖到火身轴线的高度，射击时，是通过缺口上沿中央和准星尖的平正关系来对目标进行瞄准的。因此，用瞄准具瞄准时，就抬高了枪口，使火身轴线与瞄准线之间构成了一定的瞄准角（见图 7-7）。

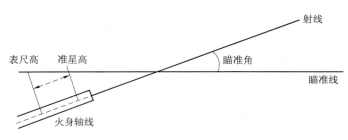

图 7-7　瞄准角的构成

表尺位置高，瞄准角就大，相应的射击距离就远；表尺位置低，瞄准角就小，相应的射击距离就近。

由此可见，瞄准具的作用，就是对一定距离上的目标射击时赋予武器相应的瞄准角和射向。射击时，只要按照目标的距离装（选）定相应的表尺分划瞄准射击，就能命中目标。因此，正确地选定表尺分划，对准确命中目标有着决定性意义。

（二）瞄准的基本要素（见图7-8）

瞄准基线：缺口的上沿中央到准星尖的直线线段。

瞄准线：视线通过缺口上沿中央和准星尖的延长线。

瞄准点：瞄准线所指向的一点。

瞄准角：射线与瞄准线的夹角。

瞄准线上弹道高：弹道上任何一点到瞄准线的垂直距离。

弹着点：弹道与目标表面或地面的交点。

实际射击距离：起点到弹着点的距离。

图7-8 瞄准要素

（三）选择表尺分划和瞄准点

为了使射弹准确地命中目标，射击时，射手应根据目标的距离、大小和武器高，正确地选定表尺分划和瞄准点（见表7-1）。其方法如下：

1. 定实际距离表尺分划，瞄目标中央

目标距离为百米（轻机枪50 m）整数时，可根据目标的距离装定相应的表尺分划，瞄准点选在目标中央。如半自动步枪对100 m距离胸环靶射击时，定表尺"1"；班用轻机枪对150 m距离半身靶射击时，定表尺"1.5"。瞄准目标中央射击，即可命中目标中央。

2. 定大于或小于实际距离表尺，适当降低或提高瞄准点

目标距离不是百米（轻机枪50 m）整数时，通常选定大于实际距离的表尺分划。根据武器在该距离上的弹道高，相应降低瞄准点射击。如半自动步枪对250 m距离胸环靶射击时，定表尺"3"，在250 m处的弹道高为18 cm，这时，瞄准目标下沿中央射击，即可命中目标中央。

表 7-1　弹道高表

枪种	表尺	距离/m 弹道高/cm									
		50	100	150	200	250	300	350	400	450	500
半自动步枪	1	1	0	-7	—						
	2	6	11	9	0	-16	—				
	3	13	25	29	28	18	0	-29	—	—	—
	4	21	42	55	62	61	51	31	0	-48	—

也可选定小于实际距离的表尺分划。根据武器在该距离上的负弹道高，相应提高瞄准点射击。如半自动步枪对 250 m 距离的头靶（高 30 cm）射击时，定表尺"2"，在 250 m 处的弹道高为 16 cm，这时，瞄准目标头顶中央射击，即可命中。

3. 定常用表尺分划，小目标瞄下沿，大目标瞄中央

战斗中，对 300 m 距离以内的目标射击时，通常定常用表尺（表尺"3"）分划，小目标瞄下沿，大目标瞄中央射击，即可命中。如半自动步枪定常用表尺对 300 m 以内人胸目标（高 50 cm）射击时，瞄目标下沿，则整个瞄准线上最大弹道高为 31 cm，没有超过目标高，目标在 300 m 距离内，都会被杀伤。

在战场上，目标出现突然，大小暴露不一，且距离不断变化。用此种方法，对 300 m 以内的目标不需要变更表尺分划即可实施射击，可以争取时间，提高战斗射速，增大射击效果。因此，该办法在实践中有着重要的实用意义，是战斗中常用的一种方法。

（四）观察弹着和修正偏差

射击时，由于测距、瞄准的误差和外界条件对射击的影响，以及射手操作不正确等原因，会使射弹产生偏差。因此，射手应注意观察弹着，及时修正偏差，以提高射击效果。

1. 观察弹着

观察弹着时，应根据射弹击起的尘土、水花的位置，曳光迹和目标状况的变化等情况，判断射弹是否命中目标或偏差量的大小。各种枪对湿地、硬地上的目标射击时，弹着不易观察，可用曳光弹射击，确定其偏差量。

2. 修正方法

发现偏差时，应认真分析，找出原因，正确地进行修正。如是武器、风造成的偏差，偏差多少就修正多少。修正时，应以预期命中点为准，向偏差相反的方向修正。

修正方向偏差。用改变瞄准点的方法进行修正。射弹偏右，瞄准点向左修；射弹偏左，瞄准点向右修。

修正高低偏差。用提高、降低瞄准点或增减表尺分划的方法进行修正。射弹偏高时，降低瞄准点或减少表尺分划；射弹偏低时，提高瞄准点或增加表尺分划。

四、风、气温、阳光对射弹的影响及修正

（一）风对射弹的影响及修正

风是一种具有速度和方向的气流，它能改变射弹的飞行方向和距离。在各种外界条件中，风对射弹的飞行影响最大。因此，必须准确地判定风向和风力，根据风对射弹的影响进行修正，以保证射弹准确命中目标。

1. 风向和风力的判定

风向的判定。按风吹的方向和射击方向所形成的角度可分为：横风、斜风和纵风。

横风：从左或右与射向成90°角吹的风。

斜风：与射向成锐角（小于90°）吹的风。射击时通常按与射向成45°角的风计算。

纵风：从后或前与射向平行吹的风。顺射向吹的风为顺风；逆射向吹的风为逆风。

风力的判定。风力按其大小分为强风、和风和弱风。风力的大小，可用测风仪等器材测出，也可根据人的感觉和常见物体被风吹动的景况来判定（见表7-2）。

2. 修正的方法

① 横（斜）风对射弹的影响及修正。横（斜）风能对弹头的侧面施以压力，使射弹偏向一侧，产生方向偏差（斜风还能使射弹产生距离偏差，因偏差很小，故不考虑）。风力越大，距离越远，偏差就越大。风从左吹来，射弹偏右；风从右吹来，射弹偏左。

在射击时，为了使射弹准确地命中目标，必须根据射弹受风影响的偏差量，将瞄准点向风吹来的方向修止。修正时，以横方向的和风修正量为准，强风加一倍，弱风减一半。斜方向的强（和或弱）风，应按横方向的强（和或弱）风的修正量减一半。修正量从预期命中点算起，偏差多少，就修正多少。

为运用方便，将在横、和风条件下，对400 m内的目标射击时的瞄准景况归纳为："一百不用修，二百瞄耳线，三百瞄边沿，四百边接边"。

表7-2 风力（风速）判定表

区分	风力		人的感觉	常见的物体现象			
	级别	速度/($m \cdot s^{-1}$)		树	旗帜	烟	海面、渔船
弱风	2级	2~3	面部和手稍感到有风	灌木丛、细树枝、树叶微动并沙沙作响	微动并稍离开旗杆	微被吹动	有小波，船身摇动帆基本正直
和风	3~4级	4~7	明显地感到有风，吹过耳边时呜呜响，面对风可睁开眼	灌木摆动，树上的细枝被吹弯，树叶剧烈地摆动	展开飘动	被吹斜约成45°	有轻浪，船身摇动明显，船帆倾向一侧
强风	5~6级	8~12	迎面站立或行走，明显地感到有阻力，尘土飞扬，面对风感到睁眼困难	树干摆动，粗枝被吹弯	飘成水平状态，并哗哗作响	被吹成水平状态，并被吹散	有大浪，浪顶的白色泡沫很多，船身常被风吹离浪顶

② 纵风对射弹的影响及修正。纵风能影响射弹的飞行距离。顺风时，空气阻力减小，使射弹打远（高）；逆风时，空气阻力增大，使射弹打近（低）。但在近距离内，风速为 10 m/s 以下时，纵风对射弹影响很小，一般可不修正。

（二）阳光对瞄准的影响及克服方法

1. 阳光对瞄准的影响

在阳光下瞄准时，由于阳光照射作用，缺口部分产生虚光，形成三层缺口：上层为虚光部分，中层为真实缺口，下层为黑实部分（见图 7-9）。如不注意辨清真实缺口位置，就容易产生误差，使射弹产生偏差。

若用虚光上沿瞄准，射弹偏向阳光照来的方向（见图 7-10）。

图 7-9　缺口部分产生虚光形成三层缺口

图 7-10　用虚光上沿瞄准时的影响

阳光从右上方照来时，缺口左边和上沿产生虚光，用虚光部分瞄准，准星实际上偏高，因此，射弹偏右上。阳光从左上方照来时，射弹则偏左上。

若用黑实部分进行瞄准，射弹偏向阳光照来的相反方向（见图 7-11）。

阳光从右上方照来时，用黑实部分瞄准，准星实际上偏左低。因此，射弹偏左下。阳光从左上方照来时，射弹则偏有下。

在阳光照射下，缺口和准星尖同时产生虚光时，若用虚光上沿瞄准，射弹偏低；若用黑实部分瞄准，射弹偏高。

2. 克服的方法

可在不同方向的阳光照射下练习瞄准，采取遮光瞄准不遮光检查，或不遮光瞄准遮光检查的方法，反复练习，确实辨清真实缺口的位置和正确瞄准景况。辨别真实缺口的简易法：不用黑，不用白，真实缺口是灰白。

图 7-11　用黑实部分瞄准时的影响

缩短阳光下瞄准的时间。在阳光下瞄准的时间不宜过长，以免眼花而产生误差。

注意保护瞄准具。平时要保护好瞄准具，不使其磨亮而反光。

（三）气温对射弹的影响及修正

1. 气温对射弹的影响

气温升高时，空气密度减小，射弹飞行中受到的空气阻力就小，射弹就打得远（高）。

气温降低时,空气密度增大,射弹在飞行中受到的空气阻力就大,射弹就打得近(低)。

2. 修正方法

由于各地区和各季节的气温的不同,很难与标准气温(+15 ℃)条件相符。因此,应在当地的气温条件下校正武器的射效,并以校正射效对的气温条件为准。射击时,若气温差别不大,在400 m内对射弹命中的影响较小,不必修正。若气温差别很大或对远距离目标射击时,应适当提高或降低瞄准点射击。气温降低时,提高瞄准点或增加表尺分划;气温升高时,降低瞄准点或减小表尺分划。例如,半自动步枪在200 m距离上,气温每相差10 ℃,距离误差为4 m,高低误差为0.01 m。

第三节　射击动作和方法

一、验枪

验枪是一项保障安全的重要措施,使用武器前后必须验枪,验枪时认真检查枪膛、弹匣及教练弹中有无实弹,验枪时应注意严禁枪口对人,杜绝各类事故发生。

其口令为:"验枪"、"验枪完毕"。

其动作要领为:听到"验枪"口令后,以右脚为轴,身体半面向右转,左脚顺势向前迈出一步(两脚约与肩同宽)同时右手移握护木,背带从肩上脱下,将枪向前送出,左手接握下护木,左大臂紧靠左肋;枪托贴于右胯,准星与左肩同高,右手掌心向下,虎口向前,拇指打开保险,以右手拇指或手掌肉厚部分推压弹匣卡笋,卸下弹匣,使弹匣口向后,弯曲部向上交给左手握于护木右侧,右手移握机柄。

当指挥员检查时或下达"自验"的口令后,拉枪机向后,验过后自行送回枪机,装上弹匣扣扳机,关保险,移握枪颈。

当听到"验枪完毕"口令后,左手反握护木,将枪倒置于胸前,上背带约与肩同高,右手挑起背带,身体半面向左转,右脚步靠拢左脚同时,两手协力将枪送上右肩,恢复肩枪动作。

二、装、退子弹及定复表尺

(一)向弹匣内装填子弹,向弹匣内装填子弹时,通常取跪姿

其口令为:"装填弹匣"、"起立"。

动作要领:听到"装填弹匣"口令后,右手移握护木,使枪口向前,背带从肩上脱下,同时左脚向前迈出一步,右膝向左跪下,臀部从在右脚跟上,右手将枪置于左腿内侧枪面向里靠于右肩,右手从弹匣内取出空弹匣;弹匣口向上,挂耳向左前交给左手,右手取子弹使弹底向左前放在弹匣口上,两手协力将子弹压入弹匣内,装好后,将弹匣装入弹袋内并扣好,左手扶左膝,右手握上护木,目视前方。

听到"起立"口令后,全身协力迅速起立,同时左脚尖向外打开,左手反握护木,虎口相对将枪倒置于胸前,右手挑起背带,右脚靠拢左脚的同时两手协力将枪送上右肩,恢复肩枪姿势。

（二）卧姿装、退子弹及定复表尺

口令为："卧姿—装子弹"、"退子弹—起立"。

其动作要领为：听到"卧姿—装子弹"的口令后，右手移握护木，使枪口向前（背带从肩膀上脱下），左脚向右脚尖前迈出一大步，右手在左脚前着地，顺势卧倒，以身体左侧，左肘支持全身，右手将枪向目标方向送出，同时两腿伸直，左手接握下护木，枪面稍向左，枪托着地，右手卸下空弹匣，将空弹匣装入弹匣袋内并扣好，拇指打开保险，拉枪机送子弹上膛，关上保险。右手拇指和食指转动表尺转轮，使所需分划对正表尺座一侧定位点。然后右手移握握把，全身伏地，两脚分开约与肩同宽，身体右侧与枪略成一线，目视前方，准备射击。

听到"退子弹—起立"的口令后，稍向左侧身，右手卸下实弹匣交给左手，打开保险，拇指慢拉枪机向后，余指接住从膛内退出的子弹并送回枪机，将子弹压入弹匣内，解开弹袋扣，取出并换上空弹匣，把实弹匣装入弹袋内并扣好，扣扳机、关保险，移握上护木，将枪收回，同时左小臂向里合，屈左腿于右腿下，以左手和两腿撑起身体，右脚向前一大步，左脚再向前一步，左手反握护木，虎口相对将枪倒置于胸前，右手拇指挑起背带，在右脚靠拢左脚时，两手协力将枪送上右肩，恢复肩枪姿势。

三、据枪、瞄准、击发

据枪、瞄准、击发是互相联系及相互影响的动作，稳固的据枪，正确一致的瞄准，均匀正直的击发，三者正确的结合，是准确射击的关键，因此必须刻苦练习，熟练掌握。

（一）依托物的选择

为获得更好的射击效果，应利求用地物或构筑依托实施射击，依托物的高度应以射手的身体而定，一般为 25～30 cm，依托物的内侧应陡些，在紧急情况下，还要善于利用不同高度的依托物进行射击。

（二）卧姿有依托据枪、瞄准、击发

1. 据枪

下护木放在依托物上，身体与枪身略成一线，右手拇指将保险扳到所需位置，虎口向前握握把，食指第一节靠在扳机上，右肘尽量里合着地外撑，右大臂略成垂直，左手握弹匣（也可握护木或拇指贴于弹匣右侧，余指第三节内侧紧贴弹匣弯曲部，外侧轻靠依托物）左肘着地外撑，两肘保持稳固，胸部微挺起，身体微前跟，上体自然下踏，使枪托确实抵于肩窝，头稍前倾，自然贴腮。

为便于掌握，将其归纳为五个字：正、握、定、抵、塌。

"正"即枪身与身体方向要正，枪身与身体右侧略成一线，自然对向目标。

"握"即右肘内合，虎口对正握把，食指第一节靠在扳机上，用手掌肉厚部和其余四指合力握信握把，左手轻握下护木及弹匣。

"定"即右大臂内合，略成垂直，右肘里合着地前撑，左手虎口握弹匣向下稍用力，左胁着地外撑，两肘保持稳固支撑身体。

"抵"即抵肩，两手协力将枪托上三分之二抵于肩窝，使枪托与肩窝紧密结合，形成一个整体，使整个身体承受后坐力。

"塌"即胸部微挺身而出起，身体自然下塌，自然贴腮，头稍前伸。

常见错误：

据枪时身体位置不正确；

据枪时两脚内侧未着地；

抵肩位置不正确，过高或过低；

两手用力不当，强力控制枪晃动。

纠正方法：

据枪时，身体右侧与枪身略成一线，两脚内侧着地。

让射手反复体会正确的抵位置，让其拿开右手，左手据枪，使枪保持原位，或用推摸的方法检查抵肩位置。

让射手在据枪时适当向后正直用力，使用力方向与后坐力方向一致，做到不推也不拉，不抬也不压。

2. 瞄准

瞄准定义：右眼通视缺口及准星，使准星尖位于缺口中央并与上沿平齐，瞄向瞄准点，就是瞄准。即：左右相等一般高，三点一线瞄目标。

动作要领：瞄准时应首先使瞄准线自然指向目标，若未指向目标时，切忌用手或臂等局部力量迁就或扭转枪身，必须调整姿势或依托物的高低；修正方向时，左右移动身体或两肘；修正高低时也可前后移动身体或两肘里合、外张，也可调整依托物的高低。

正确的瞄准景况是：准星与缺口的平正关系看得清清楚楚，而目标较模糊。

常见错误：

将主要精力只用在准星与瞄准点的对准上，忽视了准星与缺口的平正关系。81式自动步枪准星尖在缺口内偏差1 mm，在100 m距离上偏差32 cm。

纠正方法：

在瞄准时把主要精力放在缺口与准星的平正关系上，按照正确的瞄准景况做。

实际100 m胸环靶目标射击时正确的景况就是：在一般情况下压住胸环10环白圈的下三分之二，露出上三分之一部分。

3. 击发

准星与缺口平正后，右手食指第一节均匀、正直地向后扣压扳机（食指内侧与枪身有一定空隙），余指力量不变，当瞄准线接近瞄准点时，减缓呼吸，继续预压扳机，当瞄准线指向瞄准点时，应停止呼吸，继续增加预压扳机的压力，直到击发，击发瞬间应保持正确的瞄准，若瞄准线偏离瞄准点或不能继续停止呼吸时，应不增加也不放松对扳机的压力，待修正或换气后，再继续扣压扳机。

击发时应做到正直、均匀、平稳。其核心是轻轻压、慢慢扣，枪响于无意之中。

常见错误：

停止呼吸过早，造成憋气，使肌肉颤抖，猛扣扳机。

耸肩、眨眼、猛扣扳机。

纠正方法：

当瞄准线接近瞄准点时应减缓呼吸，当指向瞄准点时应停止呼吸，这个过程要自然，若不按正常情况停止呼吸时，应进行深呼吸再停止呼吸，重新开始。

要求射击手把主要精力集中在准星与缺口的平正关系上，达到自然击发。

第四节　实弹射击

一、实弹射击的有关规定和安全措施

实弹射击，是射击训练的重要组成部分，它包括体验性射击和检验性射击两种。通过实弹射击，检查射击训练的效果，锻炼和检验受训者使用手中武器迅速、准确消灭各种目标的技能。

组织实弹射击，必须严格按照教材的有关规定和射击条件，从实战需要出发，从难、从严进行，锻炼射手独立自主地完成射击任务的能力，并防止各种事故的发生。

（一）射击场有关规定

实弹射击时，应在良好的气候条件下实施。实弹射击人员必须使用手中武器，如不能使用手中武器射击，须经上级领导批准。射手在进行射击时，必须按程序和步骤进行，听从指挥，服从安排。射手打错靶算脱靶。被打错者，如当时能判明打错的弹着即扣除，如当时不能判明打错的弹着，应扣除超过发射弹数的弹着。因武器、子弹不良发生故障，可重行射击，跳弹命中靶了，不计算成绩。

单位成绩评定标准如下。

优等：80%以上射手的成绩在及格以上，并有40%以上射手的成绩为优秀。

良好：70%以上射手的成绩在及格以上，并有40%以上射手的成绩为良好和优秀。

及格：60%以上射手的成绩在及格以上。

（二）射击场安全措施

射击场必须具备实弹射击条件，必须有可靠的靶档，并应避开高压电线、居民区等。

为保障安全在动用武器前后必须验枪，严禁枪口对人，不准将实弹和教练弹混在一起，没有指挥员的口令严禁装填实弹，不得将已装实弹的武器留在任何地方或交给他人。报靶时，严禁在射击地线摆弄武器或向靶区瞄准。

指挥员发出射击信号后，示靶人员应迅速、确实地隐蔽好，未经射击指挥员许可，不得外出。靶壕内若发生特殊情况，应出示白旗或用其他规定的方法向射击指挥员报告，射手看到信号后，应立即停止射击，并关上保险。

实弹射击前应向全体人员明确规定的各种信号，如开始射击、停止射击、戒严、报靶、射击终止等信号。

射击场应标示出发地线和射击地线，无关人员不得越过出发地线。

二、射击场的组织及主要人员

射击场的组织和主要人员职责：

射击指挥员。负责组织设置场地，派遣勤务，督促全体人员遵守射击场的各项规定和安全措施，指挥射击。

示靶组。负责设靶、示靶和报靶。

警戒组。负责射击场的警戒和观察任务。射击前应严密搜索并保证警戒区内无人员和牲畜；射击时严禁人员和牲畜进入警戒区。警戒区人员应携带警戒旗，发现险情应立即发出信号，向指挥员报告。

发弹员。按照指挥员的命令发给射手规定的子弹，收回剩余子弹。此外，还应有记录

员、医务人员。

信号（观察）员。根据射击指挥员的指示发出各种信号，并认真观察射击场的安全情况，发现险情立即报告。

三、设置场地

在靶场的两侧、出发地线、通向靶区的路口均以红旗标示警戒区。

（一）目标设置

设置目标应根据场地情况、射击的人数等情况确定相应的靶子数量和位置。通常由右至左排序（并在靶子右上角注明序号）。靶子之间的间隔一般取 3 m 为宜，并尽可能高度一致。在靶壕靠近射手一方，整组目标的中间位置插上一小红旗，以示靶壕地段。在靶壕地段旗的正后方设置靶壕红、白信号旗。

（二）设置出发地线和射击地线

出发地线是射手做好射击前各项准备工作的界限（限制无关人员接近射击地线）。出发地线应距射击地线 20 m 以上，并有明显的标记。射击地线按规定的距离确定在与靶壕平行的直线上，并按靶子右上角的序号设置靶位牌。在射击地线和出发地线的中间与靶壕地段旗相对应位置，设置地段旗。

（三）标示射击指挥员和勤务人员的位置

射击指挥员的位置，设在射击场中央距出发地线 10 m 左右。指挥员后方相应位置分别设置信号员、记录员、医务人员、发弹员和修械员位置（见图 7-12）。

图 7-12　基本射击场设置示意图

四、报靶的方法

报靶杆圆头(直径 15~20 cm,一面红或黑,一面白),放在靶板(靶子)的不同位置表示环数(见图 7-13)。

图 7-13 靶板与报靶杆

左下角为 1 环　　　正下方为 2 环
右下角为 3 环　　　左中间为 4 环
右中间为 5 环　　　左上角为 6 环
正上方为 7 环　　　右上角为 8 环
在靶板(靶子)中央上下移动为 9 环;
在靶板(靶子)中央左右摆动为 10 环;围绕靶子画圆圈为脱靶。

为了报出弹着点的偏差,报出环数后,将报靶杆圆头放在靶子中央(白面朝外),再慢慢向偏差方向(弹着点)移出靶板(靶子)2 次。

五、其他准备工作

(一)准备好弹药

实弹射击前应组织指导射手认真擦拭武器,检查武器是否完好,若武器机件有缺损,应及时修理,必要时,应进行校枪。并根据练习条件和参加实弹射击人数准备好弹药。

(二)准备各种器材

根据练习条件和每组射击人数,拟定好所需器材的准备计划,然后具体组织落实。实弹射击需要准备的器材主要有:靶板、靶纸及报靶杆;靶位号牌、射击位置号牌、勤务人员位置标示牌;开始及停止射击信号旗(大红、白旗)、警戒旗、指挥旗、出发地线小旗和射击地线地段旗;信号枪,信号弹(红、绿)或警报器;小喇叭;指挥员及各种勤务人员袖章;望远镜,秒表,成绩登记表;通讯器材(电话机、电话线等)。

(三)培训勤务人员

根据实际需要确定射击场各种勤务的人数和人员,并进行分工和明确各自职责。按射击条件和报靶方法教会示靶员示靶、报靶,明确其有关规定,并组织报靶员进行实际演练和组织警戒人员熟悉警戒位置与警戒区域。

（四）射击编组

根据参加射击的人数、靶位数拟定射击编组计划，确定各组名单和组长。

六、实弹射击的实施步骤

（一）射击准备

部队到达射击场后，指挥员应做好以下几项工作：清点人数，检查武器弹药和各种器材的携带情况；下达科目，提出要求，宣布射击条件；明确射击的有关规定、注意事项和射击场有关人员的职责；明确报靶的方法和规定各种信号；宣布射击编组名单；派出警戒，警戒到位并搜索警戒区域后，发出安全信号；令靶壕指挥员组织示靶员设靶（也可在部队到达之前组织人员设好靶场），其他勤务人员迅速就位并履行职责；视情况发出准备射击信号。

（二）射击实施

靶壕竖起红旗发出可以射击的信号后，指挥员应令信号员发出"开始射击"的信号并竖起红旗，指挥第一组射手（副射手）进入出发地线。令发弹员按规定弹数发给每个射手子弹。其口令为："发弹员，发给每名射手 x 发子弹"。射手领到子弹检查后装入弹匣，放进弹袋内并扣好（有副射手的武器由副射手领弹、检查）。

在出发地线给每个射手规定射击位置和射击目标。如："第 × 名，在 × 号位置，射击 × 号目标"。

指挥员下达"向射击地线前进"的口令，射手（副射手）前进到射击地线后，对正自己的射击位置，自行立定。然后，下达"卧（立）姿装子弹"的口令，射手（副射手）按口令和要领装子弹、定表尺，做好射击准备，即可射击。规定的射击时间一到，指挥员即下达"停止射击"的口令，射手听到口令应立即停止射击。而后，指挥员下达退子弹的口令，射手按指挥员的口令退子弹或退子弹起立。

指挥员下达"验枪"、"自行检验"、"验枪完毕"的口令，地段指挥员应严格检查，逐个验枪，并收缴剩余子弹。验枪后，下达"以 × 名射手为准——靠拢"的口令，射手应跑步靠拢，而后令组长按规定路线带到指定地点，座谈射击体会或观摩。

指挥员发出报靶信号．信号员竖起白旗，并通知靶壕检靶，靶壕指挥员令竖起白旗后，再组织示靶员检靶、报靶。

其余各组按上述方法依次进行，直到射击完毕。

未轮到射击的各组，由射击场指挥员指定负责人在预习场组织预习或在指定地点原地待命。

（三）射击结束

射击终止时，应做好以下工作：

严格组织射手验枪（弹）和收缴剩余子弹。

发出射击结束的信号。

清理现场，收拢器材，检查武器、装备和器材有无丢失与损坏。

将部队带到预定集合地点，由指挥员宣布射击成绩，讲评射手及部队在整个射击过程中的优、缺点和遵守纪律的情况，提出改进的意见。

提出回营房途中和擦拭武器的要求。

向上级报告实弹射击情况。

第八章 战术

战术是指导和进行战斗的方法，主要包括：战斗基本原则以及战斗部署、协同动作、战斗指挥、战斗行动、战斗保障、后勤保障和技术保障等。

战术反映战斗的规律，是军事学术的组成部分，从属于战略、战役，又对战略、战役的发展产生一定的影响。战术的形成和发展，受军事技术、士兵素质、军队组织编制、训练水平、民族特点、地理等条件的影响，其中军事技术和士兵素质具有决定作用。但是，战术特别是现代战术，又促进了军事技术的发展和人员素质的提高。

战术有一般规律，但在不同历史阶段、不同战争性质、不同国家和民族，战术各有其特殊规律；在不同地域、不同战争阶段和不同战斗规模的情况下，战术的运用也各不相同。在一定的客观物质基础上，根据时机、地点、部队等情况，灵活地运用和变换战术，对夺取战斗胜利具有重要意义。

第一节 战斗类型和战斗样式

根据战斗展开的空间、地形、气候条件以及参加战斗的军种、兵种的不同，有地面战斗、海上战斗（见海战）和空中战斗（见空战）；有一般地形、气象条件下的战斗和特殊地形、气象条件下的战斗；有昼间战斗和夜间战斗；有单一兵种战斗和诸军种、兵种的合同战斗。本节主要介绍步兵战斗类型和战斗样式。

一、战斗类型

步兵战斗类型，是指按照作战行动的性质对各种作战所做的基本分类。战斗的基本类型是进攻和防御。

（一）进攻战斗

是主动进击敌人的战斗。战斗的基本类型之一。目的是歼灭敌人，攻占重要地区或目标。按敌人的行动性质和态势，分为对防御之敌的进攻战斗、对驻止之敌的进攻战斗和对运动之敌的进攻战斗。步兵连通常在上级编成内担任第一梯队，在主要方向上担任主攻，或在辅助方向上实施助攻；也可担任第二梯队（预备队），主要用于增强突击力量，发展第一梯队的战果；有时也担任穿插或破障分队。

进攻战斗的基本原则如下：

1. 周密组织，充分准备

迅速周密地进行战斗准备是保证不失时机歼灭敌人的重要条件。指挥员受领任务后，应从最困难、最复杂的情况出发，深入进行战斗准备。既要抓住重点，简化程序，讲求实效，又要严守秘密，严密伪装，加强防护。必须在上级规定的时间内完成准备。有时为了不失时机即使准备不充分，也应按命令先投入战斗，然后边打边组织，边打边准备。

2. 集中兵力，选敌弱点实施主要攻击

集中兵力实施主要攻击是战胜敌人的重要法则。指挥员应根据上级意图、任务、敌情和地形等情况，力求将攻击点选在与敌要害相关的翼侧、后方或两个不同建制单位的接合部，选在敌兵力、火力、工事和障碍物较薄弱的方向和部位。连（排）通常实施一点攻击。当敌障碍较少，纵深较浅时，连也可实施两点攻击。在战斗中，要关于根据战斗进展情况，灵活而适时地将兵力和火力集中使用于具有决定意义的时机和目标上，以造成兵力对比优势，保持强有力的突击力量。

3. 迅速隐蔽接敌，突然发起攻击

迅速隐蔽接敌，是保证突然攻击的前提。步兵分队应利用夜暗、不良天气、有利地形，选择隐蔽的运动路线接敌。在接敌过程中，应随时做好战斗准备。同时，要采取严密伪装、迷盲等反侦察措施，保障分队迅速隐蔽地占领出发阵地。

出敌不意的发起攻击，可使敌意志沮丧、防御体系和指挥混乱。连（排）应力求在敌意想不到的时间和地点，突然发起攻击。攻击时机，无论选在黄昏、拂晓、午夜或者昼间，均应力避敌人发现。

4. 坚决勇猛，近战歼敌

坚决勇猛，近战歼敌，是克敌制胜的重要因素。为顺利实施近战，连（排）应在各兵种的支援配合下，迅速隐蔽地接近敌人，敢于与敌胶着在一起，最大限度地削弱其技术兵器的威力，灵活机动，迅速果敢地歼灭敌人。

5. 穿插分割，各个歼敌

穿插分割，是达成各个歼灭敌人的基本战术手段。连（排）突入敌阵地后，应利用敌间隙和薄弱部位，大胆穿插分割，并力求以一路插向敌侧后，断敌退路，阻敌增援，造成围歼态势。战斗中，要充分发挥小群多路的威力，将敌割裂成数块，为各个歼灭敌人创造有利条件。

6. 主动配合，密切协同

各分队在统一的意图和计划下，按任务（目标）、时间、地点，协调一致地行动，是充分发挥整体威力，夺取战斗胜利的重要保证。协同的原则是：以步兵分队或坦克分队为主，以执行主要任务的分队为主，各兵种分队应积极支援步兵（坦克）分队的战斗行动，步兵分队则应主动协助各兵种分队克服困难。战斗中，指挥员必须树立整体观念，充分发挥各兵种分队的特长，保持顺畅的通信联络，不间断地协调各分队的动作。各分队既要严格遵守协同规定，积极完成自己的任务，又要根据战斗情况变化，主动配合，互相支援。

7. 坚定灵活地指挥

坚定灵活的指挥，对战斗胜利具有重要意义。战斗指挥的基本要求是：力求使主观指导符合客观实际；在客观物质基础上，充分发挥主观能动性，把胜利可能变为现实。连（排）指挥员在确定战斗行动时，应根据上级意图、本分队的任务和战斗发展变化情况，准备多种行动方案，采取不同方法，从整体利益出发，使局部符合全局要求。同时，又要注意掌握关节，始终把自己注意的重心放在关键性的动作上，当战斗情况没有发生根本变化时，即使遇到某些困难或暂时的挫折，也要坚决贯彻既定决心。当情况发生根本性变化时，应上级意图下，勇于负责，机断行事，及时定下新的决心，灵活变换战术，不失时机地歼灭敌人。战斗中，要善于运用各种通信手段，实施不间断的指挥。

（二）防御战斗

是抗击敌人进攻的战斗。目的是大量杀伤、消耗敌人，扼守阵地，争取时间，为转入进攻或保障其他方向的进攻创造条件。步兵连通常在营的编成内组织防御，可担任第一梯队、第二梯队或预备队。连（排）的防御正面和纵深通常由上级根据任务、战斗编成、敌情、地形等条件确定。

防御战斗任务的基本原则如下：

1. 正确选择主要防御方向和防御要点

主要防御方向是集中主要兵力、兵器防御的方向，通常应选择在便于敌坦克、步战车展开冲击和发展戟的方向。防御要点是防御地区内起支柱作用的重要地点。通常选择在主要防御方向上与防御安危相关的地点。连通常选择1～2个防御要点，每个要点的防守兵力不少于1个排。

2. 正确地部署兵力

连（排）应将主要兵力使用于主要防御方向，依托要点沿正面向纵深作疏散而隐蔽的配置。连通常编成两个梯队，将2个步兵排作为第一梯队，以1个步兵排作为第二梯队。在次要方向担任宽大正面防御时，也可成一个梯队的兵力部署。

3. 组织完善的阵地防御体系

连的阵地编成应根据任务、敌情和地形条件而定。通常主要包括第一梯队排阵地、第二梯队排阵地、迫击炮排的发射阵地、反坦克弹阵地、对空射击阵地和连指挥观察所等。

4. 严密地组织火力配系

连（排）组织火力配系，应根据敌情、任务、火器性能、地形特点及敌人可能的行动，贯彻火器分散、火力集中、重点配置、便于机动的原则，集中主要火力于敌人主要戟方向上，组成以打坦克为主，结合打步兵、打低空飞机的火力配系。

5. 构筑工事，设置障碍，搞好伪装

连（排）进入防御后，应迅速构筑工事，力求在敌人戟前完成。设置障碍物应按先前沿后纵深，先主要方向后次要方向，先防坦克障碍物后防步兵障碍物的顺序进行。为防敌地面、空中侦察，连（排）应根据地形、植被及季节、气象特点，充分利用制式器材和就便器材，采用多种方法进行伪装。伪装要符合战斗要求，自然逼真。

二、战斗样式

战斗样式是指按敌情、地形、气候等不同情况，对战斗类型的具体划分。

（一）进攻战斗样式

进攻战斗样式有：对防御之敌进攻战斗、对立足未稳之敌进攻战斗、对运动之敌进攻战斗等样式。

1. 对阵地防御之敌进攻战斗

对阵地防御之敌进攻战斗，指对依托阵地进行防御之敌实施的进攻战斗，是进攻战斗的基本样式。包括对野战阵地防御之敌进攻战斗和对坚固阵地防御之敌进攻战斗。对野战阵地防御之敌进攻战斗，是指对已占领阵地、兵力部署和火力配系已就绪、筑有野战工事和障碍物、但阵地尚不够坚固之敌的进攻战斗。对野战阵地防御之敌进攻的主要特点是情况复杂，战斗准备时间较短，隐蔽进攻企图和突入敌阵地的难度较大。

2. 对立足未稳之敌进攻战斗

对立足未稳之敌进攻战斗，是指对刚由运动状态转为驻止状态且战斗准备尚不完善之敌实施的进攻战斗，主要有对运动中临时停止之敌，进攻中临时转入或应急进行防御之敌，空降着陆正在集结或刚展开进攻或仓促转入防御之敌，登陆刚上岸或刚占领阵地之敌的进攻战斗等。立足未稳之敌形态各异，但都具有不稳固的基本特征，属于好打之敌。立足未稳之敌的共同特点是：未占领或者刚占领阵地，战斗准备不足，地形不熟，兵力未展开或者部署不周密，火力配系不完善，没有工事、障碍物或者工事、障碍物不完备，有暴露翼侧和间隙等，但可在较短时间内改变立足未稳态势。对立足未稳之敌的进攻，通常要求不失时机迅猛攻歼和运用急袭歼敌的战法，迅速准备，快速开进，从行进间发起攻击，乘敌立足未稳，猛攻快插，急袭歼敌。

3. 对运动之敌进行进攻

是指对运动中的敌人进行的进攻战斗。典型的战斗形式有伏击战、追击战、遭遇战等。

4. 对重要目标的袭击战斗

步兵对重要目标袭击战斗，是指对敌纵深内的指挥所、炮兵（导弹）和雷达阵地、机场（直升机起降场）、港口、后勤设施等重点和要害目标进行袭击破坏的战斗。步兵兵力精干，深入敌纵深，夺取或摧毁其安危相关的主要目标，既是我军步兵的传统战法，又是我军以劣势装备战胜优势装备之敌的有效手段。这一战斗样式，能够充分发挥我军近战夜战和步兵作战机动灵活的优长，弥补我武器装备质量的不足，吸引和分散敌注意力，动摇和瓦解敌军士气，限制敌人机动，破坏敌人指挥、协同和补给，削弱敌整体作战能力，从而配合主力歼敌，在高技术条件下，敌很大程度上依赖于纵深内上述目标的安全与稳定，若能夺取或摧毁这些目标，将有利于迅速瓦解敌人，转化敌我力量，在未来战场上，上述目标数量多，分布面广，且自身防卫力相对薄弱。我军以往作战的经验和外军近期局部战争的经验都说明，以袭击分队配合正面进攻是行之有效的。

5. 登陆战斗

登陆战斗是指对据守海岸、江岸之敌的渡海进攻战斗，包括对近岸、近海敌占岛屿的登陆战斗。步兵通常在上级编成内，担任第一梯队、第二梯队，或者垂直登陆分队。登陆战斗属于特殊地形条件下的进攻战斗，但从新时期军事斗争准备的需要出发，为了引起重视，更好地指导作战和训练，将其列为步兵主要战斗样式是十分必要的。

6. 城市进攻战斗

指对据守城市及城市化地区之敌的进攻战斗。城市内高大、密集、坚固的建筑物多，各种工程设施和街道纵横交错、易守难攻，战斗会在不同位置同时进行。

（二）防御战斗样式

1. 阵地防御战斗

依托以永备工事为骨干的坚固阵地进行的防御战斗。阵地防御战斗的样式之一。目的是长期坚守重要地区或目标，大量杀伤、消耗、钳制和分割敌人，为机动部队歼敌创造条件。坚固阵地防御战斗是随着武器装备和筑城技术的不断改进而产生和发展的。

坚固阵地防御战斗，地形有利，预先设防；战斗准备时间充裕，组织计划周密；阵地坚固完善，坚守时间长；物资消耗大，防御任务艰巨。未来战争中，随着武器命中精度的提高和毁伤能力的增大，对坚固阵地防御战斗的伪装、防护提出了更高的要求，提高战场生存能力更加重要；防御手段趋向多样化，更加强调整体协调；战斗将更加紧张激烈、复杂多变。

2. 仓促防御战斗

仓促防御战斗，是指在受敌人直接威胁，没有做预期的准备或准备时间极为短促情况下实施的防御战斗。这种防御样式的基本着眼点是"时间"。有任务紧迫、受敌威胁大、指挥困难、防御体系不完备、整体防御能力弱等特点。

第二节 战术基本原则

几千年来，各国军队提出过许多作战原则，比较带共同性的是：目的明确，强调进攻，集中兵力，力争主动，出敌不意，密切协同和掌握预备队等。中国人民解放军在长期的革命战争中，吸取古今中外战术上成熟的内容，总结自己特有的作战经验，形成了一套战术原则，比较全面地反映了劣势装备军队战胜优势装备敌人的战斗指导规律，可归纳如下：

熟知敌对双方情况，主观指导符合客观实际。了解双方各方面的情况，从中找出行动规律，是正确指导战斗的基础。

积极消灭敌人，严密组织防护。尽可能地保存自己的力量，消灭敌人的力量，既是战争的目的，也是战斗的基本原则。

集中优势力量，各个歼灭敌人。是以劣势装备战胜优势装备敌人的主要方法。

建立有重点的疏散、纵深、立体部署，掌握强有力的预备队。无论进攻或防御，战斗部署都要形成重点，切忌平分力量。

密切协同，主动配合。各军种、兵种要在统一意图和计划下，按照目的（目标）、时间、地点（空域、海域）协调一致地行动，发挥整体威力，战胜对方。

快速组织准备，实施全面保障。每战力求有准备，组织全面保障，是夺取战斗胜利的重要条件。

注重夜战近战，扬己之长击敌之短。夜战、近战，能使敌方核武器、化学武器的使用受到限制，削弱敌方武器装备的优势；便于己方隐蔽企图，秘密行动，发挥人的勇敢精神，出奇制胜。

力争主动，力避被动。力量的优势或劣势是主动或被动的客观基础，但主观指导正确与否，可以争取或丧失主动。

灵活机动，出敌不意。根据客观情况灵活使用和变换战术，出其不意地打击敌人，是保持优势、夺取主动的重要方法，也是指挥的中心任务。

勇敢顽强，连续作战。优良的战斗作风是战胜敌人的重要因素。

现代科学技术的进步，正促使军队的武器装备继续朝着装甲化、自动化、导弹化和远射程、高精度、大威力、抗干扰、多用途等方向发展，对战术的变革将带来广泛而深远的影响。主要是：利用核武器、化学武器的突击效果和力求减少这些武器给己方造成的损害，成为战斗的重要因素；攻防正面和纵深增大，兵力兵器部署更加强调疏散和迅速转入地下；部队的合成程度和独立作战能力不断提高，合同战术进一步向分队范围发展；地面装甲突击和空降突击相结合的战斗将成为主要样式，空中机动、纵深攻击、垂直包围等手段广泛采用，远战地位加强；指挥、控制、通信和情报系统进一步电子化，快速反应能力将迅速提高；电子对抗在战斗范围内的广泛展开，不仅使战术更加复杂多变，甚至直接影响到战斗的成败。

第三节　单兵战术动作

单兵战术动作，是指单个战士在战斗中，运用手中武器，达到保存自己、消灭敌人目的所采用的动作。士兵要想在战场上有效地躲避敌人火力，杀伤和消灭敌人，就必须熟练掌握和灵活地应用战术基础动作。本节主要介绍几种最基本的单兵战术动作。

（一）持枪

战时的持枪与平时的持枪有很大的不同，战时的持枪是为了随时准备参加战斗，是一种战斗训练。

1. 单手持枪

基本动作：右臂微屈，右手虎口正对上护木，同时背带压于拇指下，用五指的握力将枪固定，枪身轴线与地面约成 45°。枪身距身体约 10 cm，左臂自然下垂，运动时自然摆动。持 40 火箭筒时，右手握提把，大臂轻贴身体，运动时随身体自然运动。

2. 单手擎枪

基本动作：枪口向上，右手正握握把，食指微握扳机，将枪置于身体的右侧，机匣盖末端贴于肩窝，枪身微向前倾，枪面向后，右大臂里合，枪托贴于右肋（枪托折叠时除外），背带自然下垂，目视前方，左手自然下垂或攀扶，运动时自然摆动。

3. 双手持枪

基本动作：左手托握下护木或握弹匣弯曲部，右手握握把，食指微接扳机，将枪身置于胸前，枪口向前，枪身略成水平，背带自然下垂或挂在后颈上。

4. 双手擎枪

基本动作：右臂微屈，右手虎口正对上护木，同时背带压于拇指下，用五指的握力将枪固定，枪身轴线与地面约成 45°。枪身距身体约 10 cm。左手托握下护木或弹匣弯曲部，枪身略低，枪口对向前上方，背带自然下垂或压于左手下，身体与射向约成 30°。

（二）卧倒

在战场上，会出现很多突发情况，当士兵突遭敌人火力射击或遭遇埋伏时，应迅速卧倒。卧倒分三种基本动作：双手持枪卧倒、单手持枪卧倒和徒手卧倒。双手持枪行进间卧倒时，左脚上前一步，上体前倾，重心向前并下移，按左膝、左肘的顺序着地。同时，身体里合，右肘着地成据枪姿势。

单手持枪卧倒时，左脚或者右脚向前迈出一大步，同时身体前倾，按手、膝、肘的顺序侧卧，右手同时将枪向目标方向送出，左手接握下护木或弹匣弯曲部，全身伏地据枪射击。

徒手卧倒时的动作与单手持枪卧倒动作基本相同，只是卧倒后，两手掌心向下放置于头部的两侧或交叉于胸前，两腿自然伸直并分开。

（三）起立

在起立的时候，首先应观察前方情况，两眼注视前方，左腿自然微弯，左小臂稍向里合。以左手、左膝、左肘的支撑力将身体支起，同时右脚向前迈出一大步，左脚再迈出一步，可继续前进。

单手持枪或徒手时，右手移握上护木收枪，左小臂屈回并侧身，然后用手臂和腿一起撑起身体，右脚向前一大步，左脚再迈出一步，可继续前进。

（四）前进

1. 直身前进

一般是距离敌方较远，地形隐蔽，敌观察或者射击不到时采用。直身前进要求目视前方，右手持枪（筒），大步或快步前进。

2. 屈身前进

一般是在距离敌方较远，有超过人身高的遮蔽物，以及敌情不明或敌人火力不是很猛的情况下采取的一种前进方式。屈身慢进，一般是双手持枪或单手持枪，上体前倾，两腿弯曲，屈身程度视遮蔽物的遮掩程度而定，头部一般要求不能高于遮蔽物。前进时，注意观察敌情，按照正常速度前进。

3. 跃进

一般是在距离敌方较近，通过开阔地或敌人火力控制区时采用。跃进时要做到跃起快、前进快、卧倒快。如卧姿跃起时，可先向一侧滚动，以迷惑敌人，并应迅速收枪，同时屈左腿于右腿下，右手提枪，以左手、左膝、左腿的撑力将身体支起，同时出右脚前进。机枪、火箭筒手跃起时，应以双手和左脚迅速撑起身体，右脚向前一步，同时右手握护木迅速前进。前进时，右手持枪，枪面向上倾斜约 45°，目视前方，屈身快跑。火箭筒、机枪副射手通常在射手左后侧 3～5 m 处，与射手同时前进，跃进距离和速度应根据敌火力和地形而定，敌火力越猛烈，地形越开阔，跃进距离应越短，速度应越快。每次跃进的距离通常为 15～30 m。当进到暂停位置或遭敌猛烈射击时，应迅速隐蔽或卧倒，准备射击或继续前行的准备。

4. 匍匐前进

一般是敌人火力威胁较大，自身处于卧倒状态下，如发现近处有地形和遮蔽物可利用时，可采用匍匐前进的运动姿势向其靠近。根据地形和遮蔽物的高低，匍匐前进又分为低姿匍匐、侧身匍匐和高姿匍匐三种姿势。

① 低姿匍匐。低姿匍匐是身体平趴于地面并降低至最低程度的运动方式，一般是在前方遮蔽物高约 40 cm 时采用。低姿匍匐的基本动作是腹部贴于地面，屈回右腿，伸出左手，用左脚内侧的蹬力和右手的扒力使身体继续前移，依次交替前进。当携自动步枪匍匐前进时，枪面向右，右手掌心向上，虎口卡住机柄，余指握住枪身和背带，将枪置于右小臂内侧。

② 低姿侧身匍匐。低姿侧身匍匐是在前方的遮蔽物高约 60 cm 时所采用的一种运动方式，其特点是运动的速度稍快，但姿势偏高。

低姿侧身匍匐的基本动作是右手前伸移握护木将枪收回，同时侧身，使身体左大腿侧着地，左小臂前伸着地，左大臂支撑身体，左腿弯曲，右脚收回靠近臀部着地，以左大臂的扒力和右脚的蹬力带动身体前移。当前方遮蔽物高 80～100 cm 时，也可采取高姿侧身匍匐。高姿侧身匍匐的基本动作是左手和左小腿外侧着地，以左手的支撑力和右脚的蹬力使身体前移。

③ 高姿匍匐。高姿匍匐是在前方的遮蔽物高约 80 cm 时采用。高姿匍匐持枪前进的基本动作是，左手握护木，右手握枪颈，将枪横托于胸前，枪口离地，用两肘和两膝支撑身体，然后，依次前移左肘和右膝、右肘和左膝，如此交替前移。

第九章
军事地形学

第一节 军事地形学概述

一、地形的概念和分类

地形是地貌和地物的总称。地貌是指地表面高低起伏的自然形态（含浅层物质），如山地、丘陵、平原等。地物是指分布在地表面上人工或自然形成的固定性物体，如居民地、道路、河流、森林等。地貌和土质构成地形的基本形态，是起基础和主导作用的地形要素，它也影响着地物的分布。

不同地貌和地物的错综组合，形成了不同类型的地形。地形可从不同角度进行分类。按地形要素来分，可分为平原地形、丘陵地形、山地地形；按地形对作战行动的影响来说，可分为开阔地、隐蔽地、起伏地和断绝地。

二、地形的军事意义

地形与战争的关系历来为军事家所重视，这是由地形在战争中的地位和作用所决定的。

地形是军队行动的客观基础，是构成作战活动的基本要素之一，因而也是各级指挥员指挥作战和组织后勤保障的重要因素之一。军队的活动都是在一定的地形条件下进行的，都不可避免地受到地形条件的影响和制约。如军队的机动、观察射击、隐蔽伪装、工事构筑、技术兵器的使用、对核生化武器的防护及后勤保障等，都和地形有着密不可分的关系。战争实践证明，不论是进攻还是防御，在其他条件都具备的情况下，善于利用地形，可以减少损失，取得作战的胜利；反之则会给作战增加困难，甚至遭受挫折或失败。所以古今中外的军事家无不重视地形的研究和利用。我国古代著名军事家孙武在《孙子·地形篇》中就有"夫地形者，兵之助也"和"知彼知己，胜乃不殆，知天知地，胜乃不穷"的论述。恩格斯在《军队》一文中也指出："迅速判定地形的一切利弊，根据地形特点迅速地配置自己的军队，成了对指挥官的主要要求之一。"毛泽东同志在《中国革命战争的战略问题》中也明确指出："作战时选择突击方向和突击点，要按照当前的敌情、地形和自己兵力的情况去规定"。这些足以说明，地形是各级指挥员定下决心的重要依据之一，是指挥部队作战和组织后勤保障必须注重研究的重要情况之一。

由于高技术武器装备越来越多地运用于战场，使现代战场呈现出许多新的特点。高技术武器装备虽然在一定程度上降低了地形对部队的障碍程度，但从总体上来说，在高技术条件下作战，地形的影响和制约作用不是削弱，而是在形式上、内容上扩充了，因而地形在军事上的地位更高、作用更大了。这就要求我们更新传统的地形观念和研究方法，更加全面、广泛、深入地研究、依托、改造和利用地形，趋利避害，顺利完成作战和保障任务。

首先，要从更广的范围理解地形。高技术条件下用以作战的武器装备和赖以依托的"介质"发生了重要变化，研究地形时不仅要注意陆地表面上局部作战地幅内的高地、隘口、道路、河流、居民地以及各种方位物等对作战行动的影响，还要从远程武器的有效射程、人造卫星的侦察与反侦察因素等考虑整个战区，乃至全球范围的作战空间环境，即要从地下、水下、地面、水面，扩展到大气层直至外层空间。

其次，要从更深层次研究地形。高技术条件下作战，不仅要研究各种地形对战术的影响和利用问题，更应重视研究地形对整个战役、乃至战略的影响问题。例如，过去作战中指挥员对战场地形的审视，更多考虑的是地面部队的需要，着眼于地表形状是否有利于兵力的部署，能否发扬火力和隐蔽自己，有无进可攻、退可守的地形作依托，有无俯瞰战斗地幅内的制高点和可组成坚固防御体系的要点、支撑点等。而高技术条件下进行的战争是体系与体系的对抗，因而，首先要考虑如何利用地形和各种战场环境要素发挥 C^4ISR 系统的主导作用，使其高效和安全地运转；怎样利用地形发挥精确制导武器的突击作用；怎样利用地形确保防空体系的安全和发挥效能等重大问题。

再次，要用更新的手段研究地形。高技术条件下研究地形还有一个更深入、更精细的问题，即一定要进行定量地形分析，否则很难满足作战要求。如从开进路线上的道路网选择，到地形坡度与通视的定量分析，从地形的通行程度、隐蔽条件到水源情况的综合分析，都需要从传统的定性分析向高技术的定量分析过渡。这些都需要以数字测绘保障产品为基础，以电子计算机为工具，快速、准确地进行分析。又如高技术武器装备能集自动搜寻、目标跟踪、躲避拦截和准确命中目标于一身，极大地提高了武器系统的生存能力和命中精度。而以地形数据模拟的地形信息是高技术武器系统的重要组成部分，地形数据在目标搜寻、跟踪直至摧毁的过程中，起着关键的作用。例如巡航导弹的相关制导，就是一种以识别地形特征为基础的制导技术。在这里，高技术武器装备所需提供的地形信息的范围之大、速度之快、资料之新、手段之高、数据之精确，是以往无法比拟的。可见高精度、快速化、数字化的地形信息已成为高技术战争重要信息资源和重要组成部分。

总之，高技术战争要求地形研究和保障的空间扩充；服务对象增多，难度增大；要求研究的时间缩短，速度加快；研究的资料更新，内容更全。因而也要求研究的手段更高，技术更好。

三、各种地形对战斗行动的利与弊

地形对军队战斗行动的影响是多方面的。军队的运动、阵地选择、兵力部署、火力配系、工程构筑、隐蔽伪装、技术兵器的使用以及观察指挥等，每一行动都不同程度地受到地形条件的影响。

地形条件对军队行动影响的程度和大小，主要是根据地形特点、所在位置、军队技术兵器和战斗任务等情况确定的。

要做到善于利用地形，必须了解各种地形的特点，善于分析、判断各种地形的利弊。

（一）平原

它的特点是地面平坦广阔，海拔不高；如我国有名的豫东平原、华北平原、松嫩平原等。平原地区道路宽阔，纵横交错，交通方便，有利于机械化部队机动，是大兵团作战的好地方。冬春季节，视界良好，射界开阔，但不便于隐蔽，配置在纵深内的直射火器不便于发扬火力，大部队行动容易暴露企图。夏秋季节，树木繁茂，青纱帐起，有利于隐蔽伪装，却又对观察射击不利。平原地区居民较多，农产丰富，对军队的宿营和物资补给有利；但在平原地区作战，遭受原子袭击时，受害范围较大，如能充分利用土堆、小丘、凸凹道等，则能起到一定的防护作用。

（二）丘陵地

从山顶到山脚的高差在 200 m 以下的高地，叫做丘陵。许多丘陵连绵交错的地区，就叫丘陵地，如辽西丘陵、胶东丘陵等。丘陵地的特点是：山顶形状浑圆，谷宽岭低，斜面较缓，谷内常有溪流，谷间和斜面上多为水旱田和幼树林。居民地多依丘傍谷，人烟较多，农产也较丰富。丘陵地有利于军队机动集结、分散隐蔽，便于观察射击和指挥，便于坦克越野行动，对于进攻或者防御都比较有利，是用兵的好战场。但若谷间有溪流和水稻田时，炮兵和坦克的机动就会受到一定限制。丘陵地由于地形起伏，对原子袭击有较好的天然防护作用，但山谷和凹地容易滞留毒剂。

（三）山地和山林地

高度差在 200 m 以上的高地叫山。群山连绵交错的广大地区就叫山地。树木聚生的山地称山林地。山地的特点是：斜面陡峻，谷狭路窄，江险流急，村庄稀疏，物产少。山地便于凭险固守，隐蔽行动，迂回包围，穿插分割和设置埋伏；有利于发扬我军近战、夜战的特长；有利于独立作战，开展游击战争和建立后方基地。如我国的长白山、五台山、太行山、泰山、燕山、茅山等都是著名的抗日根据地。但是，山地对判定方位、通行、观察、射击等均比较困难，不便于观察指挥、通信联络和协同动作，对坦克机械化部队的行动影响较大。南方亚热带山林地更为特殊，那里山高、林密、路窄、洞穴多，加之气温多变，雨量不均，而且常有浓雾和低云，对军队行动影响更大。

四、研究地形的方法

各级在遂行作战和保障任务时，认真研究和善于利用、改造地形是取得胜利的一项重要保证。

（一）现地勘察

现地勘察是研究地形的最基本的方法。在现地可以真实了解地形状况，判断地形对战斗行动的影响程度，使指挥员的决定符合客观实际。所以，在条件允许时应尽量进行，必要时还应多次进行。但现地勘察地形易受敌情、气候和时间的限制。

（二）利用地图研究

利用地图研究地形，是常用的一种方法。地形图能准确、详细地显示地貌的起伏状态，居民地、道路、江河的分布，森林、土壤的种类，各种有军事价值的独立地物及有关的数量、质量等。利用地图不仅可以详细研究广大地区内的地形情况，全面衡量利弊，而且可以在图上量读距离、坐标、方位角、面积，判定高程、高差、起伏和坡度等，还不受敌情和气候的限制。但是地形图既不能显示实地地形的全部情况，也不能及时反映测图后实地地形的变化。

（三）利用航空（天）相片研究

利用航空（天）相片研究地形，是近代广泛使用的一种研究方法。从航空（天）相片上，不仅可以获得新颖、详细、真实的地形资料，而且可以及时判明有关的军事设施和有生力量。如使用红外扫描和多光谱摄影等方法，还可揭露伪装，获得更真实的情况。但航空（天）相片不能显示地理名称和水深、高程等资料，且需经过专门训练，方能进行判读。

（四）利用沙盘研究

利用沙盘研究地形，是一种有悠久历史的重要方法。沙盘不仅能形象直观地显示实地分布，而且能设置敌我双方兵力、兵器配置等情况，因而是平时组织战术训练、战时指挥作战和组织后勤保障的良好工具。但沙盘显示的地幅有限，且移动不便。

（五）利用电视显示系统研究

利用电视显示系统研究地形，是近年新兴的一种研究方法。目前电视显示系统大致分为：内部地图电视显示系统，就是指挥所首长和各作业室之间建立的电视传输系统，它是通过袖珍摄像机对各作业室标绘的工作图实施摄像，在首长指挥室的电视屏幕上显示出来，便于及时交流、分析、判断地形情况及标绘的内容；外部地图电视显示系统，就是在上下级指挥所之间建立的电视传输系统，它是通过袖珍摄像机对下级指挥所的工作图实施摄像，并用无线电波传送到上级指挥所的电视屏幕上，便于指挥员和机关及时了解和研究所属部队在各战场的情况；实地地形和战斗情况电视系统，就是在战场前沿用袖珍电视摄像机进行摄像，并用无线电接力传输到指挥所的电视屏幕上，便于指挥员及时了解战场地形和战斗进展情况；存储地形情况的电视系统，即平时对预定作战地区的关隘、要塞、通道预先录像，保存地形录像带，战时在指挥所播放。利用电视显示系统，可以为指挥员定下决心、指挥作战和组织后勤保障迅速提供地形和敌情资料。但电视显示系统目前还存在着图形较小、图像不够清晰等技术问题，有待改进和提高。

（六）利用计算机研究

利用计算机研究地形，是为适应高技术战争需要而产生的一种最新的研究方法。随着高技术武器装备越来越多地运用于现代战场，军队指挥自动化系统将更广泛地在各级部队使用，并将更加完备。自动化系统及精确制导武器要求提供的地形和情报资料必须是量化的、快速的，这就促使地形的分析研究从传统的定性分析阶段向定量分析的高技术阶段过渡。利用计算机研究地形就是适应这种需要的一种最新方法。它的工作过程是：首先将地形图或其它地形资料加以数字化，建立地形数据库或制成电子地图，然后按照一定的数理统计方法及要求建立数字模型，研究时按一定的计算程序，经过计算机的自动处理，即可获得量化的地形资料及利用、改造地形的最佳方案。它是现代化指挥控制决策系统中不可缺少的支持系统，是地形研究的高技术手段和方法，也是今后地形研究工作的发展方向。

上述研究地形的方法，各有其优点和不足，应根据情况结合使用，以相互补充。

此外，还可采用询问当地群众、参考兵要地志、审讯俘虏等方法了解和研究地形情况。

第二节　地形图基本知识

一、地图基本概念

（一）地图的定义

地图是地球表面的缩写，是将地球表面的自然、社会要素和现象的空间分布，按一定的投影方法和比例关系，用规定的图式符号、颜色和文字注记，综合测绘于平面图纸上的图。

（二）地图的分类和用途

地图的分类，是根据地图的某些特征，把它们分成一定的种类，按内容可分为普通地图和专题地图；按比例尺可分为大、中、小比例尺地图；按用途分为教学图、参考图、政区图、军用图、飞行图、航海图、交通图、游览图等。普通地图是综合反映地表地理景观的外貌，比较全面地表示自然条件和社会经济要素以及人类改造自然的成果。主要包括：自然地理要素，如地貌、水系、土壤、植被等；社会经济要素，如居民地、行政区划、工矿、交通网等。普通地图又分为地形图和地理图，是编绘专题地图的基础。

地形图，其比例尺大于1∶100万。它是国家经济建设、国防建设和军队作战训练，研究地形不可缺少的主要地形资料。我国地形图比例尺系列为1∶1万、1∶2.5万、1∶5万、1∶10万、1∶20万、1∶50万、1∶100万等7种。在地形图上能较详细地反映长度（距离）、高度、坡度、坐标、水平角度和面积等。

专题地图又称专门地图或主题地图。它是以普通地图为底图，着重表示某一专题内容的地图，如地质图、地貌图、水文图、人口图、交通图、历史图、植被图、气象图等。

二、地物符号

在地形图上表示实地地物的特定图形和文字、数字注记叫地物符号。根据地物符号可以在地形图上识别出实地地物的种类、形状、大小和分布情况，判断地物对作战和后勤保障的影响，了解它在军事上的应用价值。

（一）符号的图形特点

地物符号的图形，主要有三个特点（见图9-1）。

① 按地物的平面形状制定的（正形图形），用以表示实地较大的地物，如街区、河流、公路等。

② 按地物的侧面形状制定的（侧形图形），用以表示实地较小的独立地物，如突出阔叶树、烟囱、水塔等。

③ 按有关意义制定的（象征图形），具有联想的特点，如矿井、变电所、气象台等。

类　别	特　点	符号及名称		
正形图形	与地物的平面形状相似	街　区	河流、苗圃	公路、车行桥
侧形图形	与地物的侧面形状相近	突出阔叶区	烟　囱	水　塔
象征图形	与地物的有关意义相应	变电所	矿　井	气象台

图 9-1　地物符号的图形特点

（二）地物符号的分类和定位点（线）

1. 依比例尺表示的符号

实地面积较大的地物，如街区、森林、江河、湖泊等，其外部轮廓是按比例尺缩绘的，在图上可了解其分布、形状和性质，计算出相应实地长、宽和面积。这类符号的轮廓线与实地地物的轮廓相一致，尤其是轮廓的转折点的位置精度较高，可供部队指示目标和判定方位用（见图 9-2）。

图 9-2　依比例尺符号

2. 半依比例尺表示的符号

实地窄长的线状地物，如道路、城墙、土堤、通信线等，其转折点、交叉点位置是按实地精确测定的，其长度是依比例尺缩绘的，而宽度则不是依比例尺缩绘的。这类符号在图上只能量测其位置和相应的实地长，而不能量取宽度和计算面积，地物的转折点、交叉点可作为方位物和明显目标使用（见图 9-3）。

3. 不依比例尺表示的符号

实地对军队行动有价值的某些独立物体，如独立树、房、亭和水塔等，因其面积较小，

| 以符号的中心线表示其真实位置 | 以符号的底线表示其真实位置 |

图 9-3　半依比例尺符号的定位线

在图上不能按比例尺表示，只能按规定的符号表示。在图上可了解地物的性质和位置，不能量取大小。符号的定位点表示实地地物的中心位置（图 9-4）。

类　型	定位点	符号及名称		
有一点的符号	在该点上	三角点	亭	窑
几何图形符号	在图形中心	油库	独立房屋	发电厂
底部宽大符号	在底部中心	水塔	气象站	碑
底部直角符号	在直角顶点	路标	突出阔叶树	突出针叶树
组合图形符号	在主体图形中心	变电所	散热塔 散	石油井 油
其他符号	在图形中心	车行桥	水　闸	矿　井 煤

图 9-4　不依比例尺符号的定位点

4. 说明和配置符号

主要用来说明和补充上述三种符号不能表示的内容。说明符号是用来说明某种情况的，不表示实地有这类地物，如表示街区性质的晕线，表示江河流向的箭头等。配置符号是用来表示某些地区的植被及土质分布特征的，不表示实地地物的精确位置和数量，如果园、疏林、零星树木等。

（三）文字和数字注记

地物符号，只能表示实地地物的形状、位置、大小和种类，但不能表示其质量、数量和名称，因此，还需用文字和数字予以注记，作为符号的补充和说明。如街区、江河和山的名称、森林的种类、公路的质量等均用文字注记；高程、比高、河宽、水深等则用数字注记。

三、地形符号的颜色

为提高地形图的表现力，使其层次分明，清晰易读，地形符号采用不同颜色来区分地形的性质和种类。其颜色规定见表 9-1。

表 9-1 地图颜色规定

颜 色		使 用 范 围
四色图	黑色	人工物体——居民地、独立地物、管线、垣栅、道路、境界及其名称与数量注记等。
	绿色	植被要素——森林、果园等普染。
	棕色	地貌要素——等高线及其高程注记、地貌符号（变形地）及其比高注记、土质特征、公路普染等。
	蓝色	水系要素——河流、湖泊、海洋、沟渠、水井及其注记，雪山地貌等。

四、地形图比例尺

（一）地形图比例尺的定义

图上某线段长与相应实地水平距离之比，叫地形图比例尺。其公式为：

地形图比例尺 = 图上长 ÷ 相应的实地水平距离

如图上两点间的长度为 1 cm，相应实地两点间的水平距离为 5 万 cm，这幅地形图比例尺则为 1∶5 万。比例尺通常用图形结合数字绘制在图廓下方。1∶1 万至 1∶10 万的地图称为大比例尺地图；1∶20 万至 1∶100 万地图称为中比例尺地图；小于 1∶100 万地图称为小比例尺地图。

（二）图上距离的量读

1. 依直线比例尺比量

用两脚规（或直尺、纸条、线绳等）准确量取所求两点间的长度，保持量取的长度不变，使两脚规的一端落在尺身大分划上，另一端落在尺头小分划上（如不够一个分划时，应估读），大小分划数相加，即为两点间的实地水平距离。

2. 依数字比例尺换算

依数字比例尺换算距离时，先用直尺在地形图上量取所求两点间的长度，然后乘以该地形图比例尺分母，即得相应的实地水平距离。其公式为：

实地水平距离 = 图上长 × 地形图比例尺分母

若已知实地水平距离，同样可求出图上长，其公式为：

图上长 = 实地水平距离 ÷ 地形图比例尺分母

3. 用里程表量读

在地形图上量取较长的弯曲距离时，通常用指北针的里程表。量读距离时，先使里程表的指针对准表盘内的零分划，然后右手持指北针，滚轮垂直向下，由起点沿所量线回滚至终点，指针在相应比例尺分划圈上所指的公里数，即为所求实地水平距离。

五、坐标

确定地面上某点位置的长度值或角度值，叫该点的坐标。在地形图上，是采用平面直角坐标和地理坐标来确定地面上点的位置。坐标用来迅速准确地确定点位，指示目标，实施组织指挥。

（一）地理坐标

确定地面某点位置的经、纬度数值，叫该点的地理坐标，通常用度、分、秒表示。在海军、空军、边防和外交斗争中，常用来指示飞机、舰船和目标的位置等。

1. 地理坐标网及注记

地图是按经纬度分幅的，地图的南北内图廓线是纬线，东西内图廓线是经线。在1:20万至1:100万地形图上，绘有地理坐标网。纬度数值注记在东、西内外图廓间；经度数值注记在南、北内外图廓间。在1:2.5万至1:10万地形图上，图廓四角注有经纬度数值，内外图廓间绘有经、纬"分度带"，如将两对边相应的分度线连接起来，即构成地理坐标网。

2. 地理坐标的量读

在1:20万至1:100万地形图上，可用两脚规比量目标点的地理坐标，在图廓的分划线上读数（见图9-5）。如台北市的地理坐标：北纬25°02′，东经121°31′。由于南、北图廓长度不同，因此在量取某点的经度时，应在靠近该点的南（或北）图廓上比量。（使用时，通常按先纬度后经度的顺序指示。）

图9-5 依地理坐标网量读地理坐标

（二）平面直角坐标

确定平面上某点位置的长度值，叫该点的平面直角坐标。通常用于指示和确定目标在图上的位置，也可根据方格估算距离和面积。

1. 平面直角坐标网的构成

我国的地形图上采用的是高斯平面直角坐标网。每个投影带的经纬线投影到平面上后，赤道和中央经线是直线，并互相垂直，其余经纬线都是曲线。平面直角坐标以中央经线为纵坐标轴（X轴），以赤道为横坐标轴（Y轴），其交点为坐标原点（O），这样每个投影带便构成了一个独立的坐标系。

2. 平面直角坐标的起算和注记

纵坐标以赤道为起算，赤道以北为正，以南为负。我国位于北半球，纵坐标值都为正。横坐标如以中央经线为零起算，以东为正，以西为负。为避免负值，规定凡横坐标值均增加500 km（即等于将纵轴向西移500 km），横坐标以此纵轴起算，则都成了正值

（见图9-6）。

为便于从每幅地形图上量取任意点的坐标，以公里为单位，按相等距离作平行于纵、横轴的若干直线，这样就构成了平面直角坐标网，也叫方格网。其方格的长度规定是，1∶2.5万地形图方格边长4 cm，相应的实地距离1 km；1∶5万地形图方格边长2 cm，相应的实地距离1 km；1∶10万地形图方格边长2 cm，相应的实地距离2 km。

3. 平面直角坐标的应用

平面直角坐标主要用于指示目标和确定目标在图上的位置，量取点的坐标或者根据坐标定点。通常使用坐标尺量取。记述坐标，应按先纵坐标（x），后横坐标（y）的顺序进行（见图9-7）。

图9-6 坐标起算

图9-7 量取点的直角坐标

（1）量取点的直角坐标

找到发射点的概略坐标，纵坐标为85，横坐标为490。

将坐标尺的纵边切于49的纵线，横边对准发射点。

看读分划，看读时估读到三位（m），然后加在公里数的后面。在坐标尺纵边上读出85横线所对的分划为645 m，加在85的后面，即为所求点的纵坐标，$x = 285\ 645$。在坐标尺横边上读出发射点所对的分划为300 m，加在49的后面，即为所求点的横坐标，$y = 49\ 300$。

（2）按直角坐标定点

按坐标的前两位数找到所求点所在的方格。

用坐标尺的纵边切于所求点所在方格的左纵坐标线，然后按量坐标的要领，将所求点定于地图上。

六、地貌判读

在地图上,地貌主要是用等高线来显示的。要在地图上了解和研究地貌的起伏状况,地面点的高程、高差、斜面的坡度及通视情况等,就必须懂得等高线显示地貌的原理和规定,才能掌握判读地貌的要领。

(一)等高线显示地貌

1. 等高线显示地貌的原理

把一个山地模型,从底到顶按照相同的高度,一层一层地水平截开,模型的表面便出现一条一条的截口线,再把这些截口线垂直投影到一个水平面上,便呈现出一圈套一圈的曲线图形。因同一条曲线上各点的高度都相等,所以这种曲线叫等高线。地图就是根据这个原理来显示地貌的(见图9-8)。

2. 等高线显示地貌的特点

图上每一条等高线都表示实地的一定高程,并各自闭合,同一条等高线上的各点高程相同。

同一幅地图上,等高线多的,山较高;等高线少的山较低。

在同一幅地图上,等高线的间隔大,坡度较缓;间隔小,坡度较陡。

图9-8 等高线显示地貌的原理

等高线的弯曲形状和实地地貌的形状相似。

3. 等高线的种类

等高线按其作用不同分为首曲线、计曲线、间曲线和助曲线(见图9-9)。

4. 等高距的规定

两条相邻首曲线间的高度叫基本等高距。我国一般地区基本等高距规定1:2.5万为5 m;1:5万为10 m;1:10万为20 m;1:20万为40 m;1:25万为50 m。高山地区基本等高距,一般按规定增大一倍。

5. 高程起算

为了计算和比较各点的高程,我国的地图是以黄海平均海水面为零,作为高程基准起算面。从这个基准面起算的高程,叫真高(海拔);不是从这个基准面起算的高程,叫假定高程。起算面相同的两点的高程差距叫高差(见图9-10)。

图 9-9 等高线的种类

图 9-10 高程起算

（二）识别地貌

在地形图上，通过等高线和地貌符号，可以识别地貌的各种形态。

1. 山的各部形态（见图 9-11）

山顶，山的最高部位叫山顶。图上以等高线中最小环圈表示，有时环圈外绘有示坡线表示斜坡方向。

凹地，比周围地势凹陷，但却经常无水的地方叫凹地。图上也以环圈形等高线表示，在圈内都绘有示坡线或注记深度。

山背，即从山顶至山脚的凸起部分。图上表示山背的等高线从山顶起逐渐向外凸出。山背凸起部分的连线叫分水线。

山谷，即两山背之间的低凹部分。图上表示山谷的等高线，逐渐向山顶或鞍部方向凹入。最凹部分的连线叫合水线。

鞍部，是两个山顶间形如马鞍状的部分，图上用一对表示山背和一对表示山谷的等高线显示。

山脊，由若干山顶、鞍部连接的凸棱部分，山脊的最高棱线为功脊线。

变形地，由于自然界的影响，局部地貌改变了原来形态的部分叫变形地，图上不便用等高线显示。如冲沟、陡崖、陡石山、滑坡等（见图 9-11）。

2. 高程、起伏的判定

高程和高差的判定。首先了解本图等高距，在目标（判读）点附近找一等高线或点的高程注记，然后根据目标点与高程注记的关系位置，向上或向下数等高线，相应加减等高距，即可判定目标点高程。如图 9-10 中，独立石的高程为 135 m。

地面起伏的判定。判明行动地区和行进方向的起伏，可依等高线的疏密情况、高程注记、河流位置和流向，判明山脊、山背、山谷的分布和地形总的起伏状况。

名称	现地形状	图上表示	名称	现地形状	图上表示
山顶			冲沟		
凹地			陡崖		
山背			陡石山		
山谷					
鞍部			崩崖		
山脊			滑坡		

图 9 – 11　山的各部形态

判定行军路线的起伏，首先应判明等高线的起伏方向；再按行进路线穿越等高线的多少、疏密和方向等判定；也可在判明山背、山谷及河流位置后，依行军路线的方向来判定路线的上下坡情况。

坡度的判定。判定地图上某段坡度时，两条或间隔相等，用两脚规量取该段相邻的两条至六条等高线之间隔，然后保持张度不变，到坡度尺上相同的间隔上比量，读出下方相应的坡度。

七、方位角与偏角

现地判定方位、标定地图、指示目标及行军机动等，都需要利用方位角。

（一）方位角的种类

从某点的指北方向线起，依顺时针到目标方向线之间的水平夹角，叫该点的方位角。它是用密位或度来表示的。由于有三种指北方向线，就有三种方位角（见图 9 – 12）。

1. 真方位角

地面上某点指向北极的方向叫真北，其方向线叫真北方向线（或真子午线）。从该点的真子午线起，顺时针到某目标方向线之间的夹角，叫真方位角。真方位角主要用于精密测量。

图 9 – 12　方位角的种类

2. 磁方位角

地面上某点磁针所指的北方叫磁北，其方向线叫磁北方向线（或磁子午线）。从该点的磁子午线起，顺时针到某目标方向线之间的夹角，叫磁方位角。地形图南、北图廓上的磁南、磁北（即 P、P′）两点的连线，为该图磁子午线。磁方位角是军队行进、炮兵射击、航空、航海时广泛应用的。

3. 坐标方位角

地图上平面直角坐标纵线所指的北方叫坐标纵线北。从某点的坐标纵线北起，顺时针到目标方向线之间的夹角，叫坐标方位角。其主要用于炮兵射击指挥。

（二）因三种指北方向不同，彼此间形成的夹角叫偏角（见图 9–13）

偏角有三种：

图 9–13　偏角图

1. 磁偏角

以真子午线为准，与磁子午线之间的夹角。磁子午线在真子午线以东的为东偏，在真子午线以西的为西偏。

2. 坐标纵线偏角

以真子午线为准，与坐标纵线之间的夹角。坐标纵线在真子午线以东的为东偏，在真子午线以西的为西偏。

3. 磁坐偏角

以坐标纵线为准，与磁子午线之间的夹角。磁子午线在坐标纵线以东的为东偏，在坐标纵线以西的为西偏。

在地形图上，以上三种偏角均有图形说明。各种偏角，东偏为正（＋），西偏为负（－）。

（三）量方位角和磁坐方位角换算

1. 用量角器量坐标方位角

量取某点至目标点的方位角时，先将两点连成直线，使其与坐标纵线相交（若两点在同一方格内，可延长直线）。然后，用量角器按方位角的定义量读。如图9-14，590.8三角点至573.7高地的坐标方位角为17—40（即1 740密位）。

当坐标方位角大于30—00（180°）时，应将量角器放在坐纵线的左边，使零分划朝南，再将读出的密位数加上30—00（180°），即为所求坐标方位角。

图9-14　用量角器量坐标方位角

2. 坐标方位角和磁方位角的换算

求坐标方位角。当磁方位角已知时，可按下列公式计算：

$$坐标方位角 = 磁方位角 + （±磁坐偏角）$$

求磁方位角。当坐标方位角已知时，计算公式是：

$$磁方位角 = 坐标方位角 - （±磁坐偏角）$$

算式中的磁坐偏角值，在地图下方偏角图中查取。计算中，当两个角度相加大于60—00（360°）时，则减去60—00（360°）；若小角度减大角度时，应加60—00（360°），再相减。

第三节　地形图的使用

地形图的使用是指利用地形图所进行的判读、量算、行进、组织计划等工作。

一、实地判定方位

实地判定方位，就是实地辨明东、西、南、北方向，确定地形图与现地的关系，是现地用图的前提。

（一）利用指北针判定

指北针携带方便，操作简单，是判定方位的基本工具。

我军现用的指北针有五一式、六二式、六五式等，虽然型号不一，但其构造原理基本相同。以六二式指北针为例：六二式指北针是由磁针、刻度盘、方位玻璃框、角度摆、距离估定器、里程表和直尺等部件构成（如图9－15）。可用来判定方位、标定地图、测定方位角、测定距离、坡度里程及测略图等。

判定方位时，平置指北针，待磁针静止后，磁针涂有夜光剂的一端（或黑色一端）所指的方向，就是现地磁北方向。如果面向磁针，所指的北方，则背后是南，右边为东，左边为西。

使用指北针以前，应检查磁针是否灵敏。使用过程中，不要靠近高压线和金属物体。

（二）利用北极星判定

北极星位于正北天空，观察时，其距离地平面的高度约相当于当地的纬度。寻找时，通常要根据北斗星（即大熊星座）或W星（即仙后星座）确定。北斗七星是七个比较亮的星，形状像一把勺子，将勺头甲乙两星连一直线向勺口方向延长，约为甲、乙两星间隔的五倍处有一颗略暗的星，即为北极星（见图9－16）。

（三）利用太阳和时表判定

判定的方法要领是：先把手表放平，以时针所指时数（以每天24 h计算）的折半位置对向太阳，表盘上"12"这个数的指向就是北方（见图9－17）。

图9－15 六二式指北针

图9－16 识别北极星

图9－17 根据太阳利用时表判定方位

需要说明的是，我国大部分地区都使用的是北京时间（即东经120°的时间），如果是远离东经120°的地区，若采用北京时间，误差就大了。这时应将北京时间换算成当地时间．

方法是以东经120°为准，每向东15°将北京时间加上1 h（1°加4 min，1′加4 s），向西减1 h，然后再按上述方法进行判定。

（四）利用地物特征判定

有些地物、地貌由于受阳光、气候等自然条件影响，形成了某些特征，可以用这些特征来概略地判定方位。

独立大树，通常是南面枝叶茂密，树皮较光滑；北面枝叶较稀疏，树皮较粗糙，有时还长有青苔。树桩上的年轮也可判定方向，通常北面的间隔小，南面的间隔大。

地面上的一些突出物体，如土堆、土堤、大岩石和建筑物等，通常南面干燥，青草茂密，冬季积雪融化较快；北面较潮湿，易生青苔，积雪融化较慢。土坑、沟渠和林中空地等，一些凹下来地物，与上述现象南北正相反。

我国大部地区，尤其在北方，农村的住房、门户以及较大的庙宇、宝塔的正门等一般多是朝南开的。

由于我国幅员辽阔，各地都有一些可供判定方位的地形特征。只要我们善于留心、收集，就可用来判定方位。

二、地图与现地对照

地图与现地对照，就是通过标定地图，使地图与现地的方位一致后，将地图与现地进行对比，辨认并判定定位的过程。

（一）标定地图

标定地图，通俗地说就是使地图的方位与现地的东西南北方向一致的过程。标定的方法主要有：

概略标定。在现地判定方位后，将地图的上方对向现地的北方，地图即已概略标定。这种方法简便迅速，是要求标定精度不高时的基本标定方法。

用指北针标定。用指北针标定地图，通常以磁子午线来标定。磁子午线在地形图南、北内图廓线上，各绘有一个小圆圈，并分别注有磁南（或P）、磁北（或P′）标定时，先使指北针准星的一端朝向地图的上方，并使指北针的直尺边切于磁子午线，然后转动地图，使磁针北端对正指标"△"或角度盘"Q"分划线，即地图已标定（见图9-18）。

图9-18 依磁子午线标定地图

使用指北针也可按真子午线或坐标纵线标定，方法基本同上，但应根据使用要求，依据偏角图加以修正。

依直长地物标定。利用直长地物（指公路、铁路、水渠、土堤、通信线路、输电线等地物）标定地图时，应先在图上找到这段直长地物符号，对照两侧地形，使地图和现地的关系位置概略相符，再转动地图，使土上的直长地物符号与现地直长地物方向一致，地图就标定了（见图9-19）。

依明显地形点标定。明显地形点，指现地一眼望去比较明显突出的地物和地貌，如山顶、突出树、土堆、塔等独立地物。标定时，应先在现地和地图上都能找到的一个明显地形点作为端点，然后在现地远方找一个与图上相应的明显地形点，放平地图后，用直尺切于图上站立点和远方地形点的定位点上，转动地图，直至通过直尺边能够瞄准现地相应地图点为止，地图即已标定（见图 9-20）。

利用北极星标定。夜间可以利用北极星标定地图。标定时，要认准北极星，再使地图上方概略朝向北极星，然后转动地图，沿东（西）的土廓线瞄准北极星，地图即已标定。

图 9-19　依直长路段标定地图

图 9-20　依明显地形点标定地图

（二）确定站立点在图上的位置

将自己所在位置，准确地标定在地图上，叫确定站立点。确定站立点的方法有：

图 9-21　目估判定站立点

依明显地形点确定。当站立点在明显地形点上时，在图上找出该地形点的符号，即是站立点。如果站立点在明显地形点近旁时，可先标定地图，再对照周围明显的地形细部，找出其与站立点的关系位置，即可判定站立点的图上位置（见图 9-21）。

用截线法。在直长地物（如道路、河流、土堤等）上用图时，可采用截线法确定站立点的图上位置。其方法是：

在直长地物的一侧，选择一个图上和现地都有的明显地形点。

将直尺边切于图上相应的地形点上，转动直尺，向现地明显地形点瞄准，并描绘方向线，该方向线与直长地物的交点就是站立点在图上的位置（见图 9-22）。

后方交会法确定。当站立点附近找不到明显的地形点，而在远方能找到两个以上现地和图上都有的明显地形点时，可采用后方交会法确定站立点在图上的位置。

图 9-22 截线法

方法是：

选择离站立点较近的图上和现地都有的两至三个明显地形点。

将直尺边分别切在图上两个地形点符号的定位点上（可插细针）；依此瞄准，然后分别沿直尺边向后画方向线；图上两方向线的交点，就是站立点在图上的位置（见图9-23）。

采用后方交会法确定站立点时，交会角度大于15°，小于150°。

图 9-23 后方交会法

（三）现地对照地图

现地对照地图就是判明图上所显示的情况，判明现地地形图上相应的位置，使地图上的各种符号、等高线图形及注记，与实地相应的地物和地貌一一对上号。其一般方法是：

对照地形前，应选择一个展望良好的地方作为对照位置。

标定地图，确定站立点在图上的位置。

对照时，通常先对照主要方向，后对照次要方向；先对照明显易辨的地形，后对照一般的地形；先对照图上现地都有的地形，后对照变化的地形；先对照地物，后对照地貌，再地物地貌综合对照。

（四）按地形图行进

行进是我们生活中最起码的常识，而按地图行进是部队在生疏地区，复杂地形，恶劣气象等条件下而又无向导的情况下，为达目的而采取的一种行进方法。

按地图行进的基本方法有沿道路行进、按方位角行进和乘车行进。

1. 沿道路行进

(1) 行进前的准备

行进前要认真做好图上准备。其内容包括：一定、二选、三量取、四标记、五熟记。

一定：即确定行进路线。行进路线是根据受领的任务、敌情、地形、气候和部队装备等情况，在图上选择行进路线。选择时，应着重考虑和研究路线上与行进有关的地形要素和敌情。

二选：即选择方位物。行进路线确定后，应在沿线选择方位物，如岔路口、转弯点、桥梁、塔亭、独立树等，一般应选择高大、明显、易于识别的地物作为方位物。夜间行进时，应尽量选择那些透空易见的方位物。

三量取：即量取各方位物（转弯点）间的里程，并标出各段行程所需要的时间。如行进路线上地貌起伏较大时，应计算实地量距离。

四标记：即将上述资料标示在图上，内容包括行进路线，各段里程、时间、方位物等。

五熟记：即熟记行进路线。方法是把行进的顺序、每段里程、行进的时间、两侧方位物、地形特征和经过的村镇等熟记在脑子里，力求做到：胸中有数、心里不慌。

(2) 行进要领

出发前，先标定地图。明确前进的路线和方向，按出发时间出发。

行进中，随时标定地图。按照行进方向，适时转动地图，做到"图路成一线，路转图也转"。

对照方位物，及时做判断，随时随地根据方位物判明行进方向和道路，尤其是到岔路口、转弯点，进入居民地，更应判明方向。

掌握行进速度和时间。根据行进任务需求，敌情和行进能力，把握好行进速度、时间。

2. 按方位角行进

按方位角行进，就是按照指北针在地图上预测的方位角行进，这是按图行进的辅助方法。通常是在沙漠、草原、山林地等地形上，或夜间、浓雾等不良气候条件下采用。

(1) 行进资料的准备

选择行进路线。首先应在有利于通行的区域选择最短路径，在此基础上尽量多选择方位物，各转折点尽量选在明显、坚固的方位物上或其近旁。

测方位角和距离。在图上量测方位角时，先用指北针标定地图，再使指北针有准星的一端朝向前进方向，直尺边与两转点的连线重合，磁针静止后，其北端所指的密位数即为该段路线的磁方位角。测定图上各段磁方位角后，同时量出各段距离，并换算成复步数或行进时间。换算公式为：

$$复步数 = 实地距离（米数）\div 复步长$$
$$行进时间 = 实地距离（米数）\div 行进速度$$

绘制行进路线图。路线图可直接在地图上标绘，即在各段方向线一侧注记行军路线的资料，也可绘制成略图。略图可以按比例尺缩绘，也可不按比例尺绘制。绘制略图时，先将出发点、转弯点、终点等附近的主要地形与方位物标绘出来，再把各转弯点，按行进顺序依此编号，最后注记各段磁方位角和行进距离或行进时间（见图9-24）。

(2) 行进要领

在出发点上，标定地图，判定站立点，查明到达下一点的磁方位角、距离和时间，并记住沿途重要方位物和下一点的地形特征。然后观察地形，明确前进方向。当不易判定行进方向时，可利用磁方位角判定。方法是：手持指北针，使指北针北端对准下一点的密位数，这时由照门到准星看去的方向，就是进行方向。在该方向上寻找下一转折点，看不见时，应在该方向上选一个辅助物，然后向此方向前进。

在行进中，应随时对照地图，边走边观察沿途地形，注意掌握已走过的距离或行进时间。到达辅助方位物后，如仍看不到第二点方位物时，可按原磁方位角再选一辅助方位物继续前进，直到到达第二点时为止。若在起伏较大的地段上行进时，要注意调整步幅。

应当注意，用指北针量测角度的误差，一般为3°，个别情况下可达到5°，再加上步幅大小对距离的影响，按磁方位行进每千米的可能偏差在100 m左右。

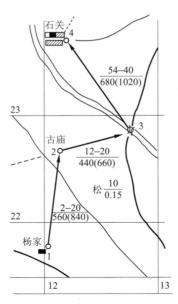

图9-24 在地图上注记按方位角行进资料

将要到达转折点时，应特别注意附近地形特征。当走完预定的距离和时间，还未见到转折点方位物时，可在此段距离的1/10范围内寻找，如仍找不到，应停下分析原因，分析是地形发生变化，还是方向距离有差错。在没有找到原因前，不可贸然行进。如查不出原因，又找不到应到点位，应按原路退回起点（或前一点），再重新前进。

行进中若遇到障碍物时，一般应在障碍物对面的行进方向选一辅助方位物，目测到该点的距离，绕过障碍物到达辅助目标后，仍按原方向继续前进。当对岸仍无辅助方位物可选时，应在障碍物这一边作一明显记号，绕过之后可以测其反方位角。

3. 乘车行进

乘汽车行进，速度快，观察容易粗略，走错了方向，就会偏离较远，影响较大。因此，在乘车对照行进时，还应注意以下几点。

随时标定地图：使地图上的行进路线与现时的道路方向始终保持一致。做到"图、路成一线，车转图也转，转向正相反。"

注意沿途方位物：提前对照沿路主要的居民地、桥梁、道路转弯点、岔路口和沿路两侧主要地形的特征等。

掌握行车里程和速度：出发时，应记下时间和汽车的里程数。没有物时，可根据里程表的里程数、行进的时间和图上距离判定自己在图上的概略位置。

遇到岔路口，应放慢速度，遇有疑问的地方，应停车标定地图，对照地形，确定当时的图上位置和行进方向后，才能继续前进。

夜间行进，除按白天行进的要领外，可用指北针或北极星标定地图，做到多找点，勤对照，采用走近观察、由低处向高处观察、由暗处向明处观察等方法；还可根据流水声、灯光等判断溪流和居民地的位置和里程碑等标志，及时确定站立点（车辆）的位置，判定行进的方向。

第十章 综合训练

第一节 行军

行军是指分队徒步或乘坐车辆，沿指定路线进行的有组织的移动。按其方式可以分为徒步行军、摩托化行军等。高技术条件下作战，战场流动性增大，为争取主动、避免被动、士兵经常在上级组织下实施徒步行军。

徒步行军是以步行方式实施的行军。通常在行军距离较近、运输车辆不足或没有运输车辆的情况下，以及地形不便于实施摩托化行军时采用。徒步行军对士兵的意志和体能是一个考验。无论是何种天气和何种地形条件下，只要作战需要，均要实施徒步行军。

一、徒步行军前的准备

（一）了解判断情况

为了顺利完成分队行军，指挥员在受领任务后，应当迅速收集和准确判断有关情况，并定下行军决心。收集判断情况应当突出重点，着重掌握和判明：分队行军能力；行军沿途的地形、道路情况，居民地、水源等情况；季节、天候对分队行军的影响等。

无论在任何条件下以何种方式行进，均应做好行进前的各项准备工作。

（二）选择行进路线

行进路线应选择最佳路线。行进路线通常由指挥员选定或由上级指定。在图上选择行进路线时，应在了解道路分布情况的前提下，着重研究可能的行进路线上与运动有关的地形情况，主要是：道路情况对分队运动的影响；道路上的桥梁、渡口的情况；必须行进的地段等。综合上述各因素，以所需行进时间最短为基本要求选择行进路线。

路线选定后，应在行进路线沿途选择一些明显、突出、不易变化的建筑物作为参照物，以便于行进途中随时保持正确的行进方向。如行进路线上的道路交叉口、桥梁、两侧的高地、城市中的广场和突出建筑物等。特别在进出居民地的出入口附近应选择数个参照物，以便于在居民地内行进时保持方位。

（三）画出行进路线

画出行进路线，就是将选定的行进路线（起点、转折点和终点）及参照物用彩色笔醒目地标绘在图上，当行进路线较长时，应利用行进路线上明显的参照物，并结合大休息点对整个行进的路线进行分段，然后分段标绘，并按行进方向标好顺序，以便行进中对照检查。

（四）计算距离和行进时间

在地图上量取里程，应量取全程和各段的实地水平距离。将水平距离换算成实地距离。

为便于掌握行进速度和时间，可将改正后的各段距离根据预定行进速度换算为行进时间。

（五）记忆行进路线

记忆行进路线，就是将行进路线的有关特征尽量记在脑子里，做到胸中有图，未到先知。记忆行进路线的内容主要是：行进路线的距离、行进时间、经过的居民地、道路两侧的方位物和地貌特征。

二、制定行军计划，定下行军决心

行军的组织计划工作，通常包括以下内容。

组织行军路线勘察。主要查明：沿途地形、道路、桥梁、渡口等情况；预定休息点和宿营地的情况等。

制定行军计划。指挥员受领行军任务后，应当根据行军上级指示，组织制定行军计划。内容主要有：行军队行编成、序列；大休息、宿营地的位置；收容队（组）的组成和任务等。行军计划主要内容包括：行军的意义、路线和序列；通过出发点和调整区（点）的时间；大休息、宿营地和到达时间；指挥员及乘车行进的位置和通信联络方法；行军保障措施及注意事项；途中设想情况处置预案等。

三、徒步行军途中注意事项

徒步行军的优势在于它目标小，分散快，易指挥，组织简便，利于隐蔽，受地形限制小。其不足之处是速度慢，体力消耗大。

徒步行军，常行军时，乡村路为每小时 4~5 km，山地为每小时 3~4 km；急行军时，乡村路时速可达 8~10 km。

徒步行军时，通常开始行军后 30 分钟小休息一次，尔后每行进 50 分钟小休息一次。小休息时间通常为 10 分钟（第一次小休息时间可稍长）。休息时，人员应靠路的右侧（也可在路的两侧），面向路外，放下背包，解开鞋带使脚放松，但武器、装具不能离身。大休息通常在走完当日行程一半以上进行，休息时离开道路，进入指定地区休息，时间通常为 2~3 小时。大休息时，可以就餐、补充饮水，治疗脚伤。注意武器、装具始终不能离身。

行军掉队时，应大步跟上，尽量不要跑动，以节省体力，体力好的人员要主动帮助体力差的战友，搞好体力互助。

小休息时，应就地休息，及时调整体力，不要乱走动，并按要求处理脚上打起的血泡。

行军中，要以各种信记号的方式保持通信联络。

遇敌空袭时，应就近利用地形进行防护；遇敌袭击时应立即隐蔽防护。情况解除后，应迅速抢救伤员，检查武器装备，恢复行军序列。

行军过程中，应指定一名干部，带领医务人员和多名体力好的人员编为收容组，在行军的序列最后跟进，负责收容伤病员，组织掉队的人员跟进。

第二节 宿营

宿营是指军队行军或战斗后的临时住宿。目的是使部队得到休息和整顿，为继续行军或战斗做好准备。宿营，分为舍营（利用居民房舍住宿）、露营（在房舍外露宿或用帐篷住宿），或两者结合的宿营。宿营地域应根据敌情、地形和任务选定。下面主要介绍露营及其注意事项。

露营是指在房舍外露宿或利用帐篷的住宿。在不具备舍营条件时采用。野外露营的方式分为利用制式器材露营和利用就便器材露营。利用制式器材露营，通常是指利用帐篷、装配工事等制式器材进行的露营。利用就便器材露营，通常是指利用车辆、篷布、雨衣、草木等进行的露营。

一、露营地的选择

选择露营地，应根据敌情、地形情况而定。通常应具备下列条件：
① 有一定的地幅和良好的地形，便于疏散隐蔽配置和休息；
② 有充足的水源和较好的卫生条件；
③ 有良好的进出道路，便于进出和迅速投入战斗；
④ 避开严重的污染区，以便卫生防疫；
⑤ 避开洪水道、油库、高压电源和易崩塌的危险地点。

露营地，夏季要尽量选择在比较干燥、地势较高、通风良好、蚊虫较少的地区，避开谷地、低地的地方；冬季应选择在避风向阳处，土质较黏，便于搭设简易遮棚或挖掘的地方。

二、露营的方法

（一）利用帐篷露营

露营时，按帐篷架设、撤收方法和要求实施。寒区冬季使用帐篷露营时，可在植桩后泼水使之冻结，帐篷的下端要以重物压牢，防止漏风。

（二）利用车辆露营

部（分）队都可利用装备的车辆进行夏季野外露营。冬季野外车辆露营时，可在火炮牵引车和运输车上铺以防寒材料，放置取暖设备，具有较好的防寒效果。具体办法：用木板将草垫固定于车厢板内侧和底板上，将防寒毡（规格 2 m 长、1 m 宽，需 8 张）拼接好，与车篷布组合在一起并苫盖于车篷杆上，再以旧棉被分别缝在车篷两端，后面设帘式活门，车厢前部设置活动式二层床（行军时卸下，放于车厢内适当位置）。车内可供 8 人住宿，车厢后部留出 1 米宽的位置，放置训练器材、武器和工具箱等。

(三)构筑猫耳洞(掩体)露营

冬(旱)季可在便于隐蔽伪装、土质较好的地形上或利用堑壕、交通壕挖地下猫耳洞露营。挖掘时,开口应尽量利用沟、壕的切面,也可以直接在地面开口。一般以班为单位构筑工事,每个班挖二至三个洞为宜,洞内呈方形,顶部铲成拱形。若土质松软或黏结性差,洞内可挖成"人"字形、"丁"字形、"工"字形、"十"字形等,以减少顶部单位面积的承受力。构筑猫耳洞露营时,应特别注意防塌方和潮湿,在土质松散地区应适当缩小洞的空间,视情况进行支撑或被覆。有时也可将既设工事和掩体适当改造进行露营,利用塑料布和土工作业结合,构筑"厅洞式"、"坑道式"、"长廊短洞式"等生存露营工事。

(四)构筑雪洞露营

冬季在冲沟、雨裂、凹地、山谷等积雪深的地方,宜构筑雪洞。当积雪在 1.4 m 以上时,可直接开口构筑。洞口大小,以一人能进出为宜。开口后可拐一至二个直角弯,使通道尽量成"Z"形,并修成向上倾斜的斜坡状。雪洞要比通道高一些,洞顶铲成拱形,并留出通气孔。

(五)构筑雪屋露营

当积雪较少时,可构筑雪屋,一般数人一屋。积雪板结时,直接切成长方形雪砖,尔后按需要堆砌;雪质松软时,可把雪装入木柜里踩实,加工成雪坯。堆砌中应在雪块间隙敷设浮雪,逐层收顶。洞口可根据风向开成"门"字形,顶部为拱形、人字形或圆锥形。视情况也可以用雪堆作围墙,在三至四个角打上木桩,顶部用雨衣或柴草覆盖。

雪屋构筑好后,要在屋底部铺 10 cm 以上的干草,再铺上雨衣、褥子,用装有软草的麻袋或草捆堵在洞(屋)口,防止冷气侵入。

(六)搭设树枝(草)棚露营

夏季,有树林、蒿草、高棵农作物杆的地方,应充分利用自然条件,搭设各种树枝(草)棚。如利用木杆为支架搭设屋脊型草棚;利用断崖、断面用木杆搭设斜坡型草棚;利用蒿草、树枝搭设偏厦等。在冬季,棚围应用雨衣、篷布、柴草等围盖,棚顶和周围空隙用草堵实,再加盖一层积雪或草皮,以便保暖和伪装。

(七)搭设简易帐篷露营

夏季,使用简易帐篷在野外露营,其样式较多。可用雨衣、塑料薄膜、盖布搭设成屋脊型、一面坡形、长方形、拱形等简易帐篷。简易帐篷的大小和形状,可根据装备、就便器材数量和露营人数灵活确定。

(八)利用吊床露营

夏季可将雨衣、床单、苫布和伪装网等用绳系住两头,并系在树干上,人员即可躺在上面休息。还可在上面架设蚊帐,防蚊虫叮咬。下雨时可在上面再拉一根绳子,搭上方块雨布,四角用绳子系牢,便形成防水帐篷。

第三节 野外生存

一、如何寻找水源

生命离不开水。所有生物都依赖于水，所有的生物也都含有水。没有食物，正常人平均能活三周，但没有水三天也活不了。人体的75%是水。水使人体维持恒温，使肾脏行使排泄功能，使人拥有清醒的头脑，使心脏正常跳动。但是体液是有限的，身体消耗的水分必须及时得到补充，否则健康和工作效率都无从言及。

正常人平均每天耗水2~3 L——即使静卧者每天也要消耗大约1 L水。正常呼吸会从人体带走水分，随着工作强度加大和气温的升高，深度呼吸和出汗也会促使人体失去水分。病人的呕吐和腹泻更会增加水分丧失。必须不断补充水分以维持正常水分平衡。通过饮水和食用含水食品可以补充水分。

（一）通过植物寻找水源

在许多干旱的沙漠、戈壁地区，生长着桂柳、铃铛刺等灌木丛，这些植物告诉我们，这里地表下6~7 m深有地下水；有胡杨林生长的地方，则指出地下水位距地表面不过5~10 m；茂茂草指示地下水位于地表下2 m左右；茂盛的芦苇指示地下水位只有1 m左右；如果发现喜湿的戴、马兰花等植物，便可知这里下挖50 cm或1 m左右就能找到地下水。

我们还可以从植物而得知地下水的水质情况，如见到马兰花、拂子茅等植物群，就可断定那里不太深的地方有淡水。

山野中有许多植物可用以解渴，如北方的白桦树，山葡萄的嫩条，酸浆子的根茎，南方的芭蕉茎、扁担藤等。

在南方，根深叶茂的竹丛不仅生长在河流岸边，也常生长在与地下河有关的岩溶大裂隙、落水洞口的地方。例如在广西许多岩溶谷地、洼地，成串的或成立的竹丛地，常常就是有大落水洞的标志。这些落水洞，有的在洞口能直接看到水，有的在洞口看不到水，但只能深入下去，往往便能找到地下水。

北方的初春，在杨树杆上钻一个深3~4 cm的小孔，插入一根细管（可用白桦树皮制作），经过这个小孔流入容器中的汁液每晚可达1~2 L。白桦树液在空气中很快就会发酵，因此应立即饮用。

西南边疆密林中的扁担藤，因其形似扁担而得名。它是一种常年生的植物，通常缠绕在树干上，藤长5~6 m，藤面呈灰白色，叶色深绿，叶面宽3~4 cm，呈椭圆形，比一般树叶稍厚。砍断藤子后，可以看到条条小筋的断痕，并很快就会流出可供饮用的清水。生活在西双版纳的傣族猎人进山，一般不带水壶，就靠这种天然水壶中的清水解渴。

热带丛林中还有一种储水的竹子，这种竹子通常生长在山沟的两旁，直径10 cm左右，青翠挺拔，竹节长约50 cm。选择竹子找水时，应先摇摇竹竿，听听里面是否有水的声响，无水响的竹子不必砍。另外，检查竹节外表是否有虫眼，有虫眼的竹节里的水不能喝。汲水的方法是将竹节一头砍开个洞，将水倒入碗里，也可削一根细竹管插进竹筒里吸。竹节内的水既卫生还带有一股淡淡的竹香。边防战士称其为"直立的凉泉"。

如果找不到解渴的植物，还有一种极为简便的取水方法。用一个塑料袋套在树枝上，将袋口扎紧。树叶蒸发出来的水分就会聚集在袋里。天气越热，蒸发量越大，得到的水就越多。利用这个方法，每天取水量可达 1 kg 左右。还可以用塑料布收集露水。从半夜到天明这段时间里，气温逐渐下降，空气中的水分便凝结成露水，贴附在地面域植物上。早晨将塑料布铺在草丛下面，摇晃草，使露水一滴滴地落下来，积少成多，可解干渴之急。

（二）通过动物寻找水源

绝大多数哺乳动物定期补水。草食性动物通常永不会离水源太远——尽管有些种类为了避开旱季可能会长途迁徙上千公里——因为它们早晚都需饮水。留意跟踪动物的足迹经常会找到水源。

1. 鸟类

谷食性鸟类，如雀类和鸽类，是不会远离水源的，它们也早晚饮水。当它们径直低飞时，那一定是渴求水源。饮足水后它们会停在那里，从一棵树飞到另一棵，经常性歇息。密切留意它们的飞行方向，可能会找到水。

水鸟即便不停下来吃喝也能坚持长时间远距离飞行。它们的出现也不一定预示周围就有水。隼、鹰以及其他肉食性鸟类能从捕获物中得到水分，所以也不能作为有水的信号。

2. 爬行类

它们不是水源指示者。爬行类动物可以吮吸露水，也可从捕获的小动物中获取水分，从而即便无水也能生存很长时间。

3. 昆虫类

昆虫是很不错的水源指示者。尤其是蜜蜂，它们通常远离蜂巢或蜂房至多不超过 6 500 m。但是饮水时间没有规律。蚂蚁也离不开水，一队向着一棵树行军的蚁群很可能是去地下蓄水池饮水。这样的蓄水之地即便在不毛之地也有可能找到。大多数昆虫会在水源半径 90 m 范围内不停地飞行。

夏蚊虫聚集，且飞成圆柱形状的地方一定有水；有青蛙、大蚂蚁、蜗牛居住的地方也有水；另外，燕子飞过的路线和衔泥筑巢的地方，都是有水源和地下水位较高的地方。再有，鹌鹑傍晚时向水飞，清晨时背水飞；斑鸠群早晚飞向水源，这些也是判断水源的依据。

另外，在地下水埋藏浅的地方，泥上潮湿，蚂蚁、蜗牛、螃蟹等喜欢在此做窝聚居；冬天，青蛙、蛇类动物喜欢在此冬眠；夏天的傍晚，因其潮湿凉爽，蚊虫通常在此成柱状盘旋飞绕。

地下水位的深浅，还可以试验，将地上挖一小坑，用盘子扣在坑底上，上面盖些草，早晨盘上有小水珠时，地下水位高。挖 1 m 的坑，在坑中点燃多烟的草木，若烟柱呈弯曲状升起，地下水位高。

俗话说，人往高处走，水往低处流。寻找水源首选之地是山谷底部地区。如果谷底见不着明显的溪流或积水池，要注意绿色植物的分布带，试着向下挖，很可能植被之下就有水源。在干涸河床或沟渠下面很可能会发现泉眼，尤其是沙石地带。在高山地区寻水应沿着岩石裂缝去找。

在海岸边，应在最高水线以上挖坑，尤其是在沙丘地带，很可能会有一层厚约 5 cm 的沉滤淡水，浮在密度较大的海水层上。这层水可能会稍有盐味，但可以饮用。在悬崖入海处应注意生长茂盛的植物，包括羊齿类和苔藓类植物。在岩石的断层间很可能会发现湿地或泉眼。

二、如何取到洁净的水

（一）采集地表水和雨水

除了工业化国家中出现的会增加土壤污染的酸雨外，各个地方雨水几乎都能饮用，你所做的只不过是收集而已。尽可能选取大面积的集水区，利用各种可能的容器收集。

在地面上挖个洞，四周用黏土围住很大一块地方，可以有效地收集雨水，但要防止洞里的水渗走。如果没有防渗的薄片材料，金属材料或者帆布材料都可很好防渗。如果对水的安全性有所怀疑，可以在饮用前烧开。

在日夜温差相当大的地区，会有很多露水。当它凝结在金属体上时，可以揩抹下来或者直接舐吸。

你可用衣服浸透水，然后再拧出来。一种方式是将干净衣服系在腿上，在湿的植被中穿行，然后可以将水拧出来或者吮吸。

在冬季可以熔化雪水，但不要吃碎冰块，它会弄破你的嘴唇和口部，也会造成进一步的脱水。在试图吮吸之前，将雪压成球形团块。切记：如果已经饥寒交迫，饮雪会使你更加寒栗不已。

熔冰比熔雪容易——只需较少热能，可以更快更多地化出水来；同样的热能，前者能产生双倍的水量。如果只能用雪，应先熔化小块的雪在罐子里，然后逐渐加多，一次性放入大量雪块的弊端在于，底部雪先融化成的水会被上部的雪浸吸，这样会产生中空，不利于进一步传热甚至会把锅烧坏。从雪层的底部取出的雪颗粒结构比表层多，易于产生更多的水。

（二）通过日光蒸馏器的方法取水

在地面挖一个长宽约90 cm、深45 cm的坑，坑底部中央放一收集器，在坑上放一块塑料薄膜，用石头或沙土将薄膜的四周固定在坑沿，然后在塑料膜的中央部分吊一石块确保塑料膜呈弧形，以便水滴能顺利滑至中央底部并落入收集器中。太阳的照射使坑内潮湿土壤和空气的温度升高，蒸发产生水汽。水汽逐渐饱和，与塑料膜接触遇冷凝结成水珠，下滑至收集器中。

蒸馏袋的使用原理同日光蒸馏器一样，它们之间不同的地方只是蒸馏袋通过凝结植物的水汽来收集水分。在一段健壮枝叶浓密的树木嫩枝上套一个塑料袋，放袋子的时候要注意使袋口朝上，袋的一角向下，这样便于接收叶面蒸腾作用产生的凝结水。将一聚乙烯膜覆在任何一个生长良好的植株上都可以收集到水分。因为蒸腾作用产生的水汽上升与薄膜接触时遇冷后就会凝结成水滴。应让凝结的水珠沿着薄膜内壁流入底部收集器中。不要让树叶触动薄膜，否则会碰掉凝结的水珠。甚至将刚砍断的新鲜植物枝叶放在大塑料袋里，温度升高时，也会产生凝结水。用干净的石块垫在枝叶下面，可以方便凝结水的收集。用石块把袋子绷紧，再用一个弹性垫棍支撑袋顶，这样以免枝叶触及袋面。当枝叶变蔫时，可以小心地再换上一批新鲜枝叶。

三、鉴定水质的方法

纯净的水在水层浅时无色透明，深时呈浅蓝色。可以用玻璃杯或白瓷碗盛水观察，通常水越清水质越好；水越浑则说明水里含杂质多，水色随含污不同而变化，如含有腐殖质呈黄色，含低价铁化合物呈淡绿蓝色，含高价铁或呈黄棕色，含硫化氢呈浅蓝色。

一般清洁的水是无味的，而被污染的水则常有一些异味。如含硫化氢的带有臭鸡蛋味，含盐的水则带咸味，含铁较高的水带金属锈味，含硫酸镁的水有苦味，含有机物质的水有腐败、臭、霉、腥、药味。为了准确地辨别水的气味，可以用一只干净的小瓶，装半瓶水，摇荡数下，打开瓶塞后立即用鼻子闻。也可把盛水的瓶子放在热水中，闻到水里有怪味，就不能饮用。

地面水（江河、湖泊）的水温，因气温变化而变化。浅层地下水，受气温影响较小。深层地下水，水温低而恒定。如果水温突然升高，多是有机物污染所致。工业废水污染水源后也会使水温升高。

此外还可以用一张白纸，将水滴在上面晾干后观察水迹。清洁的水无斑迹，如有斑迹则说明水中有杂质，水质差。

四、净化水的方法

（一）药品净化

将净水药片放入水容器中，搅拌摇晃，静置几分钟，即可饮用，可灌入壶中存储备用。一般情况下，一片净水药片可对 1 L 的水进行消毒，如果遇到水质较混浊可用两片净水药片进行消毒。目前，军队都采用此法在野外对水进行消毒。

如果没有净水药片，可以用随身携带的医用碘酒代替净水药片对水进行消毒。在已净化过的水中，每一升水滴入 3~4 滴碘酒，如果水质混浊，则在每升水中加入的碘酒要加倍。搅拌摇晃后，静置的时间也应长一些，20~30 分钟后，即可饮用或备用。

利用亚氯酸盐，即漂白剂，也可以起到消毒的作用。在已净化的水中，每升水滴入漂白剂 3~4 滴，水质混浊则加倍，摇晃匀后，静置 30 分钟，即可饮用或备用。只是水中有些漂白剂的味儿，注意不要把沉淀的浊物一同喝下去。

如果以上的消毒药物均没有，正巧随身携带有野炊时用的食醋（白醋也行），也可以对水进行消毒。在净化过的水中倒入一些醋汁，搅匀后，静置 30 分钟后便可饮用。只是水中有些醋的酸味。

在海拔高度不太高（海拔 3 000 m 以下）且有火种的情况下，把水煮沸 5 分钟，也是对水进行消毒的很好的方法。

如果寻找到的水是咸水时，用地椒草与水同煮，这虽不能去掉原来的咸味，却能防止发生腹痛、腹胀、腹泻。如果水中有重金属盐或有毒矿物质，应用浓茶与水同煮，最后出现的沉淀物不要喝。

（二）植物净水

榆树的皮、叶、根，木棉的枝和皮，仙人掌和霸王鞭的全株，水芙蓉的皮和叶，都含有黏液质，都含有糖类高分子化合物。这些植物与钙、铁、铅、镁等二级以上的金属盐溶液化合，形成絮状物，在沉淀过程中能吸附悬浮物质沉底，起到净化浑水的作用。

上述野生植物中，仙人掌、霸王鞭是可以食用的植物，而且净水时用量很少，产生的絮状物又能沉淀析出，用其澄净饮用水是最理想的。用野生植物净水，最好挑选新鲜的植物，将其捣烂磨碎。使用时在一桶水内放入植物糊，搅拌 3 分钟后再静止 10 分钟，浊水即能澄清。

虽然絮状物沉淀时能除去部分细菌和微生物，但是没有消毒作用。因此，饮用水最好再加少许漂白粉消毒。如无漂白粉，用稀盐酸或碘酒滴入水中几滴，也能起消毒作用。

在野外最好不要饮用从杂草中流出的水，而以从断崖或岩石中流出的清水为佳。饮用河流或湖泊中的水时，可在离水边 1~2 m 的沙地上挖个小坑，坑里渗出的水较之直接从河湖中提取的水清洁。

五、野外生存中饮水的要求

另外要提醒注意的是，在水源紧缺的情况下，要合理安排饮用水，不要为一时口渴而狂饮。另外，在野外工作或探险中，喝水也要讲究科学性。如果一次喝个够，身体会将吸收后多余的水分排泄掉，这样就会白白的浪费很多的水。如果在喝水时，一次只喝一两口，然后含在口中慢慢咽下，过一会儿感觉到口渴时再喝一口，慢慢地咽下，这样重复饮水，既可使身体将喝下的水充分吸收，又可解决口舌咽喉的干燥。一标准水壶（9~11 L）的水量，运用正确的饮水方法，可使一个单兵在运动中坚持 6~8 小时，甚至更长些。

在实在无水的情况下，小便也可以应急解渴。实际上，小便并不污秽，只是因为心理作用，总觉难以下咽。有条件可以做一个过滤器，在竹筒的底端开一个小孔，由上顺序放入小石子、砂、土、碎木炭。将小便排泄于此，小孔下面就会流出过滤的水。

在原始森林中，许多小溪、河流表面看起来清澈干净，实际上却含有多种有害的病菌。人一旦喝下去就会染上像痢疾、疟疾这样的疾病。1943 年 2 月在缅甸作战的英国特种部队在丛林中进行 300 km 多，因为水的问题，短短两个月时间，就有 1/3 的队员死亡或患病而不能继续前进，最后英军不得不取消预定的远程渗透作战。

切记，无论多么口渴，都不要饮用不洁净的水，以防止病菌通过饮水进行体内。这在热带丛林地区尤其重要。万不得已，一定要将水煮开再喝。

六、获取食物

（一）识别和采集食物的方法

可食用植物是野外生存最容易找到的食物。但是世上的植物种类繁多，很难辨识哪些是可食用植物，而哪些植物不能吃。一些植物营养丰富，而有些植物有毒性，食用后会致人死亡。判断植物是否可以食用，还可以通过一些规律来判断植物的可食用性。

1. 检查

先试着察看是否有毒。如果植物叶或枝茎上附着许多蛆或其他蠕虫，当然不能要。最好忽略那些没有营养价值的种类。有些植物在衰老过程中会合成或者通过分解代谢产生一些有毒的化学物质。

2. 嗅闻

切下植物一小部分放在鼻前闻一闻，如果有令人厌恶的苦杏仁或桃树皮气味——立即扔掉它。

3. 刺激反应

稍稍挤榨一些汁液滴涂在体表的敏感部位如肘部与腋下之间的前上臂，如果感觉有所不适，起疹或者肿胀——尽快扔掉它，以下程序也没必要继续进行了。

4. 唇舔口嚼舌尝

如果皮肤感觉无任何不适，可以继续采取以下步骤，它们相互之间至少要间隔 5 s，以便观察有无不适反应。每种尝试只需取少量植物材料。

① 触动唇部。
② 触动口角。
③ 舌尖舔尝。
④ 舌根舔尝。
⑤ 咀嚼一小块植物。

在各自进程中，如果出现任何不适症状，如喉咙痛痒，很强的灼烧感，刺激性疼痛等，尽快扔掉它，以下步骤也没必要继续进行。

5. 吞咽

吞咽一小块植物，耐心等待 5 小时。其间不要饮食任何其他类食物。

6. 食用

如果没有发生诸如口部痛痒，不停打嗝、恶心、发虚、胃痛、下腹绞痛以及任何不适症状，你可以认为这种植物是安全可食的。一般的白色或黄色浆果类植物均有毒性，有一半的红色浆果类植物可以食用，而蓝色或黑色浆果类植物几乎均可食用。有些植物的茎部只结有一颗果实，一般这类植物可以食用。不要食用任何带有乳白色奶状液汁的植物。不要食用野生的大豆、豌豆。不要食用对你皮肤有刺激作用的植物。不要食用那些已经被昆虫咬过的植物。

采食野菜的加工方法很重要，加工的目的主要在于去毒和去味。总结我国广大群众的实践经验，主要有以下几种加工食用方法：

第一是直接炒食或蒸食。已知无毒和无不良味道的野菜，例如刺儿菜、荠菜、野苋菜、扫帚菜、扁蓄、鸭跖草等，将嫩茎叶择洗干净。切碎后即可炒食做菜。或加入主食中作粥、馒头、包子馅。

第二是生食。已知无毒并具有美味的野菜，例如苦菜、蒲公英、小根蒜等。将野择摘洗干净，用开水烫过即可加调味品食用。另外。已知无毒并具有柔嫩组织的野菜，例如马齿苋、托尔菜等，可将野菜用开水烫或煮开 3~5 分钟后，将菜捞出，挤出汁液后，加入调味品凉拌吃。这样可以除去一些苦涩味。

第三是煮浸。这是民间比较广泛的一种食法。对于一些具有苦涩味并可能具有轻微毒性的野菜都可采用这一方法。例如败酱、肥脂麻、水芹、珍珠荣、奠菜、龙芽草、杨梅等。采摘嫩茎叶洗净后，在开水或盐水中煮 5~10 分钟，然后捞出，在清水中浸泡数小时，并且不时换水，浸泡时间随野菜的苦味大小而定，必要时可以过夜。然后即可炒食或主食配合作馒头、窝头等。

（二）猎捕野生动物的方法

1. 捕鱼

在大多数海滨，从海岸出发捕鱼的最佳时机大约在高潮过后两小时左右，如果在涨潮期捕鱼，通常会被迫撤退，而且很可能全身都会湿透。记住咸的海水会腐蚀靴子和衣服。

利用护柱或岩石修筑的箭形大鱼坑，在潮水帮助下，会有鱼自己游进坑中。使箭头指向大海，退潮时你就可以捕捉滞留在水坑里的鱼了。

2. 动物踪迹

动物的踪迹几乎分布于地球上每一个角落，但时常看见野生动物却并不那么容易。学会辨认动物留下的踪迹，并能从中分辨出是何种动物，将会有助你选择适当的策略进行狩猎或者布置陷阱。你将知道用何类诱饵最有效，并设置相应的陷阱。

多数哺乳类动物只在早晚时分外出活动。白天只会有大型猛兽烈禽外出奔走。大型草食性动物也需要整天觅食以填充各自的胃口。有些小型动物需要频繁进食，也会整天不间断地活动——但是大多数小型哺乳类动物，如兔子，主要在夜间觅食，除非天气变动时才会改变饮食习性。肉食性动物会在各自的猎物外出活动时捕获它们。

多数动物活动都很有规律，在饮水、觅食和归巢之间有很规则的路线，留意这些踪迹信号。在湿地、雪地和松软沙石上动物足迹会更明显一些，在密林地区还会有其他更明显的信号。足迹大小基本与动物体型成正比。通过判断足迹的清晰度及其内含水渍的多少可以精确判断动物通过的时间。足迹越清晰，动物通过的时间越靠近。

清晨，可以留心观察和检查地面上动物留下的踪迹。如果露水或蜘蛛网被碰掉或破坏，动物离去时间离现在可能不会超过几小时。有些动物，比如兔子，活动半径不会很大，相应的足迹很可能说明它们就在附近。有些动物会从茂密的矮灌木丛中打开通道。通道大小表明了相关动物的体型大小。沿着足迹延伸的道路两侧嫩枝的破损程度也会提供有关动物的信息。

树皮被剥落的方式、啃食后留下的坚果皮壳、部分吃剩下的浆果及嫩枝上的牙痕、肉食性动物吃剩的猎物尸体及猎物巢穴被毁坏的状况等等都会有助于你判断生活在附近的动物种类和它们的生活习性。

许多啃食植物嫩茎的鹿类动物会留下相应的牙痕，茎干树皮会留下破损的边痕。兔类啃过的树皮边痕则是光滑的。在夏季，被鹿类啃过的树皮被撕拖成长条形，完全暴露出树木的木质部——冬季里树皮附着紧密，只会被啃咬出一块块疤痕，这时能见到大量清晰的牙痕。雄鹿常常会用鹿角磨蹭树干——在磨破的树皮与木质部之间留下长条状的疤痕。

绵羊和山羊也啃食树皮。它们留下的牙痕通常是斜歪的，而鹿类的牙痕则是垂直的。啮齿类动物啃咬的痕迹常位于树茎底部——剥光幼树的嫩皮通常也是野兔们的杰作。

3. 排泄物

粪便也是确认动物类别的最好参考物之一。动物体型大小也可从中略见一二，粪便干燥程度是判断它们何时从此地经过的指标之一。随着时间的延长，粪便会变得坚硬，特征性气味也逐渐散失——新鲜粪便会含有一定比例的水分。飞动的苍蝇可以使你注意到附近的动物粪便。

哺乳类：许多哺乳类动物粪便有强烈的遗臭，这是由开口于肛门内侧附近的腺体分泌产生的，它们有标记领地、发送性信号等重要功能。

植食类动物，诸如牛、鹿、兔子留下略圆的马粪状排泄物。肉食性动物，诸如猫、狐狸等的排泄物为长条形。有些动物，包括獾和熊类，是杂食性动物。掰开一团干燥的粪便察看是否能找到有关此种动物猎食习性的线索，以便在布置陷阱时选用动物偏好的诱饵。

鸟类：分为肉食类和植食类，通过辨别鸟粪可以区分它们。食谷物的植食类鸟粪便体积较小，多数情况下新鲜鸟粪为液态。肉食类大型猛禽排出丸状粪便，粪里可能还会有未完全消化的肉类残渣，如鱼、鸟、鼠或啮齿类小动物等。松散的鸟粪表明在一定的地域内可能就有水源，因为小鸟不会飞离水源太远。但是肉食性鸟类却不会依水源远近限制它们的生活区域。地面上富集的鸟粪通常表明周围会有鸟类的巢穴。鸟类喜欢在枯树上就餐，那里有许多蠕虫可供捕食。

4. 昆虫

昆虫是野外求生者能获取的最可靠的动物性食物资源。尽管体型小，但它们分布广、数量众多，能保证你采集到饱餐一顿的数量。

蛹、幼虫和成年蜂都可以食用。蜜蜂还能提供蜂蜜，这是自然界上好的馈赠——易于消化且极富营养。可惜不易采集，蜜蜂会誓死守护蜂巢。

白天工蜂飞离巢房外出觅食，但夜间都聚在巢中，这时有利于捕捉。用野草制成火把，燃着靠近蜂巢，使巢内充满浓烟，再封堵巢房出口，就可以杀死它们，很安全地取得蜂蜜，外加一顿美食。

七、如何取火

火种泛指仅需一点热量即可点燃的材料。优质火种只需一个火星即可引着。

桦树皮、干草、细木屑、鸟绒、蜡纸和衣服上露出的蓬松的棉花都是很好的火种，干燥的真菌可以精研细磨成粉末用作火种，烤焦的棉花和亚麻，昆虫如树黄蜂钻孔打洞留下的粉末，以及粉末状的鸟类和蝙蝠排泄物，鸟巢里鸟儿落下的一行行排列的羽毛都易于点燃，适合作火种，甚至干燥的田鼠窝也可以。

无论用什么作为火种，一定要保持干燥。随身携带防水容器，将火种收集在里面。要在平时多注意采集火种。

引火物是指那些可将燃着的火种火势增大的木质材料。

最好的引火物是干燥的小树枝；质地松软的木柴也不错，因为它们燃烧迅速。含有松脂的木柴易于燃烧，火光犹如一把剪刀。软木柴的缺点是容易冒火花，且燃烧过快，这样，就需要准备更多的主燃料。如果用其本身作为主燃料，很快就会消耗殆尽。

不要直接从地面收集引火物，它们会多少含点水分。可从一株未伐倒的死树上取材，如其外表潮湿，可以刨去，仅留下干燥易燃的中心部分。

（一）利用枪弹取火

先将子弹的弹丸拔出来，倒出三分之二的发射药，撒在干燥易燃的枯草或纸上，把弹壳空出来的地方塞上纸和干草，然后推壳入膛，用枪口贴近撒了发射药的引火物射击，即可引燃引火物取火。另外，用信号枪在一定距离直接对准易燃物射击，也可以引起燃烧。

用放大镜（凸透镜）透过阳光聚焦照射易燃的引火物（腐木、布中抽出的纱线、撕成薄片的干树皮、干木屑等）取火为人所熟知。利用放大镜取火最为迅速的是照射汽油、酒精和枪弹的发射药或导火索，可在1～2秒内点燃引火物，此外，放大镜透过阳光聚焦照射，还可将受潮或被水浸湿后晒干的火柴点燃。

（二）击石取火

先找一块坚硬的石头作火石，用小刀的背或小片钢铁向下敲击火石，使火花落在引火物上，当引火物开始冒烟时，缓缓地吹或扇，使其燃起明火。如果火石打不出火来，可另外寻找一块石头再试。当然并不是任何一块石头都能点燃引火物，石头击出的火花必须有一定的热量和持续的时间才能点燃引火物，根据考古资料发现，用黄铁矿打击火燧石而产生的火花可以取火。

（三）利用手电筒取火

一是在手电筒反光碗的焦点上放引火物，向着太阳聚焦取火，二是利用手电筒的电池和电珠做引火的工具，把电珠在细沙石上小心磨破（注意不能伤及钨丝）然后再把火药填入电珠内，通电后即能发火。若有电量较大的电池，将正负两极接在削了木皮的铅笔芯的两端，顷刻间，铅笔芯就会烧得像电炉丝一样通红．用这种方法引火既方便又保险。

（四）摩擦生火

一种办法是在平坦的木板上摩擦玻璃片，使其生热发火。待剧烈摩擦发烫时，将引火物（最好是火药）吹燃。另一种方法是找一根干的树干，一头劈开，并用东西将裂缝撑开，塞上引火物，用一根长约两尺的藤条穿在引火物后面，双脚踩紧树干，迅速地左右抽动藤条，使之摩擦发热而将引火物点燃。还可以用两块软质的木头或竹片用力相互摩擦取火。摩擦前，应在下面垫以干燥物作引火物。

八、通过野外复杂险峻地形

（一）通过山林地

通过山林地时，为避免迷失方向，节省体力，提高行进速度，应力求有道路时不穿林翻山，有大路时不走小路。如没有道路，可选择在纵向的山梁、山脊、山腰、河流、小溪边缘，以及树高、林稀、空隙大、草丛低疏的地形上行进。一般不要走纵深大的深沟峡谷和草丛繁茂、藤竹交织的地方，力求走梁不走沟，走纵不走横。行进中应将步幅加大。疲劳时，可适当休息。

雨季在山林地行进时，应尽量避开低洼地，如沟谷、河溪，以防山洪和塌方。如遇雷雨，应立即到附近的低洼地或稠密的灌木丛去，不要躲在高大的树下，并把金属物品暂时存放到一个容易寻找的地方，不要带在身上，也可以寻找地势低的地方卧倒。

在山林地如遇风雪、浓雾、强风等恶劣天气，应停止行进，躲避在山崖下或山洞里，待天气好转时再走。

山林地行进中，不要过高估计自己的体力，疲劳时，就应适时休息。不要走到快累垮了才休息，那样不容易恢复体力，再走也提不起劲。正确的方法是大步走一段，再放松缓步慢行一段，或停下来休息一会，调整呼吸。休息时，要尽量坐在较干燥的地方，也可坐在背包上，并尽量将脚抬高，视情放松鞋带。若天气冷时，不要坐在石头上休息，因为石头会迅速将身体的热量吸走。

（二）通过河流

河流是山区和平原地区常遇到的障碍。山区河流与平原、森林、草原的河流不一样，遇到河流不要草率入水，要仔细地观察之后再确定过河的地点和方法。

山区河流通常水流湍急，水温低，河床坎坷不平。通过时，为了保持身体的平衡，应当用一根竿子支撑在水的上游方向，或者手执重达 15～20 kg 的石头，垂手将石头从水下搬运过去。在集体涉渡急流时，应当三人或四人成一排，彼此环抱肩部，身体最强壮的应在上游方向。在涉渡石底河时，应当穿鞋，以免尖石划破脚，同时也可以更好地保持平衡。倘若山涧急流水深过腰，则绝不可冒险涉渡。涉渡冰源河时，最好早上通过，因为那时河水最浅。冰源河往往是早晨能通过，而下午就不能。过结冰的河湖时，若不慎跌入河湖的冰洞中，应沉着，切勿惊慌挣扎，靠水的浮力向前俯卧或向后仰浮跃出冰面。通过森林、草原地区的河流时，应预先探明河底底质是否多淤泥，不要贸然涉渡。遇到大而深的河流，可就地取材制作浮渡工具。用雨衣包裹稻草或芦苇的浮包负重量较大。1 kg 稻草或芦苇在水中有 3 kg 的负重量。这样的浮包在水中可使用 1.5~2 小时。也可使用直径 1 cm 以上，节长 50 cm 的大竹，绑扎成前三节后三节的背心式的竹筒浮渡，这种浮渡器材的浮力一般可达 14 kg 以上。

（三）通过沼泽地

遇到沼泽地时，最好绕行。如果无法绕行，应手持一根木棍探寻坚实的地面或泥水较浅的地点通过。

通过时，应特别注意观察地貌与植被。草原中的沼泽地最容易陷落的地方，往往生有鲜绿色的杂草。而森林中的沼泽容易陷落的地方枯树较多，而且树木稀疏。遇到这种地方，要注意避开。

通过沼泽地，一般不要踏着别人的脚印走，因为漂浮层强度有限，若重复踩一个地方，就有可能陷落。如果必须走一条线路时，应彼此间保持一定距离，避免重力过于集中。如遇到有鲜绿色植物的地方，应避开绕行，这种地方不是湿度大，就是漂浮层很薄，下面很可能是泥潭。

如果不慎陷入泥沼，首先不能惊慌，先甩下背囊装具，身体平躺，扩大身体与泥沼的接触面，以减小身体对泥沼的压力，控制下陷的速度，然后利用身体的翻滚，从泥沼中摆脱出来。也可以将身体前倾向前延伸一段距离，攀扶或接近干燥地面及其他附着物。

陷入泥沼时应力求自救，在自救无望时，其他战友才应配合救援。这时陷落者应停止活动，以减缓下陷的速度。救援者要以尽量轻的动作接近，以防止破坏遇险者附近浮草层的强度和浮力，而使两者均无生还的希望。救援者应垫以木板、树枝，匍匐而进，用木板、树枝铺在遇险战友的身边，使之增加浮力，以便设法将其拖到较坚实的地段上。

（四）通过热带丛林地

通过热带丛林地时，为防止蚊虫、扁虱、蚂蟥、毒蛇的叮咬，应穿靴子，并要扎紧裤腿和袖口，最好将裤腿塞进靴子里面，有条件还应戴手套。当条件有限，应使用就便器材，如用采集的植物厚厚地裹住腿脚等。在鞋面上涂驱避剂或肥皂，可防止蚂蟥上爬（无驱避剂或肥皂时，可用石灰）。为了防止毒蛇的袭击，行进中可用木棍"打草惊蛇"，同时，也应注意树上有无毒蛇。休息时，要仔细检查完毕后再坐。遇到成群的毒蛇时，切勿惊慌、应就地蹲下、用雨衣遮住皮肤暴露部位，也可燃烟驱赶，或跳入水中。

热带丛林中藤蔓竹草交织，使人无法通行，因此尽量要绕行。无法绕行时，应用刀把较长的砍刀（弯刀、镰刀或少数民族的长刀）开路行进，无砍刀时，也可用随身携带的工兵锹开路。对于密集、枝干细、弹力强、刀下竹倒、刀起竹立的竹子，应采取分、压、拨、钻的方法通过。对于稠密挡道的藤、草类植物，要砍断其根部，然后用刀或手将藤、草向两边分开压倒。另外，在丛林中行进时，只要总的方向不偏，最好是踩着大型野兽踩出的路走，这样可以避免误入毒虫区或陷入沼泽地。

（五）通过森林地

通过森林时，由于森林树冠高密，遮天蔽日，人员根本看不到日月、星辰。进入森林前，为避免迷失方向，应把当地的地形图研究清楚。特别要注意行进方向两侧可作为指向的线形地物，如河流、公路、山脉、长条形的湖泊等。注意其位置在行进路线的左方还是右方，是否与路线平行。如发现迷失方向，应立即朝指向物的方向前进，一直走到为止，再判定方位。

森林中，如果稍不留意，很难区分是林中小径还是树木间的缝隙。人们常走的小径，因路面经常践踏而变得坚硬踏实。但须注意，并非所有路面坚实的小径都是人行的路。如上半身常碰到草藤枝条，而下半身却不受这些杂物的缠绕时，则可能是野兽出没的路径。遇到这种情况，应立刻返回人行道路上去。没经验或不熟悉道路的人，夜间穿行森林一般都会迷路，因而，没有特殊情况和任务不要夜行。

（六）通过沙漠

在沙漠中越野时，地形虽平坦开阔，但人烟稀少，行进时要集中精力、注意用地图与现地对照，抓那些明显而特殊的地形，如小块灌木丛、芦苇地，沙垄和沙丘，龟裂地以及独立石、土堆、干床等作为对照的目标。无明显地形对照时，可采用极距法确定站立点在图上的位置。这就要求在此种地形上行进时，从出发点开始，就应准确地估算距离（用步测或记时相结合的估算法），每前进一段即在标绘的行进方向上依比例尺截取距离，确定出站立点的图上位置。

在沙漠中行进时，除正确判定方位之外，还要注意三个相互依存的因素：周围的温度、活动量及饮用水的贮存量。人员在通过时，最好是保持体力，夜行晓宿，以保持体力。白天要防止身体在太阳下暴晒，尽可能地利用阴影遮蔽。衣服颜色最好是白色浅色，白衣服可反射太阳辐射50%。头部应避免太阳暴晒，除了戴帽外，可用毛巾、衬衫、伞布等遮盖头部。

（七）通过冰川与雪坡

通过冰川和雪坡要特别谨慎，冰川上裂隙很多，对人威胁最大的是冰瀑区和山麓边缘裂隙，特别是被积雪掩盖的隐裂隙最危险。通过裂隙时，应数人结组行动，彼此用绳子连接，相邻两人之间的距离为10～12 m。在前面开路的人，要经常探测虚实。后面的人一定要踩着前面人的脚印走，这样比较安全。通过裂隙上的冰桥或雪桥时，要匍匐前进。

通过雪坡时，不仅要注意防裂隙，还要注意不要将雪蹬塌在冰面和积雪山坡交界的地方，积雪往往很深，行动时必须结组。过雪桥时开路者先探测雪桥虚实，再行通过。如果雪很松软，而又必须由此通过时，应匍匐行进。攀登坡度很大的雪坡时，一定要两脚站稳后再移动。向前跨步，要用脚前掌踏雪，踩成台阶再移动后脚。如果不慎滑倒，要立即俯卧，防止下滑。

人员口渴时，不要用冰雪解渴，骤然吞食冰雪，易得喉头炎。实在干渴得厉害，可用融化的冰雪漱口，尽量不要咽到肚子里，冰水会增加人体循环器官的负担，影响体力。

为了在雪地行走方便，可以用树枝（最好是刚砍下来的树枝）做成"雪鞋"，方法是将树枝用火烤成U形，再用绳子绑紧，套在脚上。穿着时应注意用绳将脚尖和脚跟部分别捆在前横带和后横带上。如捆不紧，鞋活动了会妨碍行走。绑扎的绳扣要系在鞋的上部或外侧。在松软的雪地上长时间行走时，要跨大步，缩短在雪地行走的时间。行走时要先把脚往后稍退一点，再向上抬脚大步迈向前方。走陡坡，要用雪鞋内缘踏坡，尽量避免身体偏向外缘。雪冻结得十分坚硬时，要脱掉雪鞋步行。在山谷中行走，应靠近山谷中心线，以避免山坡滚石。不要接近雪檐，更不要待在雪檐下，以免触发雪崩。

通过冰川与雪坡时，还容易碰到雪崩。雪崩是由于音响、震动、岩石或雪滚落，以及风的作用而诱发的。雪崩通常发生在有小雪球滚落的斜坡、积雪有裂缝的斜坡，或者雪檐的斜坡、坡度较大的无树木陡坡、长度大的斜坡、凸形斜坡以及旧雪之上覆盖新雪和因气温上升而积雪松软等地点等。一般来说，新雪后次日天晴，上午 9～10 点钟容易发生雪崩。

通过雪崩危险地带时应注意：预先松开背带，以备必要时解脱背囊和其他装具，以保障行动自由。摘掉妨碍视觉和听觉的风雪帽，尽早发现雪崩征兆。避免横向通过有危险的雪坡。不要轻易发出射击等音响和震动，避免跌倒等冲击雪面的动作。如被卷入雪崩时，应在移动的雪流中勇猛地反复做游泳动作，力求浮到雪流的表面上。因为雪崩停止后手脚就难以活动，应在雪流移动期间尽量出雪面。

此外，夜间越野行进时，由于视度不良，观察不清，方向难认，远近难分，高低难辨，地图与现地对照困难，容易迷失方向。因此，宜采用按图与按方位角相结合的方法行进。其要领是：一是在出发点上，依图准确找到出发点的位置和行进方向，必要时，用指北针确定；二是行进中要多找点，勤观察，勤对照。由于夜间视度不良，一般高大明显特体易误近，矮小暗淡特体易误远，低凹地形易误高，缓坡易误陡。因此应采用走近观察，由低处向高处观察，由暗处向明处观察等方法，并互相比较核实。另外，还可根据流水声、灯光、人畜声等，判断相应溪流居民地的位置，及时确定站立点位置，明确行进方向；三是要严格按照预定路线行进，切不可贪走捷径，以防迷路。凡是经过了的地方，都要记下主要特征，以防万一走错路时，能够按原路返回到发生错误的地方，然后再查明原因，找准正确路线后，再继续前进。

九、野外迷失方向后的处置

人员发现自己迷失方向后，切勿惊慌失措，应立即停下来冷静地回忆所走过的道路，想办法利用一切可以被利用的标志重新定向，然后再寻找道路。通常应先登高远望，判断应该往哪儿走。在山地尤应如此，可先爬上附近大的山脊上观察，然后决定是继续往上爬，还是向下走。通常应朝地势低的方向走，这样容易找到水源。顺河而行最为保险，这一点在森林（丛林）中尤为重要，因为河流的旁边常常有道路或居民点。

在山地，若山脉走向分明、山脊坡度较缓，可沿山脊走。因为山脊视界开阔，易于观察道路情况，也容易确定所在位置。山脊还有一定的导向作用，只要沿山脊前进，通常可达到某个目标。

在戈壁滩或茫茫的林海雪原上，因景致单一，缺乏定向的方位物，容易走弯路。在上述地区行走，可利用长时间吹向一个方向的风或迅速朝一个方向飘动的云来确定方向。迎着风云行走或与其保持一定的角度行进，可在一定时间内保证循着直线前进。也可使用"叠标线法"，即每走一段距离，在背后作一个标记（如放石头、插树枝，或在树干上用刀斧刻制标记），不断回看所走的路线上的标记是否在一条直线上，便可以得知是否偏离了方向。

沙漠地区景物单调，常常使人迷向，寻找辨认道路时，可根据地上的马、驴、驼的粪便来辨认。一般成规律者，是人畜走过的路线。如实在无路可走，可以沿着骆驼的足迹行进，在干渴的沙漠中，骆驼对水源有一种特殊的敏感，依此常能找到水源。在固定和半固定沙丘和草原地区，道路少但比较顺直，变迁不大。只要保持了总的行进方向，便可一直走下去。在有流沙的地区，个别路段会被覆盖，出现左右绕行的道路，这种绕行距离一般不会很远，应及时回到原行进方向上，切勿沿岔路直下而入歧途。另外在沙漠地区，还应注意不要受海市蜃楼的迷惑。

在森林中迷失方向，应先估计，从能确定方位的地方走出了很远，然后寻找身边便于观看的树干，用刀斧刮皮作环形标记（即把树干周围的皮都刮掉，以便从任何方向上都能看到），再根据自己的记忆往回走。如果找不到原来的地点，折回标记处再换一个方向重新试行。最后，总能找到目标。

遇到岔路口时，首先要明确要去的方向，然后选择正确的道路。若几条道路的方向大致相同，无法判定，则应选中间那条路，这样可以左右逢源，即使走错了，也不会偏差得太远。迷路后，当天色已晚，应立即选址宿营，不要等到天黑，否则将非常被动。若感到十分疲乏时，也应立即休息，不要走到精疲力尽才停止。这一点在冬季尤应注意，过度疲劳和流汗过多，容易冻伤或冻死。

如求救援，夜间可在高处燃点火堆；白天可在火上放青草，就会发出白烟，每隔十几秒钟放一次青草，正确的方法是每分钟6次，这是世界通用的救难信号。若在森林中，可用斧头、棍棒击打桦树，因为桦树声音宏大而且传播很远。在开阔的地段，如草地、海滩、雪地上可以因地制宜制作标志。如将青草割成一定标志，在雪地上踩出或用树木、石块摆放出相应标志与空中联络。

十、如何求生

求生是人的本能。要想求生就不能只等他人或组织救援，而是要靠自身的力量主动走出恶劣而危险的地带。

在出发前，首先要判定好方向，仔细研究附近的地形，并选好行进的路线。而后根据行进路线准备必需的物资装备。如准备穿越无水区，就应多准备饮水。准备通过丛林地，就要准备好砍刀。同时还应准备好鞋子、衣物、食品，以及携带装备的包裹。如道路比较艰难，还应准备木棍、绳索等，以备使用。

另外，在出发前，还应对原露营地留下明显的信（记）号，表明自己曾经到过这里，现在已走了，并在前进道路的沿途做好标记，一旦救援者发现了自己已经放弃的露营地，就可沿途跟随而来，最终使自己获救。

十一、救援

要想获得援助，首要的前提就是让他人知道自己的处境和位置。要想让他人知道，唯一的办法就是发信号。发信号的方式很多。如昼间的施放烟雾、打枪、镜子反光、在开阔地面上写字，夜间的灯光、火光、音响等。国际上通用的求救信号是英文字母SOS，可以写在地上，也可以用无线电台发出，还可以用旗语表示。

无论采取什么方式发信号，只要是重复三次的行动都象征着寻求援助。如三堆火、三股浓烟、三声音响或枪声、三次光亮闪耀。在用音响或光亮信号时，每组发送三次信号后，间隔1分钟时间再重复发出。

附　　录

附录一　中华人民共和国国防法

第一章　总　　则

第一条　为了建设和巩固国防，保障社会主义现代化建设的顺利进行，根据宪法，制定本法。

第二条　国家为防备和抵抗侵略，制止武装颠覆，保卫国家的主权、统一、领土完整和安全所进行的军事活动，以及与军事有关的政治、经济、外交、科技、教育等方面的活动，适用本法。

第三条　国防是国家生存与发展的安全保障。

国家加强武装力量建设和边防、海防、空防建设，发展国防科研生产，普及全民国防教育，完善动员体制，实现国防现代化。

第四条　国家独立自主、自力更生地建设和巩固国防，实行积极防御战略，坚持全民自卫原则。

国家在集中力量进行经济建设的同时，加强国防建设，促进国防建设与经济建设协调发展。

第五条　国家对国防活动实行统一的领导。

第六条　保卫祖国、抵抗侵略是中华人民共和国每一个公民的神圣职责。

中华人民共和国公民应当依法履行国防义务。

第七条　国家和社会尊重、优待军人，保护军人的合法权益，开展各种形式的拥军优属活动。

中国人民解放军和中国人民武装警察部队开展拥政爱民活动，加强军政、军民团结。

第八条　中华人民共和国在对外军事关系中，维护世界和平，反对侵略扩张行为。

第九条　国家和社会对在国防活动中作出贡献的组织和个人，采取各种形式给予表彰和奖励。

违反本法和有关法律，拒绝履行国防义务或者危害国防利益的，依法追究法律责任。

第二章　国家机构的国防职权

第十条　全国人民代表大会依照宪法规定，决定战争和和平的问题，并行使宪法规定的国防方面的其他职权。

全国人民代表大会常务委员会依照宪法规定，决定战争状态的宣布，决定全国总动员或者局部动员，并行使宪法规定的国防方面的其他职权。

第十一条 中华人民共和国主席根据全国人民代表大会的决定和全国人民代表大会常务委员会的决定，宣布战争状态，发布动员令，并行使宪法规定的国防方面的其他职权。

第十二条 国务院领导和管理国防建设事业，行使下列职权：

（一）编制国防建设发展规划和计划；

（二）制定国防建设方面的方针、政策和行政法规；

（三）领导和管理国防科研生产；

（四）管理国防经费和国防资产；

（五）领导和管理国民经济动员工作和人民武装动员、人民防空、国防交通等方面的有关工作；

（六）领导和管理拥军优属工作和退出现役的军人的安置工作；

（七）领导国防教育工作；

（八）与中央军事委员会共同领导中国人民武装警察部队、民兵的建设和征兵、预备役工作以及边防、海防、空防的管理工作；

（九）法律规定的与国防建设事业有关的其他职权。

第十三条 中央军事委员会领导全国武装力量，行使下列职权：

（一）统一指挥全国武装力量；

（二）决定军事战略和武装力量的作战方针；

（三）领导和管理中国人民解放军的建设，制定规划、计划并组织实施；

（四）向全国人民代表大会或者全国人民代表大会常务委员会提出议案；

（五）根据宪法和法律，制定军事法规，发布决定和命令；

（六）决定中国人民解放军的体制和编制，规定总部以及军区、军兵种和其他军区级单位的任务和职责；

（七）依照法律、军事法规的规定，任免、培训、考核和奖惩武装力量成员；

（八）批准武装力量的武器装备体制和武器装备发展规划、计划，协同国务院领导和管理国防科研生产；

（九）会同国务院管理国防经费和国防资产；

（十）法律规定的其他职权。

第十四条 国务院和中央军事委员会可以根据情况召开协调会议，解决国防事务的有关问题。会议议定的事项，由国务院和中央军事委员会在各自的职权范围内组织实施。

第十五条 地方各级人民代表大会和县级以上地方各级人民代表大会常务委员会在本行政区域内，保证有关国防事务的法律、法规的遵守和执行。

地方各级人民政府依照法律规定的权限，管理本行政区域内的征兵、民兵、预备役、国防教育、国民经济动员、人民防空、国防交通、国防设施保护、退出现役的军人的安置和拥军优属等工作。

第十六条 地方各级人民政府和驻地军事机关根据需要召开军地联席会议，协调解决本行政区域内有关国防事务的问题。

军地联席会议由地方人民政府的负责人和驻地军事机关的负责人共同召集。军地联席会议的参加人员由会议召集人确定。

军地联席会议议定的事项，由地方人民政府和驻地军事机关依照各自的权限办理，重大事项应当分别向上级报告。

第三章 武装力量

第十七条 中华人民共和国的武装力量属于人民。它的任务是巩固国防,抵抗侵略,保卫祖国,保卫人民的和平劳动,参加国家建设事业,全心全意为人民服务。

第十八条 中华人民共和国的武装力量必须遵守宪法和法律,坚持依法治军。

第十九条 中华人民共和国的武装力量受中国共产党领导。武装力量中的中国共产党组织依照中国共产党章程进行活动。

第二十条 国家加强武装力量的革命化、现代化、正规化建设,增强国防力量。

第二十一条 中华人民共和国的武装力量应当适应现代战争的要求,加强军事训练,开展政治工作,提高保障水平,全面提高战斗力。

第二十二条 中华人民共和国的武装力量,由中国人民解放军现役部队和预备役部队、中国人民武装警察部队、民兵组成。

中国人民解放军现役部队是国家的常备军,主要担负防卫作战任务,必要时可以依照法律规定协助维护社会秩序;预备役部队平时按照规定进行训练,必要时可以依照法律规定协助维护社会秩序,战时根据国家发布的动员令转为现役部队。

中国人民武装警察部队在国务院、中央军事委员会的领导指挥下,担负国家赋予的安全保卫任务,维护社会秩序。

民兵在军事机关的指挥下,担负战备勤务、防卫作战任务,协助维护社会秩序。

第二十三条 中华人民共和国武装力量的规模应当与保卫国家安全和利益的需要相适应。

第二十四条 中华人民共和国的兵役分为现役和预备役。现役军人和预备役人员的服役制度由法律规定。

国家依照法律规定对现役军人和预备役人员实行衔级制度。

第二十五条 国家禁止任何组织或者个人非法建立武装组织,禁止非法武装活动,禁止冒充现役军人或者武装力量组织。

第四章 边防、海防和空防

第二十六条 中华人民共和国的领陆、内水、领海、领空神圣不可侵犯。国家加强边防、海防和空防建设,采取有效的防卫和管理措施,保卫领陆、内水、领海、领空的安全,维护国家海洋权益。

第二十七条 中央军事委员会统一领导边防、海防和空防的防卫工作。

地方各级人民政府、国务院有关部门和有关军事机关,按照国家规定的职权范围,分工负责边防、海防和空防的管理和防卫工作,共同维护国家的安全和利益。

第二十八条 国家根据边防、海防和空防的需要,建设作战、指挥、通信、防护、交通、保障等国防设施。各级人民政府和军事机关应当依照法律、法规的规定,保障国防设施的建设,保护国防设施的安全。

第五章 国防科研生产和军事订货

第二十九条 国家建立和完善国防科技工业体系,发展国防科研生产,为武装力量提供性能先进、质量可靠、配套完善、便于操作和维修的武器装备以及其他适用的军用物资，满足国防需要。

第三十条 国防科技工业实行军民结合、平战结合、军品优先、以民养军的方针。

国家统筹规划国防科技工业建设，保持规模适度、专业配套、布局合理的国防科研生产能力。

第三十一条 国家促进国防科学技术进步，加强高新技术研究，发挥高新技术在武器装备发展中的先导作用，增加技术储备，研制新型武器装备。

第三十二条 国家对国防科研生产实行统一领导和计划调控。

国家为承担国防科研生产任务的企业事业单位提供必要的保障条件和优惠政策。地方各级人民政府应当对承担国防科研生产任务的企业事业单位给予协助和支持。

承担国防科研生产任务的企业事业单位必须完成国防科研生产任务，保证武器装备的质量。

第三十三条 国家采取必要措施，培养和造就国防科学技术人才，创造有利的环境和条件，充分发挥他们的作用。

国防科学技术工作者应当受到全社会的尊重。国家逐步提高国防科学技术工作者的待遇，保护其合法权益。

第三十四条 国家根据国防建设的需要和社会主义市场经济的要求，实行国家军事订货制度，保障武器装备和其他军用物资的采购供应。

第六章　国防经费和国防资产

第三十五条 国家保障国防事业的必要经费。国防经费的增长应当与国防需求和国民经济发展水平相适应。

第三十六条 国家对国防经费实行财政拨款制度。

第三十七条 国家为武装力量建设、国防科研生产和其他国防建设直接投入的资金、划拨使用的土地等资源，以及由此形成的用于国防目的的武器装备和设备设施、物资器材、技术成果等属于国防资产。

国防资产归国家所有。

第三十八条 国家根据国防建设和经济建设的需要，确定国防资产的规模、结构和布局，调整和处分国防资产。

国防资产的管理机构和占有、使用单位，应当依法管理国防资产，充分发挥国防资产的效能。

第三十九条 国家保护国防资产不受侵害，保障国防资产的安全、完整和有效。

禁止任何组织或者个人破坏、损害和侵占国防资产。未经国务院、中央军事委员会或者国务院、中央军事委员会授权的机构批准，国防资产的占有、使用单位不得改变国防资产用于国防的目的。国防资产经批准不再用于国防目的的，依照有关法律、法规的规定管理。

第七章　国 防 教 育

第四十条 国家通过开展国防教育，使公民增强国防观念、掌握国防知识、发扬爱国主义精神，自觉履行国防义务。

普及和加强国防教育是全社会的共同责任。

第四十一条 国防教育贯彻全民参与、长期坚持、讲求实效的方针，实行经常教育与集中教育相结合、普及教育与重点教育相结合、理论教育与行为教育相结合的原则。

第四十二条 国务院、中央军事委员会和省、自治区、直辖市人民政府以及有关军事机关，应当采取措施，加强国防教育工作。

一切国家机关和武装力量、各政党和各社会团体、各企业事业单位都应当组织本地区、本部门、本单位开展国防教育。

学校的国防教育是全民国防教育的基础。各级各类学校应当设置适当的国防教育课程，或者在有关课程中增加国防教育的内容。军事机关应当协助学校开展国防教育。

教育、文化、新闻、出版、广播、电影、电视等部门和单位应当密切配合，采取多种形式开展国防教育。

第四十三条 各级人民政府应当将国防教育纳入国民经济和社会发展计划，保障国防教育所需的经费。

第八章　国防动员和战争状态

第四十四条 中华人民共和国的主权、统一、领土完整和安全遭受威胁时，国家依照宪法和法律规定，进行全国总动员或者局部动员。

第四十五条 国家在和平时期进行动员准备，将人民武装动员、国民经济动员、人民防空、国防交通等方面的动员准备纳入国家总体发展规划和计划，完善动员体制，增强动员潜力，提高动员能力。

第四十六条 国家建立战略物资储备制度。战略物资储备应当规模适度、储存安全、调用方便、定期更换，保障战时的需要。

第四十七条 国务院和中央军事委员会共同领导动员准备和动员实施工作。

一切国家机关和武装力量、各政党和各社会团体、各企业事业单位和公民，在和平时期必须依照法律规定完成动员准备工作；在国家发布动员令后，必须完成规定的动员任务。

第四十八条 国家根据动员需要，可以依法征收、征用组织和个人的设备设施、交通工具和其他物资。

县级以上人民政府对被征收、征用者因征用所造成的直接经济损失，按照国家有关规定给予适当补偿。

第四十九条 国家依照宪法规定宣布战争状态，采取各种措施集中人力、物力和财力，领导全体公民保卫祖国，抵抗侵略。

第九章　公民、组织的国防义务和权利

第五十条 依照法律服兵役和参加民兵组织是中华人民共和国公民的光荣义务。

各级兵役机关和基层人民武装机构应当依法办理兵役工作，按照国务院和中央军事委员会的命令完成征兵任务，保证兵员质量。其他有关国家机关、社会团体和企业事业单位应当依法完成民兵和预备役工作，协助兵役机关完成征兵任务。

第五十一条 企业事业单位应当按照国家的要求承担国防科研生产任务，接受国家军事订货，提供符合质量标准的武器装备或者军用物资。

企业事业单位应当按照国家规定,在交通建设中贯彻国防要求。车站、港口、机场、道路等交通设施的管理单位应当为现役军人和军用车辆、船舶的通行提供优先服务,按照规定给予优待。

第五十二条 公民应当接受国防教育。

公民和组织应当保护国防设施,不得破坏、危害国防设施。

公民和组织应当遵守保密规定,不得泄露国防方面的国家秘密,不得非法持有国防方面的秘密文件、资料和其他秘密物品。

第五十三条 公民和组织应当支持国防建设,为武装力量的军事训练、战备勤务、防卫作战等活动提供便利条件或者其他协助。

第五十四条 公民和组织有对国防建设提出建议的权利,有对危害国防的行为进行制止或者检举的权利。

第五十五条 公民和组织因国防建设和军事活动在经济上受到直接损失的,可以依照国家有关规定取得补偿。

第十章 军人的义务和权益

第五十六条 现役军人必须忠于祖国,履行职责,英勇战斗,不怕牺牲,捍卫祖国的安全、荣誉和利益。

第五十七条 现役军人必须模范地遵守宪法和法律,遵守军事法规,执行命令,严守纪律。

第五十八条 现役军人应当发扬人民军队的优良传统,热爱人民,保护人民,积极参加社会主义物质文明、精神文明建设,完成抢险救灾等任务。

第五十九条 军人应当受到全社会的尊重。

国家采取有效措施保护现役军人的荣誉、人格尊严,对现役军人的婚姻实行特别保护。

现役军人依法履行职责的行为受法律保护。

第六十条 国家和社会优待现役军人。

国家保障现役军人享有与其履行职责相适应的生活福利待遇,对在条件艰苦的边防、海防等地区或者岗位工作的现役军人在生活福利等方面给予优待。

国家实行军人保险制度。

第六十一条 国家妥善安置退出现役的军人,为转业军人提供必要的职业培训,保障离休退休军人的生活福利待遇。

县级以上人民政府负责安置转业军人,根据其在军队的职务等级、贡献和专长安排工作。

接收转业军人的单位应当按照国家有关规定,在生活福利待遇、教育、住房等方面给予优待。

第六十二条 国家和社会抚恤优待残疾军人,对残疾军人的生活和医疗依法给予特别保障。

因战、因公致残或者致病的残疾军人退出现役后,县级以上人民政府应当及时接收安置,并保障其生活不低于当地的平均生活水平。

第六十三条 国家和社会优待现役军人家属,抚恤优待烈士家属和因公牺牲、病故军人的家属，在就业、住房、义务教育等方面给予照顾。

第六十四条　民兵、预备役人员和其他人员依法参加军事训练，担负战备勤务、防卫作战任务时，应当履行自己的职责和义务；国家和社会保障其享有相应的待遇，按照有关规定对其实行抚恤优待。

第十一章　对外军事关系

第六十五条　中华人民共和国坚持互相尊重主权和领土完整、互不侵犯、互不干涉内政、平等互利、和平共处五项原则，独立自主地处理对外军事关系，开展军事交流与合作。

第六十六条　中华人民共和国支持国际社会采取的有利于维护世界和地区和平、安全、稳定的与军事有关的活动，支持国际社会为公正合理地解决国际争端、军备控制和裁军所做的努力。

第六十七条　中华人民共和国在对外军事关系中遵守同外国缔结或者加入、接受的有关条约和协定。

第十二章　附　　则

第六十八条　本法关于军人的规定，适用于中国人民武装警察部队。

第六十九条　中华人民共和国特别行政区的防务，由特别行政区基本法和有关法律规定。

第七十条　本法自公布之日起施行。

附录二　中华人民共和国兵役法

（1984年5月31日第六届全国人民代表大会第2次会议通过，1984年5月31日中华人民共和国主席令第14号公布；根据1998年12月29日第九届全国人民代表大会常务委员会第6次会议《关于修改〈中华人民共和国兵役法〉的决定》第1次修正；根据2009年8月27日第十一届全国人民代表大会常务委员会第10次会议《关于修改部分法律的决定》第2次修正；根据2011年10月29日第十一届全国人民代表大会常务委员会第23次会议《关于修改〈中华人民共和国兵役法〉的决定》第3次修正）

第一章　总　则

第一条　根据中华人民共和国宪法第五十五条"保卫祖国、抵抗侵略是中华人民共和国每一个公民的神圣职责。依照法律服兵役和参加民兵组织是中华人民共和国公民的光荣义务"和其他有关条款的规定，制定本法。

第二条　中华人民共和国实行义务兵与志愿兵相结合、民兵与预备役相结合的兵役制度。

第三条　中华人民共和国公民，不分民族、种族、职业、家庭出身、宗教信仰和教育程度，都有义务依照本法的规定服兵役。

有严重生理缺陷或者严重残疾不适合服兵役的人，免服兵役。

依照法律被剥夺政治权利的人，不得服兵役。

第四条　中华人民共和国的武装力量，由中国人民解放军、中国人民武装警察部队和民兵组成。

第五条　兵役分为现役和预备役。在中国人民解放军服现役的称现役军人；经过登记，预编到现役部队、编入预备役部队、编入民兵组织服预备役的或者以其他形式服预备役的，称预备役人员。

第六条　现役军人和预备役人员，必须遵守宪法和法律，履行公民的义务，同时享有公民的权利；由于服兵役而产生的权利和义务，由本法和其他相关法律法规规定。

第七条　现役军人必须遵守军队的条令和条例，忠于职守，随时为保卫祖国而战斗。

预备役人员必须按照规定参加军事训练、执行军事勤务，随时准备参军参战，保卫祖国。

第八条　现役军人和预备役人员建立功勋的，得授予勋章、奖章或者荣誉称号。

第九条　中国人民解放军实行军衔制度。

第十条　全国的兵役工作，在国务院、中央军事委员会领导下，由国防部负责。

各军区按照国防部赋予的任务，负责办理本区域的兵役工作。

省军区（卫戍区、警备区）、军分区（警备区）和县、自治县、市、市辖区的人民武装部，兼各该级人民政府的兵役机关，在上级军事机关和同级人民政府领导下，负责办理本区域的兵役工作。

机关、团体、企业事业单位和乡、民族乡、镇的人民政府，依照本法的规定完成兵役工作任务。兵役工作业务，在设有人民武装部的单位，由人民武装部办理；不设人民武装部的单位，确定一个部门办理。

第二章 平时征集

第十一条 全国每年征集服现役的人数、要求和时间，由国务院和中央军事委员会的命令规定。

县级以上地方各级人民政府组织兵役机关和有关部门组成征集工作机构，负责组织实施征集工作。

第十二条 每年十二月三十一日以前年满十八周岁的男性公民，应当被征集服现役。当年未被征集的，在二十二周岁以前仍可以被征集服现役，普通高等学校毕业生的征集年龄可以放宽至二十四周岁。

根据军队需要，可以按照前款规定征集女性公民服现役。

根据军队需要和本人自愿，可以征集当年十二月三十一日以前年满十七周岁未满十八周岁的公民服现役。

第十三条 国家实行兵役登记制度。每年十二月三十一日以前年满十八周岁的男性公民，都应当在当年六月三十日以前，按照县、自治县、市、市辖区的兵役机关的安排，进行兵役登记。经兵役登记并初步审查合格的，称应征公民。

第十四条 在征集期间，应征公民应当按照县、自治县、市、市辖区的兵役机关的通知，按时到指定的体格检查站进行体格检查。

应征公民符合服现役条件，并经县、自治县、市、市辖区的兵役机关批准的，被征集服现役。

第十五条 在征集期间，应征公民被征集服现役，同时被机关、团体、企业事业单位招收录用或者聘用的，应当优先履行服兵役义务；有关机关、团体、企业事业单位应当服从国防和军队建设的需要，支持兵员征集工作。

第十六条 应征公民是维持家庭生活唯一劳动力的，可以缓征。

第十七条 应征公民正在被依法侦查、起诉、审判的或者被判处徒刑、拘役、管制正在服刑的，不征集。

第三章 士兵的现役和预备役

第十八条 现役士兵包括义务兵役制士兵和志愿兵役制士兵，义务兵役制士兵称义务兵，志愿兵役制士兵称士官。

第十九条 义务兵服现役的期限为二年。

第二十条 义务兵服现役期满，根据军队需要和本人自愿，经团级以上单位批准，可以改为士官。根据军队需要，可以直接从非军事部门具有专业技能的公民中招收士官。

士官实行分级服现役制度。士官服现役的期限一般不超过三十年，年龄不超过五十五周岁。

士官分级服现役的办法和直接从非军事部门招收士官的办法，由国务院、中央军事委员会规定。

第二十一条 士兵服现役期满，应当退出现役。因军队编制员额缩减需要退出现役的，经军队医院诊断证明本人健康状况不适合继续服现役的，或者因其他特殊原因需要退出现役的，经师级以上机关批准，可以提前退出现役。

士兵退出现役的时间为部队宣布退出现役命令之日。

第二十二条 士兵退出现役时，符合预备役条件的，由部队确定服士兵预备役；经过考核，适合担任军官职务的，服军官预备役。

退出现役的士兵，由部队确定服预备役的，自退出现役之日起四十日内，到安置地的县、自治县、市、市辖区的兵役机关办理预备役登记。

第二十三条 依照本法第十三条规定经过兵役登记的应征公民，未被征集服现役的，办理士兵预备役登记。

第二十四条 士兵预备役的年龄，为十八周岁至三十五周岁，根据需要可以适当延长。具体办法由国务院、中央军事委员会规定。

第二十五条 士兵预备役分为第一类和第二类。

第一类士兵预备役包括下列人员：

（一）预编到现役部队的预备役士兵；

（二）编入预备役部队的预备役士兵；

（三）经过预备役登记编入基干民兵组织的人员。

第二类士兵预备役包括下列人员：

（一）经过预备役登记编入普通民兵组织的人员；

（二）其他经过预备役登记确定服士兵预备役的人员。

预备役士兵达到服预备役最高年龄的，退出预备役。

第四章　军官的现役和预备役

第二十六条 现役军官由下列人员补充：

（一）选拔优秀士兵和普通高中毕业生入军队院校学习毕业的学员；

（二）选拔普通高等学校毕业的国防生和其他应届优秀毕业生；

（三）直接提升具有普通高等学校本科以上学历表现优秀的士兵；

（四）改任现役军官的文职干部；

（五）招收军队以外的专业技术人员和其他人员。

战时根据需要，可以从士兵、征召的预备役军官和非军事部门的人员中直接任命军官。

第二十七条 预备役军官包括下列人员：

（一）退出现役转入预备役的军官；

（二）确定服军官预备役的退出现役的士兵；

（三）确定服军官预备役的普通高等学校毕业学生；

（四）确定服军官预备役的专职人民武装干部和民兵干部；

（五）确定服军官预备役的非军事部门的干部和专业技术人员。

第二十八条 军官服现役和服预备役的最高年龄由《中华人民共和国现役军官法》和《中华人民共和国预备役军官法》规定。

第二十九条 现役军官按照规定服役已满最高年龄的，退出现役；未满最高年龄因特殊情况需要退出现役的，经批准可以退出现役。

军官退出现役时，符合服预备役条件的，转入军官预备役。

第三十条 退出现役转入预备役的军官，退出现役确定服军官预备役的士兵，在到达安置地以后的三十日内，到当地县、自治县、市、市辖区的兵役机关办理预备役军官登记。

选拔担任预备役军官职务的专职人民武装干部、民兵干部、普通高等学校毕业生、非军事部门的人员，由工作单位或者户口所在地的县、自治县、市、市辖区的兵役机关报请上级军事机关批准并进行登记，服军官预备役。

预备役军官按照规定服预备役已满最高年龄的，退出预备役。

第五章　军队院校从青年学生中招收的学员

第三十一条 根据军队建设的需要，军队院校可以从青年学生中招收学员。招收学员的年龄，不受征集服现役年龄的限制。

第三十二条 学员完成学业考试合格的，由院校发给毕业证书，按照规定任命为现役军官、文职干部或者士官。

第三十三条 学员学完规定的科目，考试不合格的，由院校发给结业证书，回入学前户口所在地；就读期间其父母已办理户口迁移手续的，可以回父母现户口所在地，由县、自治县、市、市辖区的人民政府按照国家有关规定接收安置。

第三十四条 学员因患慢性病或者其他原因不宜在军队院校继续学习，经批准退学的，由院校发给肄业证书，回入学前户口所在地；就读期间其父母已办理户口迁移手续的，可以回父母现户口所在地，由县、自治县、市、市辖区的人民政府按照国家有关规定接收安置。

第三十五条 学员被开除学籍的，回入学前户口所在地；就读期间其父母已办理户口迁移手续的，可以回父母现户口所在地，由县、自治县、市、市辖区的人民政府按照国家有关规定办理。

第三十六条 军队根据国防建设的需要，可以依托普通高等学校招收、选拔培养国防生。国防生在校学习期间享受国防奖学金待遇，应当参加军事训练、政治教育，履行国防生培养协议规定的其他义务；毕业后应当履行培养协议到军队服现役，按照规定办理入伍手续，任命为现役军官或者文职干部。

国防生在校学习期间，按照有关规定不宜继续作为国防生培养，但符合所在学校普通生培养要求的，经军队有关部门批准，可以转为普通生；被开除学籍或者作退学处理的，由所在学校按照国家有关规定办理。

第三十七条 本法第三十二条、第三十三条、第三十四条、第三十五条的规定，也适用于从现役士兵中招收的学员。

第六章　民　　兵

第三十八条 民兵是不脱产的群众武装组织，是中国人民解放军的助手和后备力量。

民兵的任务是：

（一）参加社会主义现代化建设；

（二）执行战备勤务，参加防卫作战，抵抗侵略，保卫祖国；

（三）为现役部队补充兵员；

（四）协助维护社会秩序，参加抢险救灾。

第三十九条 乡、民族乡、镇、街道和企业事业单位建立民兵组织。凡十八周岁至三十五周岁符合服兵役条件的男性公民，经所在地人民政府兵役机关确定编入民兵组织的，应当参加民兵组织。

根据需要，可以吸收十八周岁以上的女性公民、三十五周岁以上的男性公民参加民兵组织。

国家发布动员令后，动员范围内的民兵，不得脱离民兵组织；未经所在地的县、自治县、市、市辖区人民政府兵役机关批准，不得离开民兵组织所在地。

第四十条 民兵组织分为基干民兵组织和普通民兵组织。基干民兵组织是民兵组织的骨干力量，主要由退出现役的士兵以及经过军事训练和选定参加军事训练或者具有专业技术特长的未服过现役的人员组成。基干民兵组织可以在一定区域内从若干单位抽选人员编组。普通民兵组织，由符合服兵役条件未参加基干民兵组织的公民按照地域或者单位编组。

第七章　预备役人员的军事训练

第四十一条 预备役士兵的军事训练，在现役部队、预备役部队、民兵组织中进行，或者采取其他组织形式进行。

未服过现役预编到现役部队、编入预备役部队和编入基干民兵组织的预备役士兵，在十八周岁至二十四周岁期间，应当参加三十日至四十日的军事训练；其中专业技术兵的训练时间，按照实际需要确定。服过现役和受过军事训练的预备役士兵的复习训练，以及其他预备役士兵的军事训练，按照中央军事委员会的规定进行。

第四十二条 预备役军官在服预备役期间，应当参加三个月至六个月的军事训练；预编到现役部队和在预备役部队任职的，参加军事训练的时间可以适当延长。

第四十三条 国务院和中央军事委员会在必要的时候，可以决定预备役人员参加应急训练。

第四十四条 预备役人员参加军事训练、执行军事勤务的伙食、交通等补助费用按照国家有关规定执行。预备役人员是机关、团体、企业事业单位工作人员或者职工的，参加军事训练、执行军事勤务期间，其所在单位应当保持其原有的工资、奖金和福利待遇；其他预备役人员参加军事训练、执行军事勤务的误工补贴按照国家有关规定执行。

第八章　普通高等学校和普通高中学生的军事训练

第四十五条 普通高等学校的学生在就学期间，必须接受基本军事训练。

根据国防建设的需要，对适合担任军官职务的学生，再进行短期集中训练，考核合格的，经军事机关批准，服军官预备役。

第四十六条 普通高等学校设军事训练机构，配备军事教员，组织实施学生的军事训练。

第四十五条 第二款规定的培养预备役军官的短期集中训练，由军事部门派出现役军官与普通高等学校军事训练机构共同组织实施。

第四十七条 普通高中和中等职业学校，配备军事教员，对学生实施军事训练。

第四十八条 普通高等学校和普通高中学生的军事训练，由教育部、国防部负责。教育部门和军事部门设学生军事训练的工作机构或者配备专人，承办学生军事训练工作。

第九章　战时兵员动员

第四十九条　为了对付敌人的突然袭击，抵抗侵略，各级人民政府、各级军事机关，在平时必须做好战时兵员动员的准备工作。

第五十条　在国家发布动员令以后，各级人民政府、各级军事机关，必须迅速实施动员：

（一）现役军人停止退出现役，休假、探亲的军人必须立即归队；

（二）预备役人员、国防生随时准备应召服现役，在接到通知后，必须准时到指定的地点报到；

（三）机关、团体、企业事业单位和乡、民族乡、镇的人民政府负责人，必须组织本单位被征召的预备役人员，按照规定的时间、地点报到；

（四）交通运输部门应当优先运送应召的预备役人员、国防生和返回部队的现役军人。

第五十一条　战时根据需要，国务院和中央军事委员会可以决定征召三十六周岁至四十五周岁的男性公民服现役，可以决定延长公民服现役的期限。

第五十二条　战争结束后，需要复员的现役军人，根据国务院和中央军事委员会的复员命令，分期分批地退出现役，由各级人民政府妥善安置。

第十章　现役军人的待遇和退出现役的安置

第五十三条　国家保障现役军人享有与其履行职责相适应的待遇。现役军人的待遇应当与国民经济发展相协调，与社会进步相适应。

军官实行职务军衔等级工资制，士官实行军衔级别工资制，义务兵享受供给制生活待遇。现役军人享受规定的津贴、补贴和奖励工资。国家建立军人工资的正常增长机制。

现役军人享受规定的休假、疗养、医疗、住房等福利待遇。国家根据经济社会发展水平提高现役军人的福利待遇。

国家实行军人保险制度，与社会保险制度相衔接。军人服现役期间，享受规定的军人保险待遇。军人退出现役后，按照国家有关规定接续养老、医疗、失业等社会保险关系，享受相应的社会保险待遇。现役军人配偶随军未就业期间，按照国家有关规定享受相应的保障待遇。

第五十四条　国家建立健全以扶持就业为主，自主就业、安排工作、退休、供养以及继续完成学业等多种方式相结合的士兵退出现役安置制度。

第五十五条　现役军人入伍前已被普通高等学校录取或者是正在普通高等学校就学的学生，服役期间保留入学资格或者学籍，退出现役后两年内允许入学或者复学，并按照国家有关规定享受奖学金、助学金和减免学费等优待；入学或者复学后参加国防生选拔、参加国家组织的农村基层服务项目人选选拔，以及毕业后参加军官人选选拔的，优先录取。

义务兵和服现役不满十二年的士官入伍前是机关、团体、企业事业单位工作人员或者职工的，服役期间保留人事关系或者劳动关系；退出现役后可以选择复职复工。

义务兵和士官服现役期间，入伍前依法取得的农村土地承包经营权，应当保留。

第五十六条　现役军人，残疾军人，退出现役军人，烈士、因公牺牲、病故军人遗属，现役军人家属,应当受到社会的尊重,受到国家和社会的优待。军官、士官的家属随军、就业、工作调动以及子女教育,享受国家和社会的优待。

第五十七条 现役军人因战、因公、因病致残的,按照国家规定评定残疾等级,发给残疾军人证,享受国家规定的待遇和残疾抚恤金。因工作需要继续服现役的残疾军人,由所在部队按照规定发给残疾抚恤金。

现役军人因战、因公、因病致残的,按照国家规定的评定残疾等级采取安排工作、供养、退休等方式妥善安置。有劳动能力的退出现役的残疾军人,优先享受国家规定的残疾人就业优惠政策。

残疾军人、患慢性病的军人退出现役后,由安置地的县级以上地方人民政府按照国务院、中央军事委员会的有关规定负责接收安置;其中,患过慢性病旧病复发需要治疗的,由当地医疗机构负责给予治疗,所需医疗和生活费用,本人经济困难的,按照国家规定给予补助。

现役军人、残疾军人参观游览公园、博物馆、展览馆、名胜古迹享受优待;优先购票乘坐境内运行的火车、轮船、长途汽车以及民航班机;其中,残疾军人按照规定享受减收正常票价的优待,免费乘坐市内公共汽车、电车和轨道交通工具。义务兵从部队发出的平信,免费邮递。

第五十八条 义务兵服现役期间,其家庭由当地人民政府给予优待,优待标准不低于当地平均生活水平,具体办法由省、自治区、直辖市人民政府规定。

第五十九条 现役军人牺牲、病故,由国家发给其遗属一次性抚恤金;其遗属无固定收入,不能维持生活,或者符合国家规定的其他条件的,由国家另行发给定期抚恤金。

第六十条 义务兵退出现役,按照国家规定发给退役金,由安置地的县级以上地方人民政府接收,根据当地的实际情况,可以发给经济补助。

义务兵退出现役,安置地的县级以上地方人民政府应当组织其免费参加职业教育、技能培训,经考试考核合格的,发给相应的学历证书、职业资格证书并推荐就业。退出现役义务兵就业享受国家扶持优惠政策。

义务兵退出现役,可以免试进入中等职业学校学习;报考普通高等学校以及接受成人教育的,享受加分以及其他优惠政策;在国家规定的年限内考入普通高等学校或者进入中等职业学校学习的,享受国家发给的助学金。

义务兵退出现役,报考公务员、应聘事业单位职位的,在军队服现役经历视为基层工作经历,同等条件下应当优先录用或者聘用。

服现役期间平时荣获二等功以上奖励或者战时荣获三等功以上奖励以及属于烈士子女和因战致残被评定为五级至八级残疾等级的义务兵退出现役,由安置地的县级以上地方人民政府安排工作;待安排工作期间由当地人民政府按照国家有关规定发给生活补助费;本人自愿选择自主就业的,依照本条第一款至第四款规定办理。

国家根据经济社会发展水平,适时调整退役金的标准。退出现役士兵安置所需经费,由中央和地方各级人民政府共同负担。

第六十一条 士官退出现役,服现役不满十二年的,依照本法第六十条规定的办法安置。

士官退出现役,服现役满十二年的,由安置地的县级以上地方人民政府安排工作;待安排工作期间由当地人民政府按照国家有关规定发给生活补助费；本人自愿选择自主就业的，依照本法第六十条第一款至第四款的规定办理。

士官服现役满三十年或者年满五十五周岁的，作退休安置。

士官在服现役期间因战、因公、因病致残丧失工作能力的，按照国家有关规定安置。

第六十二条 士兵退出现役安置的具体办法由国务院、中央军事委员会规定。

第六十三条 军官退出现役，国家采取转业、复员、退休等办法予以妥善安置。作转业安置的，按照有关规定实行计划分配和自主择业相结合的方式安置；作复员安置的，按照有关规定由安置地人民政府接收安置，享受有关就业优惠政策；符合退休条件的，退出现役后按照有关规定作退休安置。

军官在服现役期间因战、因公、因病致残丧失工作能力的，按照国家有关规定安置。

第六十四条 机关、团体、企业事业单位有接收安置退出现役军人的义务，在招收录用工作人员或者聘用职工时，同等条件下应当优先招收录用退出现役军人；对依照本法第六十条、第六十一条、第六十三条规定安排工作的退出现役军人，应当按照国家安置任务和要求做好落实工作。

军人服现役年限计算为工龄，退出现役后与所在单位工作年限累计计算。

国家鼓励和支持机关、团体、企业事业单位接收安置退出现役军人。接收安置单位按照国家规定享受税收优惠等政策。

第六十五条 民兵、预备役人员因参战、参加军事训练、执行军事勤务牺牲、致残的，学生因参加军事训练牺牲、致残的，由当地人民政府依照军人抚恤优待条例的有关规定给予抚恤优待。

第十一章 法 律 责 任

第六十六条 有服兵役义务的公民有下列行为之一的，由县级人民政府责令限期改正；逾期不改的，由县级人民政府强制其履行兵役义务，并可以处以罚款：

（一）拒绝、逃避兵役登记和体格检查的；

（二）应征公民拒绝、逃避征集的；

（三）预备役人员拒绝、逃避参加军事训练、执行军事勤务和征召的。

有前款第二项行为，拒不改正的，不得录用为公务员或者参照公务员法管理的工作人员，两年内不得出国（境）或者升学。

国防生违反培养协议规定，不履行相应义务的，依法承担违约责任，根据情节，由所在学校作退学等处理；毕业后拒绝服现役的，依法承担违约责任，并依照本条第二款的规定处理。

战时有本条第一款第二项、第三项或者第三款行为，构成犯罪的，依法追究刑事责任。

第六十七条 现役军人以逃避服兵役为目的，拒绝履行职责或者逃离部队的，按照中央军事委员会的规定给予处分；构成犯罪的，依法追究刑事责任。

现役军人有前款行为被军队除名、开除军籍或者被依法追究刑事责任的，不得录用为公务员或者参照公务员法管理的工作人员，两年内不得出国（境）或者升学。

明知是逃离部队的军人而雇用的，由县级人民政府责令改正，并处以罚款；构成犯罪的，依法追究刑事责任。

第六十八条 机关、团体、企业事业单位拒绝完成本法规定的兵役工作任务的,阻挠公民履行兵役义务的,拒绝接收、安置退出现役军人的,或者有其他妨害兵役工作行为的,由县级以上地方人民政府责令改正,并可以处以罚款;对单位负有责任的领导人员、直接负责的主管人员和其他直接责任人员,依法予以处罚。

第六十九条 扰乱兵役工作秩序,或者阻碍兵役工作人员依法执行职务的,依照治安管理处罚法的规定给予处罚;使用暴力、威胁方法,构成犯罪的,依法追究刑事责任。

第七十条 国家工作人员和军人在兵役工作中,有下列行为之一,构成犯罪的,依法追究刑事责任;尚不构成犯罪的,给予处分:

(一)收受贿赂的;

(二)滥用职权或者玩忽职守的;

(三)徇私舞弊,接送不合格兵员的。

第七十一条 县级以上地方人民政府对违反本法的单位和个人的处罚,由县级以上地方人民政府兵役机关会同行政监察、公安、民政、卫生、教育、人力资源和社会保障等部门具体办理。

第十二章 附 则

第七十二条 本法适用于中国人民武装警察部队。

第七十三条 中国人民解放军根据需要配备文职干部。本法有关军官的规定适用于文职干部。

第七十四条 本法自 1984 年 10 月 1 日起施行。

参 考 文 献

[1] 田克勤.《毛泽东思想概论》[M].北京：高等教育出版社，2001.
[2] 杨长春.《邓小平新时期建军思想研究》[M].北京：解放军出版社，1989.
[3] 聂送来.《世界军事发展年度报告》[M].北京：军事科学出版社，2004.
[4] 江泽民.《论国防和军队建设》[M].北京：解放军出版社，2002.
[5] 总政治部.《江泽民国防和军队建设思想学习纲要》[M].北京：解放军出版社，2003.
[6] 禚法宝.《新概念武器与信息化战争》[M].北京：国防工业出版社，2008.
[7] 王建华.《信息技术与现代战争》[M].北京：国防工业出版社，2004.
[8] 高民政，薛小荣，等.《中国军事政治学理论》[M].北京：时事出版社，2011.
[9] 李平.《大学生军事理论教程》[M].北京：科学出版社，2011.